hessen
ARCHÄOLOGIE 2004

hessen ARCHÄOLOGIE 2004

Herausgegeben von der

Archäologischen und Paläontologischen

Denkmalpflege des Landesamtes

für Denkmalpflege Hessen

zusammengestellt von Egon Schallmayer

Bibliografische Information **Der Deutschen Bibliothek**
Die Deutsche Bibliothek verzeichnet diese
Publikation in der Deutschen Nationalbibliografie;
detaillierte bibliografische Angaben sind im
Internet über http://dnb.ddb.de abrufbar.

Umschlagbild:
Mitte: Frankfurt am Main-Zeilsheim,
römische Büstenlampe
Hintergrund: Rüsselsheim »Hof Schönau«,
Plan der bandkeramischen Siedlung
links: Wetzlar-Hermannstein, Schnecke
Clathronema reticulata

Karte S. 8: Peter Palm, Berlin

© Konrad Theiss Verlag GmbH, Stuttgart 2005
Alle Rechte vorbehalten
Schriftleitung: Dr. Guntram Schwitalla,
Redaktion: Dr. Stefan Thörle, Wiesbaden
Typografie: Doppelpunkt GbR, Leonberg
Umschlaggestaltung: Doppelpunkt GbR,
Leonberg
DTP und Herstellung: juhu media,
Susanne Dölz, Bad Vilbel
Druck und Bindung: Druckhaus Beltz, Hemsbach
Printed in Germany
ISBN 3-8062-1983-4
ISSN 1610-0190

Inhalt

Karte	8
Vorwort des Herausgebers	9
Zeittabelle	10
Mollusken aus dem mitteldevonischen Riff vom Hermannstein bei Wetzlar *Doris Heidelberger, Michael R. W. Amler*	11
Seltene Fossilien aus den Kulm-Kieselschiefern von Königsberg (Hessen) *Katrin Schwab, Michael R. W. Amler*	14
Die große Eiterfelder Saurierfährtenplatte – Auferstehung nach 40 Jahren? *Thomas Keller*	18
Erdgeschichtszeugen unter erkalteter Lava: Bericht über eine Pilotgrabung *Thomas Keller*	21
Der Riesenstein bei Naumburg-Heimarshausen *Lutz Fiedler, Rolf-Jürgen Braun*	24
Die bandkeramische Siedlung Rothenbergen »Scheiblingsgraben« / »Auf der Bäune« und ihr regionales Umfeld *Hans Kreutzer, Martin Posselt, Britta Ramminger*	29
Die bandkeramische Siedlung »Auf dem Hainspiel« von Niederdorfelden *Olaf Krause, Annette Schmidt, Gretel Callesen*	33
Bevor neue Bäume wachsen... – Bandkeramische Siedlung bei Hof Schönau in der Gemarkung Rüsselsheim *Holger Göldner*	36
Auf der Suche nach dem Löss in Rauschenberg-Bracht *Andreas Hüser, Bernd Starossek*	40
Ein »Großgefäß« der Bandkeramik aus Frankfurt am Main-Fechenheim *Christoph Willms*	43
Einkorn, Emmer, Roggentrespe – Archäobotanische Untersuchungen in bandkeramischen Siedlungen im Amöneburger Becken *Julian Wiethold*	45
Rössener Siedlung in Nidderau-Heldenbergen, Main-Kinzig-Kreis *Heike Lasch*	48
Wiederherstellung eines bedeutenden hessischen Steinkammergrabs *Sabine Schade-Lindig*	50
Eine bemerkenswerte Streitaxt aus der Gemarkung von Ronneburg-Hüttengesäß *Hans-Otto Schmitt*	54
Eine weitere Siedlung der mittleren Bronzezeit im Ronneburger Hügelland *Hans-Otto Schmitt*	57
Hallstattzeitliches Frauengrab im Wald bei Egelsbach, Landkreis Offenbach *Gesine Weber*	59
Die Urnen von Zella *Andreas Thiedmann*	62
Neue Untersuchungen im Umfeld des Glaubergs *Leif Hansen, Angela Kreuz, Christopher Pare*	65
Neues zur Konstruktion der Milseburg-Mauer *Ulrike Söder, Manuel Zeiler*	70
Niederweimar – Besiedlung ohne Grenzen? *Susanne Gütter, Christa Meiborg*	74
Der archäobotanische Blick in eine frühgermanische Kegelstumpfgrube der Siedlung Weimar-Niederweimar *Ralf Urz*	77

Ein Bericht aus dem Jahr 1722 über keltische Goldmünzen im Mardorfer Wald — 80
Klaus Sippel

Zwei spätlatènezeitliche Brandgräber aus dem hessischen Werratal — 84
Klaus Sippel

Römische Lager »Am Goldstein« in Bad Nauheim — 86
Jörg Lindenthal, Rainer Nickel

Ausgrabungen 2004 in der Kapersburg — 89
Elke Löhnig, Egon Schallmayer

Sanierungsmaßnahmen im Feldberg-Kastell — 93
Elke Löhnig, Egon Schallmayer

Neue Grabungen im Saalburg-Kastell — 97
Elke Löhnig, Egon Schallmayer

Ein Amphitheater im Lagerdorf des Kastells Arnsburg – Wiederentdeckung und Deutung einer Entdeckung — 100
Stephan Bender

Soldatenleben an einem Wachtposten am östlichen Wetteraulimes — 103
Egon Schallmayer

puls und *panis militaris*!? – Zur Ernährung der Wachsoldaten des Wp. 5/4 Neuberg am Limes — 108
Angela Kreuz

Kleinvilla oder Kultplatz? – Ein römischer Steinbau samt Brunnen in Kelsterbach — 111
Alexander Heising

Römisches Gräberfeld in Frankfurt-Zeilsheim 116
Andrea Hampel

Neues zur Alteburg bei Biebergemünd-Kassel 119
Claus Bergmann, Silke Jäger, Konstanze Jünger

Siedler waren Alamannen – Ergebnisse einer archäologischen Baubegleitung in der Stadt Butzbach — 122
Gail Schunk-Larrabee, Winfried Schunk

Verkaufsschlager oder Ladenhüter? – Frühmittelalterliche Keramikproduktion in Neuental-Zimmersrode — 125
Petra Hanauska

Die Bauentwicklung der Klosterkirche von Helmarshausen nach den Ausgrabungen 1964–1968 — 128
Friedrich Oswald

Am Brunnen vor dem Tore... – Grabungen auf Burg Lindenfels — 132
Holger Göldner

Seit 400 Jahren verlassen – das Dorf Kostloff bei Wiesbaden-Medenbach — 135
Norbert Buthmann, Günter Sommer, Benno Zickgraf

Ein hölzerner Keller des Mittelalters in Dieburg — 137
Ralf Klausmann

Erste archäologische Untersuchungen an der Johanniterkirche in Nidda — 140
Jörg Lindenthal, Matthias Renker, Dieter Wolf

Eine mittelalterliche Zisterne in der Altstadt von Bad Hersfeld — 144
Jürgen Kneipp

Eine Glocke für die Krutzenkirche — 147
Egon Wamers, Birgit Schwahn, Gerhard Brey, Sigrun Martins

Boumensehin, Boymenkirchen, Baumkirchen – Wüstungsforschung im Seenbachtal, Gemeinde Laubach-Freiensen, Kreis Gießen 151
Udo Recker, Christoph Röder, Claudia Tappert

Frühneuzeitliches Geschirr vom Gelände des ehemaligen Philippinums in Marburg —— 155
Rainer Atzbach, Katrin Atzbach

Ausgrabungen in der Wasserburg Aue im Jahr 2004 —— 158
Karl Kollmann

Planung und Zielsetzung eines digitalen Kulturlandschaftsinformationssystems für Hessen —— 161
Udo Recker

Von der Tuschefeder zur Datenbank —— 164
Irina Görner

Das Prätorium der Saalburg —— 167
Elke Löhnig, Egon Schallmayer

»Körpergräber des 1.–3. Jahrhunderts in der römischen Welt«– Internationales Kolloquium 2004 im Archäologischen Museum Frankfurt a. M. —— 171
Andrea Faber, Peter Fasold, Manuela Struck, Marion Witteyer

Neue Wege ins alte Hessen —— 172
Christa Meiborg, Rainer Atzbach

Hessens »Altsteinzeitler« haben ein Forum —— 175
Norbert Kissel

»Junge Archäologen in Hessen« – ein notwendiges Projekt zur Nachwuchsförderung —— 177
Norbert Fischer, Vera Rupp

Autoren —— 179

Bildnachweis —— 183

Karte der Städte und Gemeinden, aus denen in diesem Band berichtet wird.

Vorwort des Herausgebers

Der vierte Band der **hessen**ARCHÄOLOGIE gibt einen Überblick über die Arbeit, die im Jahr 2004 von den Kolleginnen und Kollegen in der hessischen Landesarchäologie geleistet wurde. In über 50 Beiträgen stellen sie die Ergebnisse ihrer Ausgrabungen und Forschungen dar, berichten über Ausstellungs- und Vermittlungsprojekte sowie viele weitere Aktivitäten.

Vier paläontologische Beiträge befassen sich u. a. mit den Spuren frühesten Lebens in unserem Land.

Einer der beiden Beiträge, die die Alt- und Mittelsteinzeit betreffen, berichtet über die mehrmaligen Treffen der neu gegründeten AG Altsteinzeit. Diese soll die Erforschung des hessischen Paläo- und Mesolithikums stärken, nachdem dieser fachliche Zweig in Hessen mit der Pensionierung von Prof. Dr. Lutz Fiedler nicht mehr hauptamtlich betreut werden kann.

Einen Schwerpunkt unter den Vorgeschichtsthemen bilden zum wiederholten Male Beiträge zu den frühen Bauernkulturen der Jungsteinzeit. Hier kann Hessen auf zahlreiche bedeutende Projekte verweisen, die es mittlerweile zulassen, eine »landeskundliche Studie« der jungsteinzeitlichen Epoche unseres Landes zu erstellen. Weiterhin zeigen die Beiträge zu eisenzeitlichen Hinterlassenschaften die Bedeutung, die der Erforschung der keltischen Kultur Hessens gegenwärtig zukommt. Gerade die Untersuchungen am Glauberg im Rahmen eines von der Deutschen Forschungsgemeinschaft geförderten Projekts lassen wichtige neue Erkenntnisse erwarten.

Die meisten Beiträge zur römischen Epoche beinhalten Limesforschungen, die mit dem Anmeldeverfahren zur Eintragung des Obergermanisch-Raetischen Limes in die Welterbeliste der UNESCO zusammenhängen.

Allein zwölf Artikel beschäftigen sich mit Untersuchungen zu Mittelalter und Neuzeit. Dem Stellenwert, den dieser Zweig unserer Wissenschaft in Hessen mittlerweile einnimmt, versucht die hessische Landesarchäologie durch die 2004 erfolgte Einrichtung des Sachgebiets »Archäologie des Mittelalters und der Neuzeit« an ihrer Außenstelle Marburg Rechnung zu tragen. Ein Kongress am 13./14. Oktober 2004 im Hessischen Staatsarchiv Marburg diente der Standortbestimmung der hessischen Mittelalter- und Neuzeitarchäologie und der Vorstellung neuer Grabungs- und Forschungsergebnisse. Leider ist es 2004 nicht gelungen, die Stelle eines wissenschaftlichen Mitarbeiters im neuen Sachgebiet anzusiedeln. Hier bleibt ein angesichts der Aufgabenfülle dringendes Desiderat bestehen.

Hinter vielen Beiträgen ist ehrenamtliches Engagement deutlich zu erkennen. Die betreffenden Mitarbeiterinnen und Mitarbeiter sind zur möglichst vollständigen Erfassung der archäologischen Kulturlandschaft Hessens durch Fundstellenbeobachtung und -dokumentation unverzichtbar. Auch hier hat die hessische Landesarchäologie die Initiative ergriffen. Zum einen wurde ein Fortbildungsprogramm für die ehrenamtlich Tätigen aufgelegt, das sich großer Beliebtheit erfreut. Zum anderen beteiligt sie sich federführend an der Schaffung eines hessischen Kulturlandschaftskatasters. In diesem Zusammenhang wurde vom 18.–20. März 2004 die Tagung »Kulturlandschaft: Wahrnehmung – Inventarisation – Regionale Beispiele« an der Universität Frankfurt durchgeführt.

Wichtig für die Bewertung der archäologischen Kulturlandschaft ist die Erfassung, Archivierung und Bereitstellung ihrer Materialien. Darauf fußen die Bemühungen, ein Zentrales Archäologisches Funddepot zu schaffen. Auch hier ist Handlungsbedarf gegeben, da die Magazine der Hessischen Landesmuseen in Darmstadt, Kassel und Wiesbaden überquellen und die bei der Archäologischen Denkmalpflege an mehreren Orten zwischengelagerten Fundmengen dringend besser untergebracht werden müssen.

Die **hessen**ARCHÄOLOGIE 2004 vermittelt also wieder ein detailliertes Bild der Landesarchäologie. Erfreulich ist, dass die Beiträge nahezu alle Regionen unseres Landes, dieses Mal besonders auch Nord- und Osthessen, betreffen. Am Ende bleibt dem Herausgeber die angenehme Pflicht, den Autoren des vorliegenden Bandes, den unzähligen ehrenamtlich Tätigen in der Landesarchäologie, aber auch den eigenen Mitarbeiterinnen und Mitarbeitern sehr herzlich zu danken. Ein besonderer Dank gilt unseren Kollegen Dr. Guntram Schwitalla und Dr. Stefan Thörle für die hervorragende Schriftleitung und redaktionelle Arbeit.

Wiesbaden, im März 2005

Prof. Dr. Egon Schallmayer
Landesarchäologe

Prof. Dr. Egon Schallmayer

	Perioden	Epochen	Kulturen	Kulturelle Kennzeichen	
+1000	Mittelalter	Frühmittelalter	Franken (Merowinger)	Christianisierung	
+500	Völkerwanderungszeit		Alamannen	Zerstörung des römischen Limes	
0	Römische Kaiserzeit		Römer Chatten	Römische Verwaltung, Wirtschaft und Religion	
	Eisenzeit	Latènezeit	LtD LtC LtB LtA frühe Germanen Kelten	Mediterran beeinflusster Kunststil, scheibengedrehte Keramik, große Stadtanlagen (Oppida)	
−500		Hallstattzeit	HaD HaC Hallstattkultur	Oberschicht mit Prunkgräbern, »Fürstensitze«	
−1000	Bronzezeit	späte Bronzezeit	HaB HaA BzD Urnenfelderkultur	Brandbestattungen, Urnen in Flachgräbern, befestigte Höhensiedlungen, Depotfunde	
−1500		mittlere Bronzezeit	BzC BzB Hügelgräberkultur	Entwickelte Bronzemetallurgie, Körpergräber mit aufwändiger Trachtausstattung	
−2000		frühe Bronzezeit	BzA2 BzA1 Adlerberg-Kultur	Kupfermetallurgie, Zinn, Metallhandel, Hortfunde, kleine Flachgräbergruppen mit Hockerbestattungen	
−2500	Jungsteinzeit	Endneolithikum (Kupferzeit / Äneolithikum)	Glockenbecher-Kultur Schnurkeramik	Hockergräber mit Feuersteinpfeilspitzen, Armschutzplatten, kupfernen Dolchen / Hockerbestattungen unter Grabhügeln, Streitäxte, häufig Schmuck als Beigabe	Ackerbau und Viehhaltung
−3000		Spätneolithikum	Wartberg-Kultur	Befestigte Siedlungen, Großsteingräber mit Kollektivbestattungen, erste Wagen	
−3500 −4000		Jungneolithikum	Michelsberger Kultur	Große Erdwerke, Architektur weitgehend unbekannt, selten Kupfergegenstände, fast nur unverzierte Keramik, Backteller, lediglich Sonderbestattungen überliefert	
−4500		Mittelneolithikum	Bischheim Rössen Großgartach Hinkelstein	Erste Kupferobjekte Schiffs- oder trapezförmige Langbauten, eher dorfartige Strukturen, Bestattungen in gestreckter Lage	
−5000 −5500		Frühneolithikum	Linienbandkeramik La Hoguette	Sesshaftigkeit mit Langhäusern, Ackerbau, Viehhaltung, Töpferei, Steinbeile (Steinschliff), Hockerbestattungen	
−10000	Mittelsteinzeit (Mesolithikum)	Spätmesolithikum Frühmesolithikum	Spätmesolithikum Beuronien	Nacheiszeit: Pirschjagd mit Pfeil und Bogen, Fischen, Sammeln, mikrolithische Steingeräteindustrie	
	Altsteinzeit (Paläolithikum)	Jungpaläolithikum	Spätpaläolithikum Magdalénien Gravettien Aurignacien	Anpassung an die Klimaerwärmung Hochspezialisierte Jagdwaffen (Speerschleuder, Harpunen), Höhepunkt der Kleinkunst So genannte Venusstatuetten (z. B. Venus von Willendorf), Elfenbein- und Tierzahnanhänger Jetztmensch: neue Stein-, Knochen- und Geweihgerätetechnologie, Elfenbeinschnitzereien	Jäger und Sammler
−40000 −200000		Mittelpaläolithikum	Micoquien Moustérien	Neandertaler: spezialisierte Steingeräteindustrie (Schaber), erste Bestattungen	
−600000		Altpaläolithikum	Acheuléen	Homo erectus: einfache Hütten, Arbeitsplätze, Feuerstellen, Faustkeile, Holzlanzen	

Aufschlüsse zur devonischen Fauna in Wetzlar-Hermannstein, Lahn-Dill-Kreis

Mollusken aus dem mitteldevonischen Riff vom Hermannstein bei Wetzlar

Doris Heidelberger, Michael R. W. Amler

Dipl.-Geol. Beate Thieß zum Angedenken

Unter dem alten Namen »Stringocephalenkalk« ist ein Kalkgestein im mittleren Lahngebiet zwischen Rodheim-Bieber und Limburg verbreitet, das nicht nur wirtschaftlich von Bedeutung ist, indem es in großen Steinbrüchen bis heute intensiv abgebaut wird, sondern das auch in der Paläontologie außerordentlich intensiv erforscht wurde. Der Name »Stringocephalenkalk« geht auf das Leitfossil für den Zeitabschnitt des Oberen Mitteldevons, den Brachiopoden (Armfüßer) *Stringocephalus burtini* (»Eulenkopf«), zurück, der schon von E. Kayser 1899 mehrfach in massigem Kalk gefunden wurde. Heute wird dieser Schichtenabschnitt als »Massenkalk« bezeichnet, weil er sich durch eine massige, schichtungslose Ausbildung auszeichnet, die an der Oberfläche von sehr tief reichenden Karstschlotten durchsetzt sein kann. Gelegentlich ist der Massenkalk auch grob gebankt; in weiten Bereichen kann der Kalk sekundär in Dolomit umgewandelt worden sein.

Die Massenkalke repräsentieren die Riffgebiete des Oberen Mitteldevons (Givetium) und des Unteren Oberdevons (Frasnium) im Rheinischen Schiefergebirge vor 380–385 Mio. Jahren. Innerhalb dieser Riffareale und ihrer Umrahmung lässt sich eine Vielzahl von Fossilien finden, die schon seit Langem das Interesse von Paläontologen und Geologen hervorgerufen hat. Zumeist sind es verschiedene Arten von Korallen und Stromatoporen (Kalkschwämme), die unterschiedliche Riffbereiche charakterisieren. Mit ihnen kommen aber auch andere Fossilgruppen vergesellschaftet vor, wie z. B. Brachiopoden (Armfüßer), Trilobiten (Dreilappkrebse), Crinoiden (Seelilien), Bivalven (Muscheln) und Gastropoden (Schnecken), die meist in Riffnischen und geschützten Bereichen lebten. Während vor allem die riffbildenden Fossilgruppen in den letzten Jahrzehnten intensiv erforscht worden sind, blieben die Mollusken (Weichtiere) weitgehend unbeachtet. Allerdings sind die Mollusken ein in der Entwicklungsgeschichte des Lebens besonders erfolgreicher Tierstamm, der heute in seiner Artenzahl nur noch von den Arthropoden (Gliederfüßer) übertroffen wird. Die Mollusken sind bereits seit dem frühen Kambrium (vor etwa 545 Mio. Jahren) nachgewiesen und lieferten im Laufe der Entwicklungsgeschichte der Erde die meisten fossilen Arten, da ihr kalkiges Gehäuse ein hohes Fossilisations- und Erhaltungspotential besitzt.

Meistens ist die Erhaltung der Massenkalkfossilien schlecht, sodass sie weder vollständig geborgen noch präpariert werden können; oftmals sind sie aber auch schon vor ihrer Einbettung durch die ehemalige Brandung oder starke Strömungen zerbrochen. An einigen Fundstellen im Lahngebiet treten jedoch devonische Bivalven und Gastropoden in plastischer, aus dem einbettenden Gestein herausgelöster Schalenerhaltung gehäuft auf, wenngleich sie aber generell eher selten anzutreffen sind.

Im großen, heute noch im Abbau befindlichen Kalksteinbruch »Malapertus« der Firma Heidelberg Cement (ehem. Firma Buderus) östlich von Hermannstein nahe Wetzlar an der L3053 (TK 25 Bl. 5417 Wetzlar) tritt der mitteldevonische Massenkalk in örtlich sehr hoher Reinheit (98 % $CaCO_3$; Zementherstellung) zutage. Es handelt sich um einen bis 150 m mächtigen Abschnitt des Kalkzugs zwischen Rodheim-Bieber und Limburg. Mikroskopisch betrachtet enthält dieser feinkörnige Kalkstein außer Crinoidenbruchstücken und Korallen auch Kalkschwammelemente, Bryozoen (Moostierchen), Bivalven- und Brachiopodenschalen, rugose und tabulate Einzelkorallen (Runzel- und Bödenkorallen) und zudem Algenreste. Da die Organismen nicht vollständig oder in Lebendstellung vorgefunden wurden, kann davon ausgegangen werden, dass es sich um feinkörnige Riffschutt-(Detritus)-Ablagerungen handelt, die durch Zerstörung noch während der Riffbildung entstanden sind. Die Fossilien kommen sehr vereinzelt in Verwitterungstaschen, auf angewitterten Bruchflächen und im feinen Riffschutt vor. Sie besitzen zumeist nur eine geringe Größe, sind aber relativ gut erhalten, wenn sie sich aus dem umgebenden Gestein herauslösen lassen.

In einem kleinen, dem sog. Alten Steinbruch westlich der Straße von Hermannstein nach Blasbach (TK 25 Bl. 5416 Braunfels), gegenüber vom heutigen Abbau, kommen gelegentlich auch größere Gastropoden der gleichen Riffkalkzone vor, deren biogene Zusammensetzung sich hier gut studieren lässt.

Am Fundort Hermannstein findet man im großen Steinbruch verschiedene systematische

1 Wetzlar-Hermannstein, »Alter Steinbruch«. Der Amphigastropode *Bellerophon (Bellerophon) lineatus*; Seitenansicht.

2 Wetzlar-Hermannstein, »Alter Steinbruch«. Die Schnecke *Clathronema reticulata*; Seitenansicht.

3 Wetzlar-Hermannstein, »Alter Steinbruch«. Die neritimorphe Schnecke *Hessonia germana*; Seitenansicht.

Schneckengruppen, überwiegend kleine selenimorphe und trochomorphe Arten, selten Stylogastropoda und Neritimorpha. Folgende Gastropodenarten sind bisher bekannt: *Retispira elegans, Euryzone delphinuloides, Coelozone hermannsteini, Platyloron bischofii, Odontomaria semiplicata, Balbinipleura sextalineata, Devonorhineoderma quadricincta, Archaeosphera simbergi* (benannt nach dem »Simberg«, zu dessen Füßen der große Kalksteinbruch von Hermannstein liegt), *Dohmella multistriata, Porcellia bifida, Loxonema wetzlariana, Palaeozygopleura kaupii, Murchisonia defrancei, Straparollus laevis, Plagiothyra purpurea, ? Naticopsis (Naticopsis) convoluta, Nerrhena aequistriata* und *Hessonia piligera*. Von diesen 18 Arten gehören die meisten zum Stammrepertoire der mitteldevonischen Riffe und sind damit im gesamten Rheinischen Schiefergebirge relativ weit verbreitet. Einige andere wie *Coelozone hermannsteini, Balbinipleura sextalineata, Archaeosphera simbergi* und *Loxonema wetzlariana* sind jedoch bisher nur von Hermannstein bekannt und belegen damit die Eigenständigkeit dieses Atollriffs.

Vom »Alten Steinbruch« liegen dagegen andere Gastropodenarten in meist geringer Individuenzahl vor, wie z. B. *Bellerophon (Bellerophon) lineatus* (Abb. 1), *Champernownia wagneri, Rhenomphalus rota, Rhenomphalus germanus* und *Clathronema reticulata* (Abb. 2). Es sind ebenfalls im Mitteldevon weit verbreitete Arten des nahen Riffbereichs, allerdings ist die Artenzahl im »Alten Steinbruch« aufgrund der zunehmend schlechten Aufschlussverhältnisse sehr begrenzt. Eine ebenfalls bisher nur aus dem »Alten Steinbruch« überlieferte Art ist *Hessonia germana* (Abb. 3), die von D. Heidelberger 2001 entdeckt wurde.

Die im »Malapertus«-Steinbruch gefundenen Gastropoden sind generell kleiner. Man kann deshalb davon ausgehen, dass es sich hier um jüngere Exemplare oder Kümmerformen handelt. Kleinwüchsige Gattungen, besonders solche der Vetigastropoden, der Neritimorpha und der Bellerophontiden, treten vorwiegend in der Vorriffzone bzw. in der Nähe des Riffkerns auf.

Muscheln kommen wesentlich seltener vor. Charakteristisch sind die dickschaligen Vertreter der Megalodonten, die zu den »Verschiedenzähnigen« Muscheln (Heterodonta) gehören und sehr große Scharnierzähne entwickelten. Von dieser Gruppe wurden mehrere kleine Exemplare von *Megalodon abbreviatus* (Abb. 4) gesammelt, die sich durch ihre stark eingedrehten Wirbel und das aus massiven Zähnen aufgebaute Schloss auszeichnen. Sie lagen frei auf dem Substrat in geschützten Riffnischen. Daneben liegen auch Fragmente der geflügelten Muschel *Actinopteria* sp. und von miesmuschelförmigen Formen vor, die anzeigen, dass im Riff auch durch hornige Byssusfäden angeheftete Muscheln verbreitet waren. Von Bedeutung ist außerdem, dass im »Alten Steinbruch« auch die seltenen Rostroconchien (Schnabelschaler) mit mehreren Exemplaren von *Bigalea clathrata* (Abb. 5) gefunden wurden, die mit ihrem vorderen Gehäuseabschnitt im Sediment steckten.

Weitere Massenkalkfossilien sind vom südlichen Hang des Schwanzbergs 2 km nordwestlich von Hermannstein von Kayser 1899 vorgestellt worden: der Brachiopode *Stringocephalus burtini*, Stromatoporen, Favositiden (Böden-Korallen), Cyathophylliden (Runzel-Korallen) und Crinoidenstielglieder sowie die Schnecken *Euomphalus laevis, Loxonema tenuicostatum, Loxonema sandbergeri, Turbonitella subarmata*, die Muschel *Avi-*

culopecten lobatus und die Brachiopoden *Atrypa reticularis, Rhynchonella* aff. *parallelepipeda (subcordiformis), Camarophoria (?) brachyptycta* und *Pentamerus globus (?)*.

Wie erwähnt, repräsentieren die Massenkalke die Riffgebiete (Rifffazies) des Oberen Mitteldevons und des Unteren Oberdevons. Diese Riffe bildeten sich sowohl innerhalb des breiten Schelfmeers, welches sich im Devon südlich des Kontinents Laurussia (der sog. Old-Red-Kontinent) ausbreitete, als auch am äußeren Schelfrand, zusätzlich aber auch auf Höhenrücken auf dem küstenfernen Meeresboden, die durch untermeerischen Vulkanismus entstanden waren. Im Gegensatz zum tiefen, umgebenden Meeresgebiet hatte der submarine Vulkanismus die Schwellenbereiche (aus sog. Schalstein) als Voraussetzung für das Riffwachstum in Form von inselartigen Flachwasserarealen geschaffen. Dadurch bildeten sich an mehreren Stellen im Lahn-Dill-Gebiet unter Beteiligung riffbildender Organismen zunächst gebankte Kalkgesteine, aus denen sich dann in der photischen (durchlichteten) Zone lokal Riffe bzw. Bioherme entwickeln konnten. Je nach Größe und Höhe der Schalstein-Schwellen bildeten sich entweder schmale, wenige Meter mächtige, rasch auskeilende Rifflinsen oder bis über 100 m mächtige, geschlossene und weit fort streichende Riffkörper, deren Wachstum über mehrere Millionen Jahre bis in das Oberdevon andauerte. Das Lahn-Dill-Gebiet entwickelte sich so zu einer »devonischen Südsee« um kleine Vulkaninseln mit Saumriffen oder Atollen.

W. Krebs erläuterte 1971, dass es sich bei den verschiedenen Kalken nicht um stratigraphische, verschieden alte Einheiten handelt, wie von W. Paeckelmann 1922 angenommen, sondern um unterschiedliche Faziesbereiche, also paläoökologische Zonen, deren stratigraphische Stellung und horizontale Verbreitung variieren können. Sie weisen dementsprechend schwankende Mächtigkeiten auf. Seitdem werden Paeckelmanns Einheiten als Faziesbezeichnungen verwendet: Der Schwelmer Kalk ist die Schwelm-Fazies und kennzeichnet das Plattform-Stadium zu Beginn der Massenkalkentwicklung ohne Differenzierung in einzelne Riffbereiche; der Dorper Kalk ist die Dorp-Fazies und repräsentiert das eigentliche Riff-Stadium mit einer Differenzierung in Vorriff, Riffkern und Rückriff; der Iberger Kalk bildet als Iberg-Fazies das Kuppen-Stadium, also eine lokale Ausbildung an Außenflanken bzw. über den höchsten Teilen des Riff-Stadiums.

Im Gegensatz zu anderen Riffkomplexen im Lahngebiet und dem westlichen Rheinischen Schiefergebirge ist der Riffzug von Hermannstein noch nicht detailliert untersucht worden, auch wenn B. Thieß 1999 einzelne Fazieszonen wie z.B. Kalke der Schwelm-Fazies und der Iberg-Fazies lokal bestimmen konnte. Eine genaue Profilaufnahme des Kalksteinbruchs »Malapertus«, kombiniert mit detaillierten Bohrkernuntersuchungen, würde allerdings ein genaueres Bild über das komplette Riff liefern.

Im Oberdevon starben die Riffbereiche innerhalb eines relativ kurzen Zeitraums, aber nicht gleichzeitig ab. Dies stand wahrscheinlich mit erneut einsetzender vulkanischer Aktivität und einem differenzierten Absinken einzelner Vulkan-/Riffkomplexe in Verbindung. Das endgültige Absterben der Riffe erfolgte kurz vor dem Ende des Unteren Oberdevons (Wende Frasnium/Famennium, etwa vor 375 Mio. Jahren) durch einen weltweiten Anstieg des Meeresspiegels infolge der sog. Kellwasser-Krise (Kellwasser-Event), nach der nie wieder Riffe mit dieser Faunen-Zusammensetzung entstanden.

4 Wetzlar-Hermannstein, Steinbruch »Malapertus«. Die heterodonte Muschel *Megalodon abbreviatus*; linke Klappe.

5 Wetzlar-Hermannstein, »Alter Steinbruch«. Der Rostroconch *Bigalea clathrata*; Seitenansicht.

LITERATUR

E. Beyer, Beitrag zur Kenntnis der Fauna des Kalkes von Haina bei Waldgirmes (Wetzlar). Verhandlungen des Naturhistorischen Vereins Rheinland und Westfalen 53, 1896, 115–147. – W. Buggisch/E. Flügel, Mittel- bis oberdevonische Karbonate auf Blatt Weilburg (Rheinisches Schiefergebirge) und in Randgebieten: Initialstadien der Riffentwicklung auf Vulkanschwellen. Geologisches Jahrbuch Hessen 120, 1992, 77–97. – D. Heidelberger, Mitteldevonische (Givetische) Gastropoden (Mollusca) aus der Lahnmulde (südliches Rheinisches Schiefergebirge). Geologische Abhandlungen Hessen 106, 2001, 1–291. – U. Jux, Die devonischen Riffe im Rheinischen Schiefergebirge. Neues Jahrbuch für Geologie und Paläontologie, Abhandlungen 110, 1960, 186–257; 259–392. – E. Kayser, Blatt

Ballersbach. Erläuterungen zur Geologischen Karte von Preußen und benachbarten Bundesstaaten (Berlin 1899) 1–65. – W. Kegel, Blatt Rodheim. Erläuterungen zur Geologischen Karte von Preußen und benachbarten Ländern (Berlin 1933, 2. Aufl. 1971) 1–48. – W. Krebs, Devonian Reef Limestones in the Eastern Rhenish Schiefergebirge. In: G. Müller (Hrsg.), Sedimentology of Parts of Central Europe. International Sedimentological Congress 1971. Guidebook 5, 1971, 45–81. – H.-D. Nesbor/W. Buggisch/ H. Flick/M. Horn/H.-J. Lippert, Fazielle und paläogeographische Entwicklung vulkanisch geprägter mariner Becken am Beispiel des Lahn-Dill-Gebietes. Geologische Abhandlungen Hessen 98, 1993, 3–87. – S. Oetken/H. Zankl, Mittel- bis oberdevonische Karbonate des zentralen und vorgelagerten Riffbereichs in der mittleren Lahnmulde. In: M.R.W. Amler/K.-W. Tietze (Hrsg.), Sediment 93. Kurzfassungen von Vorträgen und Poster und Exkursionsführer für die Exkursionen A1–A3 und B1–B3. Geologica et Palaeontologica 27, 1993, 324–331. – W. Paeckelmann, Der mitteldevonische Massenkalk des Bergischen Landes. Abhandlungen der Preußischen Landesanstalt für Bodenforschung. Neue Folge 91 (Berlin 1922) 1–112. – B. Thieß, Zur Geologie des Gebietes nördlich von Wetzlar. Unveröffentlichte Diplomarbeit (Universität Marburg 1999).

Paläontologie des Karbonzeitalters in Biebertal-Königsberg, Landkreis Gießen

Seltene Fossilien aus den Kulm-Kieselschiefern von Königsberg (Hessen)

Katrin Schwab,
Michael
R.W. Amler

Als »Kulm-Fazies« wird der küstenferne, offenmarine Ablagerungsraum während der Zeit des Unterkarbons vor 350–325 Mio. Jahren bezeichnet, der der Südküste des ehemaligen Kontinents Laurussia, bestehend aus dem heutigen Nordamerika und Nordeuropa, vorgelagert war. In diesem Sedimentationsbecken, das heute im Gebiet des Rheinischen Schiefergebirges zwischen Wuppertal und Marburg aufgeschlossen ist, entstanden vorwiegend dunkelgrau oder schwarz gefärbte, tonige Gesteine, die heute, nach der anschließenden Variszischen Gebirgsbildung, als harte, splittrig brechende Kieselschiefer und kieselige Tonschiefer vorliegen. H.-J. Gursky nimmt an, dass der außergewöhnlich hohe Kieselsäureanteil des ehemaligen Meerwassers zum größten Teil durch terrestrische Verwitterung und zu einem kleinen Anteil auch durch vulkanische, kieselsäurereiche Exhalationen eingetragen wurde. Infolge tropischer NO- bzw. SO-Passatwinde

6 Biebertal-Königsberg. Blick nach Nordwesten auf den Fundpunkt Strupbachtal bei Biebertal-Königsberg (RBS), Wegböschung mit hellen Kulm-Kieselschiefern.

kam es im Unterkarbon zu nährstoffreichen Strömungen aus dem Paläo-Pazifik, die eine Kieselplankton-(Radiolarien-)Blüte förderten. Trotz wüstenhafter und tropischer Klimabedingungen während dieser Zeit, wie von C. Peeters u.a. 1992 angenommen, enthalten diese Meeresablagerungen nur sehr selten Reste von Tieren und Pflanzen, weil der Meeresboden offenbar sauerstofffrei oder zumindest sauerstoffarm war, sodass sich praktisch kein Bodenleben (Benthos) entwickeln konnte. Lediglich in höheren Bereichen der Wassersäule lebten vorwiegend nektonische (aktiv schwimmende) und planktonische (passiv treibende) bzw. pseudoplanktonische (an treibenden Pflanzen angeheftete) Organismen, wie z.B. Cephalopoden (Kopffüßer), Radiolarien (Kieselplankton) und Bivalven (Muscheln). Dementsprechend sind die wenigen Fundpunkte, in denen fossile Organismenreste gefunden wurden, die auf den Oberseiten der Platten zu finden sind. Dies vereinfacht die Präparation oder macht sie in vielen Fällen überflüssig. Bei den Gesteinen vom Eisensteinweg sind dagegen Schichtung und Schieferung nicht parallel angelegt, sondern stehen in einem Winkel von etwa 20–40 Grad zueinander. Dadurch liegen die Fossilien meist schräg im Gestein. Dies erschwert die Präparation erheblich, da das Gestein sehr hart, splittrig und dazu relativ stark geklüftet ist, sodass bei diesen Proben so weit wie möglich auf die Präparation verzichtet wurde.

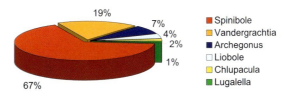

7 Biebertal-Königsberg. Verteilung der unterschiedlichen Trilobiten-Gattungen innerhalb der bearbeiteten Fauna aus dem Strupbachtal.

 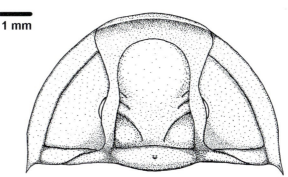

8 Biebertal-Königsberg. Cephalon (Kopfschild) von *Spinibole coddonensis* und Rekonstruktion.

auf vereinzeltes Bodenleben hinweisen, von besonderer Bedeutung.

Die beiden Fundstellen, die im Rahmen eines Forschungsprojekts bearbeitet wurden, hatte W. Kegel 1933 im Rahmen der geologischen Landesaufnahme auf dem Blatt Rodheim-Bieber (TK25, Blatt 5317) in der Umgebung von Biebertal-Königsberg entdeckt. Die Marburger Paläontologen G. und R. Hahn sammelten 1966 weiteres Material, das in den Folgejahren durch M. Amler 1983 ergänzt wurde. Inzwischen liegen fast 400 Fossilien vor, die in ihrer Erhaltung weit über der üblichen Qualität liegen. Die beiden Fundpunkte nahe der Ortschaft Königsberg liegen östlich des Strupbachtals (Abb.6) bzw. südlich davon (am sog. Eisensteinweg). Die Aufschlussbedingungen sind heute relativ schlecht, da es sich um niedrige Wegböschungen handelt, die schwach verwittertes Gestein liefern. Es sind harte, mittel- bis dünnplattige kieselige Schiefer von grünlich-gelber, gelblicher bis gelbbrauner Farbe. Bei den Proben der Fundstelle östlich des Strupbachtals sind offensichtlich Schichtung und Schieferung parallel angelegt, sodass die Fossilien nahezu immer

Die fossilführenden Gesteine gehören zum unterkarbonischen Schichtglied der sog. Hellen bzw. Bunten Kulm-Kieselschiefer, deren Alter von Amler 1983 bzw. Amler u.a. 1994 als späte *Pericyclus*-/frühe *Goniatites*-Stufe (etwa 335 Mio. Jahre vor heute) bestimmt wurde. Dieses Alter ergibt sich sowohl aus der stratigraphischen Position der Schichten als auch aus dem Vorkommen von Leitfossilien, vor allem Trilobiten (Dreilappkrebse).

Bei der geborgenen und bearbeiteten Fauna handelt es sich hauptsächlich (zu 82%) um die Überreste von Trilobiten, fast ausschließlich Häutungsreste (Exuvien), die in den allermeisten Fällen als Steinkerne, also ohne ehemalige Schale vorliegen. Als Begleitfauna treten vor allem Brachiopoden (Armfüßer; 13%) auf; Reste von Crinoiden (Seelilien), tabulate Korallen (Bödenkorallen), Gastropoden (Schnecken) und Ostracoden (Muschelkrebse) stellen zusammen die restlichen fünf Prozent der Fossilien. Inwieweit diese Verteilung der ursprünglichen Verteilung nahe kommt, ist schwer zu beurteilen, weil nicht ersichtlich ist, ob bei der Sammlung der Fossilien eventuell verstärkt auf Trilobiten geachtet wurde oder ob alle

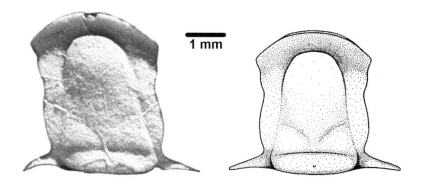

9 Biebertal-Königsberg. Cranidium (mittlerer Teil des Kopfschilds) von *Vandergrachtia vandergrachtii* und entzerrte Rekonstruktion.

10 Biebertal-Königsberg. Verteilung der Panzerteile bei den drei häufigsten Trilobiten-Gattungen innerhalb der bearbeiteten Fauna aus dem Strupbachtal.

Reste eingesammelt wurden. Außerdem lassen sich nicht alle Organismenreste statistisch erfassen.

Die reichhaltige Trilobiten-Fauna besteht aus typischen Vertretern der Kulm-Fazies, die durch Sedimente gekennzeichnet ist, die in tieferem Wasser abgelagert wurden, wo es kaum Licht gab. Daher sind die Trilobiten zumeist kleinäugig oder sogar vollständig blind. Bei den Trilobiten entfallen 67% auf Vertreter der Gattung *Spinibole*, 19% gehören zu *Vandergrachtia*, 7% zu *Archegonus* (*Phillibole*), 4% zu *Liobole* (*Liobole*), 2% zu *Chlupacula* und 1% zu *Lugalella* (Abb. 7). Die Trilobiten sind entweder relativ groß und dabei sehr flach gewölbt (*Liobole*, mehr noch *Archegonus* [*Phillibole*] *nehdenensis* und *Chlupacula* [*Chlupacula*] *kymo dodo*), oder – der bei weitem überwiegende Anteil – relativ klein und dazu stärker gewölbt (Spinibolen, *Vandergrachtia*). Entweder war das Milieu so beschaffen, dass es für die beiden Formtypen jeweils optimale Bedingungen aufwies, oder die Reste wurden aus zwei nebeneinander existierenden ökologischen Nischen mit nur geringen Unterschieden zusammengeschwemmt. Da es praktisch keine Anzeichen von Strömung gibt, muss davon ausgegangen werden, dass die beiden Formtypen nebeneinander existiert haben.

Die Arten, die den größten Anteil der Fauna stellen, sind *Spinibole ruethenensis*, *Spinibole coddonensis* (Abb. 8), *Vandergrachtia vandergrachtii* (Abb. 9) und *Liobole glabra bottkei*. Sie besaßen nur kleine Augen, *Spinibole ruethenensis* soll vollständig blind gewesen sein, *Liobole* (*Liobole*) *glabra bottkei* stammt zwar von Formen mit relativ großen Augen ab, reduzierte aber die Augen sowohl in der Größe als auch in der Anzahl der Linsen.

Beim Vergleich der vorliegenden Trilobiten mit anderen gleichaltrigen Faunen fällt auf, dass es keinerlei Formen mit echten geblähten Wangenstacheln gibt. Die sonst für Kulm-Faunen oft so charakteristischen Vertreter der Cystispininen mit den typischen keulen- oder blasenförmigen Wangenstacheln fehlen vollständig. Es treten zwar sehr viele Vertreter der Cystispininen auf, allerdings nur solche mit langen, röhrenförmigen, kaum geblähten Wangenstacheln. Da die Funktion der geblähten Wangenstacheln noch weitgehend ungeklärt ist, kann auch das Fehlen dieser Besonderheit nicht plausibel erklärt werden. Geht man davon aus, dass in den geblähten Wangenstacheln Sinnesrezeptoren in irgendeiner Form angebracht waren, deutet das Fehlen der geblähten Stacheln darauf hin, dass in dem vorliegenden Milieu eben diese Sinne nicht nötig gewesen sein müssen oder dass keine besondere Anpassung an Umweltbedingungen erforderlich war. Diskutiert wird die Möglichkeit, dass es sich um Chemorezeptoren gehandelt hat, die eventuell Temperatur, Salzgehalt, Sauerstoff- oder H_2S-Gehalt oder andere Eigenschaften des umgebenden Wassers erkennen konnten. Jedenfalls scheint die vorliegende Fauna unter Bedingungen gelebt zu haben, die das Vorhandensein von geblähten Wangenstacheln nicht notwendig machte oder wo geblähte Wangenstacheln eventuell sogar ein Nachteil waren.

Interessant ist die Verteilung der einzelnen Panzerteile der Trilobiten (Abb. 10). Es handelt sich hauptsächlich um Häutungsreste (Exuvien), nur vereinzelt sind vollständige Tiere überliefert. Bei der Häutung wurden alle Panzerteile nacheinander abgeworfen. Demnach wäre eine mehr oder weniger den ursprünglichen Zahlenverhältnissen entsprechende Verteilung dieser Exuvien zu erwarten. Folglich müssten Kopf- und Schwanzschilde (Cranidien und Pygidien) in ungefähr

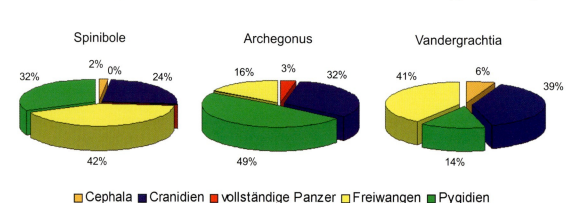

gleicher Anzahl zu finden sein, und nach dieser Annahme sollten doppelt so viele Freiwangen vorhanden sein. Merkwürdigerweise zeigen keine Vertreter der drei Gattungen *Spinibole, Vandergrachtia* und *Archegonus*, die den Hauptbestandteil der Fauna ausmachen, die zu erwartende Verteilung. Die Verhältnisse kommen bei Angehörigen der Gattung *Spinibole* der ursprünglichen Verteilung am nächsten. Hier sind zumindest deutlich mehr Freiwangen als Cranidien und Pygidien vorhanden. Bei *Vandergrachtia* überwiegen die Freiwangen, was der »Normalverteilung« nicht widerspricht; allerdings sind fast ebenso viele Cranidien vorhanden. Die Zahl der Pygidien ist deutlich reduziert. Hier könnte die Abweichung auf fehlerhafte Bestimmungen zurückzuführen sein, denn die Pygidien sind fast nicht von denen von *Spinibole ruethenensis* zu unterscheiden. Bei *Archegonus* ist die Verteilung ebenfalls nicht wie erwartet, hier überwiegen ganz deutlich die Pygidien. Außerdem sind fast doppelt so viele Cranidien wie Freiwangen vorhanden, also ein umgekehrtes Verhältnis wie bei der ursprünglich vorhandenen Anzahl. Insgesamt lassen sich die Überlieferungsbefunde noch nicht abschließend zufriedenstellend interpretieren.

Neben den dominierenden Trilobiten tritt eine Begleitfauna von etwa 50 Exemplaren auf, bei der es sich hauptsächlich um Brachiopoden und Reste von Echinodermen (Stachelhäuter, hauptsächlich Seelilien) handelt. Ebenfalls häufiger sind Exemplare der tabulaten Koralle *Smythina* (= *Pleurodictyum dechenianum*) zu finden; ganz vereinzelt treten Gastropoden (*Mourlonia*) und Ostracoden auf, wobei nicht klar ist, ob diese Verteilung etwas mit der ursprünglichen Lebensgemeinschaft zu tun hat oder ob bereits beim Aufsammeln der Fossilien das hauptsächliche Augenmerk auf den Trilobiten lag.

Die etwas artenreichere Brachiopodenfauna besteht aus typischen Kulm-Formen wie z. B. dünnschaligen, bestachelten Chonetiden und Chonopectiden (u. a. *Chonetipustula concentrica, Chonetipustula plicata, Chonetes languessianus, Semenewia verdinnei,* »*Chonetes*« *interstriatus, Rugosochonetes* sp.*, Tornquistia polita, Tornquistia ovangusta*), seltenen Spiriferiden (u. a. *Crurithyris urii, Drahanorhynchus paeckelmanni,* *Spiriferina biplicata*) und Athyriden (»*Spirifer*« *macrogaster*) sowie Rhynchonelliden (*Nudirostra papyracea*). W. Kegel listete 1933 einige weitere Arten, die z. T. auch von Paeckelmann 1930, 1931 und H.-J. Nicolaus 1963 überprüft wurden.

Zusammenfassend können die Fossilien aus den hellen Kieselschiefern bei Königsberg als seltener Fall einer besonders gut erhaltenen Kulm-Fauna aus einem in Mitteleuropa relativ fossilarmen Zeitabschnitt gewertet werden, die im Hinblick auf die Paläobiologie und Systematik von Trilobiten wertvolle neue Erkenntnisse geliefert hat und zur Kenntnis der Lebensräume im Kulm-Becken während des Unterkarbons neue Informationen bereitstellt.

LITERATUR

M. Amler, Zur Geologie des Nordost-Teils des Hohensolmser »Deckdiabas«-Gebietes unter besonderer Berücksichtigung der Schieferbrekzie von Königsberg (Nordöstliche Lahnmulde, Rheinisches Schiefergebirge). Unveröffentlichte Diplomarbeit (Universität Marburg 1983). – M. Amler/P. Bender/H.-G. Herbig, Stratigraphie und Faziesentwicklung im Oberdevon und Unterkarbon des östlichen Rhenoherzynikums. Exkursionsführer zur Tagung der Subkommission für Karbon-Stratigraphie (Marburg 1994) 1–61. – H.-J. Gursky, Siliceous rocks of the Culm Basin, Germany. In: P. Strogen/I. D. Somerville/G. L. Jones (Hrsg.), Recent advances in Lower Carboniferous geology. Geological Society, Special Publication 107 (London 1996) 303–314. – Ders., Die Kieselgesteine des Unter-Karbons im Rhenoherzynikum. Sedimentologie, Petrographie, Geochemie und Paläoozeanographie. Geologische Abhandlungen Hessen 100, 1997, 1–117. – G. Hahn/R. Hahn, Trilobitae carbonici et permici I. Fossilium Catalogus I: Animalia 118, 1969, 1–160. – W. Kegel, Blatt Rodheim. Erläuterungen zur Geologischen Karte von Preußen und benachbarten Ländern (Berlin 1933, 2. unveränd. Aufl. 1971) 1–48. – H.-J. Nicolaus, Zur Stratigraphie und Fauna der *crenistria*-Zone im Kulm des Rheinischen Schiefergebirges. Beihefte zum Geologischen Jahrbuch 53 (Hannover 1963). – W. Paeckelmann, Die Fauna des deutschen Unterkarbons. 1. Die Brachiopoden, 1. Teil: Die Orthiden, Strophomeniden und Choneten des Mittleren und Oberen Unterkarbons. Abhandlungen der Preußischen Geologischen Landesanstalt, Neue Folge 122 (Berlin 1930) 143–326. – Ders., Die Fauna des deutschen Unterkarbons. 2. Die Brachiopoden, 2. Teil: Die Productinae und *Productus*-ähnlichen Chonetinae. Abhandlungen der Preußischen Geologischen Landesanstalt, Neue Folge 136 (Berlin 1931) 1–352. – C. Peeters/Ph. Muchez/W. Viaene, Paleogeographic and climatic evolution of the Moliniacian (lower Visean) in southeastern Belgium. Geologie en Mijnbouw 71, 1992, 39–50.

Paläontologie: Aufsehen erregende Wiederentdeckung im Kreis Fulda

Die große Eiterfelder Saurierfährtenplatte – Auferstehung nach 40 Jahren?

Thomas Keller

Der 25. November 2004, ein strahlender klarer Spätherbsttag, brachte ein für die paläontologische Bodendenkmalpflege höchst erfreuliches Ereignis. Schauplatz: das Fuldaer Land. Eine seit mehr als 35 Jahren als Bestandteil eines alten aufgelassenen Steinbruchs im Boden ruhende, mit Bauaushub verfüllte, bald aus der kollektiven Erinnerung verschwundene Gesteinsplatte mit Fährten großer Saurier der Buntsandsteinzeit vor 240 Mio. Jahren wurde, zunächst in einem Suchgraben von etwa 10×2 m, wieder aufgedeckt.

11 Eiterfeld. Mit Spannung werden die Fährten im Suchschurf erwartet.

Diese Aktion ging zurück auf die Initiative einer kleinen Gruppe von Bürgern aus Eiterfeld und Nachbargemeinden, tätig in ganz verschiedenen Berufen, aber alle in dem Ziel vereint, »die Eiterfelder Fährtenplatte den Menschen unserer Zeit wieder zugänglich zu machen«. Zu diesem Zweck wurde 2004 die Gemeinnützige Interessengemeinschaft Saurierspuren Eiterfeld e.V. gegründet. Sie setzt sich zum Ziel, Gleichgesinnte für die Realisierung dieser Idee zu suchen und ist diesem Vorhaben unter dem Vorsitz von G. Hinkel bereits ein gutes Stück näher gekommen. Die eingangs geschilderte, glänzend vorbereitete Aktion fußte auf umfangreichen Vorstudien und bereits eingehender Beschäftigung mit der Problematik des Wieder-zugänglich-Machens eines solch komplexen Bodendenkmals.

Das Medieninteresse war groß, Rundfunk und Fernsehen berichteten bereits von der Aufgrabungsstelle und konnten sowohl das dumpfe Knirschen der Baggerschaufel als auch die in Zurufen geäußerten Vermutungen der zahlreichen Zuschauer am Rande des Schurfs im Originalton auffangen (Abb. 11). Tatsächlich trat in ungefähr 2 m Tiefe die hier fast horizontal liegende Oberfläche der Buntsandsteinplatte zutage – der auflagernde Bauschutt, soweit erkennbar ohne fremde umweltabträgliche Beimengungen, hatte ihrer Oberfläche offensichtlich nicht geschadet (Abb. 12). Einige Aktive der Interessengemeinschaft reinigten die vom Bagger freigezogene, vor Schrammen aber sorgfältig bewahrte Platte mit Besen, doch erst kräftige Wassergüsse legten bald eine Gruppe eng beieinander stehender kleiner Trittsiegel frei. Die erste Verschüttung dieser Spuren hatte 240 Jahrmillionen gewährt, die zweite annähernd 40 Jahre. Als der kleine Suchgraben kurz nach der erfolgten Dokumentation der Befunde, unter Aufbringung einer die Fährten schützenden Lage von Sand, wieder mit Erde verfüllt wurde, mag manch einer der Zuschauer daran gedacht haben, wie lange diese dritte Verfüllung wohl anhalten werde.

Funde von Saurierfährten im hessischen Buntsandstein – wie auch in dem angrenzender Bundesländer wie Niedersachsen oder Thüringen – sind keineswegs selten. Insbesondere regionale Museen besitzen oft eine Anzahl größerer oder kleinerer Sandsteinplatten mit solchen Trittsiegeln. Was lag und liegt daher dem großen Medieninteresse an den Eiterfelder Fährten zugrunde? Wie wurde das Vorkommen entdeckt, warum ist es so bedeutend und welche Umstände führten zum allmählichen Verschwinden?

Die Entdeckung der Eiterfelder Fährten wurde durch die von der geologischen Landesbehörde, dem Hessischen Landesamt für Bodenforschung, initiierte geologische Neukartierung des Blattes 5224 Eiterfeld ausgelöst, die von 1960 bis 1963 erfolgte. Die erste geologische Karte des Gebiets war 1886 erschienen, aber längst veraltet. R. Motzka bearbeitete hierbei als junge Regierungsgeologin den größeren, ganz überwiegend Buntsandstein aufschließenden westlichen Blattabschnitt. Sie konnte die Sandstein-Abfolge sehr differenziert vom Unteren bis zum Oberen Buntsandstein aufgliedern. Im Blattgebiet erwiesen sich insbesondere grauweiße bis bräunliche

Sandsteine als fossilreich in Bezug auf Saurierfährten. Diese Sandsteine bilden die obersten 7–8 m der so genannten Solling-Folge; sie werden auch als »Thüringischer Chirotheriensandstein« bezeichnet. Unter mehreren Fundstellen im Blattgebiet erwies sich der aufgelassene Steinbruch Hartmann an der Straße von Eiterfeld nach Körnbach im Sommer 1963 als besonders fundreich. Wie Motzka 1965 ausführte, wurden zunächst zwischen angehäuftem Abraum und verteiltem Schutt einzelne Trittsiegel entdeckt; nach Säuberung der Platten und Reinigung größerer Flächen überraschte das Bild eines regelrechten »Wechsels« von Tierfährten (Abb. 13). Bei genauer Untersuchung stellte sich heraus, dass in einem im Steinbruch aufgeschlossenen Senkrechtprofil von 1,85 m Höhe nicht weniger als zwölf Schichtflächen auf die Existenz von Saurierfährten hinwiesen. Der Besuch des damals jungen Kollegen J. Kulick wurde entscheidend, er führte zu einer gemeinsamen, vom Hessischen Landesamt für Bodenforschung unterstützten Grabungs- und Dokumentationskampagne beider Wissenschaftler (Abb. 14). Motzka und Kulick nahmen eine obere Schichtfläche von 150 m² und eine untere Schichtfläche von 175 m² Fläche fotografisch und zeichnerisch auf (Abb. 14). Motzka berichtet, dass darauf 65 Fährtenfolgen zwischen 5 m und 20 m Länge festgestellt wurden. Die Schichtflächen waren reich auch an Trockenrissen, Rippelmarken und Wasserrinnen; weitere schneckenähnliche Spuren eines wirbellosen Organismus fanden sich nicht selten.

All das deutet nach den Ergebnissen der Forscher auf einen stark durchfeuchteten Boden, das

Sediment eines großräumigen Flachwasserareals, welches periodisch trocken fiel.

Motzka berichtet, dass verschieden große Fährten auf den Schichtflächen angetroffen wurden. Da körperliche Überreste der Erzeuger im Buntsandstein niemals gefunden wurden, muss der Paläontologe sich um die Ausdeutung der Fährten bemühen, die anhand einer genauen Auswertung ihrer Merkmale nicht nur voneinander unterschieden, sondern im günstigen Fall, z. B. bei guter Erhaltung, auch Körperfossilien zugeordnet werden können. Die in Eiterfeld am häufigsten aufgefundene Gattung *Chirotherium*, »Handtier« (nach den ersten Funden nahe Hildburghausen in Südthüringen 1835 durch den Darmstädter Paläontologen Kaup aufgestellt), hat ihren Namen nach den einer menschlichen Hand sehr ähnlichen Eindrücken von Vorder- und Hinterfuß. Die für den Buntsandstein so typischen Chirotherienfährten haben großwüchsige Reptilien, Saurier, als Erzeuger. Sie werden oft mit Dinosauriern gleichgesetzt, jedoch treten Dinosaurier erst in deutlich jüngeren Schichten der Triaszeit auf; die Eiterfelder Fährtenerzeuger mit Körperlängen von ungefähr 2–5 m können wir uns nach Fossilfunden von Fundstellen im Ausland eher als vierfüßig laufende krokodilähnliche, räuberische Tiere vorstellen, die sich allerdings »modern«, mit unter den Körper durchgedrückten Extremitäten – unähnlich der Hauptfortbewegungsart unserer heutigen Krokodile – bewegten.

Bereits in den 1960er Jahren gab es konkrete Planungen, die Fährtenplatte an der Straße freizuhalten, provisorisch zu überdachen und sie einer öffentlichen Präsentation zuzuführen. Wiederholte Versuche, dieses bedeutende Bodendenkmal offen zu halten, scheiterten damals am hartnäckigen Widerstand aus der Region. An von der IG Saurierspuren jüngst im Internet publizier-

12 Eiterfeld. Wenig später sind die ersten Trittsiegel am Boden der Aufgrabung lokalisiert.

13 Eiterfeld. Ansicht der Fährtenplatte im ehemaligen Steinbruch Hartmann; Blick nach Osten. 1964. Im Bild: Dr. R. Motzka.

14 Eiterfeld. Mittagspause während der Dokumentationsarbeit: Dr. R. Motzka und Dr. J. Kulick 1964.

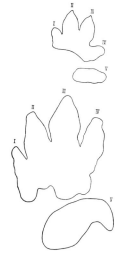

15 Eiterfeld. Vorder- und Hinterfuß einer größeren *Chirotherium*-Art mit Finger- und Zehenbezeichnung. Länge des Hinterfußeindrucks = 32 cm. Fährtenrekonstruktion nach W. Soergel.

ten historischen Luftbildern ist zu erkennen, wie die sorgfältig beräumte und geputzte Fährtenplatte sukzessive zur Mülldeponie wurde und endlich verschwand. Immerhin: Eine flächenhafte Zerstörung des Bodendenkmals fand dabei offensichtlich nicht statt. Wie wertvoll dieser Umstand ist, sehen wir daran, dass an fast allen bekannten Fährtenlokalitäten eine vollständige Entnahme und Verteilung der so aus dem Zusammenhang gerissenen Fundplatten erfolgte. So etwa sind 30 Sandsteinplatten des berühmten, 1833 entdeckten Vorkommens in Hildburghausen (Südthüringen) fast weltweit über Museen verstreut worden. Aber gerade das Vorkommen bei Eiterfeld würde – als eine Option – auch noch eine Freilegung unversehrter, »frischer« Fährtenhorizonte aus dem Gestein ermöglichen.

Der Hallenser Fährtenexperte H. Haubold jedenfalls wies mit Nachdruck darauf hin, dass ein vergleichbar altes Fährtenvorkommen in ganz Mitteleuropa nicht existiert. Zwei norddeutsche ortsfeste Fährtenfundstellen sind sehr viel jünger und auch im europaweiten Vergleich gibt es – jedenfalls, was das Alter angeht – kaum Konkurrenz! Die internationale Bedeutsamkeit der Eiterfelder Fährten ist also bescheinigt!

Was wird die Zukunft bringen? Als Vorteil erweist sich bereits, dass darüber ohne den Druck einer anstehenden Planungsmaßnahme entschieden werden kann. Ideen und Pläne eines modernen denkmalgerechten Zugänglichmachens sollten mit weiterer sukzessiver Erschließung des Bodendenkmals in den Rahmen einer umfassenden Konzeption einfließen. Für die Begünstigung durch finanzielle Förderung zur Erschließung des Bodendenkmals wäre zudem ein Eigentumstransfer sinnvoll. Die Erledigung vieler dieser Aufgaben wurde bereits mit Enthusiasmus und ehrenamtlicher Professionalität durch die Aktivisten der Interessengemeinschaft begonnen, die sich auch der Unterstützung verschiedener Landesinstitutionen versichert haben. Die Eiterfelder Saurierspuren könnten, erschlossen und integriert in das kulturelle Angebot der landschaftlich herausragenden Region, ein einzigartiger osthessischer Anziehungspunkt werden.

Dr. Jens Kulick starb überraschend bereits 1996, im Alter von 65 Jahren. Er wird die erwartete Auferstehung der Eiterfelder Saurierfährten nun nicht mehr erleben können. Doch ist aus seinem Nachlass kürzlich die wissenschaftliche Dokumentation der Fährten auf uns gekommen und an H. Haubold (Halle a.d.S.) zur wissenschaftlichen Bearbeitung weitergegeben worden. Es ist ein merkwürdiges Zusammentreffen von Umständen, dass auch Kulicks größte wissenschaftliche Entdeckung, die Auffindung einer Fauna ursprünglicher Saurier der Perm-Zeit in der Korbacher Spalte, ein Vierteljahrhundert praktisch unbeachtet blieb. Hier war es keine Verschüttung, sondern ein besonders krasser Datierungsfehler, der diese Fundstelle der öffentlichen Aufmerksamkeit so lange entzog.

Habent sua fata libelli, »Bücher haben ihre Schicksale«, so lautet ein bekanntes Zitat des Grammatikers Terentianus Maurus (2. Jahrhundert n.Chr.). Es wäre hier aber vollständiger zu zitieren und abzuwandeln, auf die genannten Denkmäler anzuwenden: Wie der Bürger sie auffasst, so gestaltet sich das Schicksal der Monumente.

LITERATUR

H. Haubold/H. Klein, Chirotherien und Grallatoriden aus der Unteren bis Oberen Trias Mitteleuropas und die Entstehung der Dinosauria. Hallesches Jahrbuch für Geowissenschaften B 24, 2002, 1–22. – M. Horn, Jens Kulick†. Geologisches Jahrbuch Hessen 125, 1997, 113–116. – H. Klein/H. Haubold, Differenzierung von ausgewählten Chirotherien der Trias mittels Landmarkanalyse. Hallesches Jahrbuch für Geowissenschaften B 25, 2003, 21–36. – H. Lamer, Wörterbuch der Antike (Stuttgart 1976). – R. Motzka, Die Eiterfelder Saurier-Fährten. Heimatkalender 1965 für den Landkreis Hünfeld 1965, 22–26. – R. Motzka/M. Laemmlen, Erläuterungen zur Geologischen Karte von Hessen 1:25 000 Blatt Nr. 5224 Eiterfeld (Wiesbaden 1967). – W. Soergel, Die Fährten der Chirotheria (Jena 1925).

Ölschiefer-Fossilien in Elbtal-Elbgrund, Kreis Limburg-Weilburg

Erdgeschichtszeugen unter erkalteter Lava: Bericht über eine Pilotgrabung

Thomas Keller

16 Elbtal-Elbgrund, Buschberg. Die Grabungsstelle (unten links) nahe dem Pumpensumpf. Im Hintergrund die hohe, gesäulte Basaltwand, die vor ihrem Abbau auch die Fundstelle überdeckte.

17 Elbtal-Elbgrund, Buschberg. Grabungen im dunklen schiefrigen Schwarzpelit direkt unterhalb der Basalt-Kontaktfläche. Die geborgenen Fossilien werden an der Grabungsstelle zunächst unter Wasserbedeckung konserviert.

Die Landschaft nördlich von Limburg prägen zahlreiche voneinander isolierte Basaltrücken und -kuppen. Nur an wenigen Stellen kommen die meist tiefgründig verwitterten Verebnungsflächen des Rheinischen Schiefergebirges zur Oberfläche. Die Basaltgesteine kennzeichnen den vulkanischen Westerwald. An seiner südlichen Begrenzung, nahe dem eindrucksvollen Plateau der Dornburg, ragt der Basalt des Buschbergs nahe der kleinen Ortschaft Elbtal-Elbgrund auf. Hier wurde vor einigen Jahren eine besondere paläontologische Fundstelle entdeckt, über deren erste Erschließung berichtet werden soll (Abb. 16).

In der Darstellung des 1891 erschienenen Kartenblatts Mengerskirchen der Geologischen Karte von Hessen sind die Hangabschnitte der Basalte der Region von jungeiszeitlichem Löss, Lehm und Basaltschutt verhüllt, doch lässt eine auf den Basaltfarben der Karte vielfach aufgebrachte Signatur »Bfo« (»Feldspat-Basalt über der Braunkohle«) erahnen, dass unterhalb der mächtigen Basalte noch ältere, nicht-vulkanische Ablagerungen erhalten sind.

Tatsächlich sind solche in der südwestlich des Buschbergs gelegenen Tongrube »Birkenheck« auch aufgeschlossen, doch in größerer Tiefe, sodass sie nicht verraten, was direkt unterhalb des Basalts liegt. Und das ist am Buschberg durchaus etwas Besonderes. Denn dem Besitzer J. Schäfer und einigen Arbeitern des Basaltsteinbruchs selbst war, wie der spätere Entdecker H. Rittweger berichtet, das Vorkommen einer »Schicht mit Blättern« unterhalb des Basalts bekannt. Rittweger meldete es der paläontologischen Denkmalpflege weiter.

Das Gestein mit den Fossilien ist dunkler, schokoladenfarbener »Ölschiefer«, zu den so genannten Schwarzpeliten gehörend. Das sind sehr feinkörnige Sedimente mit bedeutenden Gehalten an organischem Kohlenstoff. Für ihre Entstehung gelten besondere Bedingungen, denn in den allermeisten Sedimenten, selbst denen, die viel organisches Material aufnehmen, etwa durch absterbende Kleinlebewesen, werden organische Bestandteile fast ausnahmslos und vollständig durch Oxidation zersetzt. Nur dort, wo Sauerstoff am Boden eines Gewässers und in dessen Ablagerungen fehlt, wird dieser bakterielle Abbau verhindert und die Sedimente können organisches Material anreichern. Das an Blattfossilien reiche dunkle Gestein von Elbtal ist also offenbar unter

18 Elbtal-Elbgrund, Buschberg. Die Fundstelle ist sehr reich an paläobotanischen Großfossilien. Hier ein kennzeichnendes Handstück mit Blättern, die sehr unterschiedliche Umrisse, Nerven und Blattränder besitzen. Sie sind artlich noch nicht identifiziert.

19 Elbtal-Elbgrund, Buschberg. Diese Zweigspitzen gehören zum Mammutbaum (Gattung *Sequoia*), einem für die Tertiärzeit sehr kennzeichnenden großen Nadelbaum. L. 6,3 cm.

sauerstofffreien (anoxischen) Bedingungen entstanden. Auch sein Reichtum an Kleinfossilien dürfte damit zusammenhängen.

Nach Voruntersuchungen, zu denen auch der Einsatz einer Forschungsbohrung gehörte, beginnen wir 2004 zu graben (Abb. 17). Für einige Zeit erhalten wir in Amtshilfe tatkräftige Unterstützung von den ölschiefer-erfahrenen Mitarbeitern des Referats Erdgeschichtliche Denkmalpflege des Landesamtes für Denkmalpflege Rheinland-Pfalz. Auch eine engagierte ehrenamtliche Helferin kommt nach ihrer Arbeit zu uns heraus. Nahe dem Pumpensumpf bahnen wir uns einen Zuweg und eine Grabungsfläche. Das Gestein wird mit Messern dünn aufgespalten und auch formatisiert. Dabei hilft eine regelmäßige Feinschichtung des Gesteins, die allerdings mit dem Auge kaum erkennbar ist. An der Grabungsstelle ist das Gestein vertikal recht stark geklüftet und so macht das Herauslösen von dickeren »Spaltbrocken« wenig Schwierigkeiten. Unsere Grabungsstelle hat als Orientierungshorizont eine etwa 50 cm mächtige Kontaktzone, die nach dem Überfließen des rund 1000 °C heißen Lavastroms auf dem zuvor abgelagerten Sediment entstanden ist. In dieser ist in kleinem Maßstab ausgebildet, was 30 m weiter östlich an der hoch aufragenden Steilwand des Basalts großdimensional wiederkehrt: eine säulige Absonderung, die generell senkrecht zur äußeren Abkühlungsfläche orientiert ist.

Organische Überreste auf den Schichtflächen sind gleich durch den Farbunterschied zum graubraunen Schiefer auszumachen. Es ist aber da draußen, im Gestein, nicht wie auf den Glanzpapierseiten im bunten Fossilienbuch. Schwarzpelite sind Sedimente überdimensionaler vorzeitlicher »Konservendosen« (mit Letzteren ist die Hohlform wie auch das Sediment mit all seinen chemischen und physikalischen Erhaltungsfaktoren bezeichnet), aber derartige natürliche Konservendosen konservieren eben alles. Streng genommen muss diese Behauptung eingeschränkt werden. Es erfolgt auch bei sauerstoffarmen bis -freien Bedingungen im Sediment oder im Wasserkörper dicht oberhalb des Sediments meist ein Teilabbau organischer Substanz, die dabei z. B. in veränderte, unlösliche Verbindungen überführt wird. Die kleinsten Fossilien, Sporen, Pollen, Algenreste oder gar chemische Fossilien, Moleküle, entziehen sich ohnehin unserem Blick. Wir sehen aber zahlreiche organische Partikel, Kutikulafetzen von Pflanzen, von Insekten, Fasern oder Splitter pflanzlicher Gewebe auf den Spaltflächen. Gelegentlich sind sie zu Spülsäumen konzentriert. An erster Stelle der Häufigkeit stehen Samen, Früchte und Blätter, von Letzteren liegen zumeist mehrere zusammen (Abb. 18). Auch kleine Astfragmente sind da – und Zweigfragmente einer Konifere (Abb. 19). Treibgut in Gestalt etwas dickerer Äste (Durchmesser im Zentimeterbereich) ist sehr selten. Die Erhaltung der Pflanzenreste ist vorbildlich, von diesen Fossilien werden gute Kutikulapräparate zur mikroskopischen Untersuchung hergestellt werden können und erst damit werden Paläobotaniker zuverlässig bestimmen können. Manche Samen oder Blätter kommen uns gleich bekannt vor und ihre Ähnlichkeit mit heutigen Pflanzen ist wohl nicht zufällig. Doch ist Vorsicht bei rascher Zuordnung der Fossilien geboten; die von B. Nickel vorläufig vorgenommene biostratigraphische Einstufung mittels pflanzlicher Pollen weist auf ein Alter der Sedimente und Fossilien von ungefähr 25 Mio. Jahren. Wir sind zuversichtlich, dass eine im Moment erfolgende, von den vulkanischen Gesteinen ausgehende physikalische Altersbestimmung durch D. Mertz von der Johannes Gutenberg-Universität Mainz zusätzliche Daten geben wird.

Die Insekten werden im tonigen Gestein vor allem durch die artenreiche Gruppe der Käfer repräsentiert (Abb. 20). Auf manche Funde von ihnen reagieren wir zuweilen mit Ausrufen der Bewunderung – sie leuchten und schillern in prächtigen Farben, vor allem im Spektrum von Metallischgrün und Blau bis hin zu Rosafärbung und Goldtönen (Abb. 21). Unter den Flügeldecken sind die Weichkörper noch in schwärzlichen Filmen erhalten. Diese schillernde, reflektierende Pracht deutet auf die Erhaltung von Strukturfarben hin; das bedeutet, dass die submikroskopische Struktur der Insektenkutikula sich bis heute mit ihren optischen Brechungseigenschaften unverändert erhalten hat. Schade, die Insekten sind insgesamt nicht so gut erhalten, es sind Teile der Körper abgefallen und fehlen, Insektenfragmente sind häufiger als ganze Stücke. Funde anderer Insektengruppen bleiben vorerst selten; um von diesen mehr zu finden, müssen wir mehr Material umsetzen.

Große Genugtuung löst der Fund zweier aus kleinen Sandkörnchen bestehender Köcher von Köcherfliegenlarven aus. Er zwingt uns zu einer ersten, noch flüchtigen Bestandsaufnahme des Fossilinhalts und den daraus zu ziehenden Folgerungen. Gewiss, wir können auf einen Wasserkörper schließen, in dem ungestörte, gleichmäßige und feinkörnige Sedimentation erfolgte. Über die Ausdehnung des limnischen Sedimentationsbeckens können durch die insgesamt ungünstigen Aufschlussverhältnisse am Unterrand des Basalts vorerst nur sehr ungenaue Angaben gemacht werden. Die dunkle Färbung des Gesteins, der Inhalt an ausgezeichnet erhaltenen mikro- bis makroskopischen organischen Überresten gibt Gewissheit, dass zumindest die Zone des entstehenden Sediments am Grund des Gewässers lebensfeindlich gewesen ist. War aber vielleicht sogar das ganze Gewässer lebensabweisend? Blätter und Samen, aber auch die Insekten lassen sich in der Mehrzahl sicher als vom Wind eingetragene Überreste deuten. Größere Pflanzenreste, also Ästchen oder größere Früchte, auch Blätter konnten auch – wahrscheinlich – über einen entfernten kleinen Zufluss in den Sedimentationsraum transportiert worden sein. Die räumliche Dichte der eintransportierten Überreste spricht übrigens für ein kleines Seebecken mit geringen Uferdistanzen. Wir haben bisher noch keine Wirbeltiere, auch nicht solche des aquatischen Milieus gefunden, also Fische (oder Amphibien). Ein »toter« vergifteter See inakzeptabler Wasserqualität? Nein, die erwähnten Trichopterenköcher belegen, dass doch Leben im Wasser existierte und dieses sicher wohl in einer oberflächennahen sauerstoffreichen und gut durchlichteten Zone.

Die von M. Felder geologisch aufgenommene Bohrung, die 2003 abgeteuft wurde, gibt, obgleich vieles noch nicht bekannt ist, bereits einen Schlüssel für die – vorläufige – Interpretation der Entstehung der Fossilfundstelle. Sie wurde von der tiefsten Basaltsohle aus begonnen, durchsank 8 m Basalt und endete in einer Tiefe von fast 30 m unter Basalt in vulkanischen Lapillituffen und Schlacken. In der Abfolge nach oben erscheinen zunächst seltene und nur in dünnen Schichten feinkörnige Sedimente ohne organischen Gehalt. Schwarzpelite treten dann sporadisch, in dünnen Schichten auf. Die Abfolge im Bohrkern nach oben wird immer wieder durch Tuff und Schuttstromsedimente unterbrochen. Letztere enthalten oft erodierte Schwarzpelitbruchstücke. Doch nimmt die Mächtigkeit dieser Einschaltungen vulkanogenen Materials nach oben progressiv ab

und die Einschaltungen von Schwarzpeliten in der Schichtsäule werden häufiger, ihre Schichten selbst mächtiger bis zum Abschluss der Sedimentation durch die Basaltüberdeckung. Als eine erste Interpretation der Schichtfolge könnte angenommen werden, dass – wie im tieferen Abschnitt der Bohrung dokumentiert – erste Stadien einer Seebildung in einem gegebenen Hohlraum erfolgten. Einschüttungen bzw. Einrutschungen vulkanischen Lockermaterials scheinen den Vorgang der Seebildung zunächst immer wieder unterbrochen zu haben. Dabei erfolgten regelmäßig Aufarbeitung und Umlagerung bereits abgelagerter Sedimentschichten. Die Ablagerungsbedingungen waren daher unruhig. Erst in den obersten fünf Bohrmetern unterhalb des Basalts scheint es zu einer Konsolidierung des Ablagerungsraums und stetiger Sedimentation gekommen zu sein.

20 Elbtal-Elbgrund, Buschberg. Unterhalb der metallisch schimmernden Flügeldecke eines Käfers erscheint der segmentierte Hinterleib in schwärzlichkohliger Erhaltung. L. etwa 8 mm.

21 Elbtal-Elbgrund, Buschberg. Viele Insekten, wie dieser Käfer, gelangten zerfallen auf den Boden des vorzeitlichen Gewässers. Sie trieben offenbar lange an der Wasseroberfläche. L. etwa 5 mm.

Bei den Grabungen haben wir im Schichtverband des Gesteins Mikroverwerfungen entdeckt, so genannte Abrissflächen. Sie passen zur leichten Neigung der Schichtflächen des Gesteins, die wahrscheinlich auf Verdichtungsvorgänge der vulkanischen und sedimentären Schichtsäule nach der Ablagerung zurückgeht. Vom Hessischen Landesamt für Umwelt und Geologie im Sommer 2003 durchgeführte geoelektrische Tomographiemessungen zeigten, dass die Basaltunterkante einfällt, vermutlich in Richtung eines Beckenzentrums. Das Einfallen kann man im Steinbruch bei günstigen Aufschlussverhältnissen auch sehen. Das ist von großer Bedeutung, weil diese Neigung der Basaltbasis andeutet, dass einst heiße und hoch bewegliche Lava in die genannte, durch die kompaktierten Seesedimente nicht vollständig ausgefüllte Hohlform hineinfloss.

Die Fossilfundstätte könnte vorläufig als ein kleiner, vielleicht ein paar Jahrtausende existierender Kratersee in vulkanischer Umgebung begonnen haben, dessen möglicherweise komplexe Senkungsstruktur noch nicht aufgeklärt ist. Hervorzuheben ist einmal die in Qualität und Quantität so seltene wie bemerkenswerte Erhaltung der Fossilien. Aber noch etwas anderes ist wichtig. Der Basalt, der die Fossillagerstätte überfloss und abdeckte, schützte sie vor späterer Abtragung, die gerade das Areal auf dem Rheinischen Schiefergebirge während des jüngsten Abschnitts der Tertiärzeit und insbesondere während der Eiszeit intensiv betraf. Diese erdgeschichtlich späte erosive Tieferlegung des Landoberflächenniveaus ließ zahlreiche terrestrische Fossilvorkommen der älteren bis mittleren Tertiärzeit verschwinden. Dort, wo basaltische Förderungen entsprechende, zuvor durch vulkanische Vorgänge entstandene Fossilfallen überdeckten, sind nun unter günstigen Bedingungen einzigartige Einblicke in die erdgeschichtliche Vergangenheit möglich. Eine Begehung mit dem rheinland-pfälzischen Kollegen M. Wuttke erbrachte, dass auch an der Basis des benachbarten mächtigen Dornburg-Basalts Schwarzpelite aufgeschlossen sind. Wo das alte geologische Kartenblatt Braunkohle unter Basalt andeutet, können also auch durchaus Ölschiefer liegen. Ob diese immer Fossilien enthalten und überhaupt zugänglich sind, ist aber fraglich.

Auf viele Fragen haben wir bisher noch keine Antwort. Wir sind zuversichtlich, dass weitere Grabungen und eine Intensivierung der wissenschaftlichen Untersuchungen hier Abhilfe schaffen werden.

LITERATUR

B. M. Pirrung, Zur Entstehung isolierter alttertiärer Seesedimente in zentraleuropäischen Vulkanfeldern. Mainzer Naturwissenschaftliches Archiv, Beiheft 20 (Mainz 1998). – H. Rittweger, Ein sensationeller Fund. Neue tertiäre Fossillagerstätte im Westerwald entdeckt. Der Westerwald – Zeitschrift für Heimatpflege, Wandern und Naturschutz 2000, 157. – U. Schreiber, Tertiärer Vulkanismus des Westerwaldes. In: A. Schäfer/J. Thein (Hrsg.), Terra nostra. Exkursionsführer 148. Schriften der Alfred-Wegener-Stiftung 96/7 (Bonn 1996) 187–212.

Ein immer wieder aufgesuchter Sandsteinfelsen im Landkreis Kassel

Der Riesenstein bei Naumburg-Heimarshausen

Lutz Fiedler,
Rolf-Jürgen Braun

Nördlich von Heimarshausen befinden sich auf dem 318 m hohen Ziegenrück im Wald unterhalb des mit einer vor- oder frühgeschichtlichen Befestigung versehenen Heiligenbergs klippenartige Sandsteinformationen, die durch den pittoresken Riesenstein gekrönt werden. Dieser Monolith hat sich schon im Pleistozän von der steil abfallenden Felskante gelöst und steht heute steil aufragend etwa 2 m davon entfernt (Abb. 22). Die Abbruchfläche bildet am Riesenstein einen leichten Überhang, sodass der Zwischenraum zur anstehenden Felswand abriartig geschützt ist. Es ist fast selbstverständlich, dass sich um dieses Naturdenkmal volkstümliche Erzählungen ranken, die mit dem Namen »Riesenstein« zusammenhängen. An der dem Felsen gegenüberliegenden Wand wurde in

22 Naumburg-Heimarshausen, Riesenstein. Ansicht der abriartigen Situation von Norden.

historischer Zeit eine Nische mit einer Sitzbank angebracht. Auf dem Riesenstein selbst gibt es Spuren einer heute völlig verschwundenen Bebauung sowie eingemeißelte Rinnen und eine künstlich wirkende Auffanggrube für Regenwasser. Eine eiserne Krampe sowie ein bei der Ausgrabung über dem ersten Planum aufgetauchter länglicher Sandsteinblock gehören zu einem ehemaligen brückenartigen Zugang auf den Riesenstein.

Nach einer von H. Hofbauer entdeckten Raubgrabung entschloss sich die Archäologische Denkmalpflege Marburg des Landesamtes für Denkmalpflege Hessen 1998 und 1999 zu einer kompletten Untersuchung des Abris zwischen dem Monolithen und der anstehenden Felswand (Abb. 23). Dabei wurde eine annähernd 2,5 m mächtige Folge archäologischer Straten dokumentiert, die im Liegenden von einer kaltzeitlichen Schuttzone abgeschlossen wurde. Das Sediment unter dem Abri war ausschließlich ein gering lehmiger, manchmal leicht humoser Sand. Die durch den Fundreichtum belegte intensive Nutzung des Abris durch den Menschen sowie die mit zahlreichen verfüllten Wühlgängen nachzuweisende tierische Nutzung verursachten in dem weichen Untergrund eine fortgesetzte Störung der Ablagerungen. So konnte in dem gesamten Grabungsbereich keine eindeutig begrenzte Schichtenfolge nachgewiesen werden. Es gab lediglich eine stratigraphisch gestützte Folge von Funden, in der neuzeitliche und mittelalterliche Objekte in den oberen Bereichen, eisenzeitliche und neolithische Gegenstände in den mittleren Bereichen und mittelsteinzeitliche Artefakte nur im unteren Bereich auftraten. Die kontinuierliche Verlagerung von Objekten zeigte sich besonders bei sehr kleinen Stücken mit einem Durchmesser von weniger als 2 cm. So fanden sich moderne Glas-

23 Naumburg-Heimarshausen, Riesenstein. Profil durch die Spaltenfüllung. Rechts im Bild die steil abfallende Felskante, links der untere Bereich des Monolithen.

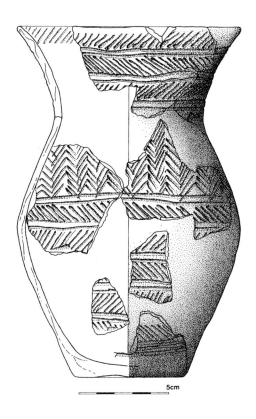

24 Naumburg-Heimarshausen, Riesenstein. Zeichnerisch rekonstruierter Becher aus dem Endneolithikum.

scherben dieser Größe noch in 0,5 m Tiefe, während vereinzelte kleine frühgeschichtliche Keramikfragmente schon in den obersten 10 cm angetroffen wurden. Erste neolithische Funde tauchten nach weniger als einem Meter auf, konzentrierten sich aber in einer Tiefe zwischen knapp 1 m und 1,5 m.

Das archäologische Fundgut begann mit einem Karabiner 98, der entweder am Ende des Zweiten Weltkriegs verborgen wurde oder eine Wildererwaffe war, die versteckt werden musste. Aus der Neuzeit stammen ebenfalls einige wenige Münzen, darunter drei, die in den Dreißigjährigen Krieg datieren. Eine Feldflasche aus heller Irdenware ist typologisch nur ungenau einzuordnen – vielleicht gehört sie noch in das Spätmittelalter. Sie konnte aus Scherben zusammengesetzt werden. Das mit zwei Bandhenkeln (zur Aufhängung) versehene Gefäß hat eine bauchige und eine flache Seite. Ein weiteres Tongefäß, das sich aus Scherben fast vollständig zusammenfügen ließ, ist ein Kugeltopf von knapp 20 cm Durchmesser, der sich in das 11. Jahrhundert datieren lässt. Etwas älter ist ein ebenfalls scherben-komplettes Gefäß aus beigefarbenem Ton, mit breitem Linsenboden und einem unmittelbar aus der bauchigen Form abknickenden kräftigen Rand mit leichtem Deckelfalz. Dieser Topf ist noch der Karolingerzeit zuzuweisen. Seltsam sind zwei tutulusartige Messingknöpfe, von denen der eine mit einem Flechtbandmotiv verziert ist, das an romanischen Dekor erinnert.

Die früheste Phase der Völkerwanderungszeit und die späteste römische Kaiserzeit sind durch Keramikfunde belegt. Hier fallen vor allem Schalen mit mehr oder weniger deutlichem Bauchknick und schwach S-förmiger Mündung auf. Daneben gibt es tonnenförmige Töpfe oder solche mit leicht abgesetzten Oberteilen – in einem Fall mit charakteristischer wirrer Kammstrichverzierung. Vergleichbare Gefäßformen und Verzierungsarten kennen wir aus der nahen frühgeschichtlichen Siedlung Geismar. Es ist zu erwarten, dass der Riesenstein zu einer peripheren Station dieser Siedlung gehörte. Von dieser Fundgruppe nicht deutlich abgrenzbar sind dann Gefäßfragmente, die der Eisenzeit zugeordnet werden können. Bronzezeitlich sind u. a. eine Randscherbe mit schräg angeordneten Einstichen sowie ein tassenartiges Gefäß.

Sehr viel reicher ist das Neolithikum repräsentiert. Neben Scherben des Riesenbecher-Stils liegen sowohl schnurkeramische als auch Gefäßfragmente der Glockenbecherkultur vor. Letztere sind entweder mit Kammstrich-, Meißelstich- oder Kreisaugenmustern verziert. Besonders interessant ist ein vollständig ergänzbarer Becher (Abb. 24), der schnurkeramische Form und Tannenzweigverzierung aufweist, aber vom Rand bis zum Boden dekoriert ist. Er gehört also zu einer Mischform zwischen Schnurkeramik und Glockenbecher, wie sie besonders aus den Niederlanden und dem Rheinland bekannt geworden ist. Möglicherweise weist diese Mischform auf eine zeitlich-kulturelle Zusammengehörigkeit unserer spätneolithischen Funde und dieser westlichen Gebiete hin. Auch das jüngere Neolithikum ist mit wartbergzeitlichen und Michelsberger Scherben unter dem Riesenstein vertreten.

Die neolithischen Steingeräte lassen sich zeitlich weniger scharf trennen. Zwei flächenretuschierte Pfeilspitzen mit konkaven Basen könnten ins Jungneolithikum gehören, während eine etwas schlankere Pfeilspitze mit herabgezogenen Widerhaken eher dem Endneolithikum oder sogar schon der frühen Bronzezeit entstammen dürfte. Chronologisch ganz unempfindlich sind querschneidige Pfeilspitzen, von denen ein Exemplar vorliegt. Auch ein Felsgesteinbeil mit abgerundetem Nacken sowie Splitter von Flintbeilen sind nicht sicher zeitlich zu fixieren. Dagegen ist das Medialfragment eines flachen Feuersteinbeils eindeutig spätneolithisch. Unter den Kratzern, Bohrern, Klingen und Abschlägen gibt es zwei aufeinander fügbare Quarzitabschläge sowie einen Abschlag aus Basalt. Letzterer ist besonders erwähnenswert, weil Oberflächenfunde von Basaltabschlägen wegen des auf die Felder gelangten industriellen neuzeitlichen Schlagschutts sonst archäologisch zu ignorieren sind.

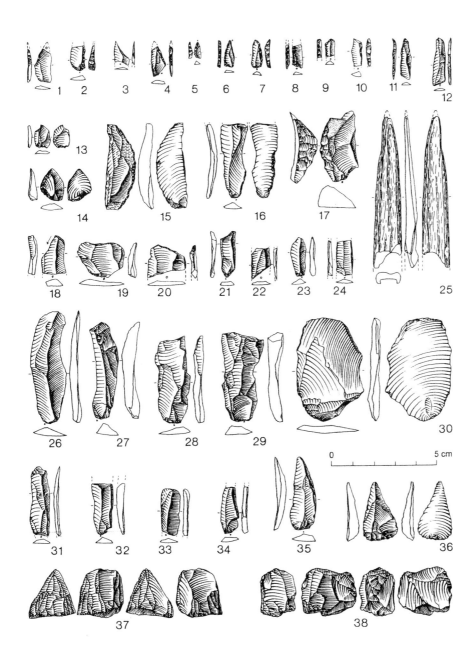

25 Naumburg-Heimarshausen, Riesenstein. Auswahl von Artefakten aus dem Mesolithikum.

Neolithisch sind auch zwei Knochenartefakte: ein massiver Pfriem aus einem Metatarsus vom Rind oder Ur sowie das Fragment eines durchbohrten Boviden- oder Cervidenzahns.

Die mesolithischen Funde der tieferen Sedimente des Abris bestehen aus zwölf Mikrolithen, einer knöchernen (Pfeil-)Spitze, diversen Klingen, Lamellen und Abschlägen sowie sehr kleinen Kernen (Abb. 25). Unter den Mikrolithen sind sowohl breite als auch schlanke Formen vertreten. Eine rein typologische Bewertung dieser Stücke würde die Zuordnung zu einem jüngeren Mesolithikum rechtfertigen. Die undifferenzierte Herstellungstechnik der Klingen und Lamellen spricht jedoch dagegen, da sie eher der älteren Mittelsteinzeit verhaftet zu sein scheint. Neuere Forschungen im südniedersächsischen Raum haben allerdings gezeigt, dass derartige Zuweisungen von wenig umfangreichen Inventaren letztlich nur eine unverbindliche archäologische Spielerei sind.

Dass Felsabris in der Zeit der Jäger und Sammler als Unterschlupf bei saisonalen Streifzügen benutzt wurden, ist eine archäologische Selbstverständlichkeit. Ob vor der mesolithischen Nutzung auch schon im Paläolithikum Menschen am Riesenstein Unterschlupf suchten, kann nicht endgültig geklärt werden, da eiszeitlicher Frostschutt die tiefste Strate der Felsspalte bildet und damit ein Zusammenhang zu kaltzeitlichen Fließerden besteht, die möglicherweise ältere archäologische Zeugnisse abtransportiert hatten. Die Sandsteinabris im Göttinger Land zeigen aber, dass derartige Felsdächer sehr wohl seit dem Mittelpaläolithikum besucht worden sein können.

Befundstrukturen der Abrinutzung liegen wegen der bioturbaten Störungen im weichsandigen Sediment nur sehr unzureichend vor. In 0,5 m Tiefe fanden sich zwei massive Mahlsteine, die gut einen Meter voneinander entfernt lagen. Möglicherweise gehören sie zur metallzeitlichen Belegung der Fundstelle. Ansammlungen größerer Felsblöcke, die auch bis zu 1,5 m Tiefe hinabreichen, könnten mit der Konstruktion hüttenartiger Unterstände unter dem Felsdach zusammenhängen. Die Versturztrümmer, die den nördlichen, engeren Bereich des Abris kennzeichnen, deuten darauf hin, dass im Neolithikum und Mesolithikum vorzugsweise die breitere südliche Fläche als Ruhezone genutzt wurde.

Welche Bedeutung haben nun die neolithischen, eisenzeitlichen und jüngeren Funde des Abris Riesenstein? Sind sie Zeugnisse von Unruhen, in denen Menschen unter versteckten Felsunterschlüpfen in den Wäldern Zuflucht fanden, sind es Opfergaben eines Kults an einem mythischen Naturdenkmal oder sind sie Hinterlassenschaften dauerhafter Wohnsituationen? Eine geeignete Erklärung bieten am besten die jüngeren und jüngsten Funde, nämlich der vergrabene Karabiner aus dem Zweiten Weltkrieg, das Fragment einer Tonpfeife oder moderne Flaschenscherben und Coladosen. Sie zeigen, dass dieser Platz sowohl als Versteck für besondere Gegenstände genutzt werden konnte, als auch wegen seiner auffälligen Lage und Schutzfunktion immer wieder Wanderer oder Waldarbeiter dazu veranlasst, hier zu rasten oder sich bei schlechtem Wetter ein gemütliches Plätzchen für den Imbiss zu suchen. So dürfen wir auch vermuten, dass in den vergangenen Jahrhunderten, als es noch keine Drahtzäune gab und Hirten das Vieh bewachen mussten, diese Menschen den Platz kannten und nutzten. Tonpfeifenreste oder die drei Münzen aus dem 17. Jahrhundert können mit solchen Aufenthalten in Zusammenhang gebracht werden. Auch die vielleicht dem Spätmittelalter zuzuordnende tönerne Feldflasche, die Scherben des hochmittelalterlichen Topfs und das karolingische Gefäß aus dem 8. Jahrhundert sind wahrscheinlich derartige Zeugnisse sich stets wiederholender Aufenthalte von Leuten aus nahe gelegenen Höfen oder Dörfern. Auch in voraufgehenden Zeiten wurde in den Peripherien der verstreuten Siedlungsgebiete geweidet. Das Vieh musste dort Tag und Nacht gehütet und bewacht werden. Und zu einem derartigen Zweck diente das Abri Riesenstein. Die großen, fast untransportablen Reibmahlsteine waren fest installierte Bestandteile eines peripheren Wirtschaftens im ackerbaulich ungeeigneten Sand- und Lehmgebiet um den Heiligenberg. Die Scherben zahlreicher prähistorischer Gefäße, die neolithischen Steingeräte und zahlreiche Tierknochen als Speiseabfälle sind Belege eines Verhaltens, das ungefähre Parallelen mit demjenigen findet, das mit den Sennhütten höherer Gebirgszonen verbunden ist. So kann unser Geländedenkmal mit den – üblicherweise eher seltenen – Funden aus dem 4. Jahrhundert gut in einen Zusammenhang mit der auf Wegen rund 10 km entfernten frühgeschichtlichen Siedlung Geismar gebracht werden, die eine identische Keramik führte.

Hier deuten sich also erstmals in Hessen archäologische Möglichkeiten an, Wirtschaftsweisen, Raumnutzung und ökonomisch bedingte Verhaltensmuster außerhalb der eigentlichen vor- und frühgeschichtlichen Siedlungen zu erforschen. Das Abri-Programm unter der Leitung von F.-R. Herrmann zur möglichst vollständigen Erfassung aller infrage kommenden Felsschutzsituationen hat mit dem von H. Hofbauer erstellten Hessischen Abri-Kataster dafür eine vorzügliche Voraussetzung geschaffen.

LITERATUR

K. Albrecht, Sonnenwenden am Riesenstein. Jahrbuch des Landkreises Kassel 2000, 119–122. – L. Fiedler/R.-J. Braun, Endneolithikum unter dem Riesenstein. Archäologie in Deutschland 2000/2, 41.– K. Grote, Die Abris im südlichen Leinebergland bei Göttingen. Veröffentlichungen der urgeschichtlichen Sammlungen des Landesmuseums zu Hannover 43 (Oldenburg 1994).

Bandkeramik in Gründau-Rothenbergen, Main-Kinzig-Kreis

Die bandkeramische Siedlung Rothenbergen »Scheiblingsgraben« / »Auf der Bäune« und ihr regionales Umfeld

Hans Kreutzer,
Martin Posselt,
Britta Ramminger

Wissenschaftliche Untersuchungen von Kleinräumen basieren dankenswerterweise häufig auf dem Engagement ehrenamtlich tätiger Flurbegeher. Durch diese werden neue Fundstellen aufgespürt sowie Funde von bekannten Lokalitäten gesammelt und dokumentiert, woraus oft eine gute Grundlage für landschafts- oder wirtschaftsarchäologische Untersuchungen erwächst.

Die Erforschung der Jungsteinzeit reicht im Mittleren Kinzigtal bis in die zweite Hälfte des 19. Jahrhunderts zurück, denn bereits 1874 wurde ein schnurkeramisches Hügelgrab bei Meerholz erforscht. Bandkeramische Fundstellen wurden dagegen erst in den letzten Jahrzehnten von H. Kreutzer (Abb. 26) entdeckt, der sich seit den 1960er Jahren mit der heimatlichen Vorgeschichte befasst und 1975 erstmalig Flurbegehungen in Meerholz und Rothenbergen unternahm. Besonderes Interesse galt dabei der Fundstelle westlich von Rothenbergen, die in Zusammenarbeit mit dem Landesamt für Denkmalpflege Hessen vor dem Untergang durch Flurbereinigungsverfahren und die Anlage einer geplanten Mülldeponie bewahrt werden konnte. In den 1980er Jahren dehnte Kreutzer seine Begehungsaktivitäten auf Fluren der anderen Gründauer Ortsteile aus, mit der Folge, dass aus dem Mittleren Kinzigtal heute insgesamt elf bandkeramische Fundplätze bekannt sind (Abb. 27).

Die Kleinregion umfasst einen etwa 70 km² großen Raum zwischen Vogelsberg im Norden, Wetterau im Westen und Spessart im Süden. Sie wird über die Flüsse Gründau und Kinzig entwässert. Im Westen sind die Bodenbedingungen an den flachen, von Löss überlagerten Hängen für Landwirtschaft ähnlich günstig wie in der Wetter-

26 Gründau-Rothenbergen, Fluren »Scheiblingsgraben«/»Auf der Bäune«. Heimatforscher H. Kreutzer sammelt tütenweise Funde.

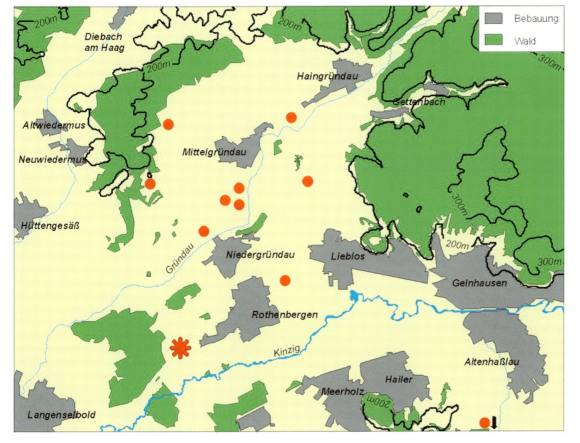

27 Gründau-Rothenbergen, Fluren »Scheiblingsgraben«/»Auf der Bäune«. Die Siedlung von Rothenbergen (Stern) im bandkeramischen Umfeld des Mittleren Kinzigtals.

28 Gründau-Rothenbergen, Fluren »Scheiblingsgraben«/»Auf der Bäune«. Auswahl bandkeramischer Scherben.

au, sodass hier intensiv Ackerbau betrieben wird. Im Osten finden sich dagegen sandige bis lehmige Böden, die überwiegend bewaldet sind. Die breiten Talauen von Kinzig und Gründau, in denen Auelehm das Substrat bildet, werden heute ebenfalls stark landwirtschaftlich genutzt, wobei neben dem Ackerbau eine mindestens ebenbürtige Weidewirtschaft zu finden ist. Demzufolge sind die Auffindungsbedingungen für archäologische Funde im Mittleren Kinzigtal sehr unterschiedlich.

Die bandkeramische Siedlung von Gründau-Rothenbergen liegt 125–135 m ü. NN auf einem geschützten Südhang, auf dem Terrassenrand der Kinzig. Sie ist der am besten untersuchte und fundreichste aller derzeit bekannten neolithischen Fundplätze im Mittleren Kinzigtal und erbrachte zahlreiches Scherbenmaterial der jüngeren Bandkeramik (Stilgruppe 7/8 nach J. Kneipp. – Abb. 28). Die Besiedlung dieses Platzes dauerte demnach maximal von 5150 bis 5050 v. Chr. und bestand also höchstens 100 Jahre. Seit Beginn der ehrenamtlichen Forschungen wurden sämtliche Funde dem Landesamt für Denkmalpflege Hessen vorgelegt und in den »Fundberichten aus Hessen« publik gemacht. Nachdem der gesamte Hang untersucht worden war, konnten dort verschiedene Fundkonzentrationen mit dazwischen liegenden fundleeren Stellen ausgemacht werden. Seitdem wurden bevorzugt die fundreicheren Gebiete der einzelnen Gewanne abgesucht. In der Flur »Vor der Lohe« streuen die Funde in einem etwa 6000 m² großen Bereich, in der Flur »Auf der Bäune« auf einem 1400 m² großen Areal und in der Flur »Vor dem Scheiblingsgraben« ist eine etwa 1000 m² umfassende Konzentration zu verzeichnen. Die unterschiedlich hohen Fundzahlen auf den einzelnen Gewannen spiegeln nicht nur unterschiedlich starke Niederschläge bandkeramischer Aktivitäten, sondern in erster Linie den zeitlichen Aufwand der seit insgesamt 30 Jahren stattfindenden Begehungen wider.

Mittlerweile ist die bandkeramische Siedlung von Rothenbergen Objekt weiterer archäologischer Untersuchungen geworden, sodass Aussagen zum Besiedlungsablauf, zur Bau- und Wirtschaftsgeschichte sowie zur Funktion innerhalb des bandkeramischen Besiedlungssystems gemacht werden können. Im Zeitraum von 2002 bis 2004 wurde auf einer zusammenhängenden Fläche von insgesamt rund neun Hektar eine Magnetometerprospektion durchgeführt, deren Ziel es war, großflächig und zerstörungsfrei über die Kartierung der magnetischen Eigenschaften einen Lageplan der im Untergrund verborgenen Siedlungsreste zu erzeugen (Abb. 29). Außerdem wurde das Felsgesteinmaterial der Lesefunde im Rahmen eines Projekts, das von der Kommission für Archäologische Landesforschung in Hessen e. V. (KAL) und dem Graduiertenkolleg »Archäologische Analytik« der Johann Wolfgang Goethe-Universität Frankfurt a. M. finanziert wurde, archäologisch und petrographisch untersucht.

Die zu erwartenden Siedlungsreste stellen sich im Magnetogramm in zahlreichen Anomalien dar, die als helle Flecken zu erkennen sind. Es handelt sich zumeist um grubenartige Eintiefungen, deren Funktion hier jedoch nur in wenigen Fällen bestimmt werden kann. Deutlich wird, dass sich die Befunde innerhalb der Lesefundstreuungen auf zwei Areale konzentrieren, die heute beiderseits eines asphaltierten Fahrwegs liegen. Wegen der magnetischen Störungen, die das Material des Wegs und einige weitere geologische Strukturen verursachen, ist der Grenzbereich zwischen den beiden Siedlungsteilen schlecht zu definieren. Dennoch ist die Gliederung der Siedlung in zwei jeweils rund 1,25 ha große Teilbereiche unzweifelhaft, in denen sich einige interessante Details zeigen: Mehrere schmale, lineare Anomalien bzw. Reihungen von Anomalien belegen die Existenz bandkeramischer Hausbauten in Rothenbergen. Von diesen Häusern sind meistens die schmalen Wandgräbchen am Nordwestabschluss im Magnetikbild zu erkennen. Von anderen Anlagen sind dagegen lediglich die neben dem eigentlichen Haus angelegten länglichen bzw. linear angeordneten wandbegleitenden Gruben zu sehen. In keinem Fall lassen sich Pfostenspuren der dachtragenden Konstruktion oder der Außenwände feststellen. Daher ist es schwer, die Längen der Hausbauten anzugeben. Nur in einem Fall kann eine Länge von mindestens 25 m gemessen werden. Soweit erkennbar haben die Bauten eine Breite von 7–8 m. Insgesamt lassen sich mindestens sieben Hausgrundrisse sicher identifizieren. Daraus ergibt sich, dass bei einer 100-jährigen Siedlungsdauer durchschnittlich 1,75 Häuser je Hausgeneration bestanden haben. Es dürften jedoch weitere Hausgrundrisse vorhanden sein, die von anderen Befunden überdeckt oder so schlecht erhalten sind, dass sie sich mithilfe der Magnetometerprospektion nicht nachweisen lassen. Man kann deshalb sicher problemlos auf zwei Häuser je Hausgeneration aufrunden. Im Vergleich mit Siedlungen aus anderen gut untersuchten Regionen, wie der Mörlener Bucht bei Butzbach in der nordwestlichen Wetterau, handelt es sich im Fall von Rothenbergen um einen kleinen Weiler, der größenmäßig innerhalb des altneolithischen Siedlungssystems nur eine untergeordnete Rolle spielte.

Unter den Funden sind außer Keramik, Hüttenlehm und Silexmaterial auch zahlreiche Felsgesteinartefakte vorhanden, bei denen Mahl- und Schleifsteine, wie für bandkeramische Siedlungen üblich, überwiegen. In Anbetracht der niedrigen Hausanzahl und der vergleichsweise kurzfristigen, auf wenige Generationen beschränkten Besiedlungsdauer dieses Fundplatzes erscheint die Anzahl von 179 Mahl- und Schleifsteinen hoch, weshalb an eine Produktion über den eigenen Bedarf hinaus gedacht werden kann. Die bandkeramischen Bewohner von Rothenbergen fanden die für die Mahl- und Schleifsteine notwendigen Ressourcen meist in unmittelbarer Nähe ihrer Siedlung, sodass sie sich jederzeit selbst, schnell und einfach mit den entsprechenden Materialien versorgen konnten. Verwendet wurden in erster Linie Sandsteine des Buntsandsteins, der in 4–5 km Entfernung östlich vom Fundplatz ansteht, sowie verschiedene Gesteinsarten aus dem Rotliegenden, der geologischen Formation, die in unmittelbarer Umgebung der Fundstelle den Untergrund bildet (Abb. 30). Außerdem wurden Basalte genutzt, die aus der Kinzig gesammelt oder aus einem nahe gelegenen kleinen Vorkommen gewonnen werden konnten. Auf die Herstellung von Mahl- und Schleifsteinen in der Siedlung deuten zahlreiche Fragmente ohne Gebrauchsspuren aus Sandstein und Basalt, die teilweise sicher als Produktionsabfälle zu deuten sind. Die Bevorzugung von etwas entfernter anstehendem Buntsandstein gegenüber den zumeist in unmittelbarer Nähe der Siedlung vorkommenden Gesteinen des Rotliegenden zeigt eine bewusste Auswahl dieses Materials, das auch in anderen, entfernter gelegenen Kleinräumen gerne verwendet wurde.

Beachtlich ist die Anzahl der 48 Dechselklingenfragmente, die teilweise von derart geringer Größe oder so stark durch Gebrauch und Umarbeitung deformiert sind, dass sich an ihnen keine formenkundliche Zuordnung vornehmen lässt. Bei einigen dieser kleinen Bruchstücke, die teilweise weniger als 10 g wiegen, dürfte es sich um Abfallprodukte handeln, die bei der Umarbeitung zerbrochener größerer Klingen entstanden sind. Auf die Fertigung von Dechselklingen weisen zudem zwei Fragmente von Halbfabrikaten, die lediglich durch Schlag grob in Form gebracht

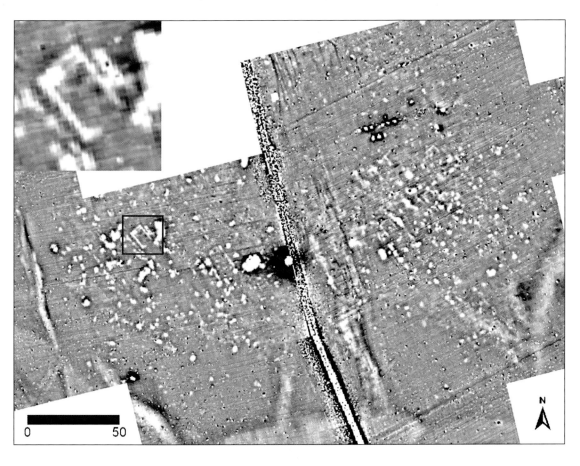

29 Gründau-Rothenbergen, Fluren »Scheiblingsgraben«/»Auf der Bäune«. Magnetogramm der bandkeramischen Siedlung (mit vergrößertem Ausschnitt).

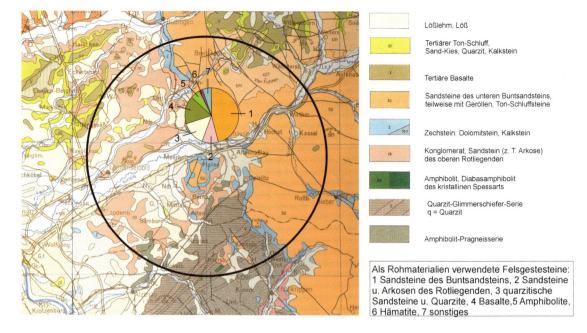

30 Gründau-Rothenbergen, Fluren »Scheiblingsgraben«/»Auf der Bäune«. Verteilung der Felsgesteinrohmaterialien und Entfernung der geologischen Vorkommen.

worden waren, wobei sie wohl zerbrachen und deshalb ungeschliffen und ungenutzt im Siedlungsabfall landeten. Hinzu kommen drei Fragmente von durchlochten Geräten, die in den Rössener Horizont zu stellen sein dürften. Aus dieser Zeit stammen auch zwei Bohrkerne, die die Herstellung von Äxten mittels Hohlbohrung auf diesem Fundplatz bezeugen. Auch die im Vergleich zu anderen alt- und mittelneolithischen Fundplätzen relativ hohe Anzahl von 32 Klopfsteinen, die u. a. als Arbeitsgeräte bei der Herstellung von Mahlsteinen und Dechselklingen zum Einsatz kamen, deutet darauf hin, dass in der Siedlung Rothenbergen Steingeräte hergestellt wurden. Als Rohmaterialien der Dechsel- und Axtklingen dienten zu etwa gleichen Teilen metamorphe Gesteine der Amphibolitfamilie und Basalte des Vogelsbergs sowie in einem Fall Kieselschiefer. Durch petrographische und geochemische Untersuchungen am Institut für Mineralogie und Kristallstrukturlehre der Bayerischen Julius-Maximilians-Universität Würzburg konnten innerhalb des Fundspektrums aus Rothenbergen verschiedene Amphibolittypen erkannt werden. Bei diesen handelt es sich überwiegend um Aktinolith-Hornblende-Schiefer, eine Amphibolitvarietät, die nicht natürlich in der Region vorkommt und deshalb aus größerer Entfernung in das Mittlere Kinzigtal importiert werden musste. Am Ort wurden außerdem verschiedene andere Amphibolitarten verwendet, die aus regionalen Vorkommen des Spessarts oder Odenwalds stammen. Nach Rothenbergen wurde demnach nur ein vergleichsweise geringer Anteil der Dechselrohmaterialien sicher importiert, wogegen der überwiegende Anteil aus der Region im Umkreis von etwa 10–20 km bezogen werden konnte, sodass auch hier von einer Selbstversorgung auszugehen ist. Ähnliches gilt für die zur Herstellung von Klingen, Schabern und Pfeilspitzen verwendeten Silexmaterialien, bei denen es sich zu etwa 80 % um die für jüngerbandkeramische Siedlungen der Region typischen, regional vorkommenden Süßwasserquarzite handelt. Auch hier kann von einer Selbstversorgung oder von kleinräumigen Austauschmechanismen ausgegangen werden.

Die Forschungsgeschichte der Siedlung von Rothenbergen zeigt, dass die langjährige Begehung von Fundstellen einer Kleinregion wie dem Mittleren Kinzigtal und deren sorgfältige Dokumentation die Grundlage für die gezielte Erforschung einzelner Fundstellen sowie einer ganzen Siedlungslandschaft bietet. Damit ist nicht nur eine nachhaltige Bodendenkmalpflege möglich, sondern es zeigt sich auch das Potential für die weiterführende archäologische Erforschung einer Landschaft. Trotz der bereits umfangreichen Tätigkeiten von H. Kreutzer hält dieser Kleinraum sicherlich noch genügend weitere Entdeckungen und Forschungsmöglichkeiten bereit.

Die Funde werden heute größtenteils im Heimatmuseum Gründau aufbewahrt, das über eine größere archäologische Abteilung verfügt, in der viele Funde aus der Region ausgestellt sind.

LITERATUR

G. Diederich/K.-H. Ehrenberg, Erläuterungen zur Geologischen Karte von Hessen 1:25 000 Blatt Nr. 5721 Gelnhausen (Wiesbaden 1977). – N. Kegler-Graiewski/B. Ramminger, Neolithische Felsgesteinrohmaterialversorgung in Hessen. In: Berichte der Kommission für Archäologische Landesforschung in Hessen 7, 2002/03 (Rahden/Westfalen 2004) 31–42. – J. Kneipp, Bandkeramik zwischen Rhein, Weser und Main. Studien zu Stil und Chronologie der Keramik. Universitätsforschungen zur Prähistorischen Archäologie 47 (Bonn 1998). – H. Kreutzer/ F.-R. Herrmann, Die archäologische Erforschung einer Kleinlandschaft im mittleren Kinzigtal. 10 Jahre systematische Beobachtungen 1971–1981. Führer zu einer Ausstellung in Meerholz, Stadt Gelnhausen, Main-Kinzig-Kreis. Archäologische Denkmäler in Hessen 21 (Wiesbaden 1981). – M. Posselt, Bandkeramik – Geomagnetik – Landschaftsarchäologie. Die Magnetometer-Prospektion der bandkeramischen Siedlung Butzbach-Fauerbach v. d. H., »Gerhardsköppel«. In: Berichte der Kommission für Archäologische Landesforschung in Hessen 6, 2000/01 (Wiesbaden 2001) 41–52.

Main-Kinzig-Kreis: Trassenbegehung mit Folgen

Die bandkeramische Siedlung »Auf dem Hainspiel« von Niederdorfelden

Olaf Krause, Annette Schmidt, Gretel Callesen

Das 14 ha umfassende Neubaugebiet »Auf dem Hainspiel« befindet sich südlich der Gemeinde Niederdorfelden im westlichsten Zipfel des Main-Kinzig-Kreises zwischen der Bahnlinie Bad Vilbel–Stockheim und der Umgehungsstraße L 3008. Das Baugebiet liegt nur wenig höher als die eigentliche Flussaue, unweit der hier noch stark mäandernden Nidder. Am seinem Westrand entwässert der Feldbach, an seinem Ostrand ein kleines, namenloses Bächlein zur Nidder hin.

Das Bauvorhaben war den Denkmalbehörden lange im Vorfeld bekannt. Aus dem Gebiet südlich der Umgehungsstraße L 3008 und westlich des Areals kennt man zwar jungsteinzeitliche Lesefunde, diese reichten aber als Handhabe für denkmalpflegerische Auflagen nicht aus, zumal es von der zu bebauenden Fläche selbst bis dahin keine Fundmeldung gab.

Die Erschließung begann im November 2003 mit dem Abschieben einiger Straßentrassen im Ostteil des Areals. Der zweite Vorsitzende des Vereins für Vor- und Frühgeschichte im unteren Niddertal e.V. (VVFN) beobachtete den Fortgang der Arbeiten vom Zug aus mit großem Interesse und entschloss sich Ende November zu einer Begehung der offenen Trassen. Jene ergab zunächst nur diffuse Befunde; Rotlehm, wenige Scherben und undeutliche dunkle Flecken wiesen auf eine Fundstelle der Linearbandkeramik hin. Im Einvernehmen mit der Unteren Denkmalschutzbehörde Main-Kinzig-Kreis versuchte der VVFN in einem groß angelegten Notbergungseinsatz an einem Wochenende Anfang Dezember die Situation zu dokumentieren. Es stellte sich dabei jedoch schnell heraus, dass es damit wohl nicht getan war – die Befundsituation in einer Tiefe von 0,5–0,8 m mit Gruben und zahlreichen Pfosten machte deutlich, dass es sich bei der Fundstelle um eine großflächige Siedlung der Linearbandkeramik handelte. Es galt nun, aus einer kleinen Rettungsaktion eine eher aufwändige Maßnahme zu bewerkstelligen. Anfallende verwaltungstechnische und finanzielle Probleme konnten mithilfe der Denkmalbehörden nach und nach gelöst werden; auch gelang es mit viel Glück, zu Beginn des Winters 2003/04 ein einsatzfähiges und erfahrenes Grabungsteam zusammenzustellen. Es blieben allerdings die witterungsbedingten Schwierigkeiten einer Wintergrabung mit gefrorenem Boden und auftauendem zähem Lehm.

War die Fläche erst einmal auf Befundniveau abgeschoben, ergab sich eine weitere, nicht zu unterschätzende Behinderung: Bei den meisten

31 Niederdorfelden, Flur »Auf dem Hainspiel«. NW–SO orientierter Hausgrundriss mit einer antennenartigen Verlängerung der NW-Wand.

32 Niederdorfelden, Flur »Auf dem Hainspiel«. Die Grabung lieferte eine große Variationsbreite von Knubben aller Art.

33 Niederdorfelden, Flur »Auf dem Hainspiel«. Ein kleines verziertes Hängebecherfragment.

34 Niederdorfelden, Flur »Auf dem Hainspiel«. Eine gut erhaltene Geweihhacke und ein an den Spitzen bearbeitetes Rehgeweih.

Befunden sammelte sich bereits nach dem ersten Spatenstich in Minutenschnelle Grund-/Fließwasser im Schnitt.

Die stark drängende Zeit, die oft doch geringe Personalzahl und die Wasserprobleme waren die Gründe für den Einsatz eines 1,5 t schweren Minibaggers zum Schneiden und Ausheben größerer Befunde, eine Maßnahme, die sich im Großen und Ganzen bewährt hat.

Die im Dezember 2003 als Rettungsaktion begonnene Notgrabung war, zumindest was die Geländearbeiten angeht, schließlich im September 2004 beendet. Insgesamt konnte eine Fläche von 1,5 ha im Ostteil des Gebiets archäologisch untersucht werden.

Es ergaben sich 872 Befunde, darunter 488 Pfostengruben, 295 kleinere Gruben, 22 große Begleitgruben, acht Wandgräben, 13 Schlitzgruben, ein beigabenloses Kindergrab (Befund 67), 45 nicht näher bestimmbare Befunde, darunter Baumwurf und ein alter Suchschnitt von G. Wolff.

Dem Fundmaterial und den Strukturen nach zu schließen, handelt es sich ausschließlich um Befunde der Linearbandkeramik, nur eine einzige Grube (Befund 604) enthielt Funde der Rössener Kultur.

Die geringe erhaltene Tiefe der Pfostenspuren von etwa 0,2 m lässt auf einen alten Abtrag schließen, wahrscheinlich zu einer Zeit, als die Siedlung noch offen lag. Die Befunde sind überdeckt von einer 0,5 m mächtigen, nahezu sterilen Schwemmschicht, die wohl von den südlich anschließenden, zur »Hohen Straße« ansteigenden Hängen stammt. Erst darüber befindet sich der Mutterboden.

Vollständig erhalten sind die Grundrisse von vier Bauten, gut zu erkennen an der NW-SO-Orientierung, den erhaltenen Pfostenstellungen im Innenraum, den Wandgräbchen und den dazugehörigen Begleitgruben. Dazu zählen auch die so genannten Zwillingshäuser, mit einem in der Mitte liegenden Begleitgraben, den sich beide Bauten, wie es scheint, teilten. Überschneidungen in diesem Bereich fanden sich nicht.

Während die meisten Hausgrundrisse bandkeramischem Standard entsprechen, fällt ein Hausgrundriss durch eine antennenartige Verlängerung der NW-Wand auf (Abb. 31).

Die Notbergung ergab insgesamt etwa zwei Tonnen an Fundmaterial, das derzeit im Archiv des VVFN aufbewahrt wird. Soweit möglich sind die Fundgegenstände inzwischen gewaschen. Durch weitgehend ehrenamtlichen Einsatz wurden viele Keramikfragmente bereits wieder zusammengefügt. Ebenso ehrenamtlich erfolgte eine erste Durchsicht des Keramikbestands mit einer vorläufigen zeitlichen/kulturellen Zuordnung.

Der Anteil an Grobkeramik ist hoch. Neben Flaschen mit Griffösen gibt es eine große Variationsbreite von Knubben aller Art (Abb. 32). Die Form der Knubben sowie einige Flachböden erinnern an Funde der ältesten Bandkeramik. Die oft stark zerscherbte Feinkeramik setzt sich vor allem aus flombornähnlicher Ware und Scherben etwa der Stilgruppe 3 nach W. Meier-Arendt zusammen. Einige Verzierungsmuster erinnern, wie die Grobkeramik, an ältestbandkeramische Ware. Soweit rekonstruierbar handelt es sich vor allem um Kümpfe, z. T. mit einer Tendenz zum Flachboden. Sowohl unter der Grobkeramik als auch unter der Feinkeramik finden sich, wie bei der Bandkeramik der Region üblich, glimmerhaltige Scherben.

An keramischen Sonderformen sind zu nennen: die Hinterbeine eines Tiergefäßes (Bef. 511), ein säulenförmiges Keramikidol in Hüttenlehmqualität (Bef. 55), zwei halbe Spinnwirtel, einer hart gebrannt, mit Tupfenverzierung und einer in Hüttenlehmqualität (Bef. 580 und 492), das Fragment eines verzierten Standrings (Bef. 487a), ein Henkel oder Ringfragment mit zoomorphen Fortsätzen (»Hörner«; Bef. 593), ein kleines verziertes Hängebecherfragment (Bef. 476; Abb. 33), einige Randscherben von Zipfelschalen und -schälchen.

Unter den Gerätschaften fällt neben einer Geweihhacke und einem bearbeiteten Rehgeweih (Abb. 34) die große Anzahl von Knochenpfriemen bzw. -spachteln auf (Abb. 35). Der gute Erhaltungszustand der Tierknochen insgesamt ist eventuell eine Folge des immer nassen Bodens. Eine gelochte Hirschgrandel ist ein Lesefund, eine zweite stammt eindeutig aus einem bandkeramischen Fundverband.

Eine neolithische Siedlung dieser Größenordnung war *a priori* auf dem Gelände nicht zu vermuten, da dieses sich durchaus noch im Bereich der Nidder-Hochwasser befindet. Mutmaßlich erstreckt sie sich nach Süden bis jenseits der Umgehungsstraße L 3008. Die nächstgelegene bandkeramische Siedlung befindet sich in Sichtweite im Gewann »Auf dem Lohfeld«, oben auf der »Hohen Straße«. Es ist dies eine ähnliche Situation wie im unweit gelegenen Schöneck-Kilianstädten. Von dort kennen wir gleichfalls eine Siedlung in den Nidder-Auen und eine zeitgleiche oben auf der »Hohen Straße«.

35 Niederdorfelden, Flur »Auf dem Hainspiel«. Knochenpfrieme bzw. -spachtel.

LITERATUR

W. Meier-Arendt, Die bandkeramische Kultur im Untermaingebiet. Veröffentlichungen des Amtes für Bodendenkmalpflege im Regierungsbezirk Darmstadt 3 (Bonn 1966).

Frühneolithikum im Kreis Groß-Gerau

Bevor neue Bäume wachsen... – Bandkeramische Siedlung bei Hof Schönau in der Gemarkung Rüsselsheim

Holger Göldner

Große Vorhaben werfen lange Schatten. So berührte auch der geplante Bau der A-380-Werft der Fraport AG weite Teile des Rhein-Main-Gebiets in Form von Ausgleichsflächen. Eines der ins Auge gefassten Areale liegt am Ufer eines Altlaufs des Mains in der Feldflur von Rüsselsheim. Auf den landwirtschaftlich genutzten Flächen hatte J. Hubbert, langjähriger ehrenamtlicher Mitarbeiter der Archäologischen Denkmalpflege aus Bauschheim, in der Vergangenheit immer wieder jungsteinzeitliche Hinterlassenschaften aufgelesen, sodass der Verdacht auf eine Siedlungsstelle mehr als begründet war.

Um Sicherheit über den Charakter des Fundplatzes zu erlangen, wurde nach Absprache mit Bodeneigentümer und Verursacher eine großflächige geophysikalische Untersuchung in Auftrag gegeben. So konnte im Oktober 2003 die Firma Posselt & Zickgraf Prospektionen GbR eine Fläche von 15 000 m² geomagnetisch prospektieren. Das landwirtschaftlich genutzte Areal liegt auf einer Höhe von 86 m ü. NN am Nordufer des Main-Altlaufs (Abb. 36). Ein Wirtschaftsweg sowie eine Gastrasse queren die Äcker in N-S-Richtung – dieser Bereich musste ausgespart werden. Bodenkundlich gesehen dominieren Parabraunerden über Terrassensande, doch lag an einigen Stellen der Sand direkt unter der Pflugschicht. Die später hier aufgedeckten Gruben mit schwarzbrauner Einfüllung gaben jedoch einen Hinweis auf ehemals vorhandene Schwarzerden.

Die geomagnetische Prospektion zeigte das eindrucksvolle Bild einer Siedlung der Linearbandkeramischen Kultur (LBK; Abb. 37): Mindestens zehn der charakteristischen, NW–SO orientierten Langhäuser des frühen Neolithikums offenbarten ihre Lage. Im Kreis der Beteiligten bestand Einvernehmen, dass vor die Aufforstung eine großflächige Untersuchung geschaltet werden musste. Dank der Kooperationsbereitschaft der Stadtwerke Mainz AG als Bodeneigentümerin sowie der Fraport AG, die gemeinsam die Finanzmittel zur Verfügung stellten, konnte die Maßnahme im Frühjahr 2004 in Angriff genommen werden.

Um die Ausmaße des Siedlungsplatzes genauer zu erfassen, wurden unmittelbar vor Grabungsbeginn weitere 35 000 m² geomagnetisch untersucht. Wie bereits nach der ersten Messaktion zeichneten sich wiederum zahlreiche Hausgrundrisse deutlich ab. Zusätzlich wurde im Süden – und recht nahe am Wasser – ein Kreisgraben entdeckt. Quer durch die Siedlung läuft als massive Störung die oben genannte Trasse mit zwei Erdgasleitungen.

Basierend auf dieser Grundlage begann am 13. März 2004 die eigentliche Ausgrabung, die bis zum 18. August währte. Unter der örtlichen Leitung von R. Klausmann – Außenstelle Darmstadt des Landesamtes für Denkmalpflege Hessen (LfDH) – wurden in diesem Zeitraum 10 000 m² aufgedeckt. J. Hubbert, der bereits erwähnte Entdecker der Fundstelle, war über den gesamten Zeitraum ebenfalls tatkräftig vor Ort.

17 Häuser, die alle der bandkeramischen Kultur angehörten, konnten sicher nachgewiesen werden (Abb. 38). Der bereits erwähnte Kreisgraben hatte einen äußeren Durchmesser von 18 m und war noch bis zu einer Tiefe von 1,15 m unter heutiger Oberfläche erhalten. Im Südosten wies er

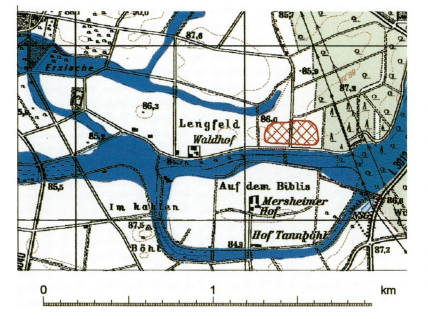

36 Rüsselsheim, Hof Schönau. Umgeben von Wasser: Lage der LBK-Siedlung am Ufer des Alt-Mains.

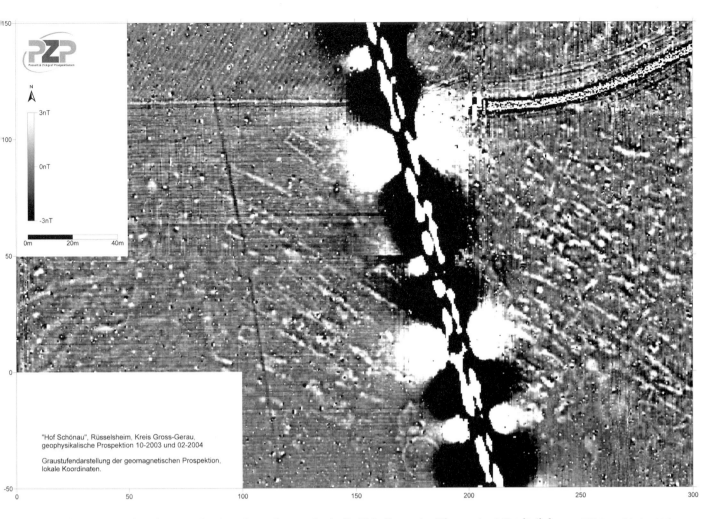

eine 0,5 m breite Unterbrechung auf. Hinweise auf eine Bestattung wurden nicht beobachtet.

Nicht an allen Gebäuden ließen sich Länge und Breite sicher ermitteln. Gänzlich erfasst wurden sieben Häuser (Nr. 7, 8, 9, 10, 11, 12, 14). Während deren Breiten zwischen 5,5 m und 7,2 m – mit einem eindeutigen Schwerpunkt bei 6 m – recht einheitlich waren, variierten die Längen doch beträchtlich. Einer Gruppe von kleineren Bauten mit einer jeweiligen Länge zwischen 13 m und 18 m stehen Häuser von 38 m und 48 m gegenüber. Dazwischen sind Gebäude von 23 m bis 30 m angesiedelt. Die Bodenverhältnisse erschwerten das Erkennen von Befunden ungemein. Hinzu kommt noch, dass Pfostenlöcher, Fundamentgräben und Längsgruben nur noch in Resten vorhanden waren. Die geringe Tiefe der Befunde – etwa 0,2 m unter Planum 1 – lässt außerdem den Schluss zu, dass etliche Pfostenlöcher bereits der Erosion zum Opfer gefallen waren.

Den »klassischen« Befund eines LBK-Hauses zeigte Haus 7. Der Fundamentgraben des Nordwestteils ist stärker eingetieft als Pfosten und Längsgruben, wobei Letztere aufgrund der Nähe zu den Häusern 5 und 8 nicht immer klar zugeordnet werden können. Während der Nordwesttrakt mittels dreier Querjoche viergeteilt war, vermittelt die Y-Stellung der Pfosten im Mittelteil den Eindruck eines größeren Wohnraums. Mit 38,4 × 6 m gehört das Gebäude zu den längeren Häusern der Siedlung.

Haus 8 lag in einem Abstand von 6,5 m zum vorgestellten Befund. Mit 48 × 7,3 m war es das größte Gebäude der Siedlung. Auch hier wies wiederum das Fundamentgräbchen des Nordwestteils die größte Tiefe auf. Grubenkomplexe im Mittelteil erlaubten keine Aussagen zur Pfostenstellung. Zwar setzten sich die Störungen auch im Südostteil fort, doch weisen mehrere größere ovale Pfostenlöcher auf eine Doppelpfostenstellung in diesem Gebäudeteil hin. Der südöstliche Abschluss korrespondierte exakt mit dem von Haus 7.

Eine erste Durchsicht der Keramikfunde aus den Längsgruben beider Häuser durch S. Schade-Lindig – Hauptstelle Wiesbaden des LfDH – ließ auf eine Entstehungszeit in der Stufe Flomborn schließen. In den gleichen Horizont gehörten die benachbarten Häuser 3 und 5 – die Anlagen 6, 9 und 10 entzogen sich aufgrund schlechter Befunderhaltung einer klaren chronologischen Ansprache. Auffallend war hier die leicht abweichende Ausrichtung der Gebäude 5, 9 und 10 – eine chronologische Einordnung muss aber einer weiteren

37 Rüsselsheim, Hof Schönau. Das Ergebnis der geophysikalischen Voruntersuchung der Firma Posselt & Zickgraf Prospektionen GbR.

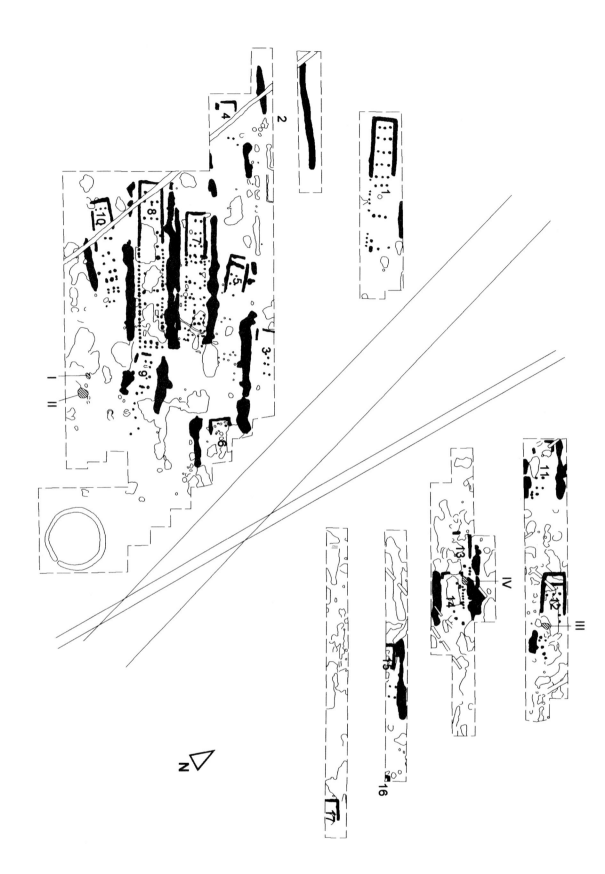

38 Rüsselsheim, Hof Schönau. Gesamtplan der Grabung 2004. 1–17 LBK-Häuser. I–III LBK-Gräber, IV schnurkeramisches Grab. – M. 1:1000.

Bearbeitung vorbehalten bleiben. Dagegen datiert die nordöstliche Gebäudegruppe anscheinend in die Mitte und an das Ende der Linearbandkeramik. Der »Mittelteil« der Siedlung war bereits durch die Gasleitungen zerstört bzw. aufgrund des einzuhaltenden Sicherheitsstreifens nicht zugänglich.

Innerhalb der Siedlung wurden vier Bestattungen freigelegt, von denen drei der Linearbandkeramik angehörten. Südlich der Häuser 8–10 fanden sich zwei Gräber inmitten eines Grubenkomplexes. In Grab 1, einer NW–SO orientierten Grube, lag ein linksseitiger Hocker ohne Beigaben. In der Einfüllung fanden sich einige LBK-Scherben sowie ein Mahlsteinfragment. In einem Abstand von etwa 3 m folgte Grab 2. Während man bei dem vorhergehenden die Grabgrube eigens zu diesem Zweck angelegt hatte, wurde in Grab 2 ein Kind in einer bereits teilverfüllten Grube beerdigt. Wiederum handelt es sich um eine linksseitige Hockerbestattung. Als einzige Beigabe ist ein Kumpf zu nennen (Abb. 39), der dicht hinter dem Rücken stand. Grab 3 fand sich im Bereich von Haus 12 im Nordostteil der Ansiedlung. In einer nur schwach sichtbaren Grube befanden sich zwei beigabenlose Hockerbestattungen: Die eine lag linksseitig und NO–SW orientiert, die andere rechtsseitig und SW–NO ausgerichtet. Die Bestatteten lagen mit den Beinen gegeneinander – so ging der Blick beider Individuen nach Süden. Einzelne Scherben in der Verfüllung sprechen für eine Datierung in die jüngere Bandkeramik.

Grab 4 führt uns an das Ende der Jungsteinzeit: Eine etwa 1,9 × 1,3 m messende ovale Grube – nahezu senkrecht abgegraben – barg eine schnurkeramische Bestattung. Etwa 1,3 m unter der heutigen Oberfläche lag das Skelett, mit angezogenen Beinen, auf dem Rücken. Die Arme befanden sich parallel zum Körper. Rechts des Kopfs stand eine strichbündelverzierte Amphore, ein zweite, mit Schnurdekor im Halsbereich, hatte ihren Platz links neben dem Brustkorb. Nahe des rechten Oberarms lagen ein Beil aus Amphibolit sowie eine Silexklinge – eine zweite fand sich im Beckenbereich (Abb. 40).

Eine bandkeramische Siedlung an einer Altlaufschlinge – im Hessischen Ried keine Seltenheit. W. Meier-Arendt stellte schon 1966 fest, dass für die frühen Bauern weniger der Löss als vielmehr »das Vorhandensein guten Bodens, gleich welchen Typs« in Verbindung mit Gewässernähe für die Wahl des Siedlungsplatzes entscheidend war. Diese Aussage hat auch weiterhin Gültigkeit, betrachtet man die neu hinzugekommenen LBK-Fundplätze, die an den »Lachen« (Altläufe von Neckar und Main) zu finden sind. In einer um-

fangreichen Studie hat K. Gebhard, Würzburg, erst kürzlich das Siedlungsverhalten des prähistorischen Menschen im nördlichen Hessischen Ried umfassend analysiert – mit der Siedlung bei Hof Schönau konnte eine weitere, nun ergrabene Fundstelle hinzugefügt werden.

39 Rüsselsheim, Hof Schönau. Bandkeramischer Kumpf aus Grab 2.

40 Rüsselsheim, Hof Schönau. Inventar des schnurkeramischen Grabs.

LITERATUR

K. Gebhard, Die vorgeschichtliche Besiedlung des Kreises Groß-Gerau. Eine Studie zur Besiedlungsgeschichte des Hessischen Rieds (ungedr. Dissertation, Mainz 2002). – J. Kneipp, Bandkeramik zwischen Rhein, Weser und Main. Studien zu Stil und Chronologie der Keramik. Universitätsforschungen zur Prähistorischen Archäologie 47 (Bonn 1998). – W. Meier-Arendt, Die bandkeramische Kultur im Untermaingebiet. Veröffentlichungen des Amtes für Bodendenkmalpflege im Reg.-Bez. Darmstadt 3 (Bonn 1966).

Geoarchäologie bei dem bandkeramischen Erdwerk Bracht,
Kreis Marburg-Biedenkopf

Auf der Suche nach dem Löss in Rauschenberg-Bracht

Andreas Hüser,
Bernd Starossek

Während der Ausgrabungen im Bereich des Brachter Erdwerks im März 2003 wurden ein Hausgrundriss sowie zahlreiche weitere Pfostenstellungen und Siedlungsgruben der Bandkeramischen Kultur aufgedeckt und ein Profilschnitt durch den Graben des Erdwerks angelegt. Besonders auffällig waren dabei der natürlich anstehende Sandboden und eine Deckschicht aus sandig-lehmigem Substrat (Abb. 41), wodurch sich dieser Fundort deutlich von den typischen bandkeramischen Siedlungsräumen in Lösslandschaften unterscheidet. Diese Schicht wurde von V. Pingel als

41 Rauschenberg-Bracht. Geputztes Baggerplanum in »Fläche 2« der Ausgrabungen 2003. Deutlich erkennbar sind der anstehende helle Sand und die Braunerde aus schluffig-lehmigem Sand, in die bandkeramische Befunde eingetieft sind (dunkle Flecken).

»dünne Lössdecke« bezeichnet. Nachdem bereits in der **hessen**ARCHÄOLOGIE 2003 Bezug auf die Grabungsergebnisse genommen wurde, sollen im Folgenden die topographische Situation und weitere Überlegungen zu den naturräumlichen Verhältnissen am Standort in bandkeramischer Zeit vorgestellt werden.

Das Erdwerk und die Siedlung, die nach den Ergebnissen der Grabung 2003 zumindest teilweise jünger als das Erdwerk selbst ist, befinden sich am östlichen Fuß des Kleinen Hirschbergs, einer runden, bis zu 330 m hohen Sandsteinerhebung, die zum Burgwaldmassiv gehört (Abb. 42–43). Der bewaldete Berg ragt etwa 50–60 m über die sog. Brachter Ebene heraus und stellt die westliche Begrenzung innerhalb dieser Senke dar. Der ackerbaulich genutzte Fundplatz befindet sich im anschließenden flacher werdenden, nach Osten exponierten Unterhangbereich, der in einen feuchteren Bachauebereich mit Wiesennutzung übergeht. Das Erdwerk und die Siedlung befinden sich auf trockenem Gelände, das die Bodenschätzung (SL4 D34/33 bzw. lS4 D38/37) als ungünstigen Ackerstandort ausweist.

In einer kleinen natürlichen Senke östlich des Erdwerks, heute durch einen kleinen Bruchwald gekennzeichnet, befand sich zu Zeiten der Bandkeramik vermutlich bereits ein kleines Quellmoor. Nördlich des Erdwerks verläuft in SW-NO-Richtung ein kleiner flacher Geländesattel, der als Wasserscheide innerhalb der Ebene fungiert.

Grundlage für die Aussagen bezüglich der bodenkundlichen Situation sind in erster Linie physikalische Laboranalysen von Bodenproben aus den beiden Grabungsflächen. Aus Fläche 2 wurden insgesamt 25 Proben aus den braunfarbigen Befunden und dem sie umgebenden Material entnommen, die Substrate in der Grabenfüllung wurden mit neun Proben in der Profilabfolge untersucht. In allen Proben wurden im Geolabor des Fachbereichs Geographie an der Philipps-Universität Marburg mittels Sedimentationsverfahren tonarme und sandreiche Substrate ermittelt, die sich deutlich von den ansonsten für die Bandkeramik so typischen schwarzen, schluffhaltigen und demnach lössbürtigen Befundsubstraten unterscheiden.

Inwiefern sich diese Ergebnisse auch auf das Umfeld der Siedlung bzw. des Erdwerks ausweiten lassen, sollte durch Rammkernsondierungen untersucht werden. Hierzu wurden Ende Juni 2004 fünf Bohrungen an unterschiedlichen Standorten in der sog. Brachter Ebene durchgeführt (Abb. 42; 44–45). Sie befinden sich zwischen dem Steilhang des Kleinen Hirschbergs und einem kleinen Bach in der Ebene als tiefstem Punkt im Untersuchungsgebiet. Die Bodenansprache erfolgte hierbei direkt im Feld mithilfe der Fingerprobe. Die im Labor ermittelten Daten konnten ohne Probleme mit den neu hinzugekommenen Ergebnissen in Einklang gebracht werden. Die Ergebnisse

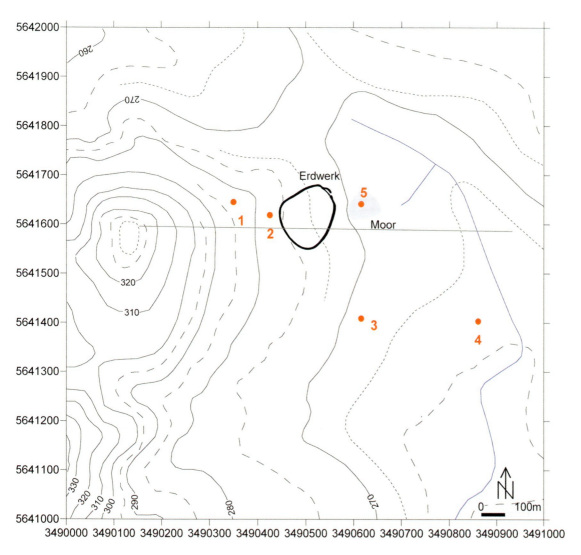

42 Rauschenberg-Bracht. Topographischer Plan der Umgebung des Erdwerks mit Eintragung der Bohrpunkte.

dieser Untersuchungen lieferten weitere interessante Informationen über die Lokalität.

Das Resultat der Bohrsondagen lässt sich wie folgt zusammenfassen: Eine Lössdecke und ein daraus resultierender Lehmboden konnten nirgends beobachtet werden, vielmehr besteht das Bodensubstrat hauptsächlich aus schluffig-lehmigem Sand. Dieses Ergebnis entspricht denjenigen, die aus den Grabungsproben gewonnen wurden. Allein am Fuße des Kleinen Hirschbergs konnte unter Wald Substrat mit erhöhtem Schluffanteil in kleinen, räumlich begrenzten Hohlformen festgestellt werden, wobei es sich hier aber, angesichts der Farbe und Mächtigkeit, offenbar um kolluvial umgelagertes Substrat handelt. Winzige Holzkohlestückchen bestätigen diese Annahme. Auch in den Bohrungen in den tiefer liegenden Bereichen des Untersuchungsgebiets, also zur Aue hin, wurde lehmig-schluffiger Sand über anstehenden Sanden angetroffen. Hier wäre am ehesten lössbürtiges Substrat zumindest holozäner Ablagerungen zu erwarten gewesen. Dass auch hier, im Akkumulationsraum des lokalen Einzugsgebiets, kein erhöhter Lössanteil festgestellt werden konnte, ist ein deutliches Anzeichen dafür, dass die Brachter Ebene zu keiner Zeit von einer nennenswerten und flächigen Lössdecke bedeckt war. Viel versprechend erschien eine weitere Bohrung, die am Rande des Moors unmittelbar nordöstlich des Erdwerks durchgeführt wurde. Wenn es im Ein-

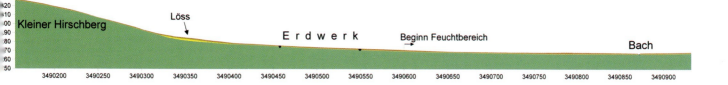

43 Rauschenberg-Bracht. Geländeprofil zur Illustration der topographischen Situation des Erdwerks bzw. der Siedlung.

44 Rauschenberg-Bracht. Rammkernsondierung zur Erforschung des Siedlungsumfelds im Juni 2004.

45 Rauschenberg-Bracht. Im Bohrprofil wird die Bodenabfolge erkennbar: Die dunkelbraune Pflugschicht (oben) ruht auf der Braunerde (mittelbraune Schicht in der Mitte). Der Untergrund besteht aus hellem Sand.

zugsgebiet eine Lössdecke gegeben haben sollte, so wären in diesem »Geoarchiv« zumindest umgelagerte Reste zu erwarten gewesen. Allerdings wurden hier lediglich bis zu 50 cm mächtige Torfe und Mudden über Sanden festgestellt, die keinen Hinweis auf einen (erosionsbedingten) Eintrag lössbürtigen Substrats liefern.

Gemäß allen Gelände- und Laborergebnissen ist also auszuschließen, dass an dieser Lokalität jemals eine Lössdecke von nennenswerter Mächtigkeit oder gar eine daraus entstandene Schwarzerde vorhanden war. Vielmehr ist davon auszugehen, dass eine im Spätglazial gebildete Deckschicht (Hauptlage) aus anstehenden und durch Frostverwitterung gelockerten Sanden und eingewehtem Schluff, vermischt durch solifluidale Prozesse, das Ausgangssubstrat für die heutigen Böden darstellt, die aufgrund ihrer Braunfärbung und ihres einfachen Profilaufbaus als Braunerden zu bezeichnen sind. Auswaschungsmerkmale, die auf Podsolierungsprozesse zurückzuführen wären, sind nicht beobachtet worden. Bestenfalls hatte diese Verbraunung bereits eingesetzt, als die bandkeramischen Siedler diesen Platz besetzten.

Voraussetzungen für die Bildung einer Lössdecke waren am Standort dabei durchaus gegeben. Im Windschatten des Burgwaldmassivs und an ost-exponierter Stelle am Fuße des Kleinen Hirschbergs gelegen, konnte, wie beschrieben, lössbürtiges Material in kleinen Vorkommen westlich des Grabenwerks ermittelt werden.

Vielleicht mag auch der Umstand, dass die Brachter Ebene bis Anfang des 20. Jahrhunderts bewaldet war und erst spätestens im Zuge der Errichtung des Flugplatzes im Bereich der heutigen »Brachter Siedlung« (östlich der Fundstelle, am gegenüberliegenden Hang) abgeholzt wurde, ein weiteres Indiz dafür sein, dass hier fruchtbare Lehmböden aufgrund flächendeckender Lössdecken niemals vorlagen. Allein im Bereich der »Brachter Siedlung« soll laut O. Uenze eine reine Lössdecke angetroffen worden sein, was zu überprüfen wäre. Bemerkenswert ist auch, dass weite Teile der Ebene als Wiesenland und nicht als Ackerland genutzt werden. Sie ist somit nicht mit den Altsiedellandschaften des Amöneburger Beckens, der Hessischen Senke oder der Wetterau vergleichbar und besitzt einen eigenen Charakter.

Der Nachweis von identischem Material in allen Befunden, gekennzeichnet durch sandiges Substrat, und die daraus resultierenden Überlegungen zu den früheren Bodenverhältnissen zeigen die Ungewöhnlichkeit des Siedlungsplatzes. Warum in der jüngerbandkeramischen Periode dieses wenig fruchtbare Areal besiedelt wurde, bleibt damit offen. Eine günstige landwirtschaftliche Standortsituation ist jedenfalls auszuschließen. Somit wird die Siedlung und vor allem das Erdwerk in Bracht vielmehr mit der verkehrsgeographischen Situation in Zusammenhang stehen. Zwischen den Siedlungsräumen des Amöneburger Beckens und der Hessischen Senke gelegen, befindet sich der Fundplatz im Bereich der Kommunikationswege zwischen diesen Gunsträumen. Ob Territorialgedanken bei der Errichtung der Anlage eine Rolle spielten, kann nur als Denkanstoß erwogen werden.

Das Erdwerk und die Siedlung sind nicht die einzigen Spuren bandkeramischer Besiedlung in der Brachter Ebene. Einem Sammler aus Bracht sind einige Lesefunde zu verdanken, die zeigen, dass auch an anderen Stellen mit Siedlungsresten zu rechnen ist, ohne dass über den Charakter der Fundstellen bislang etwas geäußert werden kann. Zu den Funden gehören u. a. mehrere größere angeschliffene Hämatitbrocken, aber auch Stücke ohne Spuren. Sie wurden alle nordöstlich des Erdwerks am gegenüberliegenden Hang aufgelesen. Dieses eisenhaltige Gestein diente der Herstellung von dunkelroter Farbe. Ob hier Lagerstätten zu vermuten sind und somit auch ein wirtschaftlicher Aspekt für die Siedlung infrage kommt, bleibt Spekulation und bietet Ansatzmöglichkeiten für weitere Forschungen.

Es bedarf also noch weiterer Untersuchungen von zahlreichen Nachbardisziplinen, um diesen ungewöhnlichen Fundort verstehen zu können.

LITERATUR

AG Boden: Bodenkundliche Kartieranleitung[4] (Hannover 1994). – A. Müller-Karpe/A. Hüser/H. Stümpel/E. Erkul/B. Starossek, Auf Sand gebaut…Neue Untersuchungen im Erdwerk von Rauschenberg-Bracht, Kreis Marburg-Biedenkopf. Hessen Archäologie 2003 (2004) 39–43. – V. Pingel, Eine Luftaufnahme der vorgeschichtlichen Siedlung von Bracht, Gemeinde Rauschenberg, Kreis Marburg-Biedenkopf. In: F.-R. Herrmann (Hrsg.), Festschrift für Günter Smolla. Materialien zur Vor- und Frühgeschichte von Hessen 8 (Wiesbaden 1999) 533–538. – O. Uenze, Steinzeitliche Grabungen und Funde. Kurhessische Bodenaltertümer 1 (Marburg 1951) 11–21.

Bemerkenswerter neolithischer Fund aus dem Frankfurter Stadtgebiet

Ein »Großgefäß« der Bandkeramik aus Frankfurt am Main-Fechenheim

Christoph Willms

Im östlichen Frankfurter Vorort Fechenheim war 1989 eine etwa 4000 m² große Teilfläche einer bandkeramischen Siedlung (FEC 14) archäologisch untersucht worden. Die Ausgrabungsleiterin, Frau Dr. M. Dohrn, stellte fest, dass die bandkeramischen Befunde z. T. von einer vermutlich ältereisenzeitlichen Düne überdeckt waren. Für diesen Fundplatz ist die Lage in unmittelbarer Mainnähe zunächst überraschend, da bandkeramische Siedlungen normalerweise in hochwasserfreiem Gelände liegen. Das Befundspektrum umfasst drei fragmentarisch erhaltene Hausgrundrisse, Pfosten- und »Längsgruben« sowie kleinere, über die Siedlungsfläche verteilte Gruben, die u. a. als Keller- oder Vorratsgruben zu deuten sind. Innerhalb der Bandkeramik (etwa 5500–4900 v. Chr.) dürfte diese mehrphasige Siedlung in einen jüngeren Abschnitt einzuordnen sein.

Frankfurt a. M. ist zwar reich an Siedlungshinterlassenschaften aus dem frühen Abschnitt der Jungsteinzeit, doch gibt es keine Friedhöfe bzw. gut dokumentierten Grabfunde, wie sie aus vielen anderen Regionen durchaus bekannt sind. Besondere Aufmerksamkeit erregte deshalb in Fechenheim die Entdeckung zweier Bestattungen innerhalb der Siedlung (Stellen 199 und 203). Grabbeigaben waren in beiden Fällen nicht vorhanden, sodass sich die Gräber nicht direkt datieren lassen. Für eine Datierung in die Zeit der Bandkeramik spricht der allgemeine wie der spezielle Fundzusammenhang (Grabgrube, Orientierung, Haltung). Da die Ausgräber die Zerstörung der fragilen Knochenreste bei einer Bergung vor Ort befürchten mussten, wurden En-bloc-Bergungen durchgeführt. Nach den 2004 durchgeführten anthropologischen Untersuchungen handelt es sich um Gräber von achtjährigen Kindern.

In neolithischen Siedlungen bildet Keramik, die normalerweise stark fragmentiert ist und – wenn überhaupt – nur zeichnerische Rekonstruktionen der ehemaligen Formen zulässt, immer den Hauptanteil unter den Funden. Aus Stelle 165.b in Fechenheim stammt ein Großgefäß, das

46 Frankfurt a. M.-Fechenheim. Das weitgehend erhaltene große Keramikgefäß aus Stelle 165.b während der Restaurierung. Die plastische Leistenzier erinnert an eine Schnurbespannung.

FEC 14, St. 165 b
Dm. 35,5-38 cm

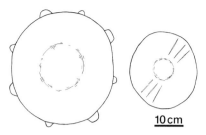

47 Frankfurt a. M.-Fechenheim. Mündungsdurchmesser des Kumpfs aus Fechenheim, Stelle 165.b (links), im Vergleich mit einer ältestbandkeramischen Schale aus Frankfurt a. M.–Nieder-Eschbach, Stelle 468, Bodenansicht (rechts).

zerbrochen und zusammengedrückt in seiner Substanz weitgehend erhalten ist. Der Aufmerksamkeit und der Sorgfalt der Ausgräber haben wir es zu verdanken, dass auch dieses stattliche Gefäß en bloc geborgen wurde. Frau S. Eimer hat im Rahmen eines von der Werkstattleiterin S. Martins betreuten Praktikums die Scherbenlagen unter Laborbedingungen abgebaut und das Gefäß zusammengesetzt. Es zeigte sich, dass bei der grabungstechnisch notwendigen Entfernung des Deckbodens während der Ausgrabung offenbar zahlreiche Scherben der Randpartie verloren gegangen waren. Das nun restaurierte Gefäß ist in allen archäologisch relevanten Details (Durchmesser, Höhe, Verzierung/Knubben) gesichert (Abb. 46).

Bei handgemachten Gefäßen muss man von vornherein mit Ungleichmäßigkeiten rechnen, so ergibt sich in unserem Fall eine nicht unerhebliche Abweichung von einem Idealkreis (Abb. 47, links). Wie bereits erwähnt, fehlen leider in der Mündungspartie einige wesentliche Teile, allerdings wird die Ergänzung dem Original weitgehend entsprechen. Zum Vergleich ist eine zu etwa 80% erhaltene ältestbandkeramische Schale mit Flachboden aus Frankfurt a. M.–Nieder-Eschbach abgebildet, deren Mündung noch deutlich unrunder, ja beinahe ovoid, ist (Abb. 47, rechts). Dieses Gefäß fasst etwa 2,5 Liter. In beiden Fällen ist davon auszugehen, dass man Gefäße mit runden Mündungsöffnungen herstellen wollte. Bei dem großen Gefäß aus Fechenheim mag das Verfehlen dieser Vorgabe auf mangelnde technische Möglichkeiten beim Gefäßaufbau zurückzuführen sein und auf generelle Kreisabweichungen bei handgemachten Gefäßen dieser Größenordnung schließen lassen. Das kleinere Gefäß aus Nieder-Eschbach dagegen wird erst nach der Formung und vor dem Brennen durch Unachtsamkeit verdrückt worden sein, da Verzierung und Form nicht kongruent sind.

Nach bandkeramischer Nomenklatur handelt es sich bei dem Großgefäß aus Frankfurt-Fechenheim um einen mit einer Art »Wackelboden« versehenen Kumpf, der zu den größten seiner Art zählt. Sehr nahe kommt ihm ein Exemplar aus Friedberg-Bruchenbrücken, Wetteraukreis; etwas größer ist ein Exemplar aus Plaidt, Kreis Mayen-Koblenz. Ziemlich ähnlich nach Typ und Größe ist auch ein Gefäß von der Aldenhovener Platte, Kreis Düren. Wesentlich größer und formal völlig verschieden ist demgegenüber ein Vorratsgefäß der La Hoguette-Gruppe aus der Nähe von Alzey-Dautenheim, das eine Höhe von etwa einem halben Meter aufweist. Flaschen bzw. flaschenartige Vorratsgefäße sind – auch in beträchtlicher Größe – seit der ältesten Bandkeramik bekannt.

Oberflächliche Recherchen in diesem Zusammenhang lassen vermuten, dass richtige Vorratsgefäße mit einer Höhe von einem halben Meter und mehr in der Bandkeramik fehlen und erst mit dem Mittelneolithikum auftreten. Deuten sich hier Unterschiede in den Techniken der Vorratswirtschaft an? Wozu konnte ein weitmundiges Gefäß mit über 17,5 l Inhalt dienen? Ein Kochtopf war es sicher nicht, und da er (komplett erhalten) aus einer (Keller-)Grube geborgen wurde, liegt ein Zusammenhang mit der Bevorratung bestimmter Nahrungsmittel nahe. Vielleicht war der Kumpf mit Lederhaut bespannt oder anderweitig (Flechtwerk, Holzbrett) verschlossen.

Dieser kleine Beitrag sei als Anregung verstanden, auf weitere Aspekte zu Großgefäßen im Frühneolithikum sowie auf »unrunde« Mündungen zu achten, die vielleicht herstellungstechnische Aufschlüsse bieten können.

LITERATUR

G. Bernhardt, Frankfurt am Main-Niedereschbach: ein ältestbandkeramischer Siedlungsplatz, Teil 2: Die Funde. Beiträge zum Denkmalschutz in Frankfurt am Main 10 (Frankfurt a. M. 1998) [Titelbild und St. 468.3 – mit zu steiler Wand und zu geringem Durchmesser]. – M. Dohrn, Bandkeramische Siedlung in Fechenheim (FEC 14). In: A. Hampel (Hrsg.), Archäologie in Frankfurt am Main. Fund- und Grabungsberichte für die Jahre 1987 bis Ende 1991. Beiträge zum Denkmalschutz in Frankfurt am Main 7 (Frankfurt a. M. 1993) 40–45. – S. Flohr/N.-J. Rehbach/Ch. Willms, Der älteste Frankfurter. Natur und Museum (im Druck). – B. Heide (Hrsg.), Leben und Sterben in der Steinzeit (Mainz 2003). – J. Lüning, So bauten die Zimmerleute der Steinzeit. Spektrum der Wissenschaft 1980, Heft 8, 44–59. – W. E. Stöckli, Absolute und relative Chronologie des Früh- und Mittelneolithikums in Westdeutschland. Basler Hefte zur Archäologie 1 (Basel 2002) Abb. 12,1; 71,1.

Naturwissenschaftliche Forschungen zum Frühneolithikum im Kreis Marburg-Biedenkopf

Einkorn, Emmer, Roggentrespe – Archäobotanische Untersuchungen in bandkeramischen Siedlungen im Amöneburger Becken

Julian Wiethold

Die fruchtbaren Böden und die naturräumlich geschützte Lage des Amöneburger Beckens inmitten klimatisch rauerer Mittelgebirgsregionen waren ursächlich für eine dichte prähistorische Besiedlung und die damit verbundene landwirtschaftliche Nutzung seit dem Frühneolithikum. Bodenproben aus den beiden bandkeramischen Siedlungen von Mardorf 23 und Wittelsberg in der fruchtbaren Lösslandschaft des Amöneburger Beckens östlich von Marburg boten erstmals in Hessen die Gelegenheit, Ackerbau und pflanzliche Ernährung der frühesten Ackerbaukultur außerhalb der Wetterau und des Rhein-Main-Gebiets zu studieren. Die Untersuchungen wurden vom Sachgebiet Naturwissenschaften des Landesamtes für Denkmalpflege Hessen im Rahmen eines von der Deutschen Forschungsgemeinschaft (DFG) geförderten Forschungsprojekts zum früh-, mittel- und spätneolithischen Ackerbau und zur neolithischen Landschaftsentwicklung unter der Leitung von A. Kreuz durchgeführt.

Die bandkeramische Siedlung von Mardorf 23 liegt auf einem lössbedeckten Riedel am Rande der Ohmaue westlich von Amöneburg-Mardorf. Sie wurde in Teilbereichen 1993–1997 unter der Leitung von M. Meyer im Rahmen von Ausgrabungen der Kommission für Archäologische Landesforschung in Hessen und der DFG untersucht. Die damaligen Grabungen galten schwerpunktmäßig einer vorrömisch-eisenzeitlichen und kaiserzeitlichen Siedlung am selben Fundplatz. Die Kontinuität der Siedlungsplatzwahl verdeutlicht hier die Lagegunst inmitten fruchtbarer Lössböden, bei denen es sich heute meist um landwirtschaftlich gut nutzbare Parabraunerden handelt. Insgesamt konnten in Mardorf 22 Bodenproben aus fünf verschiedenen Gruben der jüngeren Bandkeramik (Phasen LBK II/III und IV nach W. Meier-Arendt) mit einem Gesamtvolumen von 202 Litern analysiert werden.

Ein repräsentativer Ausschnitt der mehrphasigen bandkeramischen Siedlung von Ebsdorfergrund-Wittelsberg wurde bei Rettungsgrabungen 2003 und 2004 im Zuge des Baus einer Ortsumgehung (L 3048) untersucht. Dabei konnten 2003 vier Grundrisse bandkeramischer Langhäuser vollständig und fünf bis sechs weitere z. T. freigelegt werden. Neben den typischen Doppelpfostengruben der großen, dachtragenden Innenpfosten, den schmaleren Wandpfosten, den Wandgräbchen und den das Haus begleitenden Längsgruben wurden auch zahlreiche weitere Siedlungsgruben und Grubenkomplexe dokumentiert. Die Beprobung für die archäobotanischen Untersuchungen konzentrierte sich auf die verschiedenen Gruben und Grubenkomplexe, da deren Verfüllung in der Regel die höchsten Konzentrationen verkohlter Pflanzenreste aufweisen. Von der Siedlung in Wittelsberg wurden insgesamt 41 Bodenproben aus 33 Befunden mit einem Gesamtvolumen von 374 l auf pflanzliche Makroreste – Samen und Früchte sowie Holzkohlen – untersucht.

Da beide frühneolithischen Siedlungen im Bereich durchlüfteter Böden liegen, sind ausschließlich verkohlte Pflanzenreste in der Verfüllung von Gruben und Grubenkomplexen erhalten geblieben. Bei den verkohlten Pflanzenresten handelt es sich weitgehend um reinen Kohlenstoff, sodass diese von Mikroorganismen nicht weiter abgebaut werden. In den Böden waren sie lediglich mechanischer Zerstörung ausgesetzt. Die verkohlten Pflanzenreste lassen sich durch eine Kombination von Flotation und Nasssieben mit reichlich fließendem Wasser und einem Satz üblicher Laborsiebe aus den Bodenproben gewinnen. Die Analyse der Proben des Fundplatzes Mardorf 23 ergab 3869 botanische Funde, diejenige der 2003 geborgenen Proben aus Wittelsberg 8187 bestimmbare Samen und Früchte. Dabei handelt es sich in erster Linie um verkohlte Kulturpflanzenreste und die mit ihnen vergesellschafteten Unkräuter (Abb. 49). Vorratsfunde fehlen jedoch; es handelt sich bei den Pflanzenresten überwiegend um normalen Siedlungsabfall, der in den Gruben entsorgt wurde.

48 Amöneburger Becken. Einkorn *Triticum monococcum* besitzt schlanke aufrechte Ähren. Je einzelnes Ährchen entwickelt sich meist ein Korn, seltener auch zwei Körner.

		AK 198 Wittelsberg				AK 85 Mardorf 23		
Archäologische Datierung		LBKII	LBKIII/IV	LBKIV	LBKIIIbisV	LBKII/III	LBKIV	
Anzahl Befunde		8	22	2	1	3	2	
Anzahl Proben		9	28	3	1	20	2	
Summiertes Probenvolumen		88	242	33,5	10	192	10	
Botanischer Name	RTyp							Deutscher Name
Kulturpflanzen								
Triticum dicoccum	Sa/Fr	8	12		1	10		Emmer
Triticum dicoccum	HSB	4	18		12	134		Emmer
Triticum cf. *dicoccum*	Sa/Fr		8					Emmer
Triticum cf. *dicoccum*	HSB		1					Emmer
Triticum dicoccum/spelta	Sa/Fr		2					Emmer/Dinkel
Triticum monococcum	Sa/Fr	5	38	1		3	78	Einkorn
Triticum monococcum, 2-körnig	Sa/Fr		1					Einkorn, zweikörnig
Triticum cf. *monococcum*, 2-körnig	Sa/Fr		1					Einkorn, zweikörnig
Triticum monococcum	HSB	113	588	40	124	354	1	Einkorn
Triticum cf. *monococcum*	Sa/Fr	1	4					Einkorn
Triticum monococcum/dicoccum	Sa/Fr	11	121	1	1	56		Einkorn/Emmer
Triticum monococcum/dicoccum	HSB	300	936	94	154	1175	8	Einkorn/Emmer
Triticum spec., Spelzweizen	Spi	2	9		2	16		Spelzweizen
Triticum spec.	Sa/Fr	7	19	1	4	22		Weizen undifferenziert
Cerealia	Sa/Fr	198	697	26	49	341	11	Getreide
Cerealia	Hano		1		1			Getreide
Lens culinaris	Sa/Fr	1	1					Linse
Pisum sativum	Sa/Fr		1			2		Erbse
Fabaceae (kult.)	Sa/Fr		15			1		Hülsenfrüchte (angebaut?)
Papaver somniferum	Sa/Fr	1	5					Schlaf-Mohn
Ruderal-/Segetalvegetation								
Bromus cf. *arvensis*	Sa/Fr		1					Acker-Trespe
Bromus cf. *secalinus*	Sa/Fr	4	44		10	29		Roggen-Trespe
Bromus sterilis/tectorum	Sa/Fr	1	8			5		Taube /Dach-Trespe
Chenopodium album	Sa/Fr	26	1775	3	1	278	7	Weißer Gänsefuß
Chenopodium polyspermum	Sa/Fr		1					Vielsamiger Gänsefuss
Chenopodium cf. *polyspermum*	Sa/Fr		1					Vielsamiger Gänsefuss
Chenopodium spec.	Sa/Fr		1					Gänsefuß
Echinochloa crus-galli	Sa/Fr	5	89			1053	5	Hühnerhirse
cf. *Echinochloa crus-galli*	Sa/Fr					12		Hühnerhirse
Galium spurium	Sa/Fr	1	33			6	1	Saat-Labkraut
Lapsana communis	Sa/Fr		6					Rainkohl
Phleum pratense s.l.	Sa/Fr	5	659	1		18		Wiesen-Lieschgras
Poa spec.	Sa/Fr		2					Rispengras
Polygonum convolvulus	Sa/Fr	24	105		10	19		Winden-Knöterich
Polygonum lapathifolium agg.	Sa/Fr		5					Ampfer-Knöterich
Setaria verticillata/viridis	Sa/Fr		1		1	13		Quirlige/Grüne Borstenhirse
Solanum nigrum	Sa/Fr		5			3		Schwarzer Nachtschatten
cf. *Solanum nigrum*	Sa/Fr					1		Schwarzer Nachtschatten
Trifolium camp./dub./arv.	Sa/Fr	1	3					Feld-/Kleiner/Hasen-Klee
Trifolium medium/pratense	Sa/Fr		1					Mittlerer/Roter Wiesen-Klee
Laubwälder /Gebüsche								
Corylus avellana	Sa/Fr		2					Hasel

49 Amöneburger Becken. Fundzahlen von verkohlten pflanzlichen Makroresten (ohne Varia und Sonstige) aus Wittelsberg (AK198) und Mardorf 23 (AK85). – Sa/Fr= Samen oder Früchte, Hano= Halmknoten, HSB= Hüllspelzenbasen, Spi= Spindelglieder.

Die wichtigsten Kulturpflanzen der frühneolithischen Ackerbauern waren die beiden Spelzweizenarten Einkorn *Triticum monococcum* (Abb. 48) und Emmer *Triticum dicoccum*. Bei der Getreideernte, die mit der Sichel erfolgte, wurden die Getreideähren, der obere Teil des Halms sowie die hoch- und mittelhochwüchsigen Unkräuter miterfasst. Erntehöhen und die potentielle Erntetechnik lassen sich durch eine Betrachtung der Wuchshöhen der nachgewiesenen Unkräuter rekonstruieren. In den Proben aus Mardorf und Wittelsberg wurden fast ausschließlich Unkräuter nachgewiesen, die hoch- oder mittelwüchsig sind. Lediglich aus Wittelsberg liegen einige wenige Samen kleinwüchsiger Kleearten vor.

Nach dem Dreschen der Spelzweizen liegen bespelzte Ährchen vor, da die Spelzen die Körner fest umschließen. Vor dem Vermahlen müssen die Spelzweizen dann in einem weiteren Arbeitsschritt entspelzt werden. Die Spelzenreste und ein Teil der Unkräuter werden bei anschließenden Reinigungsschritten wie Worfeln – so wird das Abtrennen leichter Unkrautsaat durch Windsichtung bezeichnet – und Sieben als Verarbeitungsabfall abgeschieden. Die Entspelzungsabfälle, überwiegend Ährchengabeln und Hüllspelzenbasen, ließen sich einerseits als Viehfutter oder zur Magerung des Lehms für die Hauswände einsetzen, andererseits wurden sie auch verbrannt oder gelangten unbeabsichtigt ins Feuer. Nur so sind sie bis heute als verkohlte Makroreste überliefert worden. In der Siedlung von Mardorf sind die Spelzenreste des Einkorns häufiger als die des Emmers vertreten, jedoch konnten viele Spelzenreste nicht sicher einer der beiden Arten zugewiesen werden. Bei den sicher bestimmten Körnern überwiegt ebenfalls Einkorn (Abb. 50a–b). Auch in Wittelsberg waren Spelzenreste und Körner des Einkorns in den bandkeramischen Gruben stetiger und zahlreicher vertreten als die des Emmers. Obwohl Einkorn, das meist nur ein entwickeltes Korn je Ährchen ausbildet, geringere Erträge lieferte, wurde es offenbar von den frühneolithischen Ackerbauern im Gegensatz zum ertragreicheren, in der Regel zweikörnigen Emmer bevorzugt. Im Vergleich zum Emmer, der zum Lagern neigt, gewährleistete die Standfestigkeit von Einkorn auch bei Starkregenereignissen noch eine gute Ernte. Vom Regen niedergedrücktes Getreide war nicht nur ungleich schwieriger zu ernten, sondern führte auch zu schwer wiegenden Ernteverlusten durch Feuchtigkeit, Pilzbefall und vorzeitiges Ausfallen der Körner.

In Wittelsberg wurden mit Linse *Lens culinaris* und Erbse *Pisum sativum* (Abb. 50,c) die beiden wichtigen Hülsenfrüchte der Bandkeramik nachgewiesen, die neben den Getreiden für die pflanzliche Ernährung von Bedeutung waren. Das Fehlen der Linse in Mardorf ist vermutlich auf die geringere Probenanzahl zurückzuführen. Mit fünf Samen des Schlafmohns *Papaver somniferum* aus drei verschiedenen Gruben wurde in Wittelsberg auch eine kultivierte Ölpflanze gefunden (Abb. 50,d). Schlafmohn ist in verkohlten archäobotanischen Fundkomplexen stets selten, da die kleinen und zarten Samen wegen ihres Ölgehalts leicht verbrennen und deshalb seltener überliefert sind. Als Heilpflanze und fettreiche Nahrungsergänzung war er seit dem frühen Neolithikum in fast allen Epochen von Bedeutung. Lein, eine weitere

Ölpflanze des Neolithikums, fehlt an beiden Fundplätzen.

Das nachgewiesene Unkrautspektrum wird durch hochwüchsige Gräser wie Roggentrespe *Bromus secalinus*, Ackertrespe *Bromus arvensis* und Dach- oder Taube Trespe *Bromus sterilis/ tectorum* sowie durch klimmende und rankende Arten wie Winden-Knöterich *Polygonum convolvulus* und Saat-Labkraut *Galium spurium* geprägt. Weißer Gänsefuß *Chenopodium album*, Hühnerhirse *Echinochloa crus-galli*, Rainkohl *Lapsana communis* (Abb. 51) und Schwarzer Nachtschatten *Solanum nigrum* (Abb. 52) kamen nicht nur als Unkräuter auf den Anbauflächen vor, sondern haben auch ruderale Standorte in den Siedlungen oder in Siedlungsnähe besiedelt. Beim Vergleich beider Siedlungen zeigen die nachgewiesenen Unkrautspektren nur geringfügige Unterschiede. Die höhere Probenanzahl und die größere Zahl untersuchter Befunde führen in Wittelsberg zu einer höheren Artenzahl nachgewiesener Unkräuter. Die für die Bandkeramik charakteristischen Halmfruchtunkräuter Winden-Knöterich, Saat-Labkraut und die Trespenarten sind in beiden Siedlungen häufig vertreten. In Mardorf ist aus einer Grube ein Massenfund von Früchten der Hühnerhirse, einem Unkraut des Sommergetreides und der Hackfrüchte, bemerkenswert. Aus Wittelsberg liegen sehr viele Fragmente nicht näher bestimmbarer Trespenfrüchte vor. Kleinwüchsige Arten sind in Wittelsberg nur durch einige wenige Kleesamen vertreten. Die Unkrautfunde aus beiden Siedlungen sind so gering, dass die Frage nach Sommer- oder Wintergetreideanbau hier nicht sicher entschieden werden kann.

Eine Gesamtschau aller Daten von bandkeramischen Fundstellen aus Hessen und der Vorderpfalz im Rahmen des Forschungsprojekts ergab jedoch bisher keine sicheren Hinweise auf den früher oft angenommenen Wintergetreideanbau. Vielmehr dürfte der Anbau beider Spelzgetreide als Sommerfrucht, möglicherweise auch in Mischkultur, ein einfaches, aber ertragreiches Ackerbausystem auf den guten, nicht zu schweren Lössstandorten der süd- und mittelhessischen Beckenlandschaften ermöglicht haben. Nach der Ernte konnten dann die brachliegenden Felder problemlos bis zur Frühjahrseinsaat vom Vieh beweidet werden.

Die archäobotanischen Untersuchungen von Proben aus zwei bandkeramischen Siedlungen im Amöneburger Becken bestätigen das bei vergleichbaren Untersuchungen in Hessen gewonnene Bild vom frühneolithischen Ackerbau. Das bandkeramische Ackerbausystem stützt sich auf den Anbau von lediglich zwei Getreiden, die Spelzweizen Einkorn und Emmer, sowie auf die Hülsenfrüchte Erbse und Linse. Als Ölpflanze kommt in der jüngeren Bandkeramik dann Schlafmohn

50 Amöneburger Becken. Einkorn *Triticum monococcum*, a Korn dorsal, b lateral, L. 4,9 mm (AK198 WITT, Foto-Nr. 384-14); c Erbse *Pisum sativum*, verkohlter Same, 4,3 x 4,0 mm (AK198 WITT, Foto-Nr. 384-28); d Schlafmohn *Papaver somniferum*, verkohlter Same; 0,8 x 0,7 mm (AK198 WITT, Foto-Nr. 384-34).

51 Amöneburger Becken. Rainkohl *Lapsana communis*, verkohlte Frucht; 3,1 x 0,6 mm (AK198 WITT, Foto-Nr. 385-2).

52 Amöneburger Becken. Schwarzer Nachtschatten *Solanum nigrum* kam sowohl als Unkraut auf den Anbauflächen als auch an ruderalen Standorten vor.

hinzu, eine Kulturpflanze, die aus dem westlichen Mittelmeergebiet stammt. Ihr Auftreten in der jüngeren Bandkeramik dokumentiert mediterrane Einflüsse aus dem Südwesten.

LITERATUR

R. Heiner, Älteste Siedlung im Amöneburger Becken? Hessen Archäologie 2003 (2004) 26–29. – A. Kreuz, Archaeobotanical considerations on the beginning of agriculture north of the Alps. In: S. Colledge/J. Conolly (Hrsg.), Archaeobotanical perspectives on the origin and spread of agriculture in southwest Asia and Europe (in Vorb.). – W. Meier-Arendt, Die Bandkeramische Kultur im Untermaingebiet. Veröffentlichungen des Amtes für Bodendenkmalpflege im Regierungsbezirk Darmstadt 3 (Darmstadt 1966). – M. Meyer, Die Siedlung der Spätlatène- und Kaiserzeit von Mardorf, Fdst. 23. Vorbericht über die Ausgrabungen 1993–1994. In: Berichte der Kommission für Archäologische Landesforschung in Hessen 3, 1994/95 (Büdingen 1995) 47–57.

Mittelneolithische Fundstelle in letzter Sekunde vor dem Bagger gerettet

Rössener Siedlung in Nidderau-Heldenbergen, Main-Kinzig-Kreis

Heike Lasch

Wieder einmal ist es aufmerksamen Nachbarn zu verdanken, dass die Überreste einer vorgeschichtlichen Siedlung nicht unbeobachtet dem Bagger zum Opfer fielen. Gerade rechtzeitig vor den ersten Bodenfrosttagen im Dezember 2004 konnten Mitarbeiter des Vereins für Vor- und Frühgeschichte im unteren Niddertal e.V. im Gewerbegebiet »Lindenbäumchen« in Heldenbergen im Rahmen einer Notbergung für die Region wichtige Befunde retten. Mit dem Erdabtrag für eine Baustraße war bereits begonnen worden, wobei zwei Siedlungsgruben angeschnitten wurden.

53 Nidderau-Heldenbergen, »Lindenbäumchen«. Notbergung im Gewerbegebiet.

Auf dem Gelände – in leichter Nordhanglage oberhalb des Krebsbachs – befand sich ganz offensichtlich eine nicht unbedeutende Siedlung der Rössener Kultur. Auf einer Fläche von etwa 40×45m mussten innerhalb von eineinhalb Wochen unter schwierigen Bedingungen Siedlungsgruben dokumentiert werden (Abb. 53), wobei zumindest eine fotografische und zeichnerische Aufnahme möglich war. Bei den Befunden handelt es sich – mit Ausnahme einer eiförmigen Grube – um kreisrunde Gruben mit Durchmessern von bis zu 2,50m und unterschiedlichen Tiefen. Zudem deuten sich zwei Grabenstrukturen an, deren Verlauf allerdings nicht nachgegangen werden konnte. Einige Baumwürfe runden das Bild ab.

Ein Grubenkomplex von acht bis zehn dicht nebeneinander liegenden Gruben im Nordosten des Baufensters konnte immerhin teilweise differenziert werden. Eine Untersuchung war hier baubedingt lediglich bis auf das Niveau der Baugrubensohle möglich (Abb. 54). Es erfolgte eine Versiegelung durch Schotterauftrag. Welche Detailstruktur die Gruben haben und bis in welche Tiefe sie noch in den Boden reichen, bleibt ungeklärt. In einzelnen Gruben konnten Brandstellen aufgedeckt werden, die sich deutlich durch Holzkohle und verziegelten Lehm abzeichneten (Abb. 55). Die aufgefundenen Gruben dürften unterschiedliche Funktionen erfüllt haben. Ihre Inventare lassen sowohl an Abfall- oder Vorratsgruben als auch an Handwerker- oder Wohngruben denken. Pfostenstellungen sind nicht nachzuweisen.

Die Oberfläche der Keramik erscheint rotbraun und schwarz. Die Scherben sind zum größten Teil recht fragil, z. T. aber auch von recht guter Qualität und verfügen über eine geglättete Oberfläche. Einige Fragmente werden sich zu Kugelbechern rekonstruieren lassen. Ein Bodenfragment mit Standring, dessen Durchmesser mindestens 20 cm betragen hat, weist auf das Vorhandensein von Vorratsgefäßen hin. An Verzierungen sind Dreiecksbänder, Fischgrätmuster, Kombinationen von Ritz- und Eindruckmotiven, Rillen, Riefen und Randkerben zu nennen. Auch Reste von weißer Inkrustation lassen sich nachweisen. Eine größere Anzahl von Ösen passt recht gut zur Rössener Kultur, während die Zuweisung zweier Henkelfragmente noch ungeklärt ist. Das keramische Fundmaterial zeigt die typischen Verzierungsmuster der Rössener Kultur, allerdings in einigen Fällen nicht in der üblichen Ausführung, sondern in einer noch näher zu bestimmenden lokalen Variante.

Eine Reihe von Steingeräten ergänzt das Fundspektrum. Es sind Abschläge und Geräte aus Silex und Quarzit vorhanden, bei denen es sich nach einer ersten Begutachtung durch G. Callesen vorwiegend um Importstücke handelt. Einige bestehen vermutlich aus Taunus-Quarzit. Besonders hervorzuheben sind vier Silexgeräte in Klingenform, die im Verband, möglicherweise in einem Beutel oder als Bündel niedergelegt oder verloren, aufeinander in einer Grube lagen (Abb. 56). In ihrer Nähe fand sich ein Klopfstein (Abb. 56, links). Die Geräte bestehen aus importiertem Feuerstein (Bayern: Abensberg-Arnhofen-Feuerstein; Belgien: Jura- und Kreidefeuerstein). Alle vier Geräte, auch eines mit auffallend dickem Querschnitt und steilen Randretuschen, zeigen Sichelglanz.

Neben Abschlägen konnten des Weiteren Felsgesteingeräte, so ein schlecht erhaltener flacher Dechsel, das Bruchstück eines Beils und ein Miniaturdechsel geborgen werden (Abb. 57).

Die nahezu in jedem Befund vorhandenen Sandsteine sind z. T. abgeflacht, andere weisen kleine Vertiefungen auf. Es handelt sich um Mahlsteinfragmente aus örtlichem sog. Rotliegendem.

Der Lage nach gehören die Gruben mit den Funden der Rössener Kultur zu einer größeren Siedlung, die im Herbst 2000 nördlich der Philipp-Reis-Straße bereits teilweise untersucht werden konnte. Die Straßentrasse zwischen den beiden Fundstellen ergab zwar nur diffuse Befundsituationen, war aber wohl nicht tief genug abgeschoben worden. Die neue Untersuchung bestätigt und ergänzt nun das vor wenigen Jahren gewonnene Bild.

54 Nidderau-Heldenbergen, »Lindenbäumchen«. Grubenkomplex im Nordosten des Baufensters auf Niveau der Baugrubensohle.

55 Nidderau-Heldenbergen, »Lindenbäumchen«. Brandschicht im Südprofil von Befund 7.

56 Nidderau-Heldenbergen, »Lindenbäumchen«. Klopfstein (links) und Silexgeräte aus Befund 6 (erste Klinge v.r.: L. 7 cm).

57 Nidderau-Heldenbergen, »Lindenbäumchen«. Miniaturdechsel aus Befund 2h (L. 6 cm).

Siedlungen der Rössener Kultur sind aus dem unteren Niddertal bisher nur von wenigen Fundstellen in Form von Oberflächenfunden bekannt. Unweit der beschriebenen Stelle fanden sich vor zwei Jahren auf einem Acker jenseits der B521 Scherben aus derselben Periode; eine weitere Siedlung liegt südlich von Schöneck-Kilianstädten. Die archäologische Maßnahme Niederdorfelden »Auf dem Hainspiel« (siehe Beitrag Krause/Schmidt/Callesen) ergab 2004 mitten in einer bandkeramischen Siedlung eine einzelne Grube der Rössener Kultur. Eine ausführliche Bestandsaufnahme auf der Grundlage der Erkenntnisse aus dem Gewerbegebiet »Lindenbäumchen« böte sich auch in siedlungsgeschichtlicher Hinsicht an.

Galeriegrab der Wartbergkultur in Hadamar-Niederzeuzheim, Kreis Limburg-Weilburg

Wiederherstellung eines bedeutenden hessischen Steinkammergrabs

Sabine Schade-Lindig

Im Dezember 2003 wies nicht zum ersten Mal eine Zeitungsmeldung auf das fast vergessene und stark verfallene Steinkammergrab im Wald nördlich von Hadamar-Niederzeuzheim, in der Flur »Hohler Stein« hin (Abb. 58). Der Historische Verein Niederzeuzheim e. V. hatte im Wald erfolgreich nach einer verschollen geglaubten Deckplatte des Steinkammergrabs gesucht. Mit Stangen sondierte man den Boden im Umfeld des Grabs, wo bei einer Ausgrabung im Jahr 1913 die

58 Hadamar-Niederzeuzheim, Flur »Hohler Stein«. Das Galeriegrab im Herbst 2003.

Lage der Deckplatte dokumentiert worden war. Nur wenige Zentimeter unter dem Humus fanden die betreffenden Vereinsmitglieder die fast unversehrte Steinplatte und das Interesse, diesen Stein wieder an seinen Ursprungsort zu bringen, war geweckt. Die Steinkammer war jedoch schon seit Jahrzehnten restaurierungsbedürftig. Die Wandplatten drohten in das Kammerinnere zu kippen, der Hügel war verschliffen und die Kammer voller Abfall. Um eine tonnenschwere Deckplatte auf die Steinwände legen zu können, mussten daher erst grundlegende Sanierungs- und Sicherungsmaßnahmen durchgeführt werden.

Herr M. Weber von der unteren Denkmalschutzbehörde und das Landesamt für Denkmalpflege Hessen als Denkmalfachbehörde nahmen aufgrund der Zeitungsmeldung mit dem Vorsitzenden des Historischen Vereins, Herrn Th. Stähler, Kontakt auf. Letzterer sollte die folgenden Unternehmungen koordinieren und sich für die Ausführung der Restaurierungen verantwortlich zeigen. Rasch hatte man sich auf die Vorgehensweise geeinigt, da seitens des Landesamtes bereits seit 1989 Pläne zur Wiederherstellung des Steinkammergrabs bestanden.

Die Arbeiten der Vereinsmitglieder und der freiwilligen Helfer begannen dann im Frühjahr 2004. Das Steinplattengrab der späten Wartbergkultur vom Typ der Galeriegräber ist eines von nur zwölf Kollektivgräbern Hessens, das jedoch noch *in situ* erhalten ist. Erstmals gruben hier Museumsdirektor Brenner und Revierförster G. Roedler in den Jahren 1911 und 1913. Der ehemals über der Steinkammer errichtete Hügel war seinerzeit noch weitgehend intakt. Er reichte damals noch an die obere Kante der Wandplatten. Damals wurde die verschleppte, 9 m vom Eingang des Steinkistengrabs entfernt angetroffene Deckplatte dokumentiert. Eine weitere Ausgrabung mit einer detaillierten Dokumentation der Steinsetzungen nahm 1954 H. Schoppa unter örtlicher

59 Hadamar-Niederzeuzheim, Flur »Hohler Stein«. Die Steinplatten werden aufgerichtet.

60 Hadamar-Niederzeuzheim, Flur »Hohler Stein«. Fundamentierung eines Ringankers.

61 Hadamar-Niederzeuzheim, Flur »Hohler Stein«. Bodenpflasterung mit Steinplatten aus der oberen Hügelschüttung.

Grabungsleitung von Museumsleiter K. Heymann vor. Das gesamte Niederzeuzheimer Fundmaterial (neben den wenigen Knochen) beläuft sich heute auf drei Steinbeile, wovon eines fragmentarisch vorliegt. Scherben aus der Latènezeit und dem Mittelalter sowie Waffenteile aus napoleonischer Zeit wurden bei früheren Grabstörungen sekundär eingebracht. Die teilweise eingetiefte Steinkiste ist NW–SO ausgerichtet, mit dem Eingang und Vorraum im Südosten. Die Gesamtlänge beträgt 6,6 m (Vorraum: 0,6 m), die Breite 2,5 m. Die Seitenwände bilden jeweils vier große aufgerichtete Steine aus Plattenbasalt. Die Schmalseite im Nordwesten wird durch einen großen Block abgeschlossen, während den Eingang im Südosten drei Steine verschließen. Sie stehen etwas in das Kammerinnere versetzt, sodass die Seitenwände antenförmig hervorragen und einen Vorraum bilden. Die Plattengrößen liegen bei 1–1,8 m Länge, 0,5–1,0 m Höhe und 0,3–0,4 m Dicke. Die Platten stehen dicht beieinander; die Zwischenräume sind mit geschichtet eingepassten Bruchsteinen ausgefüllt.

Als erste Maßnahmen mussten die Wandplatten wieder senkrecht aufgerichtet und dann mit einem Betonfundament versehen werden. Dank der Grabungsunterlagen von Heymann waren die ursprünglichen Maße und die Lage der einzelnen Steine innerhalb des Grabs bekannt. Sie konnten bei den Restaurierungsarbeiten als »Bauplan« dienen. Fundamentgräben wurden gebaggert, die Steine mit Gurten wieder aufgerichtet und gesichert (Abb. 59–60). Dabei gelang es nochmals, die schon von Heymann beschriebene, aus kleinen Kalksteinschüttungen an der Außenseite der Steinplatten bestehende Fundamentierung freizulegen. Im Inneren der Kammer dagegen war von der ehemaligen Fußbodenpflasterung nichts mehr erhalten. Hier musste man sich bei der Rekonstruktion ganz auf die alten Grabungsaufzeichnungen verlassen. Das während der Bodenarbeiten bewegte Erdreich wurde nach Funden durchgesehen und Steine als Baumaterial ausgelesen. Mit den kleinen plattigen Steinen pflasterte man dann wieder den Boden und die Kalksteine kamen wie ursprünglich in die Hügelschüttung zurück (Abb. 61). Mit ihnen konnte die Ausdehnung derselben in dem leicht reliefierten Gelände besser kenntlich gemacht werden. Obwohl in der Grabungsdokumentation nur von kleinen Teilbereichen mit erhaltener Bodenpflasterung die Rede ist, kann man von einer ehemals vollständigen Auskleidung des Bodens ausgehen. Nur die kleine vertiefte »Kammer«, die Brenner und Heymann bei ihren Grabungen beobachtet hatten, wurde bei der Rekonstruktion vernachlässigt. Es ist ungewiss, ob es nicht doch der Revierförster Roedler 1913 war, der die gefundenen Knochen in einer eigens von ihm dafür eingetieften kleinen Steinkammer deponierte. Zumindest stellte sich dies bei der Ausgrabung 1954 so dar. Aus denkmalpflegerischer Sicht ist daher die Rekonstruktion dieser kleinen Vertiefung im Boden fragwürdig, zudem wären auch die Pflege und der Erhalt im nur trocken gesetzten Bodenpflaster schwierig. In Sachen Bodenbelag entschied man sich für den Kompromiss, nahezu durchgängig eine ebene Pflasterung mit den aufgefundenen Platten anzulegen. Im Eingangsbereich, in der sog. Vorkammer, sind dagegen vor allem Kalksteine gesetzt, so wie es auch der Grabungsbericht andeutet.

Der Höhepunkt der Arbeiten war dann das Auflegen der Deckplatte (Abb. 62). Archäologisch gab es keinerlei Anhaltspunkte über ihre ehemalige Lage. Alte Legenden über die Steinkiste verhießen in ihrem Inneren den Eingang eines Geheimgangs zur nahe gelegenen Dornburg, wo es in noch älteren Zeiten eine große Stadt und einen Dom mit zwölf lebensgroßen goldenen Aposteln gegeben haben soll. Diese sollen über den Gang geraubt worden und dann verschollen sein. Das Interesse, den »Geheimgang« zu öffnen, war demnach groß. Auf dem damals noch überhügelten Grab brach man daher die sich darunter befindenden Deckplatten auf. Zumindest sind an einigen Steinen noch Reste von Bohrlöchern zu sehen, die in die Steinplatten gebohrt wurden, um mithilfe von Holzkeilen, die zum Quellen gebracht wurden, die Platten zu sprengen. Kleinere Platten wurden später auch als Baumaterial genutzt und mit Pferde- oder Ochsengespannen abtransportiert. Warum die eine Platte vor dem Grab liegen blieb, ist unbekannt. Ihre Größe lässt aber keinen Zweifel an ihrer ursprünglichen Funktion als Deckplatte zu. Da die drei abschließenden Wandsteine der Steinkiste die stabilste Unterlage boten, wurde die Platte auf dem nördlichen Kammerende platziert. Um eine sichere Lage der tonnenschweren Deckplatte zu gewährleisten, wurden zusätzlich einige Stahlträger eingezogen, die ein Abrutschen des schon leicht verwitterten Steins verhindern. Mit großem Bagger, Stahlgurten und einigen mutigen Männern gelang die Justierung, und so hat das Steinkammergrab heute wenigstens einen seiner Decksteine wieder. Nach Jahrhunderten bewegter Geschichte mit Zerstörung und Plünderung verhalf der Historische Verein Niederzeuzheim der ehemaligen Grabstätte zu ihrem alten Gesicht zurück. Immerhin bestattete hier vor etwa 5000 Jahren eine kleine Dorfgemeinschaft über etliche Generationen ihre Toten. Nach und nach brachten sie die Leichname in die Kammer und türmten diese solange übereinander, bis der Raum voll war. Etwa 200 Tote werden in diesem Grab ihre letzte Ruhe gefunden haben. Von ihren Gebeinen waren bei den früheren Ausgrabungen aber nur noch wenige Knochen erhalten. Noch in den letzten Jahr-

hunderten plünderte man zu Zeiten großer Armut derartige Knochenlager zur Seifenherstellung. Solche dörflichen Gemeinschaftsgräber sind kennzeichnend für die Megalithkultur, die ihre Hauptverbreitung im Norden und Westen Europas hat. Die drei Steinkisten an der unteren Lahn, Niedertiefenbach, Ober- und Niederzeuzheim, markieren den südöstlichen Rand des Verbreitungsgebiets der wartbergzeitlichen Galeriegräber. Über die zugehörigen Siedlungen in Mittelhessen wissen wir erst wenig.

Von den nur zwölf in Hessen bekannten Galeriegräbern sind es nun mit dem frisch restaurierten Grab aus Niederzeuzheim gerade einmal drei, die noch *in situ* erhalten und zu besichtigen sind. Dank dem unermüdlichen Engagement und der bemerkenswerten Koordinationsarbeit von Th. Stähler ist Niederzeuzheim mit dem 5000 Jahre alten Steinkammergrab jetzt um eine weitere Sehenswürdigkeit reicher. Und nicht nur zur Ein-

62 Hadamar-Niederzeuzheim, Flur »Hohler Stein«. Das Aufsetzen der Deckplatte.

63 Hadamar-Niederzeuzheim, Flur »Hohler Stein«. Einweihung der Anlage am 11. Juli 2004. In der Bildmitte: K. Jaik, Th. Stähler und Prof. Dr. E. Schallmayer.

weihungsfeier mit dem Landrat Dr. M. Fluck und dem Landesarchäologen Prof. Dr. E. Schallmayer am 11. Juli 2004 kam das Publikum in Scharen (Abb. 63). Alle Führungen sind stets gut besucht. Eine Beschilderung der Örtlichkeiten, der Wege und des Denkmals selbst sowie Material- und Fahrzeugkosten wurden durch Zuwendungen des Hessischen Ministeriums für Wissenschaft und Kunst gefördert. Anlässlich der Restaurierung des Grabs ist auch ein Führungsheft zu den *Archäologische[n] Denkmäler in Hessen* erschienen. So haben ehrenamtliches Engagement und Denkmalpflegebehörde mit Fördermitteln ein lang ersehntes Restaurierungsvorhaben erfolgreich zu Ende geführt und in Niederzeuzheim ein wichtiges Stück hessischer Geschichte wieder erlebbar gemacht. Von der ersten Planung bis zur Fertigstellung der Restaurierungsarbeiten war noch kein Jahr vergangen, als der Einsatz des Historischen Vereins Niederzeuzheim e.V. durch die Verleihung des Hessischen Ehrenamtspreises 2004 in der Kategorie »Archäologie und Paläontologie« am 27. November 2004 gekrönt wurde. Auf Schloss Romrod (bei Alsfeld) wurde ihm neben drei anderen Vereinen dafür gedankt, dass mit seiner Unterstützung Maßnahmen möglich wurden, die ohne dieses besondere ehrenamtliche Engagement nicht durchführbar gewesen wären.

LITERATUR

A. Jockenhövel in: F.-R. Herrmann/A. Jockenhövel, Die Vorgeschichte Hessens (Stuttgart 1990) 160 ff.; 398 f. – H. E. Mandera, Zur »Lahngruppe« der hessisch-westfälischen Steinkistenkultur. Fundberichte aus Hessen 4, 1964, 156–159. – S. Schade-Lindig, Das Steinkammergrab von Niederzeuzheim. Archäologische Denkmäler in Hessen 160 (Wiesbaden 2004). – H. Schoppa, Ein Steinkistengrab von Niederzeuzheim, Kreis Limburg. Nassauische Heimatblätter 45, 1955, 5–9. – G. Unrath, Anthropologische Befunde an den Skelettresten aus dem Steinkistengrab von Niederzeuzheim, Kreis Limburg-Weilburg. Fundberichte Hessen 17/18, 1977/78 (1980) 77–88.

Endneolithikum im Main-Kinzig-Kreis

Eine bemerkenswerte Streitaxt aus der Gemarkung von Ronneburg-Hüttengesäß

Hans-Otto Schmitt

Im Frühjahr 2003 fand im Heimatmuseum der Gemeinde Ronneburg, Ortsteil Hüttengesäß, eine kleine archäologische Ausstellung statt. Die Tafelausstellung des Landesamtes für Denkmalpflege Hessen »50 Jahre Landesarchäologie in Hessen« wurde mit einer Präsentation neuer Funde aus dem Ronneburger Hügelland verknüpft. Die Ausstellung stieß in der Gemeinde auf reges Interesse und in der Folge wurden erfreulicherweise Funde gemeldet, die schon vor längerer Zeit aufgesammelt worden waren. Bereits in den 1950er oder frühen 1960er Jahren hatte der Landwirt J. Fischer bei Feldarbeiten drei Steingeräte gefunden, die von seinem Enkel J. Oefner dem Geschichtsverein übergeben wurden. Es handelte sich dabei um einen kleinen Dechsel aus der Zeit der Bandkeramik sowie um ein Steinbeil und eine Axt aus dem Endneolithikum (Abb. 64). Die Fundstellen sind nicht mehr genau bekannt, lassen sich aber vielleicht auf zwei infrage kommende Grundstücke eingrenzen, die in nächster Zeit intensiv begangen werden sollen.

Vor allem die Axt verdient wegen ihrer Formgebung und Fertigungsqualitäten an dieser Stelle vorgestellt zu werden (Abb. 65–66). Durch das parallel zur Schneide gebohrte Schäftungsloch erweist sich dieser Gegenstand tatsächlich als Axt. Sie ist aus einem dunkelolivgrünen Gestein hergestellt. Obwohl auf allen Seiten Fehlstellen festzustellen sind, muss das Stück dennoch als vollständig gelten. Es handelt sich nämlich nicht etwa um rezente Beschädigungen, wie man auf den ersten Blick meinen könnte, sondern um Stellen, an denen bereits am Rohling zu wenig Masse vorhanden war. Dieses Phänomen weist übrigens ebenso das Beil auf. Bei genauerem Hinsehen sind diese Stellen an ihren Rändern angeschliffen oder sogar zur Gänze leicht überschliffen. Besonders wird dies bei der Axt seitlich oberhalb der Schneide deutlich, wo eine Fehlstelle konsequent symmetrisch, ungefähr dem Facettenschliff der Gegenseite entsprechend, flüchtig geglättet ist. Im Vergleich zu verwandten Formen ist die Nackenpartie verhältnismäßig dünn: Es hat den

64 Ronneburg-Hüttengesäß. Dechsel der Bandkeramischen Kultur, Beil und Axt der Schnurkeramischen Kultur.

Anschein, dass auch dies mit der Form des Rohlings zu tun hat, der mangels Masse keine dickere Nackenausführung zuließ. Merkwürdig sind darüber hinaus die begonnenen Bohrungen, von denen sich zwei auf der Oberseite und eine auf der Unterseite befinden, und zwar jeweils hinter dem Schaftloch, seitlich aus der Achse verschoben. Die Sichelformen der angesetzten Bohrungen machen deutlich, dass der Bohrkopf schräg zur Oberfläche aufgesetzt wurde und einen keineswegs senkrechten Bohrkanal erzeugt hätte. Das fertige Schäftungsloch weist einen leicht sanduhrförmigen Querschnitt auf, was auf Bohrungen von zwei Seiten schließen lässt. Zusammen mit exakt zylindrischen oder leicht konischen Löchern ist dieser Querschnitt allerdings bei Äxten dieser Zeit nichts Ungewöhnliches.

Im Gegensatz zur Form des Längsschnitts, der sich von der Schneide zum Nacken verjüngt und einen recht dünnen Nacken bildet, sind die breite Schneide und der Facettenschliff echte typologische Merkmale, die diese Axt in die Periode der Schnurkeramischen Kultur datieren. Es lässt sich erahnen, welche bekannte Axtform Vorbild gewesen ist.

Die Streitäxte der Schnurkeramik können in mehrere Typen unterteilt werden. Die wichtigsten Formen, die auch für unsere weitere Ausführung in Betracht kommen, sind die »Gemeineuropäische Streitaxt«, die nach der Typengliederung von P. V. Glob auch »A-Axt« genannt wird, und die breitschneidige Ausprägung der »Mitteldeutschen Hammeraxt«, die sonst auch als »Facettierte Streitaxt« bezeichnet wird. Gemeinsam sind ihnen eine leicht konvex gekrümmte Oberseite und eine konkave Unterseite, eine breite, nach unten ausschwingende Schneide sowie die im Querschnitt annähernd runde Nackenpartie. Der Hauptunterschied zwischen beiden ist an der unteren Seite, an der Schneide, festzustellen. Bei der A-Axt beginnt der konkave Umriss der Unterseite direkt an der Ecke der Schneide, bei der breitschneidigen Facettenaxt verläuft die Kontur zunächst leicht konvex oder ungefähr parallel zur Oberseite und setzt sich erst nach einer Abstufung in konkaver Krümmung fort. Nur der mitteldeutsche Typ weist den namengebenden Facettenschliff auf.

Beide Formen kommen in Hessen vor. Die A-Axt ist kennzeichnend für die nordische Einzel-

65 Ronneburg-Hüttengesäß. Die untere Seite der Axt.

55

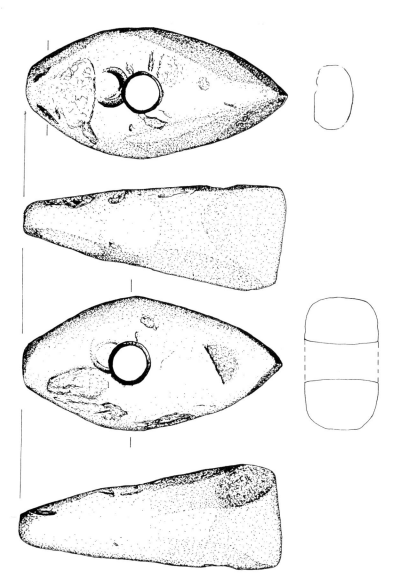

66 Ronneburg-Hüttengesäß. Ansichten und Querschnitte der Axt. – M. 1:2.

grabkultur und vom Rhein bis weit nach Osteuropa verbreitet. Dagegen ist die wohl gleichzeitige Facettenaxt eine Ausprägung der Mitteldeutschen Schnurkeramik und in Hessen Bestandteil der Südwestdeutschen Schnurkeramik. Originär fallen beide Axttypen durch ihre ausgesprochen formschöne Ausführung auf. Im Verlauf der Zeit »entwickeln« sie sich jedoch zu plumpen, verwaschenen Ausprägungen, die breit und gedrungen sein können und in Anlehnung an das Vorbild einen nur noch verwaschenen Facettenschliff aufweisen. Das Ronneburger Stück zeigt solche degenerierten Merkmale.

Die Fundgeschichte der hier vorgestellten Axt ist bezeichnend für diese Fundgattung. Schon aufgrund ihrer kuriosen Gestalt, d.h. wegen ihrer Form, des Bohrlochs und der eventuell noch erhaltenen Oberflächenglättung, werden die betreffenden Objekte leicht wahrgenommen und aufgesammelt. Es ließe sich hier eine Liste von neu gemeldeten Altfunden anfügen, was an anderer Stelle geplant ist, da es den gegebenen Rahmen sprengen würde. Häufig ist über den Fundkontext schnurkeramischer Äxte nichts Näheres bekannt. Falls Fundzusammenhänge vorliegen, erweisen sie sich als Beigaben in Männergräbern. Sie waren Repräsentationsgegenstände, die dem Toten mit in das Grab gegeben wurden. Es ist deshalb zu vermuten, dass der größte Teil der bei landwirtschaftlichen Arbeiten gefundenen Stücke aus aufgepflügten Gräbern, genauer gesagt aus verschleiften Hügelgräbern, stammt. Auf Siedlungsplätzen wurden dagegen nur unscheinbare Bruchstücke und Bohrzapfen nachgewiesen.

Bei der Ronneburger Axt ist man versucht, die Herkunft aus einem Grab wegen der Derbheit und der »Versuchsbohrungen« infrage zu stellen. Man möchte bezweifeln, dass sie als »gutes Stück« und Repräsentationsobjekt in Betracht kommen konnte. Sie ist ein besonders krasses Beispiel für Formen, die am Ende der schnurkeramischen Axtentwicklung stehen.

LITERATUR

U. Fischer, Eine Bootaxt aus dem Oberlahnkreis. Nassauische Annalen 81, 1970, 274–278. – Ders., Zur Gliederung der Schnurkeramik im Lande Hessen. In: S. Hansen/V. Pingel (Hrsg.), Archäologie in Hessen – Neue Funde und Befunde. Festschrift für Fritz-Rudolf Herrmann zum 65. Geburtstag. Internationale Archäologie – *Studia honoraria* 13 (Rahden/Westfalen 2001) 43–46. – W. Gebers, Das Endneolithikum im Mittelrheingebiet. Saarbrücker Beiträge zur Altertumskunde 27 (Bonn 1984). – P.V. Glob, Studier over den jyske Enkeltgravskultur. Årbøger for Nordisk Oldkyndighed og Historie 1944, 5–282.

Einblicke in bronzezeitliches Siedlungswesen im Main-Kinzig-Kreis

Eine weitere Siedlung der mittleren Bronzezeit im Ronneburger Hügelland

Im letzten Band der **hessen**ARCHÄOLOGIE wurden erste Grabungsergebnisse einer mittelbronzezeitlichen Siedlung bei Langenselbold, Flur »Auf der Steinheile«, vorgestellt. Durch Ackerbegehungen ist nun eine weitere Fundstelle bekannt geworden, die sich nicht nur zeitlich, sondern auch aufgrund der topographischen Gegebenheiten, der Fundsituation und des Fundspektrums anschließen lässt.

Beide Fundstellen liegen im Lössgebiet des Ronneburger Hügellandes, also zwischen Vogelsberg und südlicher Wetterau, und zwar zwischen den NO–SW verlaufenden Tälern des Fallbachs und der Gründau (Abb. 67). Die Siedlung von Langenselbold befindet sich auf einer Kuppe des zum Gründautal abfallenden Geländes, die Lage des Ronneburger Fundplatzes ist ein leicht geneigter Hang auf der entgegengesetzten Seite über dem Fallbachtal. Die Stellen sind 2,15 km voneinander entfernt. An beiden Stellen zeigte sich auf der Ackeroberfläche eine begrenzte dunklere Verfärbung, innerhalb derer bei wiederholten Begehungen von M. Gutmann eine beachtliche Fundmenge aufgesammelt wurde. Hüttenlehm, Mahl- und Reibsteinfragmente sowie Keramik grober Machart lassen den Schluss zu, dass es sich auch bei der Ronneburger Fundstelle um eine Siedlung handelt. Die bestimmbare Keramik lässt keinen Zweifel an einer Datierung in die mittlere Bronzezeit (Abb. 68–69).

Als Dekor der feineren Keramik kommen beispielsweise schrägstrichverzierte horizontale Bänder vor oder auch waagrecht verlaufende Rillen-

Hans-Otto Schmitt

67 Ronneburg. Blick nach Norden über das Gründautal in das bronzezeitliche Siedlungsgebiet des großen Ronneburger Hügellands.

68 Ronneburg. Bronzezeitliche Keramik von der Fundstelle bei Ronneburg.

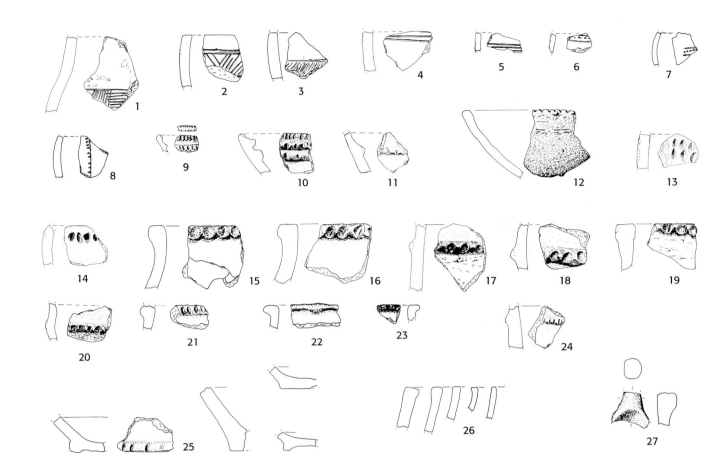

69 Ronneburg. Auswahl der Lesefunde. – M. 1:3.

70 Ronneburg. Randscherbe einer feinen Kerbleistenschale.

bänder, bisweilen begleitet von Punkt- oder Kornstichreihen (Abb. 69,1–7). Gleichfalls typisch für diese Zeitstufe sind Kerbleistenschalen und Schalen mit Kerbrändern (Abb. 69,9–12). Bemerkenswert ist ein winziges Fragment einer recht kleinen Schale, das sehr filigran gestaltete Leisten auf der Innenseite knapp unterhalb des Rands sowie feine Zickzackkerben auf dem Rand besitzt, in denen sich sogar noch Reste weißer Paste befinden (Abb. 69,9; 70). Groß ist die Variationsbreite der Fingertupfenverzierungen, die auf der groberen Ware vorkommen. In wenigen Fällen sind die Fingereindrücke direkt in die Gefäßoberfläche eingetieft (Abb. 69,13.14), in der Regel begegnen jedoch Fingernageleindrücke als zusätzliches Zierelement auf meist horizontal verlaufenden Leisten. Diese Leisten können sich an der Außenseite von stark ausgeprägten Rändern befinden oder aber darunter, nämlich im Schulterbereich, wo sie den oft durch Schlickbewurf und Fingerverstrich unebenen und deshalb griffigeren Körper vom gut geglätteten Hals trennen (Abb. 69,15–24). Charakteristisch sind ferner waagrecht abgestrichene Ränder (Abb. 69,26). Ebenfalls aus Keramik bestehen der Rest eines Siebgefäßes (Abb. 68, unten, Mitte) und das Fragment eines Löffels (Abb. 69,27).

Das Keramikspektrum des Fundplatzes stimmt, wie das von Langenselbold »Steinheile«, mit dem, was bereits seit Längerem für das Rhein-Main-Gebiet bekannt ist, erstaunlich gut überein. Dort ist das nächstliegende Hauptverbreitungsgebiet mittelbronzezeitlicher Siedlungen. Gleichwohl ist das Siedlungsverhalten in dieser Zeit bemerkenswert differenziert, zumal sehr unterschiedliche Lagen und Bodenqualitäten genutzt werden. Dies spricht für flexible, angepasste Wirtschaftsweisen. Die Verbreitung bronzezeitlicher Grabhügel bis weit in die Mittelgebirgszonen, in Höhen von 400–500 m, bewog die ältere Forschung dort ein Weidebauerntum anzunehmen und damit einen Gegensatz zu den Ackerbaukulturen des älteren Neolithikums herauszustellen. Diese Sicht wurde später revidiert, zumal Fundstellen in Flachlandschaften und Lössgebieten keine Berücksichtigung gefunden hatten. Schließlich konnte A. Jockenhövel innerhalb einer Kleinregion westlich von Frankfurt a. M., um den Mainbogen bei Schwanheim und Kelsterbach, drei an verschiedene Naturräume gebundene Lagetypen unterscheiden. Zwei davon befinden sich auf landwirtschaftlich nur eingeschränkt nutzbaren Böden, nämlich auf Sanddünenflächen an Terrassenrändern bzw. in Bereichen von Gleyböden in der Main-Niederterrasse. Solche Lagen wurden bereits seit dem Endneolithikum bevorzugt besiedelt. Der dritte Lagetyp dagegen nimmt Lössböden rechts des Mains entlang der Niddaterrasse und zwischen den Bachzuläufen dieses Flüsschens ein. Dort reihen sich mehrere Siedlungen in einem Abstand von 1–2 km aneinander. Auch höhere Lagen auf lang gestreckten flachwelligen Hügelrücken zwischen zwei Bachläufen gehören dazu, eine Situation also, wie wir sie nun auch im Ronneburger Hügelland antreffen.

Die beiden neuen Siedlungsstellen sind zusammen mit in den letzen Jahren auch andernorts entdeckten Fundstellen deutliche Hinweise darauf, dass die im Rhein-Main-Gebiet gemachten Beobachtungen mindestens auch auf Nachbargebiete übertragbar sind. Das würde bedeuten, dass auch peripher zum Hauptverbreitungsgebiet liegende Gegenden viel dichter besiedelt waren, als es den Anschein hat, und die dortigen Fundlücken nicht authentisch sind.

LITERATUR

F. Holste, Die Bronzezeit im Nordmainischen Hessen. Vorgeschichtliche Forschungen 12 (Berlin 1939). – Ders., Die Bronzezeit in Süd- und Westdeutschland. Handbuch der Urgeschichte Deutschlands 1 (Berlin 1953). – A. Jockenhövel, Ausgrabungen in der Talauensiedlung »Riedwiesen« bei Frankfurt am Main-Schwanheim. Fundberichte aus Hessen 24/25, 1984/85 (Wiesbaden 1994) 9–101, bes. 87 ff. – B. Pinsker, Die Siedlungskeramik der mittleren Bronzezeit am nördlichen Oberrhein. Materialien zur Vor- und Frühgeschichte von Hessen 13 (Wiesbaden 1993). – H.-O. Schmitt, Eine Siedlung der mittleren Bronzezeit bei Langenselbold, Flur »Auf der Steinheile«. Hessen Archäologie 2003 (2004) 55–58.

Ein letztes Geschenk an die Mutter?

Hallstattzeitliches Frauengrab im Wald bei Egelsbach, Landkreis Offenbach

Bei einer Führung im Rahmen einer Kelten-Projektwoche der Egelsbacher Grundschule Anfang April 2003 sollten den Kindern Funde und Fundstellen ihrer Heimat nahegebracht werden. Völlig unerwartet bekamen die Schüler aber auch einen Einblick in die praktische Bodendenkmalpflege, denn in einem Grabhügel wurde ein Raubschacht entdeckt (Abb. 71). Aufgrund der gut erhaltenen Profile und des noch weitgehend unverrotteten Laubs war anzunehmen, dass die Raubgrabung erst im vorangegangenen Herbst erfolgt war.

Die Grabhügelgruppe »Krause Buche« bei Egelsbach umfasst zwölf dicht beieinander liegende Hügel. Nur durch ein Bachtal getrennt, schließt sich 200 m südlich die nächste Grabhügelgruppe an, zahlreiche weitere Hügel liegen in der Nähe. Sie sind, soweit ausgegraben, überwiegend in die Hügelgräber-Bronzezeit und Hallstattzeit zu datieren; wenige Funde stammen aus der Zeit der Schnurkeramik und der Latènezeit. Die 1952 von der Heimatkundlichen Arbeitsgemeinschaft Dreieich unter der Leitung von K. Nahrgang untersuchten Hügel 5 und 7 der Gruppe »Krause Buche« enthielten hallstattzeitliche Gräber.

Um festzustellen, welchen Schaden der Raubgräber mit dem stattlichen Loch (Weite: 1,50 × 1,50 m, Tiefe 0,50 m) im Hügelzentrum angerich-

Gesine Weber

71 Egelsbach, »Krause Buche«. Raubschacht in Hügel 8.

72 Egelsbach, »Krause Buche«, Hügel 8. Planum und Profil. Im weißen Sand zeichnet sich die Grabgrube deutlich ab, dagegen sind ihre Grenzen in der Verbraunungszone des Waldbodens nicht mehr eindeutig festzustellen. Bei dem dunklen Fleck im Süden der Verfärbung handelt es sich um die Schädelknochen. Weiter nördlich zwei der Beigefäße.

73 Egelsbach, »Krause Buche«, Hügel 8. Nur durch den Kontakt zu den Bronzebeigaben haben sich Knochen erhalten, hier Reste der Armknochen.

tet hatte, führte die Untere Denkmalschutzbehörde mit Unterstützung der Außenstelle Darmstadt des Landesamtes für Denkmalpflege Hessen und ehrenamtlichen Mitarbeitern eine Nachgrabung durch. Da die Grabhügelgruppe in einem Naturschutzgebiet liegt, mussten naturschutzrechtliche Genehmigungsfragen, Zuständigkeiten und Auflagen geklärt werden, sodass die Arbeiten erst im Februar 2004 erfolgen konnten.

Zunächst wurde der Raubschacht auf 2×2 m erweitert, wobei Hinweise auf eine Zentralbestattung ausblieben. Im Westteil kam ein Bronzearmring zutage, des Weiteren zeichnete sich dort deutlich eine dunkle Verfärbung im weißen Sand ab (Abb. 72). Die Grabungsfläche wurde entsprechend vergrößert, allerdings waren die Grenzen im westlichen Bereich nicht mehr so deutlich zu erkennen, da das Grab hier sehr flach unter der Oberfläche lag.

Das Grab war S–N orientiert; es konnten wenige, grün patinierte Schädelknochen im Süden geborgen werden. 40 cm nördlich des Schädels wurden zwei verzierte Bronzearmringe angetroffen, die 30 cm voneinander entfernt lagen. In ihnen steckten noch Reste der Unterarmknochen (Abb. 73). Die Gefäßbeigaben standen dicht beieinander (Abb. 74), vermutlich neben dem rechten Knie und Unterschenkel. In der größten Schale lag ein kleiner Becher. Erst beim Reinigen der im Block geborgenen Keramik zeigte sich, dass sich auch in dem kleinen Topf ein Becher fand. Unter dem Rand der größten Schale lag ein Eisenmesser, dem noch Reste eines Holzgriffs anhafteten.

Insgesamt gehören drei Schalen, ein Topf und zwei Becher zur Gefäßausstattung im Grab (Abb. 75). Bis auf eine Ausnahme ist die Keramik sehr qualitätvoll gearbeitet. Die reiche Grafitierung der Gefäße ist typisch für die ältere Hallstattzeit Südhessens und der südöstlich angrenzenden Landschaften. Unter den Egelsbacher Keramiken ist eine kalottenförmige Schale innen vollständig grafitiert, die Schrägrandschale besitzt einen innen und außen bemalten Rand und ein Zickzackmuster aus sechszeiligen Linien. Den Topf ziert ein Zickzackband aus vierzeiligen Linien unterhalb des grafitierten Rands. Außer Grafit wurde bei der Schrägrandschale und dem Topf auch eine braunrote Farbe verwendet, die vielleicht nur die Grundierung für die Grafitverzierung bildete.

Der kannelierte Spitzbecher, der im Inneren des Topfs lag, ist ebenfalls farbig bemalt: Der Rand ist innen und außen schwarz grafitiert, je drei senkrechte rote Kanneluren wechseln sich mit zwei schwarzen ab, wobei sich die Farbspuren noch in das glatte Gefäßunterteil hinein fortsetzen. Vergleichbar mit dem gerippten Becher aus Egelsbach ist ein Exemplar, welches in dem nur 3 km entfernten Zentralgrab von Hügel 5 in der Koberstadt ausgegraben wurde. Bei diesem Grab handelte es sich um eine Ha C/D1-zeitliche Körperbestattung, der neben Keramikgefäßen auch ein Eisenschwert beigegeben war. Im Gegensatz zu dem Egelsbacher Stück verfügt der Koberstädter Becher über einen flachen Standboden, auch die Zahl der bemalten Rippen weicht ab. In der Randkehle weist der Egelsbacher Becher eine kleine runde Durchlochung auf. Solche Durchbohrungen sind bei zeitgleichen Bechern relativ häufig, doch welche Funktion hatten sie? Für eine Aufhängung scheint das Loch zu klein zu sein.

Die ungewöhnlichste Beigabe ist das grob gearbeitete Becherchen (Abb. 75). Es macht den Eindruck, als wäre es von ungeübter Hand hergestellt worden – die Arbeit eines Kindes? Das letzte Geschenk eines Kindes für dessen tote Mutter?

Die beiden offenen Bronzearmringe sind auffallend reich verziert. Sie tragen ein sehr feines Muster aus Punktreihen, Querstrichgruppen und Winkelbändern. In Bezug auf die Ringgröße und

74 Egelsbach, »Krause Buche«, Hügel 8. Keramik *in situ*.

Verzierung des Mittelfelds weichen die Stücke voneinander ab; sie sind also nicht gussgleich, was auf eine Herstellung in verlorener Form hinweist. Im Inneren eines der Ringe haften noch Gewebereste an.

Der Erhalt der wenigen Knochen in den korrodierten Armringen ist den konservierend wirkenden Bronzesalzen zu verdanken. Insgesamt ist die Knochenerhaltung in den Flugsanddünen im Kreisgebiet sehr schlecht, sodass beigabenlose Gräber oft nicht erkannt werden. Die wenigen, grün patinierten Knochen aus dem Schädelbereich stammen nach der Bestimmung durch P. H. Blänkle aus dem unteren seitlichen Schädelbe-

75 Egelsbach, »Krause Buche«, Hügel 8. Keramik, Armringe und Eisenmesserchen. Das kleine, grob gearbeitete Becherchen wirkt wie die Arbeit eines Kindes.

reich. Vielleicht trug die Tote im Haar oder am Ohr einen dünnen Ringschmuck, der sich vollständig auflöste, aber immerhin so zur Konservierung der Knochen führte.

Ob das hallstattzeitliche Frauengrab im Egelsbacher Wald die Hauptbestattung des Hügels bildete, konnte nicht mehr geklärt werden. Zu groß war das Raubloch in der Hügelmitte, bei dessen Anlage möglicherweise eine kleiner dimensionierte Bestattung vollständig entfernt wurde. Aus dem Aushub des Raubgräbers stammt nur eine kleine unverzierte Wandscherbe, die auch als Streuscherbe in die Hügelschüttung gelangt sein kann. Auf eine Ausgrabung des gesamten Hügels musste aus Naturschutzgründen verzichtet werden.

LITERATUR

H. Baitinger/E. Burger-Heinrich, Die Hallstattzeit im Nordosten Baden-Württembergs. Materialhefte zur Archäologie in Baden-Württemberg 46 (Stuttgart 1999). – K. Fahlbusch/H. Göldner, Die »Hanauer Koberstadt« bei Langen. In: Frankfurt am Main und Umgebung. Führer zu archäologischen Denkmälern in Deutschland 19 (Stuttgart 1989) 218–231. – K. Nahrgang, Die Bodenfunde der Ur- und Frühgeschichte im Stadt- und Landkreis Offenbach am Main (Frankfurt a. M. 1967). – A. Schumacher, Die Hallstattzeit im südlichen Hessen, 2 Teile. Bonner Hefte zur Vorgeschichte 5–6 (Bonn 1972, 1974).

Vor dem Pflug gerettet – früheisenzeitliche Brandgräber in Willingshausen-Zella, Schwalm-Eder-Kreis

Die Urnen von Zella

Andreas Thiedmann

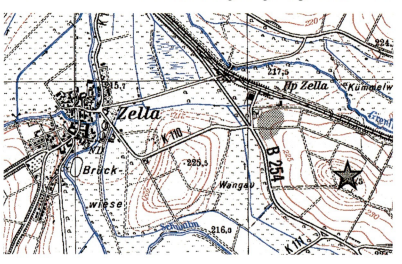

76 Willingshausen-Zella, Flur »Scheidfeld«. Die herausragende Lage des Gräberfelds (Stern) und der Siedlung (Raster) ist in der topographischen Karte gut zu erkennen.

Auf die alltägliche Gefährdung unserer Bodendenkmäler durch die moderne Landwirtschaft angemessen zu reagieren, ist für die Archäologische Denkmalpflege nach wie vor nicht leicht. Im Gegensatz zu Baumaßnahmen mit mehr oder weniger umfangreichen Bodeneingriffen kommt hier die Bedrohung schleichend, quasi im Stillen daher und auch nicht nur punktuell, sondern flächendeckend. Neben den inzwischen hinreichend bekannten Problemen, etwa durch den Einsatz immer tiefgründiger eingreifender Bodenbearbeitungsmaschinen oder die schleichende Veränderung des chemisch-physikalischen Bodenmilieus durch Agrochemikalien und Düngemittel, verschärft sich in jüngerer Zeit ein bisher noch recht wenig beachtetes Problem, nämlich das der Zeit! Im Zuge der strukturellen Veränderungen im Agrarbereich wurden und werden immer noch kleine und mittlere Höfe, deren es in der hessischen Mittelgebirgslandschaft traditionell ja viele gab, zur Aufgabe und die übrig bleibenden Betriebe zur Expansion gezwungen, ganz nach dem Motto »Wachse oder weiche!« Es wird also immer mehr landwirtschaftliche Nutzfläche in immer weniger Händen konzentriert, was u. a. dazu führt, dass besonders in den durch natürliche Bedingungen begrenzten Zeiträumen für Bestellung und Ernte die Landwirte praktisch rund um die Uhr unterwegs sein müssen, um die Flächen zu bewältigen. Auch aus noch anderen Gründen ist der Zeitdruck für die Landwirte immens gestiegen, sodass die Felder meist sofort nach der Ernte wieder bestellt werden und kaum mehr eine Winterbrache kennen. Gerade diese Phase der über Monate offen liegenden Winterfurche jedoch ermöglichte es uns bisher am ehesten, archäologische Fundstellen aufzufinden, zu begehen und gegebenenfalls zu untersuchen. Nun verkürzt sich

77 Willingshausen-Zella, Flur »Scheidfeld«. Grab 3 während der Bergung. Die Gefäße sind zwar zerdrückt, aber noch nahezu vollständig vorhanden.

diese der Bodendenkmalpflege zur Verfügung stehende Zeit auf ein Minimum, im Extremfall gar auf knappe Tagesfrist, wie das im Folgenden zu schildernde Beispiel eindrucksvoll zeigt.

In der südlichen Schwalm, einer fruchtbaren Hügellandschaft am Mittellauf des namengebenden Flusses, ist durch die ehrenamtliche Arbeit des seit langen Jahren für die Denkmalpflege tätigen Heimatforschers G. Blumenauer das Bild einer vielfältigen Fundlandschaft vor unseren Augen entstanden. Hier reiht sich insbesondere in Blumenauers Heimatgemarkung Riebelsdorf, aber auch in den benachbarten Fluren, Fundstelle an Fundstelle aus nahezu allen Perioden der Vorgeschichte. Dieses Bild hat Beispielcharakter für die umliegenden oder auch geographisch vergleichbaren, jedoch archäologisch weniger oder kaum erforschten Räume.

Aufgrund seiner inzwischen profunden Kenntnis und – so muss man sagen – seines untrüglichen Gespürs war Blumenauer in der Gemarkung von Willingshausen-Zella schon seit Längerem eine prominente sandige Kuppe auf der Spitze eines Geländerückens, der sich von Südosten her in das Tal der Schwalm vorschiebt und die Mündung der Grenff in die Schwalm überragt, verdächtig erschienen (Abb. 76). Nachdem das Areal glücklicherweise lange Jahre brachgelegen hatte bzw. als Grünland genutzt worden war, wird seit einigen Jahren dieser magere Acker in der Flur »Scheidfeld« aber wieder unter den Pflug genommen. Jährlich konnte seither Blumenauer neue Funde aufsammeln. Diese bestanden zunächst aus zahlreicher kleinteilig zerscherbter Keramik vorgeschichtlicher, am ehesten früheisenzeitlicher Art, sodass man den Platz zunächst für eine Siedlungsstelle hielt. Erst später kamen auch einige Stückchen kalzinierter Knochen dazu, die sich als menschlicher Leichenbrand identifizieren ließen. Zudem beobachtete der Finder immer wieder kleinräumige Fundkonzentrationen, sodass schnell klar wurde: Hier handelt es sich um ein Brandgräberfeld, dessen Bestattungen mit jeder Feldbestellung weiter angepflügt, mithin zerstört werden. Eine Herausnahme der Fläche aus der Bewirtschaftung kam aus verschiedenen Gründen nicht infrage, sodass sich die archäologische Denkmalpflege auf weitere Beobachtungen und notdürftige Maßnahmen beschränken musste. Im Herbst 2002 verlief eine solche Maßnahme per Nachsuche von Hand durch den Finder und den Verfasser im Bereich zweier oberflächiger Fundkonzentrationen noch ergebnislos.

Im August 2003 bemerkte Blumenauer dann an einem Freitagvormittag, dass man im Begriff war, den Acker umzubrechen, und auf Nachfrage wurde ihm beschieden, dass wegen drohender Wetterverschlechterung schon anderntags mit der Neueinsaat begonnen würde. Eine eilige Begehung der frischen Scholle ergab inmitten des Felds, fast auf dem höchsten Punkt des Geländerückens, eine kleinräumige Fundkonzentration mit Keramikscherben und Knochen. Hier war also in Gestalt der Sämaschine Gefahr im Verzug und Eile geboten. Umgehend machte sich unser Mann ans Werk und legte im Tagesverlauf sukzessive vier Gräber frei.

78 Willingshausen-Zella, Flur »Scheidfeld«. Die vom Finder bereits restaurierten Gefäße aus Grab 3.

79 Willingshausen-Zella, Flur »Scheidfeld«. Rot und schwarz bemalte Scherben eines vom Pflug zerstörten Topfs waren bereits vor drei Jahren aufgelesen worden.

Seinem der archäologischen Denkmalpflege vorgelegten Bericht ist, in aller hier gebotenen Kürze zusammengefasst, Folgendes zu entnehmen: Auf einer Strecke von gut 3 m fanden sich in N-S-Richtung mit einem durchschnittlichen Abstand von etwa einem Meter die vier Urnenbestattungen mit Leichenbrand und mit bis zu drei weiteren Gefäßen, sonst aber keine anderen Beifunde. Die Grabgruben konnten aufgrund der fortgeschrittenen Zerstörung und angesichts der eiligen Bergung nicht sicher festgestellt werden. Es fanden sich keine offensichtlichen Grabeinbauten, wie etwa Steinsetzungen oder Ähnliches, allein in Höhe der Standflächen der Gefäße wurden verschiedentlich mutmaßliche Pfostenspuren in unterschiedlicher Zahl beobachtet, deren Zugehörigkeit oder gar Funktion jedoch kaum verlässlich zu beurteilen ist.

Grab 1 im Norden war durch den Pflug schon weitgehend zerstört, es fand sich soeben unter der Pflugsohle nur noch der Urnenboden mit ein wenig Leichenbrand in situ. Einige Bruchstücke der Gefäßwandung mit unregelmäßiger Strichverzierung wurden zerstreut in der Pflugschicht angetroffen, ebenso einige Scherben eines dünnwandigen, rot engobierten kleinen Topfs.

Knapp einen Meter südlich davon wurde in Grab 2 eine bereits bis unterhalb des Umbruchs abgepflügte Urne und ein schwarzes Beigefäß angetroffen, bei dem der Rand fehlt. Ein Bruchstück dessen lag beim wenigen Leichenbrand im Urnenboden, der also nur wenige Zentimeter tiefer als Grab 1 im Boden stand.

Das umfangreichste Fundensemble wurde in Grab 3 gut 1,2 m südöstlich von Grab 2 freigelegt. Die Urne wie auch die drei um diese herum angeordneten Beigefäße waren zwar alle zerdrückt, aber weitgehend vollständig vorhanden (Abb. 77). Die große doppelkonische Urne enthielt den Leichenbrand, sie weist auf dem Umbruch eine Verzierung aus senkrechten Riefen – jeweils vier oder fünf – alternierend mit je drei in den Umbruchknick eingedrückten Fingerdellen auf. Die kleine flache Schale lässt randlich ein Lochpaar erkennen, sie stand schräg unter der östlichen Seite der Urne. Im Süden war der kleinere Topf mit der Öffnung zur Urne geneigt niedergelegt gewesen. Westlich daneben stand die größere schwärzliche Schüssel mit dem S-förmigen Profil (Abb. 78). Diese Bestattung war also glücklicherweise um einiges tiefer als die übrigen Gräber eingebracht worden.

Von dem wiederum rund einen Meter südwestlich von Grab 3 entfernt angetroffenen Grab 4 war nur noch der Boden einer Urne und noch rund 3 cm der aufgehenden Wandung, ganz wenig Leichenbrand enthaltend, in situ geblieben.

Im Gegensatz zu den Bestattungsgefäßen aus den Gräbern 1 und 4 waren die Gefäße aus den Gräbern 2 und 3 in der Substanz also deutlich besser und umfänglicher erhalten. Sie konnten vom Finder zwischenzeitlich wieder zusammengesetzt werden, wobei sogar mehrere Lesescherben aus den Vorjahren anzupassen waren. Bei den eigentlichen Bestattungsgefäßen handelt es sich in einem Fall sicher, in drei Fällen wahrscheinlich um recht große doppelkonische Urnen, die offensichtlich verziert waren. Die Beigefäße decken ein Spektrum aus offenen Schalen, kleinen mehrgliedrigen Töpfchen mit sorgfältig geglätteter Oberfläche und etwas größeren Gefäßen mit S-förmigem Profil und geglätteter Oberfläche ab.

Hervorzuheben sind die Scherben des rot engobierten Feingefäßes aus Grab 1, dazu gesellen sich einige weitere zusammenpassende Bruchstücke eines ebenfalls rot grundierten, jedoch mit zusätzlicher schwarzer Bemalung versehenen Gefäßes, die schon im Jahr zuvor aufgesammelt worden waren (Abb. 79). Die Gefäßformen wie auch die Verzierungen fügen sich in das aus Nordhessen bekannte Keramikspektrum der frühen Eisenzeit. Die rot engobierten Exemplare bezeugen dabei hier wie auch gelegentlich andernorts einen gewissen Einfluss der süddeutschen Hallstattkultur.

Mit diesen vier notdürftig untersuchten Urnengräbern und den zahlreichen weiteren Lesefunden, die eine unbekannte Anzahl bereits zerstörter Gräber repräsentieren, fassen wir einen früheisenzeitlichen Bestattungsplatz auf der prominenten Kuppe über dem Zusammenfluss der Schwalm und ihres Nebenflusses Grenff. Den zugehörigen Siedlungsplatz der bestattenden Gemeinschaft konnte Blumenauer anhand einschlägiger Lesefunde – u. a. zahlreiche eisenzeitliche Keramikscherben – wenige hundert Meter nordwestlich am unteren Hang auf der Spitze des in die Aue auslaufenden Hügels verlässlich lokalisieren (Abb. 76).

Heute treffen sich in diesem Bereich zwei Verkehrswege – einerseits die von Alsfeld im Süden heraufkommende Bundesstraße 254 und andererseits die von Osten von Bad Hersfeld durch den südlichen Knüllwald sich herüber windende Eisenbahnstrecke. Sehr wahrscheinlich folgte auch schon in früher Zeit ein Fernweg dem Lauf der Schwalm ins Ziegenhainer Becken und weiter nach Norden zur Niederhessischen Senke, und auch die W-O-Verbindung entlang der Grenff ins Fuldatal bot sich an. Die Bewohner unserer Siedlung sind ganz offenkundig von diesem Verkehr nicht unberührt geblieben.

Der geschilderte Fall beleuchtet, wie ich meine in aller Deutlichkeit, ein Problemfeld, das die hauptamtliche archäologische Denkmalpflege aus eigener Kraft nicht mehr lösen kann. Nur durch den unermüdlich großen Einsatz vor Ort aktiver ehrenamtlicher Mitarbeiter können hier die Spuren unseres kulturellen Erbes buchstäblich in letzter Minute vor dem Pflug gerettet werden. Unser Dank muss all diesen Ehrenamtlichen gelten, die sich mit so großem persönlichem Engagement für die Sache der Archäologie einsetzen.

LITERATUR

A. Jockenhövel, Die Eisenzeit. In: F.-R. Herrmann/A. Jockenhövel (Hrsg.), Die Vorgeschichte Hessens (Stuttgart 1990) 244 ff. – W. Jorns, Die Hallstattzeit in Kurhessen. Veröffentlichungen des Kurhessischen Landesamtes für Vor- und Frühgeschichte, Marburg/Lahn, 1 (Marburg 1939). – D. Raetzel-Fabian, Kelten, Römer und Germanen. Eisenzeit in Nordhessen. Vor- und Frühgeschichte im Hessischen Landesmuseum 4 (Kassel 2001) (mit weiterführender Lit.).

Hallstattzeitliche Nekropole am Glauberg bei Glauburg-Glauberg, Wetteraukreis

Neue Untersuchungen im Umfeld des Glaubergs

Leif Hansen, Angela Kreuz, Christopher Pare

Nachdem das Institut für Vor- und Frühgeschichte der Johannes Gutenberg-Universität Mainz bereits in den letzten zwei Jahren Prospektionen und Ausgrabungen am Glauberg durchführen konnte, wurden die Arbeiten 2004 im Rahmen des von der Deutschen Forschungsgemeinschaft (DFG) geförderten Schwerpunktprogramms »Frühe Zentralisierungs- und Urbanisierungsprozesse. Zur Genese und Entwicklung ‚frühkeltischer Fürstensitze' und ihres territorialen Umlandes« fortgesetzt. Neben archäologischen Prospektionen vor allem in Form von Feldbegehungen spielten umfangreiche Ausgrabungen unter der örtlichen Grabungsleitung von R. Bulka in der Zeit von Anfang August bis Mitte November eine wesentliche Rolle.

Im Bereich des sog. Annexes – des umwallten Vorburggeländes nördlich des Glaubergplateaus – wurden die im Sommer 2003 begonnenen Grabungen weitergeführt (Abb. 80). Die Fläche lag unmittelbar im nördlichen Anschluss des 2003 geöffneten und dokumentierten Profilschnitts durch den inneren der westlichen Wälle. Ferner wurde ein Profilschnitt durch den äußeren Wall angelegt und dokumentiert. Auffällig ist der Umstand, dass sowohl der innere als auch der äußere Wall einen ähnlichen Aufbau zeigen.

Eine große Anzahl von geborgenen Keramikscherben verspricht, die Chronologie der einzelnen Wallanlagen und letztendlich ihr zeitliches Verhältnis zueinander zu klären. Nach vorläufigen Ergebnissen scheinen beide Anlagen – wie in der Forschung bereits zuvor angenommen – in die Frühlatènezeit zu datieren. Der obere Teil des Grabens scheint bis zum frühen Mittelalter offen gestanden zu haben.

Als weiteres wichtiges Ergebnis für die Interpretation des Annexbereichs ist zu verzeichnen, dass sich hinter dem inneren Wall Besiedlungsstrukturen in Form von Gruben und Gräbchen nachweisen ließen. Unter dem inneren Wall konnten zudem Brandstellen mit verkohlten Getreidekörnern freigelegt werden.

Weitere Grabungsflächen wurden südwestlich

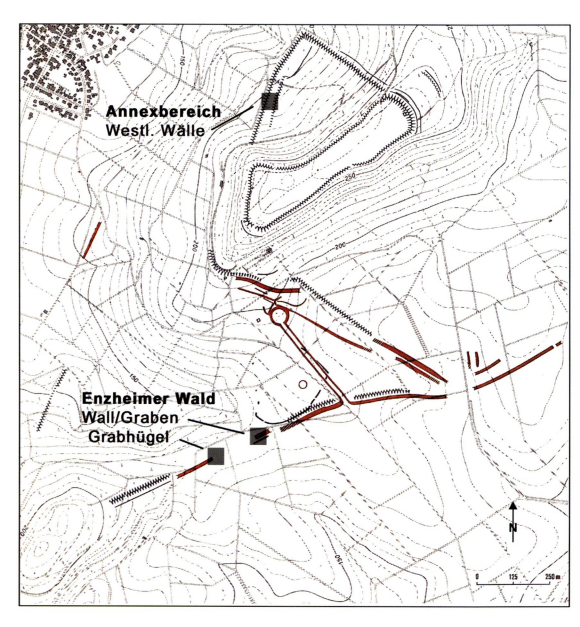

80 Glauburg-Glauberg. Übersichtsplan mit Lage der Grabungsflächen.

des Glaubergs unmittelbar östlich des Enzheimer Köpfchens in der Flur »Enzheimer Wald« geöffnet. Feldbegehungen in diesem Areal erbrachten eine verhältnismäßig große Anzahl von Leichenbrandteilchen sowie Tonscherben. Dieser Umstand deutete auf das Vorhandensein einer hallstattzeitlichen Nekropole hin. Der von der Firma Posselt & Zickgraf Prospektionen GbR im Auftrag des Landesamtes für Denkmalpflege Hessen angefertigte geomagnetische Plan offenbarte weitere interessante Details (Abb. 81):

Wie hinlänglich bekannt, ist der Kreisgraben des frühlatènezeitlichen »Fürstengrabhügels« 1 nicht geschlossen, sondern setzt sich in Form von zwei parallelen Gräben als 350 m lange »Prozessionsstraße« entlang eines Geländerückens in südöstlicher Richtung fort. Danach biegen die Gräben nach Osten bzw. Westen um und verlaufen als Wall-Graben-System mit einer Gesamtlänge von 1650 m. In einem Waldstück östlich des Enzheimer Köpfchens ist der etwa 20 m breite Wall noch bis zu einer Höhe von rund 5 m erhalten; im offenen Ackerland wurde das Wall-Graben-System lediglich geophysikalisch erfasst.

An der Stelle, an der die Feldbegehungen das Gräberfeld vermuten ließen, weist das Wall-Graben-System eine Lücke von etwa 160 m auf. In der Geomagnetik war in diesem Bereich eine große Anzahl von Anomalien erkennbar, sodass gezielte Ausgrabungen dort Erfolg versprachen.

Zum einen wurde das Areal zwischen beiden Wall-Graben-Köpfen untersucht, zum anderen sollte der östliche Wall-Graben-Kopf selbst angeschnitten werden. In der Geomagnetik war der Wall noch recht gut zu erkennen, der vorgelagerte Graben schien nicht sehr mächtig zu sein. Eine kreisrunde Anomalie innerhalb des Walls wurde zunächst als spätere Eingrabung interpretiert, sollte aber zur Klärung des Sachverhalts ebenfalls untersucht werden.

Im nördlichen Bereich der Grabungsfläche begegneten noch die letzten Reste der Wallschüttung in Form einer Steinrollierung, im südlichen Teil war der Wall bereits völlig erodiert. Daher ließ sich nicht mehr feststellen, ob direkt vor dem Wall der Graben angrenzte oder ob eventuell eine Berme vorgelagert war. Direkt im nördlichen Anschluss des Walls zeigte sich eine holzkohlehaltige Schicht, wahrscheinlich der ehemalige Laufhorizont. Leider wurde in diesem Areal nur wenig Scherbenmaterial geborgen, auch in der Wallschüttung selbst waren kaum datierbare Funde zu gewinnen. Der Anschluss der zum »Fürstengrabhügel« 1 gehörenden »Prozessionsstraße« an das Wall-Graben-System spricht aber für eine Entstehung der Anlage in der Frühlatènezeit.

Groß war die Überraschung, als sich der Graben als etwa 14 m breite und rund 4,5 m tiefe Anlage offenbarte. Vermutlich hat die Geophysik nur eine dortige wesentlich spätere Eingrabung in dem bereits zum Großteil zusedimentierten Graben erfasst. Aus dem oberen Teil des Grabens stammt mittelalterliche und neuzeitliche Keramik, in der unteren Verfüllung fehlten – abgesehen von botanischen Großresten – datierbare Objekte. Bemerkenswert ist, dass man sich beim Anlegen des Sohlgrabens unweigerlich zum Großteil durch Rotliegendes arbeiten musste. Falls der Graben auf der gesamten Länge des Wall-Graben-Systems diese Ausmaße besessen haben sollte, spricht dies für eine gewaltige Arbeitsleistung.

In der Unterbrechung zwischen den beiden Wall-Graben-Köpfen traten – wie zuvor vermutet – die Überreste von mehreren Bestattungen in Erscheinung. So konnte der südliche Teil eines Grabhügels ausgemacht werden, dessen ursprünglicher Durchmesser sich allerdings nicht sicher bestimmen ließ, da nur noch die letzten Reste der Hügelschüttung vorhanden waren. Direkt nach dem Öffnen der Grabungsflächen wurden zunächst zwischen der schluffigen Hügelaufschüttung und dem umgebenden Lösslehm keine Unterschiede festgestellt. Erst nach einigen Tagen und Regenfällen zeichneten sich die farblichen Differenzen ab. Im Bereich des Grabhügels kam das Fragment eines bronzenen Hals- oder Armrings zutage. Im südlichen Anschluss konnten drei Urnenbestattungen freigelegt werden, von denen zwei relativ gut erhalten waren. Mindestens zwei Gefäße scheinen jeweils zu den Brandbestattungen zu gehören: wohl ein Schrägrandgefäß sowie eine Schale. Diese en bloc geborgenen Funde werden derzeit im Römisch-Germanischen Zentralmuseum in Mainz restauriert. Da man direkt durch eine dritte Brandbestattung einen neuzeitlichen Drainagegraben gelegt hatte, verteilen sich die Scherben eines Steilrandgefäßes und einer Schale auf eine Länge von rund 4 m.

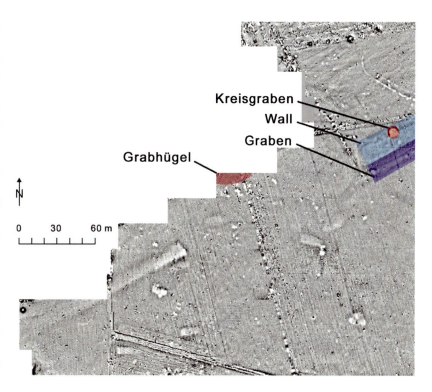

81 Glauburg-Glauberg. Geomagnetischer Plan mit Lage der Befunde am Enzheimer Wald.

Trotz der noch nicht abgeschlossenen Restaurierung wird man davon ausgehen dürfen, dass es sich bei den Urnenbestattungen um Gräber der Hallstattzeit (Perioden Ha C–D1) handelt. Östlich der Urnenbestattungen stießen wir auf den letzten Rest eines sichelförmigen Gräbchens – möglicherweise das Rudiment eines weiteren Grabhügels? Keramikscherben lassen jedenfalls eine Datierung in die Eisenzeit annehmen.

Eine weitere Überraschung erbrachte der runde Befund innerhalb des Walls: Es handelte sich um einen Grabhügel (Dm. etwa 8 m) mit Kreisgraben (Abb. 82). Letzterer war im Norden wesentlich besser erhalten als im Süden und auch in der Geomagnetik deutlicher zu erkennen.

82 Glauburg-Glauberg. Kreisgraben des Grabhügels unter dem Wall am Enzheimer Wald.

83 Glauburg-Glauberg. Verkohlte Getreidekörner aus dem Bereich der Annexwälle (Projekt-Nr. AK50 Nord- und Südprofil): 1 Emmer oder Dinkel, *Triticum dicoccum/ spelta* (L. 5,6 mm; Probe 8N; Foto-Nr. 362-35). – 2 wahrscheinlich Gerste, cf. *Hordeum distichon/ vulgare* (L. 4,3 mm; Probe 8N; Foto-Nr. 362-22). – 3 Echte Hirse *Panicum miliaceum* (L. 1,9 mm; Probe 7S; Foto-Nr. 362-6).

Bedingt war dies durch die Verfüllung des nördlichen Teils des Gräbchens mit dem Material der Wallschüttung – Rotliegendes, also das Material aus dem vorgelagerten mächtigen Graben. Der Kreisgraben selbst wies einen spitzen Querschnitt auf.

Annähernd im Hügelzentrum befand sich eine Brandbestattung, bei welcher der Leichenbrand offenbar in ein Behältnis aus organischem Material gefüllt wurde: vielleicht ein Beutel aus Leder oder Stoff. Für diese Vermutung spricht, dass die Knochenstückchen kompakt beieinander lagen. Ferner zeigten sich die letzten Reste eines trogförmigen Gefäßes aus organischem Material – mit großer Wahrscheinlichkeit ehemals Holz –, auf dem der Leichenbrand lag. Leider waren während der Ausgrabung keine Keramikscherben sichtbar, lediglich ein ringförmiges Eisenobjekt war zu erkennen. Die en bloc geborgene Bestattung wird in Kürze eingehender untersucht. Die Tatsache, dass der Kreisgraben des Tumulus im nördlichen Bereich bis zur Spitze mit dem Wallschüttungsmaterial angefüllt ist, spricht dafür, dass der Wall bald nach der Errichtung des Grabhügels angelegt wurde.

Die frühere Vermutung, dass die latènezeitliche Lücke zwischen den beiden Wall-Graben-Köpfen aufgrund eines hallstattzeitlichen Gräberfelds ausgespart wurde, ist nach der Entdeckung des Grabhügels innerhalb des Walls nicht mehr stichhaltig. Dass der Grabhügel als solcher nicht erkannt worden sein könnte, ist unwahrscheinlich, da Graben und Wall bald nach der Errichtung des Hügels mit umgebendem Kreisgraben angelegt worden sein dürften, sonst wäre das Aushubmaterial des großen Grabens nicht in den Kreisgraben gelangt. Es kann somit festgehalten werden, dass die bestehenden Grabhügel bei der Errichtung des Wall-Graben-Systems nicht respektiert wurden.

Neben den für das Projekt wichtigen hallstatt- und latènezeitlichen Befunden wurde eine ganze Reihe von neolithischen Gruben im Bereich der Wallunterbrechung freigelegt und dokumentiert. Die Keramikfunde sprechen für eine Datierung in die Zeit der Rössener Kultur. Überraschend war außerdem die Entdeckung einer sich keilförmig nach unten verjüngenden Grube, die u. a. das Fragment einer reliefverzierten Terra-Sigillata-Schüssel (Dragendorf 37) sowie den bronzenen Halbdeckel eines Gießbeckens enthielt. Der Befund datiert wohl in die erste Hälfte des 3. Jahrhunderts n. Chr.

Im Rahmen des »Fürstensitze«-Schwerpunktprogramms der DFG finden u. a. auch Untersuchungen botanischer Großreste (Samen, Früchte, Hölzer usw.) im Umfeld frühkeltischer Fürstensitze und zentraler Orte statt. Ziel des archäobotanischen Vorhabens des Landesamtes für Denkmalpflege Hessen ist es, den Zusammenhang zwischen landwirtschaftlicher Entwicklung und gesellschaftlicher Differenzierung in Landschaften, die solche Orte umgeben, exemplarisch zu untersuchen und in einen überregionalen Kontext zu stellen. Für die Interpretation wichtige Phänomene wären dabei eine mögliche landwirtschaftliche Spezialisierung und Überschussproduktion sowie ein anhand der Ernährung nachweisbarer

84 Glauburg-Glauberg. Verkohlte Frucht von Hainbuche aus dem Graben am Enzheimer Wald, das dreilappige Flugblatt ist nicht erhalten (Projekt-Nr. AK208, Befund 20; L. 7,8 mm; Foto-Nr. 389-4), links die rezente Pflanze mit hängenden Früchten.

Reichtum oder Luxus. In diesem Zusammenhang vermögen frühkeltische Importgüter, etwa mediterrane Früchte oder Gewürze wie Feige oder Koriander, interessante Hinweise im Hinblick auf Fernhandelsbeziehungen und Status oder Hierarchien von Konsumenten zu geben. Danach wird auch hier am Glauberg gesucht.

Bei der Grabungskampagne 2004 wurden aus dem Bereich der Annexwälle sowie aus den Grabungen am Enzheimer Wald insgesamt 216 botanische Sedimentproben geborgen. Die archäobotanischen Arbeiten sind noch nicht abgeschlossen, von einigen ersten Ergebnissen soll hier aber schon berichtet werden.

Erfreulicherweise traten bereits verkohlte Reste von sechs Kulturpflanzenarten aus beiden Grabungsbereichen auf (Abb. 83). Sie sind – teilweise aufgrund der örtlichen Bodenbedingungen – schlecht erhalten, geben aber wichtige Hinweise für die Interpretation der Befunde. Im Areal der Annexwälle fanden sich die Getreide Echte Hirse *Panicum miliaceum*, Gerste *Hordeum* spec., Emmer *Triticum dicoccum* und die Hülsenfrüchte Linse *Lens culinaris* und Linsenwicke *Vicia ervilia*. In dem sichelförmigen Gräbchen am Enzheimer Wald traten drei Getreide auf: Neben Gersten- und Emmerkörnern fand sich hier noch ein Korn von Einkorn *Triticum monococcum*. Damit ist bereits mit den ersten Proben ein großer Teil der aus Siedlungen bekannten eisenzeitlichen Kulturpflanzenarten erfasst. Bisher fehlen noch Dinkel und die Öl-/Faserpflanzen Lein, Leindotter und Schlafmohn sowie von den Hülsenfrüchten Erbse und Ackerbohne. Es wird später noch zu prüfen sein, ob die Häufigkeiten, mit denen die Kulturpflanzenarten in den Befunden vorkommen, und auch die zugehörigen Unkrautspektren denjenigen aus eisenzeitlichen ländlichen Siedlungen entsprechen.

Die zahlreichen Proben aus dem Graben am Enzheimer Wald sind noch nicht alle aufbereitet.

85 Glauburg-Glauberg. Ein Stückchen Bernstein aus dem inneren Gräbchen hinter dem Annexwall (Projekt-Nr. AK50, Befund 75; L. 10,2 mm; Foto-Nr. 400-24).

Im untersten Bereich wurden zwei subfossile Teilfrüchte vom Feldahorn *Acer campestre* angetroffen, möglicherweise von einem in der Nähe des Wall-Graben-Systems wachsenden Gehölz. Eine verkohlte Frucht der Hainbuche *Carpinus betulus* (Abb. 84) lässt sich noch nicht interpretieren. ^{14}C-Daten sollen hier eine chronologische Einordnung ermöglichen.

Erwähnenswert ist noch ein Objekt, das als Importfund zu deuten ist. Dank der feinen Netzmaschen des Schlämmsiebs trat in einer Probe aus einem der Gräbchen hinter dem inneren Annexwall ein Stückchen Bernstein zutage (Abb. 85). Vielleicht handelt es sich um den Überrest einer geschmolzenen Perle.

Die Grabungen im Annexbereich und am Enzheimer Wald erbrachten wichtige Erkenntnisse zur eisenzeitlichen Besiedlung im Umfeld des Glaubergs. Die Untersuchungen werden 2005 fortgesetzt.

LITERATUR

O.-H. Frey/F.-R. Herrmann, Ein frühkeltischer Fürstengrabhügel am Glauberg im Wetteraukreis, Hessen. Bericht über die Forschungen 1994–1996. Germania 75, 1997, 459–550. – Ch. Pare/L. Rahmstorf, Ausgrabungen im Annexbereich des Glaubergs. Hessen Archäologie 2003 (2004) 76–78. – Das Rätsel der Kelten vom Glauberg. Glaube – Mythos – Wirklichkeit (Stuttgart 2002). – Internetseite: www.fuerstensitze.de

Ausgrabung 2004 auf der eisenzeitlichen Milseburg
bei Hofbieber-Danzwiesen, Kreis Fulda

Neues zur Konstruktion der Milseburg-Mauer

Ulrike Söder,
Manuel Zeiler

Die Milseburg liegt rund 16,5 km östlich von Fulda im UNESCO-Biosphärenreservat Rhön. Die Grabungsfläche befindet sich an der Ostseite der Wallanlage im Bereich der Wallschüttung, unmittelbar nördlich der 2003 freigelegten Fläche (Abb. 86–87), über die in der letzten Ausgabe der **hessen**ARCHÄOLOGIE berichtet wurde.

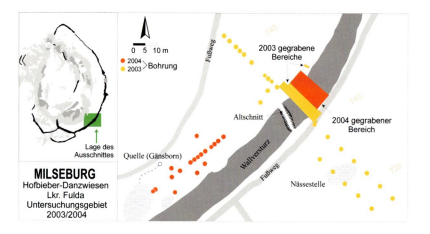

86 Hofbieber-Danzwiesen, Milseburg. Übersicht über den Untersuchungsbereich 2003/04.

Die Untersuchung wurde durchgeführt, um eine möglichst originalgetreue Rekonstruktion der Mauer, die z. T. um die Milseburg herumzieht, zu ermöglichen. Da die Fläche im Jahr 2003 aus Zeitgründen nicht vollständig ausgegraben werden konnte, die Ergebnisse aber viel versprechend waren, wurde die Grabung 2004 fortgesetzt. Dr. M. Müller (Kreisarchäologie Fulda) hatte das Projekt initiiert, nach dessen Tod am 25. Mai 2004 wurde es nach seinen Vorgaben durchgeführt. Die Organisation und Koordination übernahm dankenswerterweise kurzfristig Herr O. Evers von der Unteren Naturschutzbehörde/Naturpark Hessische Rhön, Fulda.

Die Grabungsmannschaft bestand aus vier hauptamtlich Beschäftigten sowie zahlreichen ehrenamtlich tätigen Mitarbeitern. Wie 2003 hätte die Grabung auch 2004 nicht ohne die intensive Unterstützung »von außen« in der Größenordnung stattfinden können, deshalb sei an dieser Stelle allen Beteiligten (in alphabetischer Reihenfolge) gedankt: den freiwilligen Helferinnen und Helfern des Fuldaer Geschichtsvereins, Sektion Archäologischer Arbeitskreis für die Mitarbeit, der Firma Gehring und Feuerstein (Tief- und Hochbau/Fulda) für die Bereitstellung eines Bauwagens, der Gemeinde Hofbieber für die Anpachtung eines Wiesengrundstücks und die großzügige Unterstützung durch den örtlichen Bauhof, der Firma Mineralbrunnen RhönSprudel in Ebersburg-Weyhers für die unbegrenzte Getränkeversorgung, der Sparkassen-Kulturstiftung Hessen-Thüringen und der Stiftung Sparkasse Fulda für die erhebliche finanzielle Unterstützung sowie dem Vermessungsbüro H. Nimmrichter, Petersberg, für die Vermessungsarbeiten.

Die ausgewiesene Gesamtfläche der Untersuchungen erfasst den Wall auf einer Länge von 12 m und auf dessen kompletter Breite sowie einen 3–3,50 m breiten Seitenstreifen beiderseits der Wallschüttung. Davon konnte 2003 nur ein 5 m breiter Streifen untersucht werden, der Rest der Fläche wurde 2004 gegraben. Nach den Erfahrungen des Vorjahrs wurden die Arbeiten dadurch erleichtert, dass von Beginn der Grabung an ein Kran von knapp 20 m Höhe und einer Reichweite von ebenfalls rund 20 m für die Arbeiten bereitstand. Zeitsparend war auch die Erkenntnis, dass es zur Klärung des Befunds nicht nötig ist, innerhalb des Wallkörpers Plana anzulegen.

Zu Beginn der Untersuchung mussten zunächst die beiden Hauptprofile nördlich und südlich des Grabungsschnitts von 2003 um bis zu 50 cm zurückversetzt werden, da sie durch den Witterungseinfluss zwischen den beiden Grabungskampagnen eingestürzt waren. Die beiden neuen Hauptprofile von jetzt gut 19 m Länge und bis zu 3,50 m Höhe wurden aus Sicherheitsgründen wieder stark abgeschrägt.

Der Wallkörper mit einer Breite von bis zu 15 m und einer maximalen Höhe von 2,20 m wurde ohne Zwischenplanum bis auf die unterste Steinlage auf dem Oberboden abgebaut (= Planum 1). Danach wurde diese unterste Lage Steine entfernt und Planum 2 auf dem A-Horizont angelegt. Nach dessen Abbau erfolgte die Anlage des dritten Planums auf der folgenden Schicht. Letztere wurde im Gegensatz zu 2003 nicht weiter abgegraben. Sämtliche Funde wurden quadrantenweise archiviert.

Die 2003 begonnenen Bohrungen in Richtung

87 Hofbieber-Danzwiesen, Milseburg. Steinwall, vom Geisstein aus gesehen.

Gänsborn wurden 2004 abgeschlossen. Dabei wurde das schon 2003 erfasste, sehr aufwändig errichtete Terrassensystem auch innerhalb des vom Wall umschlossenen Geländes bis hin zum Gänsborn nachgewiesen, zudem befanden sich verschiedene Kulturanzeiger (Holzkohle, Rotlehm und Keramik) im gesamten untersuchten Areal.

Die Schichtenabfolge innerhalb der neu angelegten Hauptprofile entspricht der von 2003. Den Wallkörper bildet heute eine reine Steinpackung aus unbearbeitetem Phonolith, ohne eingelagerte Erde und ohne erkennbare Baustruktur. Im Westen dominieren sowohl in den Hauptprofilen als auch beim Abbau des Wallkörpers und auf Planum 1 sehr große Steine (rumpfgroß und größer), im Osten überwiegen dagegen kleinere Steine.

In Planum 1 lagen auffällige Konzentrationen von Steinen ähnlicher Größe parallel zum Wallverlauf. Anhand dieser Steinkonzentrationen lassen sich verschiedene Abschnitte erkennen. Im Einzelnen sind dies: Versturz innen – Anschüttung innen – Mauerzug – Versturz außen. Dieses unbearbeitete Steinmaterial ist mit einer Schauseite nicht »ordentlich« und fugenlos gesetzt, sondern dicht aneinander gereiht. Die glatten Seiten (natürlicher Bruch) des Phonoliths weisen in verschiedene Richtungen. Erdverfärbungen waren in Planum 1 nicht sichtbar.

Die Steinpackung liegt auf einer durchgehenden, ungestörten und bis zu 40 cm mächtigen Kulturschicht, in der zahlreiche Funde eingelagert sind. Im Bereich unter dem Mauerzug ist diese Kulturschicht entgegen der Annahme von 2003 entfernt worden und nur wenige Zentimeter mächtig. Daher wurden beim weiteren Abtiefen der Fläche auf das Niveau von Planum 3 auf Höhe des B-Horizonts unterhalb des Mauerzugs nur wenige Funde geborgen.

Auf Planum 3 befanden sich verschiedene natürliche Steinlagen und nur wenige Zentimeter in den Boden eingetiefte Verfärbungen von Pfostenstellungen. Es handelt sich dabei um einzelne Pfostengruben und um vier Pfostenpaare. Die Befundverteilung zeigt, dass in den Profilen Befunde leichter zu erkennen waren als im Planum (Abb. 88).

Das Fundspektrum besteht aus typischem Siedlungsmaterial wie Gebrauchskeramik (Abb. 89,7–15), Reib-, Mahl- und Wetzsteinen (Abb. 89,16–17), Schmuck- bzw. Trachtgegenständen (eine blaue Ringperle aus Glas; Abb. 89,6), Spinnwirteln (Abb. 89,1–4), und einer »Tonrundel« (Abb. 89,5), die aus einem zerbrochenen Gefäß hergestellt ist.

Im Grabungsbereich sind mehrere Zeithorizonte zu fassen: Urnenfelderzeit (Abb. 89,7–10), Späthallstatt-/Frühlatène- (Abb. 89,14–15) und Mittellatènezeit (Abb. 89,13). Andere Funde aus diesem Bereich wie die erwähnte Ringperle oder die grafitierte Randscherbe (Abb. 89,12) lassen

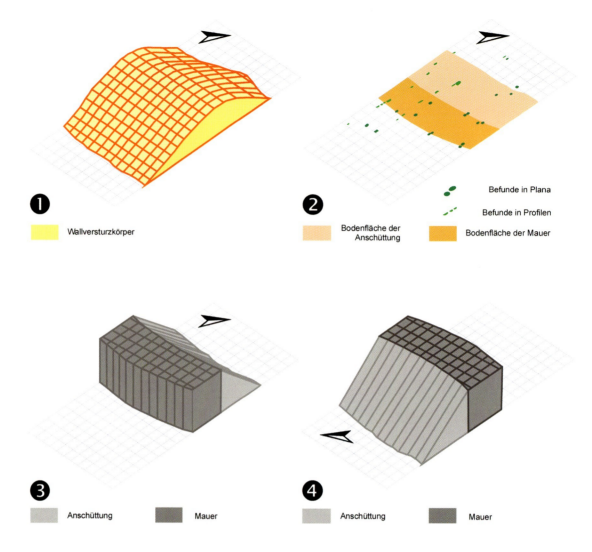

88 Hofbieber-Danzwiesen, Milseburg. Isometrische Rekonstruktion der Mauer.

sich allgemein in die Eisenzeit datieren. Eindeutig spätlatènezeitliches Material – wie aus den Untersuchungen von J. Vonderau – ist im Fundmaterial nicht vorhanden. Dies ist ein deutlicher Hinweis für eine Nutzung unterschiedlicher Siedlungsbereiche zu verschiedenen Zeiten. Funde unter dem äußeren Versturz der Mauer zeigen an, dass die Siedlungsfläche mit dem Mauerbau verkleinert wurde.

Die Grafittonkeramik belegt Handelsbeziehungen ins weitere Umfeld der Milseburg. Das nächste natürliche Vorkommen von Grafit liegt rund 300 km oder zehn Tagesreisen entfernt bei Passau. Von dort aus können entweder Rohgrafit oder grafitierte Gefäße auf die Milseburg gelangt sein.

Funde und Befunde zeigen, dass die heute als Steinwall sichtbare vorgeschichtliche Mauer als Holz-Stein-Bauwerk mit einer Anschüttung aus Steinmaterial auf der der Siedlung zugewandten (westlichen) Seite konstruiert war. An der Maueraußen- und Mauerinnenseite standen Doppelpfosten, die flach in den Boden eingetieft waren. Dies deutet darauf hin, dass es sich um einen selbsttragenden Kastenbau und nicht um eine Pfostenschlitzmauer, bei der Pfosten tief in die Erde eingebracht werden, gehandelt hat. In den Kästen befanden sich nur Steine, keinerlei Erdmaterial. Außen- und Innenseite der Mauer waren nicht als Schauseiten gebaut, weil die Steine in diesem Bereich nicht gesetzt waren, auch nicht in der untersten Lage, und keine Schauseite hatten. Innerhalb der Steinpackung des Wallkörpers sind keine Baustrukturen mehr erkennbar, weil bei verrottendem Holz die eingelagerten Steine nachrutschen.

Ein dem Wall vorgelagerter Graben ist im gesamten Untersuchungsbereich nicht nachzuweisen.

Der Bau ist auf eine bereits seit Längerem bestehende künstlich errichtete Terrasse aufgesetzt worden. Es handelt sich dabei um eine künstlich hergestellte Altterrasse, auf der eine durchgehende Kulturschicht liegt. Gegenüber der Vorjahresgrabung kann präzisiert werden, dass diese Kulturschicht für den Mauerbau z. T. abgetragen wurde (s. o.), da der A-Horizont hier sehr schwach ausgeprägt ist.

Die Breite des Mauerfußes ist unregelmäßig und beträgt durchschnittlich 3,40–3,80 m. Sie wird durch die Lage der Steinreihen in Planum 1 und durch Pfostenstellungen bestimmt. Die Wallfront schließt mit einer Altterrasse ab. Durch diesen Standort befand sich vor der Mauer eine Stufe von etwa 30 cm Höhe. Hinter der Mauer (d. h. an der Westseite) befand sich ebenfalls eine leichte Böschung hangaufwärts. Der Mauerversturz ergießt sich über die im Profil erkennbaren Terrassierungen.

Die Errichtungszeit des Baukörpers einzugrenzen, ist schwierig, weil das Zeitverhältnis zwischen Mauer und Anschüttung unbekannt ist. Zudem wurden von den Erbauern das Erdmaterial und die darin eingelagerten Siedlungsabfälle unter dem Mauerzug weitgehend entfernt. Sicher ist, dass am Ende der Bautätigkeiten eine Mauer mit einer Steinanschüttung auf der Innenseite an der Ostseite der Milseburg verlief. Aus dem Fundaufkommen ergibt sich, dass die Mauer nicht vor dem Ende der Urnenfelderzeit (um 800 v. Chr.) errichtet worden sein kann, die Anschüttung frühestens in der Früh- oder Mittellatènezeit (zwischen etwa 450 und 200 v. Chr.).

Die Funktion der Umfassungsmauer steht im engen Verhältnis zu der Bedeutung der gesamten Anlage: Sie muss nicht ausschließlich eine fortifi-

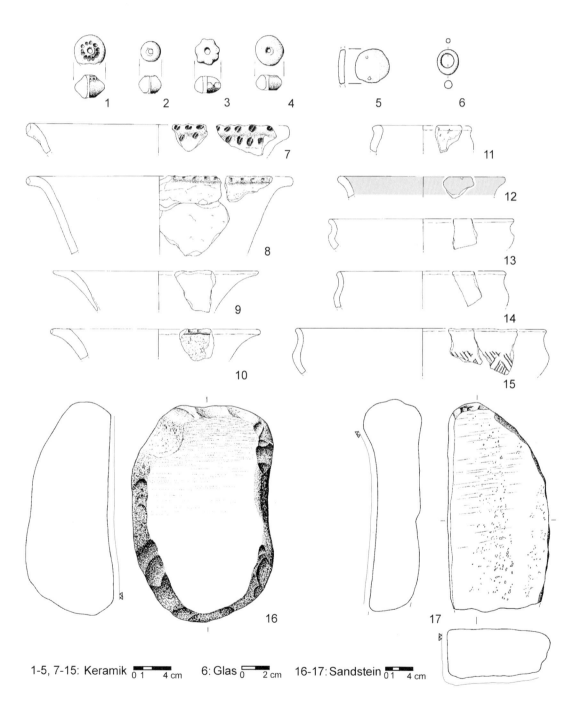

89 Hofbieber-Danzwiesen, Milseburg. Funde der Grabung 2004.

1-5, 7-15: Keramik   6: Glas   16-17: Sandstein

katorische Funktion erfüllt haben, sondern kann auch einen rechtlichen Bereich abgegrenzt haben, repräsentativen Zwecken gedient haben, einen Versammlungsraum oder Handelsplatz ausgewiesen haben und der wirtschaftlichen Kontrolle des Umfelds, also der Kontrolle von Handelswegen wie der vermuteten Salzwege, gedient haben.

Für die Geschichte der Anlage ist von Bedeutung, dass nicht sofort zu Siedlungsbeginn eine Mauer vorhanden war. Das heißt, dass sich bedeutende Veränderungen der herrschenden Verhältnisse vollzogen haben müssen, die einen Bedarf für ein solches Bauwerk auslösten. Auch bei anderen Höhensiedlungen ist eine entsprechende Entwicklung beobachtet worden.

LITERATUR

H. Hahn, Milseburg. In: Fulda – Rhön – Amöneburg – Gießen. Führer zu vor- und frühgeschichtlichen Denkmälern 1 (Mainz 1964) 17–21. – F.-R. Herrmann/ M. Müller, Die Milseburg in der Rhön. Archäologische Denkmäler in Hessen 50 (Wiesbaden 1985). – F.-R. Herrmann/A. Jockenhövel (Hrsg.), Die Vorgeschichte Hessens (Stuttgart 1990) 405 f. – M. Müller, Archäologische Forschungen über die Milseburg. In: M. Feld/D. Englert (Hrsg.), Milseburg. Ein Berg mit Profil (Petersberg 2001) 67–78. – U. Söder/M. Zeiler, Auf der Suche nach den verschwundenen Pfosten. Hessen Archäologie 2003 (2004) 68–70. – J. Vonderau, Denkmäler aus vor- und frühgeschichtlicher Zeit im Fuldaer Lande. Veröffentlichungen des Fuldaer Geschichtsvereins 21 (Fulda 1931) 76–96.

Kiesgrubenerweiterung 2004: Neue eisenzeitliche Befunde in
Weimar-Niederweimar, Kreis Marburg-Biedenkopf

Niederweimar – Besiedlung ohne Grenzen?

Susanne Gütter,
Christa Meiborg

Auch das siebte Jahr der großflächigen Untersuchungen des mehrperiodigen vorgeschichtlichen Siedungsplatzes bei Niederweimar an der mittleren Lahn erbrachte neue Ergebnisse im Vorfeld des Kiesabbaus.

Die Ausgrabungen der Kampagne 2004 umfassten zum einen die abschließenden Arbeiten auf den mittlerweile zum Abbau freigegebenen Flächen der Jahre 2002 und 2003, zum anderen die Untersuchung eines neu aufgedeckten Areals von rund 1 ha Ausdehnung.

Erstmals wurde mit der Erweiterung in diesem Jahr (mit einer Lücke von 200 m zur bisherigen Untersuchungsfläche) der Lauf des von Nordwesten in die Lahnaue einmündenden Allna-Bachs in südlicher Richtung überschritten (Abb. 90). Die vorgeschobene Kuppe eines Ausläufers der das Lahntal westlich begleitenden Höhen bildet die veränderte topographische Situation des neuen Grabungsareals. Die bislang ergrabenen Zeugnisse der Besiedlung von der Jungsteinzeit bis zur Zeitenwende erstreckten sich hauptsächlich auf einem alten, etwa N–S verlaufenden, durch Rinnen und Senken herausmodellierten flachen Sedimentrücken im Bereich der heute fast ebenen Talsohle. Doch auch die neue Grabungsfläche, die sich auf der rund 2 m über der Talsohle ansteigenden Anhöhe aus verlagerten Lösssedimenten und auf dem Hangfuß mit Übergang zu den anbindenden Auelehmen ausdehnt, erbrachte wieder vielfältige Spuren vorgeschichtlicher Besiedlung. Bei der Ersterfassung der angetroffenen Siedlungsspuren in einem Baggerplanum im September 2004 konnten bereits rund 200 vorgeschichtliche Befunde dokumentiert werden. Bei den meisten handelt es sich um Pfostenlöcher, von denen sich bereits etwa ein Drittel zu 13 kleineren Gebäudegrundrissen zusammenfügen lässt, die jeweils aus Vier- oder Sechspfostenstellungen bestehen. Des Weiteren wurden auch einige Siedlungsgruben und größere Grubenkomplexe erfasst. Die bisherigen Fundstücke lassen eine vorläufige Datierung in die ältere Eisenzeit zu. Die genauere zeitliche Einordnung und der Bezug zu der nur etwa 500 m östlich gelegenen, ausgedehnten Siedlungsfläche mit Baubefunden der älteren und jüngeren Eisenzeit wird eine zentrale Frage der abschließenden Untersuchung im kommenden Jahr darstellen.

Aus der Fülle der in diesem Jahr untersuchten Siedlungsstrukturen in den Erweiterungsflächen 2002 und 2003 sollen hier nur einige besondere Befunde vorgestellt werden. Durch die vielfältige Bautätigkeit der vorgeschichtlichen Menschen ergibt sich auf diesem siedlungsgünstigen Areal eine Fülle von neben- und übereinander liegenden Pfostenstandspuren, in denen sich bei eingehender Untersuchung regelmäßige Grundrisse rekonstruieren lassen. Doch schwierig wird es im Detail: Bei bisher unbekannten oder unregelmäßigen Gebäudetypen lassen sich einzelne Pfosten nur über Form, Tiefe, Füllmaterial und ohnehin seltene datierbare Funde zuordnen.

So stellt es einen besonderen Glücksfall dar, dass sich nun nicht nur ein einzelnes, in dieser Region bislang völlig unbekanntes frühgermanisches Langhaus im Pfostenwirrwarr verbirgt, sondern gleich zwei weitere, die Regelmäßigkeiten und Abweichungen fassbar werden lassen. Das in dieser Kampagne untersuchte Haus (Grundriss 62; Abb. 91) zeigt starke Übereinstimmungen vor allem mit dem 2003 ergrabenen Grundriss 61. Alle drei fast parallel in WNW-OSO-Richtung liegenden Grundrisse zeichnen sich durch leicht konvex gebogene Längswände, eine Dreiteilung des Innenraums sowie durch ein Innengerüst aus mehreren quer zur Mittelachse angeordneten Pfostenreihen aus. Etwa jedem zweiten Außenwandpfosten wurde ein Pfosten an der Innenseite der Hauswand vorgesetzt, im Bereich der durch größere Pfostenabstände gekennzeichneten mutmaßlichen zwei Eingänge an der sonnigeren südsüdwestlichen Längsseite wurden die Eckpfosten z. T. sogar doppelt verstärkt. Rätselhaft blieben bei der ersten Aufdeckung des Grundrisses 62 in der Kampagne 2002 die stirnseitigen Abschlüsse. Zunächst wurde eine Gesamtlänge von 30 m bei 7,50 m Breite angenommen. Nun klärt sich mit der Untersuchung zugleich eine offen gebliebene Frage des 2003 freigelegten Hauses 61: Dort waren der mit kleineren Pfosten abschließenden WNW-Stirnseite zwei weitere Pfosten in Verlängerung der Längswände vorgelagert. Da nun ganz vergleichbare Pfostenspuren vor der der Hauptwindrichtung ausgesetzten Stirnseite des Grundrisses 62 aufgefunden wurden, scheint die Zugehörigkeit dieses Pfostens als möglicher Träger eines vorgeschobenen Dachüberstands nun gesichert. Auch an der gegenüberliegenden Stirnseite, deren eigentlicher Wandabschluss sich bei Grundriss 62 durch die typische versetzte Anordnung der Eckpfosten sowie drei stirnseitige Wandpfosten deutlich fassen ließ, scheint es bei beiden Grundrissen jeweils einen Vorbau gegeben zu haben. Hier wurde jedoch jeweils nur ein vorgelagerter Pfosten auf der mittleren Längsachse gesetzt. Bei beiden Häusern lässt eine Ansammlung weiterer Pfosten in östlicher Verlängerung an kleinere Anbauten bisher unklarer Form und Funktion denken. Die Länge von Haus 62 betrug von Wand zu Wand somit 26,5 m, einschließlich des vorgelagerten Pfostenpaars auf der Westseite und des

90 Weimar-Niederweimar. Blick von Süden über die Grabungsfläche 2004, mit Planen abgedeckt: die eisenzeitlichen Siedlungsbefunde.

Mittelachsenpfostens auf der Ostseite knapp 31 m.

Auffallend ist die fast deckungsgleiche Übereinstimmung aller drei Grundrisse im westlichen Drittel bis einschließlich des westlichen Eingangs. Die Häuser weisen hier auch die beste Erhaltung auf. Mittel- und Ostteil scheinen dagegen etwas unregelmäßiger zu sein und leicht voneinander abzuweichen. Die Häuser 61 und 62 verfügen beide über zwei einander gegenüberliegende mutmaßliche Eingänge im östlichen Drittel, wobei dieser Bereich bei Grundriss 62 um eine Pfostenstellung weiter zur östlichen Stirnseite gerückt ist.

Bei vielen der über 80 Pfosten von Grundriss 62 ließen sich trotz der insgesamt kontrastarmen Verfärbungen im Auelehm noch Form und Größe der eingesetzten Hölzer bestimmen: Bei den Außenpfosten handelte es sich, soweit erkennbar,

91 Weimar-Niederweimar. Das dritte frühgermanische Langhaus (Grundriss 62) am Rand des Kiesabbaus von Nordwesten.

92 Weimar-Niederweimar. Standspuren der teils verdoppelten Rechteckpfosten an der Westecke des frühgermanischen Langhauses (62).

93 Weimar-Niederweimar. In den dunklen Horizont der Laacher-See-Tephra eingegrabene, kegelstumpfförmig verfüllte eisenzeitliche Grube (Befund 3496).

um Bohlen mit langrechteckigem Querschnitt (rund 0,10 × 0,20 m), die ebenso wie die innen vorgesetzten Doppelungen senkrecht und parallel zur Ausrichtung des Hauses in den Boden eingestellt worden waren (Abb. 92). Im Bereich der Eingänge war teilweise eine Querstellung dieser Rechteckpfosten fassbar. Als tragende Innenkonstruktion wurden überwiegend Rundhölzer mit etwa 0,20 m Durchmesser verwendet.

Da das in den Pfostengruben geborgene Fundmaterial wenig charakteristisch ist und eine ^{14}C-Datierung noch aussteht, lässt sich das Haus 62 bislang nur über den Vergleich mit den beiden anderen Langhäusern ungefähr in das letzte vorchristliche Jahrhundert einordnen.

Einer geologischen Besonderheit im Aufbau der Sedimente, die den Boden unter den Füßen der vorgeschichtlichen Siedler in Niederweimar bildeten, verdanken wir neue Erkenntnisse über die Befundgruppe der so genannten kegelstumpfförmigen Gruben, die der Eisenzeit zuzuweisen sind. Vor rund 12 900 Jahren schleuderte ein verheerender Vulkanausbruch in der Eifel riesige Aschemassen in die Atmosphäre, die sich in östlicher Richtung bis nach Polen als einige Millimeter starke Ablagerungen niederschlugen. Im Lahntal wurde diese Laacher-See-Tephra zu großflächigen Bänken zusammengespült und lagerte sich in den Sedimenten zwischen Kiesen und jüngeren Auelehmen als durchschnittlich 0,50 m (in einigen Rinnen bis zu 2,5 m) mächtiger Horizont ab. Dieses unterschiedlich feinkörnige Bimsmaterial ist in einigen Lagen derart fest gelagert, dass es sich nur mit Mühe bearbeiten lässt. Selten greifen daher die Eingrabungen der vorgeschichtlichen Siedlung in diesen hier meist 0,50–1,00 m unter der Oberfläche liegenden Horizont ein. Zwei der erwähnten, mit ihrer dunklen Verfüllung im Unterteil extrem kegelstumpfförmig erscheinenden kreisrunden Gruben (Befunde 3496 und 3497) wurden jedoch einige Dezimeter in den massiven Horizont eingegraben (Abb. 93; 95). Das ungewöhnliche Material der Grubenwände ermöglichte durch seine sehr viel härtere Konsistenz die sorgfältige Ablösung der verfüllenden schluffigen Schichten. Damit offenbarte sich nicht nur die ursprünglich wesentlich steilwandigere Gestalt der Gruben, vielmehr waren auch zahlreiche eindeutige Werkzeugspuren an den unteren Grubenwänden und der horizontalen Grubensohle konserviert (Abb. 94). Eine Zusammenschau der meist vertikalen Grate und Flächen der Wandung und der auf der Sohle erkennbaren Formen lassen als Werkzeug für die Anlage der Gruben ein Gerät mit leicht quer gewölbtem Blatt mit einer Klingenbreite zwischen 7 cm und 9 cm rekonstruieren. Offen ist dabei noch die Funktion der Gruben, die sich mit einigen weiteren deutlich vom Erscheinungsbild der übrigen Siedlungsgruben in Niederweimar abheben. Einige Merkmale der Verfüllschichten sprechen dafür, dass sich die ursprünglich im Unterteil wesentlich steilwandigeren Gruben mit einem Basisdurchmesser von rund 1,7 m im nicht vollständig erhaltenen Oberbereich deutlich verjüngten. Die Gruben wiesen damit ein günstiges Speichervolumen auf. Die überragende Grubenwand und der Grubenhals sind offensichtlich später im Zuge der Verwitterung abgesackt.

aus der Verfüllung der Grube 3497 in frühgermanische Zeit, genauer gesagt in den Horizont Großromsted.

Die diesjährige Untersuchung in Niederweimar hat gezeigt, dass sich dieser Siedlungsplatz über verschiedene kleinräumige topographische Lagen ausdehnt und sein südwestliches Ende auch in diesem Jahr noch nicht erreicht wurde.

LITERATUR

L. Fiedler/S. Gütter/A. Thiedmann, Frühkaiserzeitliche Siedlungsfunde aus Niederweimar bei Marburg. Germania 80, 2002, 135–168. – S. Gütter/Ch. Meiborg/A. Thiedmann, Siedlungen auf dem Kies in Weimar-Niederweimar. Hessen Archäologie 2002 (2003) 46–48. – S. Gütter/Ch. Meiborg, Neues aus der Kiesgrube: Ausgrabungen 2003 in Niederweimar. Hessen Archäologie 2003 (2004) 71–73.

Neben dickwandiger jüngereisenzeitlicher Siedlungskeramik weist ein facettierter Gefäßrand

94 Weimar-Niederweimar. Siedlungsgrube Befund 3496, in der harten Tephra unter dem Auelehm konservierte Werkzeugspuren auf der freipräparierten Grubensohle und auf dem unteren, 0,2 m hohen Bereich der Grubenwand.

Archäobotanik in Niederweimar, Kreis Marburg-Biedenkopf

Der archäobotanische Blick in eine frühgermanische Kegelstumpfgrube der Siedlung Weimar-Niederweimar

Auch im Jahr 2004 gingen mit der archäologischen Großgrabung der mehrperiodigen Siedlung bei Weimar-Niederweimar archäobotanische Untersuchungen einher. Wie bereits in der letzten Ausgabe dieses Jahrbuchs dargelegt wurde, sollen vor allem anhand von Pflanzenresten aus Siedlungsbefunden Ergebnisse zur Umwelt, Landwirtschaft und Ernährung der vor- und frühgeschichtlichen Siedler im Lahntal erarbeitet werden.

Insgesamt konnten im vergangenen Jahr verkohlte Pflanzenreste aus über 50 archäologischen Befunden gewonnen und einer ersten Begutachtung unterzogen werden. Dazu mussten etwa 670 l Sediment aus den Grubenverfüllungen nass gesiebt sowie verkohlte Früchte und Samen aus den isolierten Pflanzenkohlen ausgelesen werden. Ein Ergebnis der archäobotanischen Arbeit soll im Folgenden näher vorgestellt werden.

Im unmittelbaren Umfeld der hallstatt–frühlatènezeitlichen sowie spätlatène–frühkaiserzeitlichen Gebäudegrundrisse von Niederweimar finden sich immer wieder Gruben mit kegelstumpfförmig erweiterter Basis (Abb. 95). Die bäuerlichen Siedler haben sie in mühevoller Arbeit stellenweise bis in den das Siedlungsareal in großen Teilen unterlagernden harten und kompakten

Ralf Urz

95 Weimar-Niederweimar. Kegelstumpfgrube 3497 im Befund.

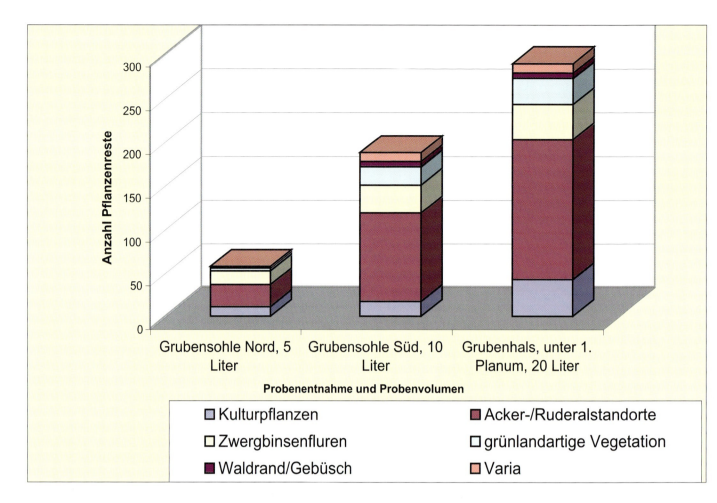

96 Weimar-Niederweimar. Spätlatène-/frühkaiserzeitliche Grube 3497. Diagramm zur Anzahl verkohlter Früchte und Samen pro ökologische Gruppe.

Horizont der spätglazialen Laacher-See-Tephra eingetieft (siehe Beitrag Gütter/Meiborg). Derartige Kegelstumpfgruben werden im Allgemeinen mit der Speicherung von Nahrungs- oder Saatgutvorräten in Verbindung gebracht. Versuche im Rahmen der experimentellen Archäologie konnten ihre Funktion als Getreidesilo zumindest für Lössböden bestätigen. Ob das auch, wie in Niederweimar, für Talböden mit grund- und stauwasserbeeinflussten Auelehm-, Tephra- und Kies-Horizonten gilt, wissen wir nicht. In Niederweimar sind sie von ihren Ausmaßen vergleichsweise klein. Feuchtigkeitsverhältnisse und Maße sprechen eigentlich gegen eine Nutzung als Getreidesilo. Sie eigneten sich wohl eher als eine Art »Kühlschrank«. In den meisten Fällen ist die primäre Funktion einer solchen Grube wegen ihrer sekundären Nutzung als Abfallgrube nicht mehr zu ermitteln.

An der Grube 3497, die in Niederweimar nur wenige Meter nördlich des wohl frühgermanischen Langhauses 61 lag und Keramik der zweiten Hälfte des ersten vorchristlichen Jahrhunderts enthielt, soll exemplarisch untersucht werden, was verkohlte Pflanzenreste über den Befund und das bäuerliche Leben in der Siedlung verraten. Dazu konnten an verschiedenen Stellen der noch 0,5 m tiefen und an der Basis 1,6 m breiten Grube Sedimentproben aus der humosen Füllung entnommen und im Labor aufgearbeitet werden. Zwei Proben stammen jeweils aus der nördlichen und der südlichen kegelstumpfartigen Erweiterung der Grubenbasis und eine Probe aus dem Grubenhals. Die darin enthaltenen verkohlten Pflanzenreste wurden mit Wasser ausgeschlämmt und getrocknet. Anschließend konnten die Früchte und Samen unter dem Binokular aus den Pflanzenkohlen ausgelesen, bestimmt und ausgewertet werden.

Aus insgesamt 35 l Sediment wurden 535 verkohlte Pflanzenreste von etwa 50 Pflanzentaxa gewonnen. Mit 13 (Grubenhals) bis 20 (Grubensohle, Süd) Resten pro Liter sind in allen untersuchten Proben nur relativ wenige Früchte und Samen überliefert. Die eher sporadische Verteilung verkohlter Reste weist auf ein normales Vorkommen von Pflanzenresten hin, wie es in jeder landwirtschaftlichen Siedlung der Fall ist. In der Archäobotanik wird eine derartige Verteilung als »settlement noise« bezeichnet. Dies lässt darauf schließen, dass in die Grube 3497 offenbar keine Abfälle verkohlter organischer Reste aus dem Haushalt oder der Landwirtschaft gelangten. Nach Aufgabe der primären Nutzung wurde die Grube entweder auf natürliche Weise oder absichtlich durch die Bewohner mit Bodenmate-

Sedimentprobe		Grubensohle, Nord	Grubensohle, Süd	27 cm unter 1. Planum	
Probenvolumen (l)		5	10	20	
Botanischer Name	Nachweis als				Deutscher Name
Kulturpflanzen					
Getreide					
Panicum miliaceum	Frucht	4	3	15	Rispenhirse
Hordeum spec.	Frucht	1	2	3	eine Gerste
Triticum dicoccon	Hüllspelzbasis	.	.	2	Emmer
Triticum spec.	Frucht	1	.	2	ein Weizen
Cerealia indeterminata	Frucht	3	7	13	Getreide-Kornbruch
Hülsenfrüchte					
Vicia faba	Samen	.	1	.	Acker-Bohne
Ölpflanzen					
Camelina sativa	Samen	2	4	7	Leindotter

97 Weimar-Niederweimar. Tabelle zu den nachgewiesenen Kulturpflanzenresten aus der spätlatène-/frühkaiserzeitlichen Grube 3497.

rial (Kulturschicht) der Umgebung verfüllt. Die darin enthaltenen verkohlten Früchte und Samen lassen sich in verschiedene ökologische Gruppen einteilen, die Rückschlüsse auf ihre Wuchsorte erlauben (Abb. 96). Neben Kulturpflanzen (s. u.), Pflanzenresten grünlandartiger Vegetation (mit Süß- und Sauergräsern, Kleearten, der Kleinen Brunelle und dem Quendel-Ehrenpreis), Arten der Waldränder und Gebüsche (mit Hartriegel, Haselnuss, Himbeere) und nicht näher zuzuordnenden Resten bilden die Pflanzen der Acker- und Ruderalstandorte den Hauptanteil. Dazu gehören vermutlich auch die auf feuchten Äckern verbreiteten Pflanzen der Zwergbinsenfluren, wie der Kleine Wegerich, Binsen und der Acker-Kleinling. Ähnlich zusammengesetzte Pflanzenrestspektren von der Basis und aus dem Grubenhals legen nahe, dass der Befund rasch mit dem gleichen Bodenmaterial verfüllt wurde.

Ein Blick auf das Spektrum der vor Ort genutzten Kulturpflanzen zeigt, dass die Rispenhirse in Grube 3497 die häufigste Getreideart ist (Abb. 97). Daneben kommen neben unbestimmbaren Weizenkörnern und Getreidekornbruchstücken noch Gerste und Emmer vor. An Hülsenfrüchten konnte die Ackerbohne nachgewiesen werden. Ergänzt wird das Spektrum der Kulturpflanzen durch den Leindotter, eine gelb blühende Pflanze mit ölhaltigen Samen, die mit unserem Raps verwandt ist.

Auch wenn ein einzelner untersuchter Befund vielleicht nicht repräsentativ für die gesamte Siedlung ist, wurden doch mit Rispenhirse, Gerste und Emmer die kennzeichnenden Getreide der frühen germanischen Landwirtschaft im Mittelgebirgsraum, wie sie bisher bekannt sind, erfasst. Auch die Bedeutung des Leindotters als wichtigste Ölpflanze fügt sich in dieses Bild. Es zeichnet sich auch hier ein Schwerpunkt im Sommerfruchtanbau ab. Typische Wintergetreide, wie die für die eisenzeitlich-keltische Besiedlungsphase in Niederweimar charakteristischen Weizenarten Dinkel und Nacktweizen fehlen hier.

LITERATUR

S. Gütter/Ch. Meiborg, Neues aus der Kiesgrube: Ausgrabungen 2003 in Niederweimar. Hessen Archäologie 2003 (2004) 71–73. – A. Kreuz, »*tristem cultu aspectuque*«? Archäobotanische Ergebnisse zur frühen germanischen Landwirtschaft in Hessen und Mainfranken. In: A. Haffner/S. von Schnurbein (Hrsg.), Kelten, Germanen, Römer im Mittelgebirgsraum zwischen Luxemburg und Thüringen. Kolloquien zur Vor- und Frühgeschichte 5 (Bonn 2000) 221–241. – R. Urz, Kelten und Germanen im archäobotanischen Befund der Grabung Niederweimar. Hessen Archäologie 2003 (2004) 74–75.

Goldene Sternschüsse oder Regenbogenschüsselchen bei Amöneburg-Mardorf, Kreis Marburg-Biedenkopf

Ein Bericht aus dem Jahr 1722 über keltische Goldmünzen im Mardorfer Wald

Klaus Sippel

Man kann alte Funde entdecken, aber auch alte Fundberichte, denn auch Fundberichte liegen mitunter jahrhundertelang unentdeckt, bis sie als Geschichtsquellen gehoben werden. So war es auch bei einem Bericht aus dem Jahr 1722 über die zuvor wiederholte Auffindung von keltischen Goldmünzen im Wald bei Mardorf, den wir 2004, nach fast dreihundert Jahren, in einem alten Aktenbündel entdecken konnten. Er enthält die jetzt älteste Nachricht über solche Münzfunde bei Mardorf, zweifellos an der bekannten Fundstelle auf dem Goldberg, wo ein bislang erster Fund eines keltischen Regenbogenschüsselchens 1784 überliefert und wo dann 1880 der berühmte Schatz von etwa 200 Münzen gehoben worden ist. Wie in neuerer Zeit die bitteren Spuren im Gelände gezeigt haben, dürften die Fundstelle und ihre Umgebung inzwischen durch Sondengänger restlos geplündert worden sein, sodass wir freimütig darüber berichten können.

Drei Jahre vor unserem Bericht war 1719 auf Betreiben der landgräflichen Regierung in Kassel ein gedrucktes Rundschreiben an die Beamten und Pfarrer des Landes verschickt worden, in dem diese zur Berichterstattung über Stätten der Geschichte und des Altertums und zur Meldung von *Antiquitaeten* in ihren Dienstbezirken aufgefordert wurden, was als Material für eine geplante, aber nicht zustande gekommene Veröffentlichung einer Hessischen Geschichte dienen sollte. Daraufhin teilte in dem unweit von Amöneburg in Oberhessen liegenden Dorf Holzhausen (heute Rauischholzhausen, Gde. Ebsdorfergrund, Kr. Marburg-Biedenkopf) der dort von 1706–1724 amtierende Pfarrer Zacharias Naumann etliches über die Geschichte von Holzhausen mit, so über die dort ansässige adlige Familie Rau von Holzhausen, ihre Burg, die *mitt einem Wassergraben umbgeben* war, die Kirche und die Pfarrer, deren Aufzählung mit ihm selbst, *Zacharias Naumann, Haina-Hass[us]*, also gebürtig aus Haina in Hessen, endet. Mit *Sonsten ist merckwürdig* leitet er schließlich ein paar weitere Angaben ein und führt dann am Schluss seines mehrseitigen Berichts (Abb. 98) folgendes aus:

In dem Maynzischen, und zwar im Mardorffer Wald, etwan drey Vertelstunde von herauß, ist ein Ortt, welcher die Hoinburg genand wird, wo vor uhralten Zeiten ein Raubschloß soll gewesen seyn, da finden fast alle Jahr, dan und wan, meistentheilß arme Leüthe, ohnversehens im Weg und in den Wagenleisen überauß schönes Gold. Die Bauern nennen dieses Gold Sternschüsse und sind in der Meinung, es falle vom Himmel, wan die Sterne schiesen. Dieses Gold ist von unterschiedlicher Grösse, etliches ist wie ein Kreützer, etliches wie ein Franckf[urter] Albus, aber dicke wie etwan ein Messers Rücke. Es ist gemüntzes Geld, recht rund, auff einer Seiten ist eine Höle hierin gedruckt, und in solcher Cavität oder Höle habe ich etliche Mahl observiret eine erhabene Figur, ohngefehr wie ein ohne Stiehl gemahltes Kleblat außsiehet, wie die ad marginem gesezte Figur außweiset: [Zeichnung am Rand: Kreis mit drei im Inneren im Dreieck sitzenden Punkten; siehe Abb. 98] *Bißweilen aber ist die Figur anderer Art, auch bißweilen auff der andern Seite eine ebenfalß erhabene Figur, welche beynahe einen Schwan repraesentiret. Offt ist ein Stück 5, 6, 7 biß 8 Thaler wehrt.*

Damit und mit einem abschließenden *TANTUM!* (»So viel!«) endet der Bericht des Pfarrers. Die uns interessierende letzte Passage besagt also zunächst, dass außerhalb der Gemarkung von Holzhausen, einem der Landgrafschaft Hessen unterstehenden Adelsdorf im Rauischen Sondergericht Holzhausen, in dem benachbarten kurmainzischen Amt Amöneburg im Wald des Nachbardorfs Mardorf die alte *Hoinburg* liege, eine noch heute sichtbare und als Hunnenburg, im älteren Schrifttum auch als *Hunburg* und *Hünenburg* bezeichnete, schwach ausgeprägte halbrunde Wallanlage aus vor- oder frühgeschichtlicher, also noch unbekannter Zeit.

Der Pfarrer berichtet jetzt abschließend also über Geschichtliches aus dem katholischen Ausland, hat aber gleichwohl gute Kenntnis. Die topographischen und territorialen Verhältnisse zeigt sehr gut die kurz vorher, nämlich zwischen 1704 und 1710 entstandene Landkarte der hessischen Gerichte Ebsdorf, Holzhausen und anderer sowie des Mainzischen Amtes Amöneburg von Johann Georg Schleenstein (Abb. 99). Auf ihr findet man das Gericht und Dorf *Holtz Hausen* mit dem Zusatz *von Rau*, die Grenzen des Gerichts, einen südlich des Dorfs liegenden, bislang nicht deutbaren Waldort *Lunenborg* (die Niveaukarte vom Kurfürstentum Hessen von 1857 hat »Lunenburg«), ferner das in dem *Maintzisch Ampt Ameneburg* liegende Nachbardorf Mardorf und einen hindurchfließenden Bach namens *Goldt graben*. Hunnenburg und Goldberg, der schon 1288 und dann wieder 1784 und ab 1807 genannt wird und seinen Namen wie der von ihm kommende Goldgraben zweifellos von dort gefundenen Goldmünzen hat, sind nicht eingetragen, beide müssten westlich von Erfurtshausen liegen, wohl auf der Anhöhe zwischen den Waldorten *Hohe Schoß* und *Reheborg*.

Der Pfarrer fährt fort, im Bereich der Hunnenburg bzw. in dortiger Gegend seien in der Vergangenheit wiederholt, und zwar fast regelmäßig in jedem Jahr *(fast alle Jahr)*, aber immer nur gelegentlich *(dan und wan)* und stets nur zufällig *(ohnversehens)*, auf den Wegen oder auf einem bestimmten Weg und besonders in den Wagengeleisen, also in den ausgefahrenen Radfurchen von Fahrzeugen, Goldmünzen gefunden worden, die von unterschiedlicher Größe, dicker als gebräuchliche Münzen und alle auf einer Seite hohl, also schüsselförmig, gewesen seien. Er selbst habe vielfach *(etliche Mahl)* welche gesehen, die in dieser Vertiefung drei erhabene Punkte oder Kugeln, im Dreieck angeordnet wie die Blätter eines Kleeblatts ohne Stiel, besessen hätten. Andere hätten in der Vertiefung andere Zeichen gehabt und einige auch auf der anderen Seite eine erhabene Darstellung, die fast wie ein Schwan ausgesehen habe.

Es müssen also von dem ersten, von Naumann vielfach gesehenen Typ mit den drei Punkten oder Kugeln auf alle Fälle mehr als zwei, also mindestens drei Exemplare gewesen sein, von dem zweiten Typ mit anderen Zeichen jedenfalls mehrere, folglich mindestens zwei, und von dem dritten Typ mit dem Schwan ebenfalls mindestens zwei Exemplare. Insgesamt sind damit bis 1722 also mindestens sieben Exemplare verschiedener Typen von Goldmünzen nachgewiesen, die im Mardorfer Wald gefunden worden sind. Die tatsächliche Zahl der allein von Pfarrer Naumann selbst gesehenen Exemplare wird sehr viel höher gewesen sein.

Es ist ein Leichtes, aus der von ihm gegebenen Beschreibung der Münzen und aus den späteren Münzfunden derselben Gegend, die in größerer Zahl im Hessischen Landesmuseum Kassel und Universitätsmuseum Marburg noch heute vorliegen, die von Pfarrer Naumann beschriebenen Stücke als keltische Goldmünzen aus dem 1. Jahrhundert v. Chr., sog. Regenbogenschüsselchen, zu erkennen. Die Münzen mit den drei Punkten oder Kugeln könnten Vogelkopfstatere, die auch unter den späteren Mardorfer Funden am häufigsten vertreten sind (Abb. 100), gewesen sein, von deren fünf Kugeln manchmal nur drei gut sichtbar sind, oder es waren vielleicht Rolltierstatere mit nur drei gesehenen von regelmäßig sechs Kugeln. Als Schwan angesehen haben könnte Pfarrer Naumann am ehesten den stark stilisierten Vogelkopf auf der gewölbten Vorderseite von Vogelkopfstateren, in dem man gut und gern auch einen von vorn gesehenen schwimmenden Schwan mit seitwärts nach links gebogenem Hals erkennen könnte.

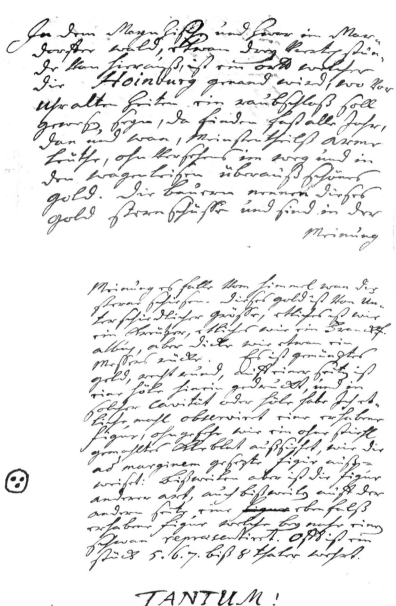

98 Amöneburg-Mardorf. Bericht von Pfarrer Zacharias Naumann aus dem Jahr 1722 über die Auffindung von keltischen Goldmünzen im Mardorfer Wald.

Auch Volkskundliches hat Pfarrer Naumann in seinen Bericht über die Münzen einfließen lassen, schreibt er doch, das Volk sei der Meinung, die Goldstücke fielen vom Himmel, wenn die Sterne schössen, und nenne sie daher *Sternschüsse*. Dies war eine weit verbreitete Deutung für alte, als solche nicht mehr erkennbare Gold- und Silbermün-

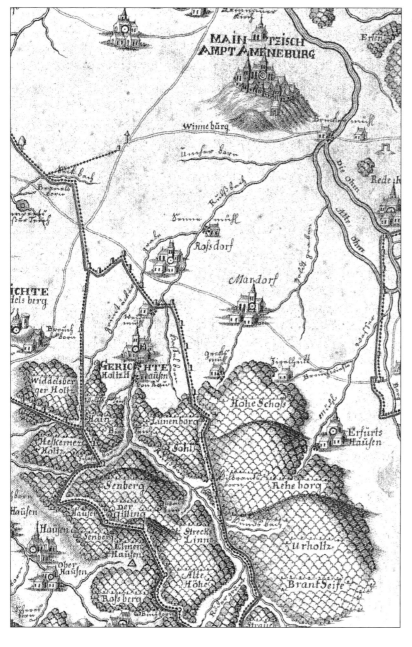

99 Amöneburg-Mardorf. Ausschnitt aus Blatt 19 der Landesaufnahme der Landgrafschaft Hessen-Kassel, aufgenommen von Johann Georg Schleenstein 1704–1710. Die Punktlinien sind Ämter- und Gerichtsgrenzen.

zen, die man als Sternschnuppen ansah, die von den Sternen als Schuppen abgefallen seien, besonders wenn diese sich putzten, oder als Sternschüsse, die von ihnen abgesprengt worden seien, oder ganz und gar als herabgefallene Sterne (vgl. das Märchen »Die Sterntaler« der Brüder Jakob Karl und Wilhelm Karl Grimm). Die andere, in derselben Zeit übliche Deutung sah in den Münzen von einem Regenbogen abgetropfte Goldstücke oder Goldschüsselchen, in denen der Regenbogen stehe, daher die bis heute verbreitete Bezeichnung »Regenbogenschüsselchen«. Diese Deutung war in Mardorf und Umgebung aber ursprünglich offenbar nicht üblich. Sie ist hier erst 1784 beim Fund einer weiteren solchen Goldmünze belegt, scheint aber damals von einem Beamten aus der gelehrten Literatur beigebracht worden zu sein.

Am Ende unserer Vorstellung des Berichts von Pfarrer Naumann von 1722 sehen wir schließlich noch, dass ganz offensichtlich schon jemand vor uns diesen Bericht über Holzhausen und die Mardorfer Münzfunde gelesen und in eine seiner Schriften hat einfließen lassen, nämlich der Kasseler Historiker und Archivar Georg Landau (1807–1865). Schon öfter haben wir gespürt, dass er die in Kassel liegenden sog. Predigerberichte von 1711 und 1719 und folgenden Jahren gekannt und ausgewertet hat. In seiner 1842 erschienenen Beschreibung des Kurfürstentums Hessen, zu dem Holzhausen und Mardorf damals dann längst gehörten, erwähnt er unter ganz offensichtlicher Verwendung von Naumanns Bericht zum einen, dass Holzhausen »ehemals eine mit einem Wassergraben umgebene Burg« besessen habe und dann, bezogen auf Mardorf: »Ueber dem Dorfe liegt auf bedeutender Höhe ein uraltes Befestigungswerk, die Hühnenburg, wo schon oft s. g. Regenbogenpfennige, kleine dicke, wie Schüsseln geformte, mit unbekannten Charakteren versehene, Goldmünzen gefunden worden sind.« Auch diese Information hat Landau, wie seine Verknüpfung der Hünenburg und der Münzfunde sowie deren Bezeichnung als dicke schüsselförmige Münzen zeigen, ganz offensichtlich Naumanns Bericht entnommen. Er hat die beschriebenen Funde natürlich sofort als alte Goldmünzen erkannt und sie, wie sich das inzwischen verbreitet hatte, als Regenbogenpfennige bezeichnet, natürlich auch Naumanns abwegige Vergleiche der Darstellungen auf den Münzen mit einem Kleeblatt und einem Schwan weggelassen und statt dessen nur von unbekannten Zeichen gesprochen. Als »*barbarische oder celtische Regenbogen-Schüsseln*« hatte kurz zuvor 1837 auch der Kasseler Historiker Christoph von Rommel (1781–1859) solche in Nordhessen »*ohnweit Gudensberg auf dem Kirchberg*« (wohl der Wartberg bei Kirchberg) gefundenen und im Museum zu Kassel aufbewahrten Goldmünzen bezeichnet. Mit den Schriften dieser hessischen Gelehrten hat sich die Deutung und Bezeichnung solcher Münzen als Regenbogenschüsselchen dann überall im Land verbreitet und die alte Deutung als Sternschüsse, also Sternschnuppen, verdrängt.

Wir sind Pfarrer Zacharias Naumann auch dankbar dafür, dass er uns 1722 diese dann verschwundene ursprüngliche volkstümliche Deutung der keltischen Goldmünzen in Oberhessen überliefert hat. Aber wir hätten auch noch Fragen an ihn. Warum waren es meist arme Leute, die diese Goldmünzen im Mardorfer Wald fanden? Suchten sie gezielt danach, um sich ein Zubrot zu verdienen? Woher wusste er als Pfarrer des evangelischen Nachbardorfs von den Funden im katholischen und noch dazu ausländischen Mar-

100 Amöneburg-Mardorf. Keltische Goldmünzen vom Typ Vogelkopfstater vom Goldberg im Mardorfer Wald, gefunden im 19. Jahrhundert, Vorder- und Rückseite. Münzen dieses Typs hat Pfarrer Naumann 1722 wohl gemeint. Aufbewahrungsort: Hessisches Landesmuseum Kassel.

dorf? Gingen auch seine Gemeindeglieder dort gelegentlich auf die Suche nach Gold? Zeigten diese ihm ihre Funde? Wie hatte er sich dann im Hinblick auf die hoheitlichen Rechte und Eigentumsrechte zu verhalten?

Schriftquelle

Handschriftlicher Bericht von Pfarrer Zacharias Naumann aus [Rauisch-]Holzhausen über *Alhier befindliche Antiquitäten*, verfasst 1722. Standort: Universitätsbibliothek Kassel, Bereichsbibliothek Landesbibliothek und Murhardsche Bibliothek der Stadt Kassel, Handschriften-Abteilung, Sign. 2º Ms. Hass. 119ᶜ, Mappe mit der Aufschrift *Gericht Ebsdorff. Holtzhausen, Nordeck, Winden, 1722*. – Transkription der oben zitierten Textausschnitte von K. Sippel, 2004; Korrekturlesung F. W. Wetterau, 2004. Groß- und Kleinschreibung sowie Interpunktion wurden modernisiert. Ergänzungen in eckigen Klammern.

Altkarten

Landesaufnahme der Landgrafschaft Hessen-Kassel 1:52 629, aufgenommen und bearb. von Johann Georg Schleenstein 1704–10, Blatt 19 *Land Karte von dem Gericht Ebsdorf, Holtzhausen, Reitzburg, Eigen, Schweinsberg, Nordeck, Dreise, Lohr*. Das betreffende Gebiet ist auch teilweise abgebildet auf Blatt 18. Druck aller Blätter: Nach dem Original in der Staatsbibliothek Preußischer Kulturbesitz faksimiliert und mit erläuterndem Text von L. Zögner, hrsg. vom Hessischen Landesvermessungsamt (Wiesbaden 1985). Zugleich erschienen in der Reihe: Quellen zur Geschichte der deutschen Kartographie 5 (Lüneburg 1985). – Niveaukarte vom Kurfürstentum Hessen 1:25 000, hergestellt durch den Kurfürstlich Hessischen Generalstab 1840–1861, Blatt 71 Amöneburg (Aufn. 1846; Ausg. 1857). Nachdruck: Hessisches Landesvermessungsamt (Wiesbaden o. J.).

LITERATUR

G. Dolff-Bonekämper, Die Entdeckung des Mittelalters. Quellen und Forschungen zur hessischen Geschichte 61 (Darmstadt, Marburg 1985) 11 ff. [Rundschreiben 1710 u. 1719; eingegangene Berichte]. – L. Fiedler, Die Hunnenburg bei Mardorf, Stadt Amöneburg. Archäologische Denkmäler in Hessen 120 (Wiesbaden 1995). – F. Kaiser, Rauisch-Holzhausen, das ehemals freie Reichsdorf (Rauischholzhausen 1975) 116 [Pfarrer Zacharias Naumann]. – I. Kappel, Der Münzfund von Mardorf und andere keltische Münzen aus Nordhessen. Germania 54, 1976, 75–101, hier 77 ff. – N. Klüßendorf, Zum Fund eines Regenbogenschüsselchens auf dem »Goldberg« zu Amöneburg-Mardorf, Kreis Marburg-Biedenkopf, im Jahre 1784. Geldgeschichtliche Nachrichten 23, 1988, 5–9. – G. Landau, Beschreibung des Kurfürstenthums Hessen (Kassel 1842; Nachdruck Vellmar 2000) 424. – Ch. von Rommel, Über Quellen und Hülfsmittel der hessischen Geschichte. Zeitschrift des Vereins für hessische Geschichte und Landeskunde 1, 1837 (Nachdruck 1980) 77–119, hier 116 f. – D. Raetzel-Fabian, Kelten, Römer und Germanen. Vor- und Frühgeschichte im Hessischen Landesmuseum in Kassel 4 (Kassel 2001) 163 f. Abb. 214–216. – H. Schubert (Bearb.), Die Fundmünzen der römischen Zeit in Deutschland, Abt. V: Hessen, Bd. 3: Kassel (Mainz 2003) 69 ff. Nr. 3040; 3041. – K. Sippel, Donnerkeile, Regenbögenschüsselchen und selbstgewachsene Töpfe. Zeitschrift des Vereins für hessische Geschichte und Landeskunde 88, 1980/81, 31–43, bes. 37 ff. – Deutsches Wörterbuch von Jacob Grimm und Wilhelm Grimm X, Abt. 2, T. 2 (Leipzig 1941) Sp. 2517 ff. s. v. Sternschnuppe, Sternschosz, Sternschusz.

Nicht vergessen – Funde aus Heringen (Werra)-Wölfershausen, Landkreis Hersfeld-Rotenburg

Zwei spätlatènezeitliche Brandgräber aus dem hessischen Werratal

Klaus Sippel

Es war einfach nicht eher hinzukriegen, und es muss uns daher auch nicht peinlich sein. Im Gegenteil. Wir freuen uns, über 30 Jahre nach ihrer Entdeckung im Jahr 1973 jetzt endlich zwei bemerkenswerte Grabfunde aus Wölfershausen, heute Stadtteil von Heringen (Werra) unweit der hessisch-thüringischen Landesgrenze, inhaltlich genau rekonstruieren zu können, nachdem sie grundsätzlich schon lange bekannt und in Fachveröffentlichungen auch schon ein paar Mal erwähnt worden waren. Weshalb diese lange Verzögerung?

Während der Ausgrabungen im Bereich einer mittelalterlichen Wüstung im nahen Seulingswald bei Friedewald meldeten 1973 die damals neunjährige Schülerin K. Löblich und ihre Eltern – wir hatten die Familie Löblich nach ihrem Wegzug aus Wölfershausen lange aus den Augen verloren und haben sie erst jetzt wieder ausfindig gemacht und über den Abschluss der Bearbeitung informiert – dem dort tätigen freiberuflichen Grabungsleiter ein paar prähistorische Keramikscherben und verbrannte Knochen. Sie waren hinter ihrer Wohnung im Haus Heringer Straße 39, das dicht westlich der Werra steht, im Garten an einer Böschung an zwei Stellen zum Vorschein gekommen, wo das Mädchen sie entdeckt, sorgfältig geborgen und sogar mit einem fein gezeichneten Lage- und Befundplan dokumentiert hatte. Auf diese Fundmeldung hin haben Mitarbeiter jener Friedewalder Grabung an der Fundstelle an den beiden Fundpunkten durch Anputzen der Böschung und weiteres Freilegen zweier Grubeninhalte jeweils zahlreiche weitere Scherben und Leichenbrand, aber auch mehrere Eisengegenstände geborgen und festgestellt, dass es sich um zwei Gräber mit Brandbestattungen der jüngeren Eisenzeit mit zerbrochenen Urnen und Scherben weiterer Tongefäße sowie mit Beigaben aus Eisen handelte. Alles war ganz vorschriftsmäßig mit Zeichnungen und Notizen dokumentiert worden. Und auch die Funde wurden vorschriftsmäßig behandelt, nämlich der Marburger Dienststelle des damals noch »Der Landesarchäologe von Hessen, Außenstelle Marburg« heißenden Landesamtes für Denkmalpflege Hessen übergeben, wo die Tongefäße so weit wie möglich zusammengesetzt werden konnten, während in der Werkstatt der Zentrale in Wiesbaden die Eisenfunde restauriert wurden.

Bis das aber abgeschlossen war, hatten sich die Wege des Amtes und jenes Friedewalder Grabungsleiters getrennt, und dieser hatte die Befunddokumentation, also Notizen, Befundzeichnungen und Fundbericht, einbehalten, sodass jahrzehntelang unklar war, wie sich die Funde, die nach der Bearbeitung an das Hessische Landesmuseum Kassel weitergegeben worden sind, auf die beiden Gräber verteilt hatten. Erst nach 30 Jahren kamen diese lange vergeblich eingeforderten Unterlagen dann doch noch an das Landesamt für Denkmalpflege Hessen, sodass nun die Grabinhalte rekonstruiert und endlich publiziert werden können. So kann es also den Dingen und den Menschen ergehen.

Die beiden Gräber lagen knapp 2 m voneinander entfernt am Oberhang einer hohen Böschung, die einige Jahrzehnte zuvor beim Bau der an der Heringer Straße stehenden Häuser ein Stück weit zurückverlegt worden war, wobei erste Gräber zerstört worden sein können, ohne dass aber jemand Meldung erstattet hätte. Durch fortschreitende natürliche Erosion des Böschungshangs waren jene ersten Urnenscherben und Knochenteile dann zum Vorschein gekommen. Da von den 1973 geborgenen und teilweise zusammensetzbaren Tongefäßen überwiegend nur das Unterteil und allenfalls ein kleiner Teil von einer Seite des Oberteils und des Rands erhalten sind, ist es möglich, dass der Inhalt der Gräber nicht ganz vollständig überliefert ist. Bei der Bergung war festzustellen, dass die beiden Grabgruben noch bis 0,50 m tief unter die Oberfläche reichten und etwa 1 m Durchmesser hatten.

Grab 1 enthielt außer Leichenbrand nur Keramik (Abb. 101,1–3). Als Urne diente ein großes Tongefäß von 22,4 cm Höhe, das aus Scherben weitgehend zusammengesetzt und zeichnerisch rekonstruierbar ist. Die Schulter ist profiliert, der Boden auf der Unterseite ganz leicht eingezogen und seine äußere, höher stehende Zone durch die Benutzung abgerieben. In dieser Zone verläuft eine nicht abgeriebene umlaufende Rille. Das Gefäß ist auf der Drehscheibe hergestellt, seine

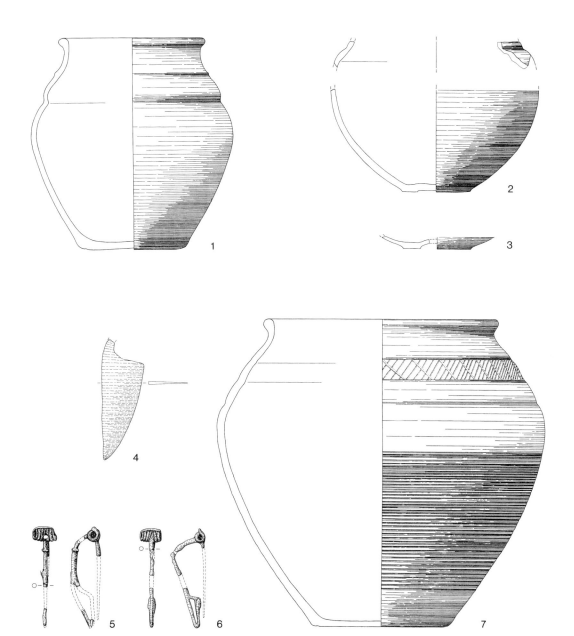

101 Heringen (Werra)-Wölfershausen. Beigaben aus zwei Brandgräbern: 1–3 Grab 1, 4–7 Grab 2. – 1–3.7 Keramik (Drehscheibenware), 4–6 Eisen. – M. 1:4.

Oberfläche glatt. Von einem zweiten Tongefäß sind nur das aus Scherben weitgehend zusammengesetzte Unterteil und eine Scherbe aus dem Oberteil erhalten, bei dieser handelt es sich um ein Wandstück aus der profilierten Schulter. Der Boden hat einen flachen Standring. Auch dieses Gefäß ist aus Drehscheibenware und seine Oberfläche sehr glatt. Von einem dritten Gefäß, ebenfalls aus Drehscheibenware, ist nur der Boden mit einem flachen Standring erhalten.

Grab 2 enthielt außer Leichenbrand ebenfalls ein Tongefäß, das wie das größere aus Grab 1 als Urne gedient hat, und als Beigaben ein Messer und zwei eiserne Fibeln (Abb. 101,4–7). Die 32,5 cm hohe Urne, ebenfalls aus Drehscheibenware und zeichnerisch vollständig rekonstruierbar, zeigt auf der profilierten Schulter ein gitterförmiges Glättmuster. Auf dem Unterteil sitzen dicht an dicht waagerechte, sich manchmal leicht überschneidende kantige Rillen. Sonst ist die Oberfläche geglättet. Von dem Messer, wohl ein Rasiermesser, ist nur die breite dreieckige Klinge erhalten, der Griff hingegen ist abgebrochen. Die beiden nur in Bruchstücken erhaltenen eisernen Fibeln sind zeichnerisch auf 10,8 cm bzw. 10,5 cm Länge zu rekonstruieren. Bei der Ersten ist ein längeres Stück vom Bügel doppellagig, besteht also aus dem Bügel und dem zurückgebogenen Fuß. An der Verbindung beider Teile befindet sich ein kleines, seitlich schräg herausstehendes Teil, wohl ein schräg festgerostetes Teil des Fußes. Auf dem hinteren Teil des Bügels sitzt ein kleiner Wulst. Die zweite Fibel hat einen stumpfwinklig geknickten Bügel. Weiterhin liegen zwei kleine zusammengerostete Eisenteile vor, die nicht restauriert werden konnten, zum einen ein formloses flaches Eisenteil, vielleicht der Kopf von einem Nagel oder Niet mit einem Rest des Schafts, zum anderen ein Bruchstück von einem dünnen eisernen Stift, vielleicht von der Nadel einer der Fibeln.

Beide Gräber datieren in die Spätlatènezeit, und zwar in die Stufe Lt D1, also in die erste Hälfte des 1. Jahrhunderts v. Chr. Aus dieser Zeit sind es die einzigen bekannten Grabfunde in Ost-, ja in ganz Nordhessen. Aber die beiden Wölfershäuser Gräber haben viele Vergleichsfunde östlich der Werra in Thüringen, wo auch in Siedlungen vergleichbare Drehscheibenkeramik bekannt ist, wie wir solche Ware aber natürlich auch aus Siedlungen in Hessen kennen. Die Bevölkerung ist in dieser Zeit in Westthüringen, Nordhessen und im südlichen Westfalen, also im westlichen Mittelgebirgsraum, eine seit Jahrhunderten ansässige Bevölkerung, die sich etwa seit dem 3. Jahrhundert v. Chr. den Einflüssen der keltisch geprägten Latènekultur geöffnet hatte. Das hatte zur Folge, dass z. B. auch Drehscheibenkeramik nach keltischem Vorbild hergestellt wurde und auch der im keltischen Süden erfolgende Übergang von der Körper- zur Brandbestattung übernommen wurde.

Trotz aller Ähnlichkeiten gehörte die Bevölkerung aber sicher nicht zum keltischen Ethnos. Es ist vielmehr die traditionelle, wenn auch stark keltisch geprägte Grundbevölkerung dieser Region, die dann etwa ab der Mitte des ersten vorchristlichen Jahrhunderts von neu ins Land kommenden Germanen durchdrungen wird. Deren Spuren fanden sich schon ab 1964 etwa 3 km von Wölfershausen entfernt jenseits der Werra in Siedlungsgruben in der Heringer Flur »Auf dem Sperlingshaupt« zwischen Heringen und dem Nachbardorf Leimbach.

LITERATUR

G. Mildenberger, Römerzeitliche Siedlungen in Nordhessen. Kasseler Beiträge zur Vor- und Frühgeschichte 3 (Marburg 1972) 44 (kaiserzeitliche Siedlung von Heringen, Flur »Auf dem Sperlingshaupt«; mit älterer Literatur). – M. Seidel, Die jüngere Latènezeit und ältere Römische Kaiserzeit in der Wetterau. Fundberichte aus Hessen 34/35, 1994/95 (2000) 1–355, hier 349 Liste 1 Nr. 124 (bloß Nennung der Funde von Wölfershausen in einer Fundliste; zur Frage der Spätlatènezeit in der Region siehe auch die ebd. 163 f. zitierten Arbeiten von K. Peschel 1988 und 1989b sowie in Berichte der Kommission für Archäologische Landesforschung in Hessen 4, 1996/97 [Büdingen 1997] 19–36). – J. Schulze-Forster, Noch einmal zu den latènezeitlichen Grabgärten am Dünsberg. In: Berichte der Kommission für Archäologische Landesforschung in Hessen 5, 1998/99 (Wiebaden 2000) 49–64, hier Abb. 9,12 (Verbreitungskarte, mit Kartierung des Fundorts Wölfershausen).

Neue Erkenntnisse zum großen Bad Nauheimer Römerlager, Wetteraukreis

Römische Lager »Am Goldstein« in Bad Nauheim

Jörg Lindenthal, Rainer Nickel

Beauftragt von der Bad Nauheimer Wohnungsbaugesellschaft führte die Firma »Freies Institut für Bauforschung und Dokumentation e. V.« im Zuge der Erschließung eines großen Neubaugebiets in der Flur »Am Goldstein« mehrtägige archäologische Untersuchungen im Vorfeld und während der Bauarbeiten durch (Abb. 102). Die Ausgrabungen beschränkten sich auf ein Teilstück am Nordrand des Baugebiets, da der überwiegende Teil des Areals großflächig und tiefgründig durch die Nutzung als Werksgelände gestört war. Auf dem untersuchten Streifen an der Nordseite des ehemaligen Betriebsgeländes hingegen fanden nur wenige, zudem flache Bodeneingriffe statt, sodass mit der Erhaltung archäologischer Befunde zu rechnen war.

Neben der Möglichkeit, Reste des berühmten spätlatènezeitlichen Gräberfelds »Am Goldstein«, das zu den größten Bestattungsplätzen dieser Zeit in Hessen zählt, zu erfassen, stand vor allem die Untersuchung eines in das Baugebiet hineinreichenden römischen Lagers im Mittelpunkt. Im Zusammenhang mit diesem Lager konnte ein überraschendes Ergebnis erzielt werden, das anhand der bereits bekannten Daten nicht zu erwarten war.

»Goldstein« wird ein lang gezogenes, z. T. bewaldetes Plateau im Osten der Stadt genannt, das im Westen zur 400–500 m entfernten Usa und im Osten zur ebenfalls etwa 500 m entfernten Wetter abfällt. Somit eignete sich das von zwei Seiten durch Flussläufe begrenzte und damit geschützte Gebiet hervorragend zur Anlage eines Militärlagers.

Bereits 1985 konnten in diesem Areal zahlreiche Grabenstrukturen durch Luftbildaufnahmen entdeckt werden, die wegen ihres Verlaufs einem römischen Lager zugewiesen wurden. Dies führte im Zusammenhang mit den Planungen zum Bau der B 3a in den Jahren 1986–1991 zu Grabungen, die eindeutige römische Lagergräben zutage brachten. Die betreffenden Untersuchungen wurden seinerzeit von der Römisch-Germanischen Kommission (RGK) in Frankfurt a. M. durchgeführt und in einem Bericht in dem 2003 erschienenen Sammelband »Sole und Salz« vorgestellt. Anhand mehrerer Schnitte durch die Lagergräben konnte ein 14 ha großes, langrechteckiges Lager dokumentiert werden (Abb. 103). Neben diesem etwa 300×470 m großen Lager stellte man eine weitere, kleinere Befestigung von 56×65 m im Inneren der Anlage fest. Die erfassten Spitzgräben hatten eine maximale Breite von 1,65 m und waren bis zu 0,95 m tief. Im Bereich des großen Lagers konnten keine Toranlagen, Türme oder Innenbauten nachgewiesen werden. Hieraus ist zu folgern, dass es sich um ein kurzfristig besetztes Marsch- oder Übungslager handelt, das seiner Ausdehnung zufolge etwa 3000 Mann, also einer halben Legion, Platz geboten hat. Römische Soldaten errichteten während ihrer Feldzüge regelmäßig so genannte Marschlager, die von einem Graben mit aufgeworfenem Erdwall, auf dem zusätzlich mitgeführte angespitzte Holzpflöcke eingerammt sein konnten, geschützt waren.

102 Bad Nauheim, »Am Goldstein«. Luftbild des Goldstein-Areals mit dem neuen Baugebiet, von Norden.

103 Bad Nauheim, »Am Goldstein«. Plan der bekannten Lager mit Eintragung des Gräberfelds sowie Übersichtsplan der Grabung von 2004.

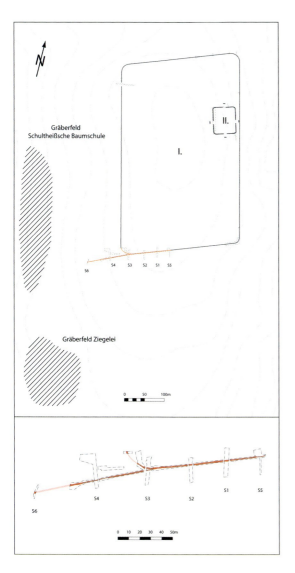

Im kleineren Lager weisen Lücken in den Gräben auf der West- und Nordseite auf Zugänge hin, die durch vorgelagerte Gräbchen geschützt waren. Wie im großen Lager konnten auch hier keine Torbauten, Türme oder Innengebäude erkannt werden; auch fehlen datierende Funde.

Während der Grabungen der RGK, die sich im Wesentlichen auf den Trassenverlauf der B 3a beschränkten, konnte die Südwestecke des großen Lagers auf dem damaligen Werksgelände nicht untersucht werden. Zur Klärung der Frage, ob der Lagergraben, wie von den Ausgräbern anhand ihrer Grabungsschnitte und der Luftbildbefunde vermutet wurde, am Nordrand des ehemaligen Werksgeländes verläuft, wurden nun vier Suchschnitte im Abstand von etwa 35–40 m angelegt.

Während sich in den ersten beiden Schnitten der Befund erwartungsgemäß abzeichnete (Abb. 104), zeigte sich an der Südwestecke des großen Lagers ein weiterer Graben. Um dessen Gestalt, Verlauf und Zeitstellung zu klären, wurde eine Erweiterung der Grabungsfläche in Angriff genommen (Abb. 105). Dieser unerwartete Graben verlief in westlicher Richtung bis zum Ende des Baugebiets (Abb. 103). Trägt man seiner Ausfüh-

104 Bad Nauheim, »Am Goldstein«. Der Spitzgraben an der Nordseite des großen Lagers im Profil.

105 Bad Nauheim, »Am Goldstein«. Abzweig des neu entdeckten Lagergrabens.

rung als Spitzgraben und der den Gräben des großen Lagers gleichenden Einfüllung Rechnung, ist er sicher als römisch anzusprechen.

Es ist davon auszugehen, dass dieser neue Graben Teil einer Lagererweiterung nach Westen ist. Ähnliche Befunde finden sich in Lagern, die im Zuge der Germanenkriege jenseits des späteren Limes errichtet wurden. Zum Abschluss der Grabung wurde der Spitzgraben des großen Lagers auf der gesamten Länge aufgedeckt, um ein denkbares Aussetzen des Grabens, das auf Tordurchlässe schließen ließe, zu dokumentieren. Es zeigte sich jedoch, dass der Graben auf der ganzen Länge durchlief. Nur am Ostende der

Untersuchungsfläche konnte eine Befundsituation erfasst werden, die eventuell auf eine Toranlage zurückgeht. Wenige Meter, bevor der Graben unter einen das Baugebiet begrenzenden Wirtschaftsweg zieht, erweiterte sich der Befund zunächst (Pfostenstellung?), um dann mit auffällig verringerter Breite und Tiefe bis dicht an den Wirtschaftsweg zu ziehen. Bedauerlicherweise konnte, wie auch bei den vorangegangenen Grabungen der RGK, im gesamten Grabungsabschnitt kein die Lagergräben datierendes Fundmaterial geborgen werden. Es fand sich nur wenig kleinteiliges, zudem stark abgerolltes vorgeschichtliches Keramikmaterial, das sicher erst nach mehrfacher Umlagerung in die römischen Schichten gelangte.

Als weiteres Ergebnis ist festzuhalten, dass sich das im Südwesten gelegene spätlatènezeitliche Gräberfeld nicht bis in das Baugebiet erstreckte. Möglicherweise stehen jedoch vier römische Münzen, die im Bereich des Gräberfelds gefunden wurden, in Zusammenhang mit den römischen Lagerresten auf dem »Goldstein«. Der neu entdeckte, nach Westen verlaufende Graben konnte bis auf eine Entfernung von knapp 150 m zum Gräberfeld nachgewiesen werden und lief ursprünglich weiter in diese Richtung. Bei den Münzen handelt es sich um Asse des Augustus, die zusammen mit keltischen Funden im letzten Drittel des 19. Jahrhunderts auf dem Areal einer Baumschule geborgen wurden. Sie sind nicht mit den keltischen Gräbern in Verbindung zu bringen, sondern als Einzelfunde zu werten. Drei der Münzen sind sicher Nemausus-Asse der 1. Serie, die dem Oberaden-Rödgen-Horizont zuzuweisen sind, die vierte Münze ist nicht bestimmbar. Diese Phase markieren die Jahre zwischen 11 und 8 v. Chr., als die Germanenfeldzüge unter Drusus, dem Stiefsohn des Augustus, stattfanden.

In Bad Nauheim-Rödgen wurde in diesem Zeitraum das nur knapp 700 m entfernte große Versorgungslager der römischen Truppen errichtet. Ob und wie die Anlagen auf dem »Goldstein« zu diesem in Bezug stehen, lässt sich zum jetzigen Zeitpunkt nicht mit Bestimmtheit sagen.

LITERATUR

H.-J. Köhler/S. von Schnurbein, Die Römer kommen! Die Lagerspuren auf dem Goldstein. In: Sole und Salz schreiben Geschichte. 50 Jahre Landesarchäologie – 150 Jahre Archäologische Forschung in Bad Nauheim, zusammengestellt von B. Kull (Mainz 2003) 279–281.

Die Anfänge des Limeskastells bei
Rosbach v. d. Höhe–Ober-Rosbach, Wetteraukreis

Ausgrabungen 2004 in der Kapersburg

Im Berichtsjahr wurden die im Sommer 2003 begonnenen Ausgrabungen im Limeskastell Kapersburg in einer zehnwöchigen Grabungskampagne fortgesetzt und zu einem vorläufigen Abschluss gebracht. Die Untersuchungen 2004 galten nicht zuletzt auch der Erforschung der älteren Baustrukturen, die im Vorjahr nur in einigen Teilflächen aufgedeckt worden waren. Insbesondere galt es, Datierungshinweise für die frühesten Kastellphasen zu finden.

Bei den Grabungen konnten nach bisherigem Stand der Auswertung insgesamt fünf verschiedene Bauphasen unterschieden werden, wobei aufgrund der Kleinteiligkeit des untersuchten Ausschnitts die Befundzuweisung zuweilen schwierig ist (Abb. 106).

Zu den frühesten Baustrukturen zählen mehrere Gräbchen mit Verlauf in N-S- bzw. O-W-Richtung, die bereits die Ausrichtung der späteren Kastellanlagen aufnehmen. Diese Gebäudereste dürften zu einem ersten Vorgängerbau der *principia* gehören. Dieser manifestierte sich bereits bei früheren Grabungen im Jahr 1914 als eine Reihe von Pfostenstandspuren, die unter die spätere

Elke Löhnig,
Egon Schallmayer

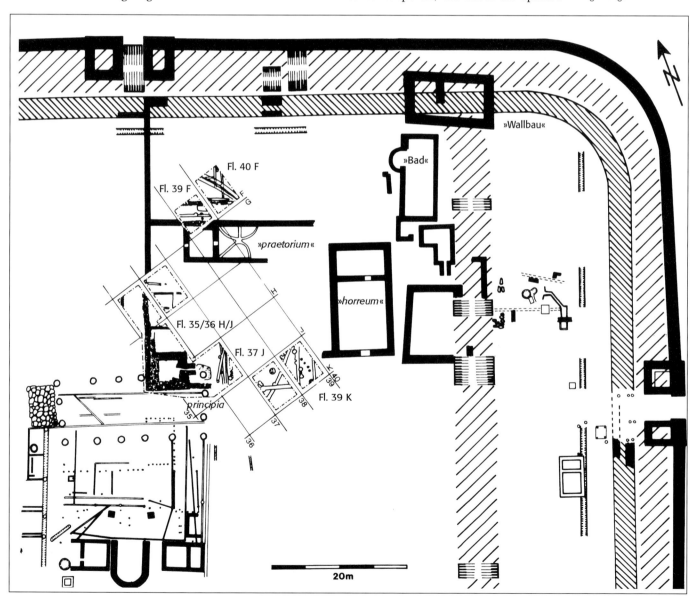

106 Rosbach v. d. Höhe–Ober-Rosbach, Kastell Kapersburg. Übersichtsplan der Grabungsflächen und relevanten Befunde der Altgrabungen.

107 Rosbach v. d. Höhe–Ober-Rosbach, Kastell Kapersburg. Blick auf den kleinen Ofen aus der ersten Bauphase.

Vorhalle der *principia* zogen. Nur in zwei Flächen konnten diese Wandgräbchen relativ sicher der frühesten Phase zugewiesen werden. Die leider recht kleinen Ausschnitte ergeben durch zwei parallele Gräbchen eine Flursituation, von der mindestens zwei Räume abzweigen (Fläche 40 F). Ob die in gleicher Flucht liegenden Gräbchen zu einem Gebäude oder zwei Gebäuden gehören, ist nicht zu entscheiden, obwohl sie in unmittelbarer Verlängerung zueinander verlaufen.

Besonderes Augenmerk verdient ein kleiner birnenförmiger Ofen (Abb. 106, Fl. 39 K; 107), der ebenfalls dieser frühen Phase zuzuweisen ist. Er wird vom Wegesystem der späteren Kastellphasen überlagert. Bei dem Befund könnte es sich um einen kleinen Backofen handeln, der aufgrund seiner nur schwachen Verziegelungsspuren wahrscheinlich nur kurze Zeit in Benutzung war.

Die zweite Bauphase ist durch eine deutliche Abweichung von der bekannten Ausrichtung des Kastells geprägt. Drei solitär stehende Gräbchenstrukturen, die in einer eindeutigen stratigraphischen Abfolge zur frühesten Phase stehen, sind dieser zweiten Bauphase zuzuordnen. Die einzelnen Gräbchen stehen in keinem klaren baulichen Zusammenhang zueinander, der die Zusammenführung zu einem Gebäudegrundriss erlauben würde. Ähnliche aus der Flucht laufende Gräbchen waren bereits bei den *principia*-Grabungen von 1914 aufgedeckt worden, auch dort ohne klare Zusammenhänge mit anderen Befunden.

Die dritte Bauphase, die in insgesamt vier Flächen sicher nachweisbar ist, nimmt wieder die bekannte Flucht der ersten Bauphase auf. Ob die benachbarten *principia* zu diesem Zeitpunkt schon ihren größten Ausbauzustand erreicht hatten, ist aufgrund mangelnder Stratigraphie nicht zu beweisen, man wird allerdings davon ausgehen dürfen. Bei der Anlage des Holzkastells war der Standort der *principia* in ihrem vollen Umfang festgelegt und dann auch für die größeren Nachfolgeanlagen unverändert übernommen worden.

Angesichts des geringen Fundanfalls aus diesen frühen Schichten sind die Zeitabstände, in welchen die drei Holzbauphasen aufeinander folgten, leider nicht zu bestimmen. Wahrscheinlich gehörten alle drei Bauphasen zu dem ersten, rund 0,8 ha großen Holzkastell am Ort. Eventuell

108 Rosbach v. d. Höhe–Ober-Rosbach, Kastell Kapersburg. Das Präfurnium nach der Freilegung.

erfasst man hier nur kurzzeitig existierende, kleinteilige Bauten. Wie die Bebauung zu diesem Zeitpunkt im übrigen Kastell aussah, ist nicht bekannt. Einzelne Pfostenstandspuren im Umfeld der Gräbchenstrukturen können nur bedingt den verschiedenen Bauphasen zugewiesen werden, da oft keine klare Befundüberschneidung gegeben war oder allenfalls eine relative Abfolge dokumentiert werden konnte.

Zum ersten Steinkastell (1,3 ha), dessen Erbauung allgemein unter Hadrian (117–138 n. Chr.) oder Antoninus Pius (138–161 n. Chr.) angenommen wird, konnten kaum neue Befunde hinzugewonnen werden. Die südwestliche Ecke des so genannten Prätoriums ist noch auf Fundamentniveau in den Resten eines späteren Einbaus erhalten. Die Mauer verliert sich aber in Richtung Norden nach wenigen Metern. Wertet man den im vergangenen Jahr in Fläche 39 F aufgedeckten O-W ausgerichteten Mauerzug als Außenwand des Prätoriums, so ergibt sich ein Gebäude von immerhin 20 m Länge.

Am westlichsten Rand der aufgedeckten Grabungsflächen (Fläche 36G) konnte auf 1,5 m ein in N-S-Richtung verlaufender Mauerzug dokumentiert werden, der zum Prätorium eine knapp 4 m breite Lagergasse freilässt. Dies entspricht auch annähernd dem Abstand zwischen dem Prätorium und der Querhalle der *principia*. Die Erweiterung des Kastells in der zweiten Hälfte des 2. Jahrhunderts n. Chr. auf eine Fläche von etwa 1,6 ha hatte in den untersuchten Ausschnitten keine nachvollziehbaren Befunde hinterlassen. Dies war allerdings auch nicht unbedingt zu erwarten, da die Umbaumaßnahmen vor allem den Bereich der Umwehrung betrafen.

Weitere Grundrissergänzungen konnten für die »Reduktionsphase« hinzugewonnen werden. Bereits im ersten Grabungsjahr war ein Mauergeviert aufgedeckt worden, das bisher als Fundament eines Wehrturms angesehen wurde (Fläche 35/36H/J). Die Flächen in diesem Bereich wurden weiter abgetieft bzw. noch nach Norden und Osten erweitert. Zu der bereits bekannten Kanalheizung im Inneren des Mauergevierts konnte in diesem Jahr das zugehörige Präfurnium ausgegraben werden (Abb. 108). Zwei östlich davon liegende Pfosten könnten zur Überdachung der Heizanlage gehört haben. Auch der südlich des Präfurniums gelegene schwach fundamentierte Mauerzug mag entgegen der bisherigen Interpretation eher mit der Heizanlage in Zusammenhang stehen; er muss nicht zwingend als südliche Abschlussmauer der »Reduktionsphase« interpretiert werden, zumal er in keiner der anschließenden Flächen mehr festgestellt werden konnte und mit einer Breite von knapp 60 cm auch kaum einen wehrhaften Charakter hatte.

109 Rosbach v.d. Höhe–Ober-Rosbach, Kastell Kapersburg. Ziegelstempel der vierten Vindeliker-Kohorte. Abbildung unmaßstäblich, Stempeldurchmesser 5,4 cm.

110 Rosbach v.d. Höhe–Ober-Rosbach, Kastell Kapersburg. Inschriftenbruchstück, Abbildung unmaßstäblich, Original 13 x 10 cm.

Im schlecht gesetzten Mauerwerk im Bereich des Präfurniums zeigten sich verschiedene Baufugen, die möglicherweise auf Reparaturen zurückzuführen sind. Entgegen der bisherigen Vorstellung war das Mauerwerk nur recht schwach fundamentiert, sodass man von der Deutung als Wehrturm wohl künftig Abstand nehmen muss. Die Massivität des Bauwerks ergab sich in erster Linie durch die Mitverwendung älterer Mauerstrukturen. Parallel zur Südwand des beheizten Raumes verläuft noch ein schmales Traufgräbchen.

In den nördlich anschließenden Flächen konnten Reste einer leichten Holzfachwerkbebauung nachgewiesen werden. Als Unterbau für die einzelnen Wände dienten schmale, einreihig in Lehm gesetzte Steinreihen, die noch maximal vier Lagen hoch erhalten waren. Diese schlossen rechtwinklig an einen bereits bekannten, N–S verlaufenden Mauerzug an. Letzterer war bisher als westliche Abschlussmauer der »Reduktionsphase« interpretiert worden – eine Deutung, die bereits durch die geringe Breite der Mauer fraglich erschien. Zusammen mit dem beheizten Raum und den anschließenden Fachwerkwänden fasst man hier nun wahrscheinlich die Reste später Wohnbauten, wobei am ehesten an eine Mannschaftsbaracke zu denken ist (Fläche 36/37 H/G), wobei der beheizte Raum als deren Kopfbau interpretiert wird, an den sich dann nach Norden die Soldatenunterkünfte in einfacher Bautechnik anschlossen.

Das Fundmaterial hat sich gegenüber 2003 erwartungsgemäß vermehrt, jedoch nicht in seiner qualitativen Bandbreite verändert. Der Bestand an Ziegelstempeln ist um gut zwanzig Exemplare angewachsen, wobei sich bekannte mit neuen Typen mischen. Gute Parallelen finden sich wieder im Fundmaterial des Kastellbads vom Zugmantel. Hier konnte die Gruppe der Namenstempel und Namenbegleitstempel (Datierung vor 125 n. Chr.) um weitere Typen ergänzt werden, ebenso die sog. spätantoninische Gruppe vom Zugmantel. Neu hinzugekommen sind zwei Stempel der vierten Vindeliker-Kohorte, die zu den spätesten Ziegelstempeln der Kapersburg gerechnet werden (Abb. 109). Gleiche Stempel sind in großer Stückzahl aus dem Limeskastell Niederbieber bekannt. Einige wenige Fundmünzen wurden geborgen, von denen vor der Restaurierung lediglich ein Denar des Domitian näher bestimmbar war. Als herausragendes Fundstück ist der Rest eines Inschriftensteins aus relativ grobkörnigem, kristallinem Sandstein zu nennen, der in sekundärer Lage angetroffen wurde (Abb. 110). Erhalten sind die Reste von drei Zeilen, deren Ergänzung aufgrund der starken Fragmentierung Schwierigkeiten bereitet. Es scheint, als sei die linke Kante des Inschriftensteins erhalten. Daraus ergibt sich folgende Lesung: - - - / TV [- - -] / LVI [- - -] / DEV [- - -] / - - -. Bei den beiden letzten Buchstaben der untersten Zeile könnte es sich auch um ein E und um ein I handeln.

Aufmerksamkeit verdienen weiterhin das Bruchstück eines Eisenrings, dessen mittelblaue Glasgemme die Darstellung wohl eines Merkur ziert, eine verzinkte Scharnierfibel mit langen Scharnierarmen der Form Böhme 28, eine Bronzenadel mit profiliertem Kopf sowie der bronzene Ziernagel eines Kästchenbeschlags. Unter den Glasfunden sind das Wandstück eines Facettenschliffbechers sowie ein kleines Fragment mit eingeschliffenem Buchstaben E bemerkenswert. Im Fall der Terra Sigillata zeigt sich das bekannte Spektrum ostgallischer, Rheinzaberner und Trierer Töpfer. Ein Graffito auf dem Randstück einer Bilderschüssel mit der Buchstabenfolge]ECUTO[lässt sich möglicherweise zu SECUTOR ergänzen, womit vielleicht ein Hinweis auf das Interesse eines Soldaten der Kapersburg an Gladiatoren gegeben ist. Unter der Grobkeramik fallen einige Bruchstücke rottoniger Nachahmungen der Amphorenform Dressel 20 auf. Weiterhin ist interessant, dass Ware Urmitzer Machart stark unterrepräsentiert ist, wodurch sich möglicherweise ein chronologischer Anhaltspunkt ergeben könnte. Germanische Ware konnte auch in diesem Jahr nicht im Fundspektrum identifiziert werden.

LITERATUR

D. Baatz/F.-R. Herrmann (Hrsg.), Die Römer in Hessen² (Stuttgart 1989) 364–367. – E. Löhnig/E. Schallmayer, Neue Grabungen im Limeskastell Kapersburg. Hessen Archäologie 2003 (2004) 106–109. – M. Scholz, Keramik und Geschichte des Limeskastells Kapersburg – eine Bestandsaufnahme. Saalburg-Jahrbuch 52/53, 2002/03 (in Vorb.).

Geophysik und Grabungen im Limeskastell Feldberg
bei Glashütten, Hochtaunuskreis

Sanierungsmaßnahmen im Feldberg-Kastell

Elke Löhnig,
Egon Schallmayer

Das Feldberg-Kastell (Gem. Glashütten und Niederreifenberg) wurde nach der Mitte des 2. Jahrhunderts zur Sicherung eines Passwegs über den Taunus knapp unterhalb der Passhöhe erbaut. Als Besatzung des 0,7 ha großen Kastells ist die *Exploratio Halicanensium* durch den Fund einer Inschrift überliefert. Die Truppe stammte aus dem *municipium Halicanum*, einer römischen Stadtgemeinde, die im heutigen ungarisch-slowenischen Grenzgebiet lokalisiert wird. Bei den Grabungen ab der Mitte des 19. Jahrhunderts waren an Baustrukturen neben der Umwehrung und den Toranlagen das Stabsgebäude *(principia)*, ein Speichergebäude *(horreum)* und eventuell Reste des Kommandantenwohnhauses *(praetorium)* nachgewiesen worden (Abb. 111). Eine Ausgrabung der zu erwartenden lang gestreckten hölzernen Mannschaftsbaracken erfolgte nicht. Nördlich des Kastells war ferner das Kastellbad, die sog. Heidenkirche, mehrmals archäologisch untersucht worden.

Veranlasst durch das Antragsverfahren zur Eintragung des Limes in die UNESCO-Welterbeliste hat das Land Hessen umfangreiche Mittel bereitgestellt, um die beiden in Landesbesitz befindlichen Kastelle Kapersburg und Kleiner Feldberg umfassend zu sanieren und der Öffentlichkeit zu präsentieren. Im Spätsommer 2004 wurde im Feldberg-Kastell mit den Sanierungsarbeiten der Anlage begonnen, die witterungsbedingt zunächst bis zum Jahresende vorangetrieben werden konnten.

Im Vorfeld der Maßnahmen fand im Bereich des Kastells und des zugehörigen Bads im Juli 2004 durch die Firma Posselt & Zickgraf Prospektionen GbR eine geophysikalische Voruntersuchung statt. Diese zielte einerseits auf die Klärung der Frage ab, inwieweit in nicht ausgegrabenen Bereichen des Kastells noch archäologische Strukturen vorhanden waren, die die bekannten Befundpläne ergänzen könnten. Andererseits galt es, die genaue Lage des Bads zu ermitteln, da der Grundriss im Lauf der Sanierungsarbeiten im Gelände nachgelegt werden sollte. Zunächst wurde das Kastellinnere flächig durch Magnetometerprospektion erfasst, danach wurden ausgehend von diesen Ergebnissen gezielt in Teilbereichen geoelektrische Untersuchungen angestellt. Im Bereich des Bads erfolgte aufgrund der zu erwartenden Ergebnisse ausschließlich der Einsatz der Geoelektrik. Bei den Messungen war zu berücksichtigen, dass die zahlreichen Altgrabungen und auch moderne Störungen wie z. B. Metallteile die Ergebnisse negativ beeinflussen konnten.

Die geomagnetischen Untersuchungen zeigten im Messbild kaum archäologische Strukturen, die es erlauben, die alten Grabungspläne zu ergänzen (Abb. 115). Lediglich in einem kleineren Ausschnitt westlich der *principia* gaben sich lineare Strukturen zu erkennen, die in der Flucht der dokumentierten Gebäude verliefen. Zur Überprüfung der geomagnetischen Ergebnisse wurde in diesem Bereich ein 8 × 3 m großer Suchschnitt angelegt. Mit Blick auf die Sanierung sollte vor allem festgestellt werden, in welcher Tiefe und in welchem Zustand noch archäologisch relevante Strukturen angetroffen werden könnten.

Bei dem Suchschnitt fand sich analog zu den Ergebnissen der Geomagnetik tatsächlich dem

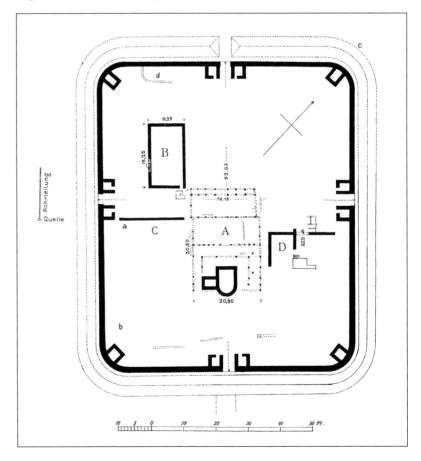

111 Glashütten, Feldberg-Kastell. Gesamtplan: A *principia*; B *horreum*; C Stützmauer; D Mauerreste, evtl. zum *praetorium* gehörig.

112 Glashütten, Feldberg-Kastell. Fläche 20 QR, Detail Pfostenstandspur.

113 Glashütten, Feldberg-Kastell. Kastellbad. Blick auf das freigelegte *praefurnium*, im Bildhintergrund Aschereste.

Hangverlauf folgend noch der Rest einer 30–40 cm breiten Gräbchenstruktur, die allerdings nur noch in einer Tiefe von etwa 15–20 cm erhalten war. Östlich des Gräbchens, in etwa 1,20 m Abstand, konnten zwei Pfostenstandspuren dokumentiert werden (Abb. 112). Westlich des Gräbchens lag in ähnlicher Erhaltung ein weiteres, parallel verlaufendes Gräbchen in einem Abstand von etwa 1,30 m. Mit aller gebotenen Vorsicht lassen sich in diesen Strukturen die Reste von Mannschaftsbaracken sehen, deren Wandgräbchen nur noch wenige Zentimeter tief erhalten sind. Der schlechte Erhaltungszustand der Befunde bestätigt den Eindruck, den die geomagnetische Prospektion vermittelt hat. Die Befunde lagen unter einer archäologisch nicht relevanten Deckschicht von etwa 50–60 cm, deren Durchmischung auf rezente Eingriffe zurückgeht, was auch durch das extrem geringe Aufkommen an Funden bestätigt wird. Das wenige geborgene Material besteht zum überwiegenden Teil aus nicht datierungsrelevanten Wand- und Bodenscherben von Gebrauchs- oder Grobkeramik, nur vereinzelt mischen sich Randscherben unter das Fundmaterial.

Ein zweiter, ebenfalls 8 × 3 m großer Suchschnitt wurde im Nordteil des Kastells angelegt, wo sich bei der Geoelektrik mehrere massive Strukturen gezeigt hatten, die jedoch ebenfalls nicht als klare Gebäudegrundrisse beschrieben werden konnten (Abb. 116). Auch hier galt es, den Ursprung der geophysikalischen Messergebnisse zu ermitteln. Im gewählten Ausschnitt konnten – anders als beim ersten Suchschnitt – keine eindeutigen Befunde mehr dokumentiert werden, die sich zu Bebauungsstrukturen zusammenfügen ließen. Die in der Geoelektrik nachgewiesenen massiven Spuren zeigten sich im archäologischen Befund als Schotterlagen ohne klar umrissene Grenzen, die in wechselnder Stärke hangabwärts planiert waren. Auch in diesen Schichten fand sich kein chronologisch relevantes Fundmaterial. Der gleiche unergiebige Befund zeigte sich auch im Verlauf der weiteren Sanierung, als zur Aufbringung einer Wegschotterung vorsichtig der Mutterboden abgetragen wurde. Auch hier konnten nur unstrukturierte Schotterschichten beobachtet werden.

Diese Beobachtungen bestätigen ältere Berichte, denen zufolge das bis dato im Wald gelegene Kastell in den 1920er Jahren vollständig gerodet und damit dem Verfall preisgegeben worden war. Bei den an diese Zerstörungen anschließenden Instandsetzungsarbeiten waren die verbliebenen Wurzelstöcke beseitigt und die noch nicht ergrabenen Bereiche des Kastells »bis auf den Grund« ausgegraben worden. Bereits die erhaltenen Grabungsberichte dazu weisen auf die auffällige Fundmut hin und betonen, dass trotz umfangreicher Grabungen keine neuen Erkenntnisse zur Innenbebauung der Anlage gewonnen werden konnten.

Ein gänzlich anderes Bild zeigte sich im Bereich des Badegebäudes. Die geoelektrischen Messungen hatten nur noch wenige lineare Baustrukturen ergeben, die jedoch zusammen mit

114 Glashütten, Feldberg-Kastell. Kastellbad, südwestliche Außenmauer. Deutlich zu erkennen ist der Unterschied zwischen originaler römischer Bausubstanz im Vordergrund und den nach den Ausgrabungen aufgesetzten Trockenmauern im Hintergrund.

nügten. Das Gebäude war in den vergangenen Jahrhunderten mehrmals ausgegraben worden, zuletzt in den Jahren 1993/94, und hatte schon früh unter erheblichem Substanzverlust gelitten. Selbst unter Einbeziehung der geoelektrischen Messergebnisse durfte man nur noch mit einer bescheidenen Befunderhaltung rechnen. Da für die Sanierung geklärt werden musste, in welchem Umfang noch Mauerstrukturen vorhanden waren, die entweder überdeckt oder aber gesichert und präsentiert werden sollten, wurden entlang der wenigen obertägig sichtbaren Reste Vegetationsschicht und Mutterboden abgetragen. Hierbei zeigte sich überraschenderweise, dass in manchen Bereichen noch massive Mauerstrukturen (bis 1,40 m Tiefe) erhalten waren. Die losen oberen Steinreihen, die zunächst den sehr schlechten Erhaltungszustand des Gebäudes zu belegen der Erfassung einiger noch obertägig sichtbarer Mauerreste zur Lokalisierung des Gebäudes genügten.

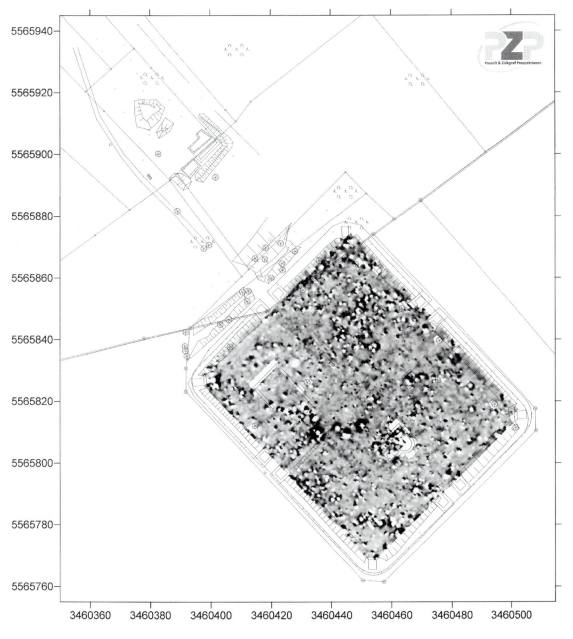

115 Glashütten, Feldberg-Kastell. Graustufendarstellung der Geomagnetik (weiß: 20 nT, schwarz: -20 nT, Messraster 0,5 x 0,2 m), Plangrundlage digitaler Vermessungsplan. Anlage des Grabungsschnitts im Bereich der linearen Strukturen bei 5565810/ 3460445.

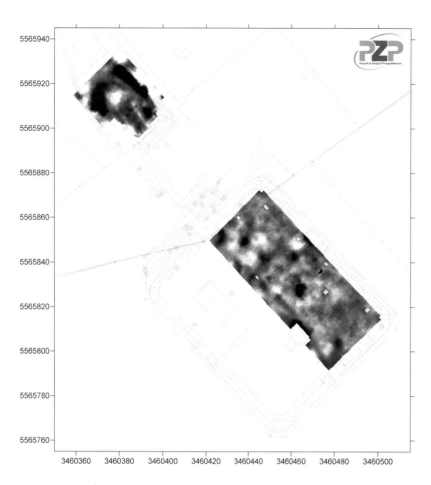

116 Glashütten, Feldberg-Kastell. Graustufendarstellung der Geoelektrik, nördliche Fläche: 1 m-Twinanordnung (Messraster 1 x 0,5 m), weiß/schwarz +/- 40; südliche Fläche: 0,75 m-Twinanordnung (Messraster 0,75 x 0,5 m), weiß/schwarz +/- 160; jeweils hochpassgefilterte Daten ohne Einheiten, Plangrundlage digitaler Vermessungsplan. Anlage des Grabungsschnitts bei 5565840/3460440.

schienen, wurden vermutlich erst zu einem späteren Zeitpunkt zur Darstellung des Badegebäudes im Gelände aufgeschichtet (Abb. 114). Gerade die nach Norden hangabwärts gelegenen, ehemals hypokaustierten Räume zeigen sich noch heute in sehr guter Erhaltung. Lediglich leichter fundamentierte Räume im Südosten des Bads wiesen eine erwartet schlechte Erhaltung auf. Das Innere der Räume war bei den Altgrabungen offenbar stärker durchgearbeitet worden, doch dürften die Estrichböden immer noch gut erhalten sein, wenngleich diese und die in alten Grabungsberichten erwähnten Hypokaustsäulen bei den Stichproben nicht mehr nachgewiesen werden konnten. Im Bereich des Präfurniums waren noch die Reste von zwei – allerdings fundleeren – Ascheschichten erhalten, von denen Bodenproben entnommen wurden. Ansonsten war das Präfurnium wie die übrigen Räume anscheinend ausgeräumt worden (Abb. 113).

Als Konsequenz aus diesen Beobachtungen für die Sanierung des Badegebäudes ergibt sich, die Originalbefunde, d. h. die erhaltenen Mauern bis 1,40 m Tiefe, unberührt im Boden zu belassen, darauf aber einige Lagen Mauerwerk zur Präsentation des Gebäudes aufzusetzen. Rings um die rekonstruierten Mauern wird eine wassergebundene Decke angelegt, die den Besuchern das Gebäude zugänglich und in seiner räumlichen Dimension erfahrbar macht, aber gleichzeitig darunter liegende Befunde schützt, soweit sie nicht bei den Altgrabungen bereits zerstört wurden.

Bei der Freilegung des Bads konnten bisher drei Ziegelstempel geborgen werden. Zwei Lateres tragen den Stempel des *numerus Cattharensium*, ein Typ, der bereits in großer Zahl aus dem Kastellbad vorliegt. Ein weiterer Ziegel trägt einen Stempel der 22. Legion; dieser Typ ist bereits aus dem sog. Erdkastell (Numerus-Kastell) der Saalburg bekannt. Ob er zu einer irgendwie gearteten Vorgängeranlage am Ort gehört, ließ sich begreiflicherweise nicht feststellen.

Die Sanierungsmaßnahmen sehen vor, das antike Wegesystem des Kastells wieder herzurichten und die Anlage somit für den Besucher besser begehbar zu machen. Außerdem werden die sichtbaren, bereits bei früheren Gelegenheiten mehrmals konservierten, mittlerweile aber wiederum restaurierungsbedürftigen Fundament-, Wehr- und Gebäudemauern erneut konserviert. Die schon existierende Informationsbeschilderung im Rahmen eines Rundwanderwegs wird ergänzt. Die Gesamtmaßnahme fügt sich in das Konzept des »Limeserlebnispfads Hochtaunus« ein, das vom Saalburgmuseum entworfen und mit zahlreichen Partnern umgesetzt wird.

LITERATUR

D. Baatz, Das römische Kastell am Kleinen Feldberg im Taunus. Archäologische Denkmäler in Hessen 58 (Wiesbaden 1987, 2. ergänzte Auflage 2001). – E. Fabricius, Strecke 3. Die Limesanlagen im Taunus von der Aar bis zum Köpperner Tal bei der Saalburg. In: E. Fabricius/ F. Hettner/O. von Sarwey (Hrsg.), Der Obergermanisch-Raetische Limes des Römerreiches, Abt. A, Bd. II 1 Strecke 3–5 (Berlin, Leipzig 1936) 104–108. – H. Jacobi, Die Ausgrabungen der Jahre 1925–28: Kastell Feldberg. Saalburg-Jahrbuch 7, 1930, 79–91. – L. Jacobi, Das Kastell Feldberg. In: O. von Sarwey/E. Fabricius (Hrsg.), Der Obergermanisch-Raetische Limes des Römerreiches, Abt. B, Bd. II 1, Kastell Nr. 10 (Heidelberg 1905). – Th. Richter, Der Limeserlebnispfad Hochtaunus. Ein Projekt zur Aufwertung des römischen Erbes im Taunus. Jahrbuch Hochtaunuskreis 2005, 30–40. – S. Soproni, Municipium Halicanum. Folia Archaeologica 30, 1979, 91–98.

Untersuchungen im Vorfeld der Baumaßnahme *fabrica* in der Saalburg
bei Bad Homburg v. d. H., Hochtaunuskreis

Neue Grabungen im Saalburg-Kastell

Mit dem weiteren Ausbau des Saalburgmuseums zum archäologischen Park wurde es nach 2001 wiederum erforderlich, vor Beginn der geplanten Baumaßnahmen archäologische Sondierungen auf dem Gelände des künftigen Gebäudestandorts durchzuführen. Die Untersuchung galt dem Bereich östlich der *principia*, einem Areal, das zuletzt unter H. Jacobi in den Jahren 1913 und 1914 in Nachgrabungen erschlossen worden war. Die Fläche liegt zum größten Teil innerhalb des sog. Erdkastells der Saalburg, nur ein schmaler Streifen östlich des Erdkastellgrabens ist ebenfalls von den Baumaßnahmen betroffen. An dieser Stelle wird ein weiteres Museumsgebäude in Form einer *fabrica* entstehen, in dem der Themenschwerpunkt »Kelten – Römer – Germanen und die Entwicklung des Obergermanisch-Raetischen Limes« dargestellt werden soll. Das Saalburgmuseum wird damit seine Funktion als Limesinformationszentrum im Rahmen des Limesentwicklungsplans Hessen und der Aufwertung des gesamten Obergermanisch-Raetischen Limes in Deutschland sowie im Zuge des Antragsverfahrens zum Welterbe der UNESCO weiter ausbauen.

Bei den vorgenommenen Untersuchungen galt es einerseits zu klären, inwieweit die bevorstehenden Baumaßnahmen noch etwaige vorhandene archäologische Substanz gefährden könnten, andererseits ergab sich die willkommene Möglichkeit, die bei den Altgrabungen dokumentierten Befunde auf Richtigkeit und Vollständigkeit zu überprüfen. Der projektierte Neubau wird entgegen ursprünglichen Planungen nicht unterkellert werden. Lediglich in der Nordostecke ist in einem kleinen Teilbereich auf etwa 100 m² eine Unterkellerung vorgesehen. Da das Gelände nach dieser Seite stark abfällt, werden sich auch hier die Bodeneingriffe im vertretbaren Rahmen

Elke Löhnig,
Egon Schallmayer

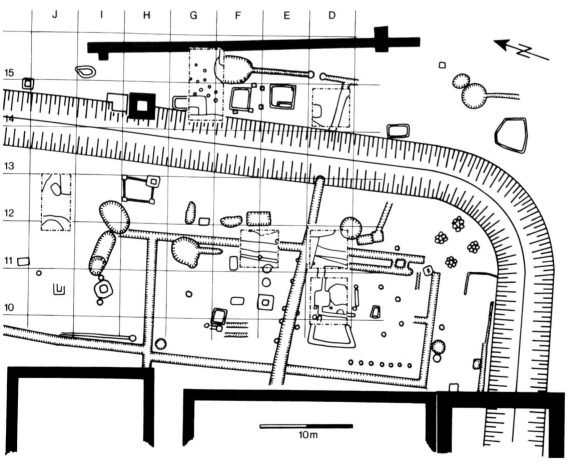

117 Bad Homburg v. d. H., Kastell Saalburg. Schematischer Gesamtplan des Grabungsareals mit Eintragung der Grabungsflächen und der ergänzten Befunde.

97

118 Bad Homburg v. d. H., Kastell Saalburg. Fläche 9/10 D, Übersicht. In der rechten Bildhälfte die beiden bisher nicht dokumentierten Grubenstrukturen.

halten. Die Fundamentierung wird in Form von Streifenfundamenten erfolgen, die rund 80 cm tief in den Boden eingreifen werden.

Lage und Tiefe der vorgesehenen Streifenfundamente bestimmten die Einrichtung der einzelnen Suchschnitte bei der Grabung. Auf einen Schnitt durch den Graben des Erdkastells wurde bewusst verzichtet, da bereits in einem Grabungsbericht von 1913 geschildert wird, dass der Spitzgraben des älteren Numeruskastells auf der ganzen Strecke freigelegt worden war. Historische Fotoaufnahmen bestätigen in deutlicher Weise diesen Sachverhalt. In zwei Flächen wurde aber der äußere Rand des Erdkastellgrabens dennoch angeschnitten, wobei sich zeigte, dass tatsächlich keinerlei Stratigraphie mehr im Graben erhalten war.

Bei den Ausgrabungen war zu erkennen, dass in allen Flächen mit modern gestörten Deckschichten von mindestens 70–80 cm Stärke zu rechnen ist. In einzelnen Fällen liegen Aufplanierungen bis zu 90 cm Mächtigkeit auf den Resten antiker Befunde. Für die Baumaßnahme bedeutet dies, dass bei Anlage der Fundamente nicht in die archäologische Substanz eingegriffen werden muss. Dies führte zu dem Entschluss, auf eine großflächige Ausgrabung des gesamten Areals zu verzichten.

Bei den Altgrabungen waren die Flächen durchweg bis auf den gewachsenen Boden abgetieft worden. Hier hatten sich dann noch einzelne Erdstrukturen abgezeichnet. Die Befunde waren in der Regel nicht bis zur Sohle durchgegraben; bei den diesjährigen Untersuchungen zeigte sich jedoch, dass sie nur vereinzelt noch tiefer als 20 cm erhalten waren. Damit bestätigte sich das Bild, das sich bereits bei der Sondierung von 2001 abgezeichnet hatte. Die Befunddokumentation der Altgrabungen ist für die damalige Zeit vorbildhaft. Ein Großteil der Befunde war bereits damals korrekt erfasst und beschrieben worden. Die Einmessung der Befunde weicht bisweilen gegenüber der aktuellen Dokumentation zwar etwas ab, doch bewegen sich diese Messfehler auch für heutige technische Möglichkeiten noch in einem vertretbaren Rahmen.

Vereinzelt konnte der bekannte Gesamtplan um noch unbekannte Befunde ergänzt oder korrigiert werden (Abb. 117). So wurde in Fläche 10 D eine Grube mit einem Durchmesser von etwa 2 m dokumentiert, die von den bisher bekannten Befunden geschnitten wurde. Eine weitere kleine Grube lag unmittelbar westlich dieser Struktur, auch diese wird von den bereits bekannten Gräbchen des Erdkastells geschnitten (Abb. 118). Der von Jacobi in dieser Fläche freigelegte Grubenbefund musste lediglich in der Form korrigiert werden: Er zeichnete sich jetzt als annähernd quadratische Struktur ab. In Fläche 11 D ließen sich weitestgehend die bekannten Strukturen aufdecken. Bei der neu hinzugekommenen Grube am Ostrand der Fläche dürfte es sich um die Spur eines alten Grabungsschnittes handeln. In Fläche 14 D wurden ebenfalls bekannte Strukturen aufgedeckt, hier konnte zudem eine Grube von etwa 1 m Durchmesser ergänzt werden. Die Störung durch den Graben des Erdkastells greift etwas weiter in die Fläche ein, als ursprünglich zu erwarten war, dies dürfte aber auf die in diesem Bereich sehr intensiv durchgeführten Altgrabungen von H. Jacobi zurückzuführen sein.

In Fläche 11 E/F konnte zu dem bereits aus der Nachbarfläche bekannten Grabenbefund ein 40 cm breites, parallel verlaufendes Wandgräbchen dokumentiert werden, in dem sich noch vereinzelt Pfostenstandspuren abzeichneten (Abb. 119). In die Gräbchenverfüllung mischten sich wenig Brandschutt und Aschereste. In diesem Pfostengräbchen dokumentiert sich der Verlauf der Ostwand der hier rekonstruierten Mannschaftsbaracke des Erdkastells, das in Verlängerung zu dem in Fläche 11 D und südlich davon dokumentierten Gräbchen zu sehen ist. Damit wird die Kontur einer der Mannschaftsbaracken im Erdkastell der Saalburg ergänzt. Zwei Pfosten scheinen dieses Gräbchen zu schneiden, ein dritter Pfosten musste ohne stratigraphische Abfolge dokumentiert werden.

Insgesamt elf Pfostenstandspuren, die bisher noch nicht bekannt waren, konnten in Fläche 14/15 F/G nachgewiesen werden. Verfüllt waren die sich nur schwach abzeichnenden Pfostenstandspuren mit weitgehend sterilem Material aus umgelagertem gewachsenem Boden. Es ist deshalb nicht weiter verwunderlich, dass sie bei den Altgrabungen nicht erkannt worden waren. Sie waren alle nur noch bis zu einer Tiefe von etwa 15 cm erhalten. Eine zeitliche Einordnung ist nicht möglich, da keine eindeutige Überschneidung mit anderen Befunden festgehalten werden konnte. Auffallend ist jedoch, dass die innere Reihe der Pfosten den Konturen der daneben liegenden ovalen Grube zu folgen scheint.

Diese Fläche grenzt gleichzeitig an einen Mauerbefund, der von Jacobi restauriert worden war und bei den späteren Baumaßnahmen entfernt werden muss. Deshalb wurde hier besonders darauf geachtet, inwieweit noch originale antike Mauersubstanz vorhanden war, die hätte dokumentiert werden müssen. Bei der Freilegung des Fundamentbereichs zeigte sich allerdings, dass die Mauer seinerzeit zur Sanierung komplett abgetragen und dann neu aufgesetzt worden war. Sie bestand aus einem vierlagigen Zweischalenmauerwerk, eine eigentlich zu erwartende Fundamentierung lag nicht darunter. Bis in die unterste Lage wurden behauene Quarzitsteine verwendet und nicht die unbehauenen Steine einer Fundamentzone.

Fläche 11/12 J greift als Einzige in einen Bereich des Kastells ein, in dem bisher noch keine Strukturen dokumentiert worden waren. Auch in diesem scheinbar noch ungestörten Bereich lag eine über 70 cm starke Deckschicht über den ersten erkennbaren Befunden. In der Struktur am westlichen Grabungsrand könnte sich eventuell die Verlängerung des Traufgräbchens vor der östlichen Außenwand der Mannschaftsbaracke ergeben, die sich in N-S-Richtung nach zwei aneinander gesetzten Grubenbefunden fortsetzt. Im Gegensatz zu den übrigen Flächen zeigte sich hier streckenweise ein höheres Aufkommen an eher großteiligem Fundmaterial, was dafür sprechen dürfte, dass diese Fläche zumindest nicht modern gestört ist. Allerdings hatte gerade in diesem Bereich schon Jacobi die zahlreichen Störungen durch die späteren Kastellphasen beklagt. Die Befunde zeichneten sich erst mit Erreichen des gewachsenen Bodens klar ab. In diesen waren sie im Durchschnitt noch etwa 20 cm eingetieft.

Am westlichen Flächenrand konnte der Ausschnitt eines kreisförmig verlaufenden Grabens mit unregelmäßigen Rändern nachgewiesen werden, dessen Sohle flach und an den Ecken nur leicht gerundet war. Drei Grubenbefunde wurden in der östlichen Flächenhälfte angeschnitten, auch diese waren nur noch schwach erhalten und wiesen eine flache Sohle auf. Da keine richtige Überschneidung der Befunde nachgewiesen werden konnte, ist auch hier eine zeitliche Einordnung nicht möglich.

Der Fundanfall ist in allen Flächen erwartungsgemäß gering. Gut datierendes Material war

119 Bad Homburg v. d. H., Kastell Saalburg. Fläche 11 E/F. Rechts das neu aufgefundene Wandgräbchen, in der Bildmitte eine bereits bekannte Grabenstruktur.

offensichtlich schon weitestgehend bei den Altgrabungen geborgen worden. Die Kleinteiligkeit der noch vorhandenen Keramik ist ein deutliches Anzeichen für die mehrfache Umlagerung des Bodens.

Als Fazit lässt sich festhalten, dass die im Boden angetroffenen Befunde, d. h. Gruben, Gräbchen und Pfosten, die Dokumentation vor allem von H. Jacobi bestätigt haben. Vereinzelt neu entdeckte Befunde fügen sich in das bereits bekannte Bild ein. Hinweise auf die Existenz eines Großbaus aus Stein ließen sich nicht ermitteln, dafür mögen vielleicht aber auch die Grabungsschnitte zu klein gewesen sein. Soweit noch Befunde *in situ* vorlagen, handelte es sich – von einigen Ausnahmen abgesehen – um bereits bei den Altgrabungen aufgedeckte Strukturen. Ihre Umrisse zeichneten sich noch ab, die Einfüllung bestand aber oft aus umgelagertem Material. Es scheint, als wurde den Befunden »nachgegraben«, sprich weitgehend in ihren Konturen negativ ausgegraben, ohne die äußeren Befundgrenzen zu zerstören. So hatten sich die von Jacobi aufgenommenen Strukturen erhalten. Die noch vorhandenen Befunde werden unterhalb der Bodenplatte des neuen Museumsgebäudes zu liegen kommen, bleiben also im Boden konserviert.

LITERATUR

H. Jacobi, II. Die Ausgrabungen – 1. Kastell Saalburg. Saalburg-Jahrbuch 4, 1913, 7–113 bes. 96–99. – E. Schallmayer, Kastelle am Limes. In: E. Schallmayer (Hrsg.), Hundert Jahre Saalburg. Vom römischen Grenzposten zum europäischen Museum (Mainz 1997) 106–118.

Lich-Muschenheim, Landkreis Gießen: Intensive Archivarbeit bringt Limesforschung weiter

Ein Amphitheater im Lagerdorf des Kastells Arnsburg – Wiederentdeckung und Deutung einer Entdeckung

Stephan Bender

120 Lich-Muschenheim, Kastell Arnsburg. Dokument im Limesarchiv mit der Kartierung des Rundbaubefunds (Ausschnitt und Befund rot gefärbt).

Das Projekt Weltkulturerbe Limes, das inzwischen in dem Projekt Weltkulturerbe »Grenzen des Römischen Reiches« aufgegangen ist, hat der Limesforschung kräftige Impulse gegeben. Ausgehend von der Denkmaldokumentation für den Welterbeantrag, die zwischen 2000 und 2002 erfolgte und zahlreiche interessante Beobachtungen erbrachte, hat der Erkenntnisprozess an Dynamik gewonnen. Dieser Prozess vollzieht sich aber nicht nur im Gelände, sondern auch bei der Arbeit in Archiven. Dort lagert noch viel Material, das nicht aufgearbeitet ist. Wie gewinnbringend das aber sein kann, zeigt der vorliegende Fall.

Die Reichs-Limeskommission hat ab 1892 den Limes in Deutschland umfassend erforscht. Die Ergebnisse wurden in insgesamt 14 Kastell- und Streckenbänden publiziert. Nachdem diese Kommission 1939 aufgelöst wurde, ist der Römisch-Germanischen Kommission in Frankfurt a. M. der Nachlass, das so genannte Limesarchiv, übereignet worden. Der Fundus aus Schriftstücken, Zeichnungen und Fotos lagert heute in der Forschungsstelle Ingolstadt der Römisch-Germanischen Kommission. Dorthin reiste der Autor, um in den hessischen Aktenbestand des Limesarchivs Einblick zu nehmen. Dazu sollte man wissen, dass das Material nur zu einem kleinen Teil aufgearbeitet ist.

Es kam, wie es kommen musste. Bei den Unterlagen zu dem Kastellplatz Arnsburg zeigte sich schnell, dass einige Dokumente erst nach dem Erscheinen der monographischen Vorlage des Kastellplatzes durch die Reichs-Limeskommission im Jahre 1902 bei der Kommission eingegangen waren. Ihnen blieb eine Publikation an prominenter Stelle verwehrt. Allenfalls wurden sie für die Fußnoten des Streckenbands verwertet, der erst 1936 erschien. Hier wurde den Informationen keine große Aufmerksamkeit zuteil, zumal vorhandene Pläne nicht abgedruckt wurden. Sie schlummerten vor sich hin, wie in unserem Fall.

Bei der Durchsicht ist nun ein undatiertes Dokument aufgefallen, auf dem ein rundlicher Befund in einen Parzellenplan im Maßstab 1:250 eingetragen ist. Der Plan ist mit dem Hinweis »Rundbau südl. v. Kastell Arnsburg« beschrieben. Darüber hinaus wird vermerkt, dass das Blatt »Professor Dr. Leonhard zur gefälligen Verfügung übergeben« wurde. Die Anlage scheint nur in Teilen erfasst worden zu sein. Anhand der Eintragung von Straße und Eisenbahntrasse ist es möglich, den Befund einigermaßen zu lokalisieren (Abb. 120).

Einen ersten Hinweis zur Datierung des Dokuments gab die Kartierung der Butzbach–Licher

Eisenbahn. Diese Strecke wurde von 1903 bis 1904 gebaut. Es schien nicht einmal so unwahrscheinlich, dass bei dieser Gelegenheit die Anlage entdeckt wurde. Weil der Oberhessische Geschichtsverein in Gießen damals auch Aufgaben der Limesforschung wahrnahm, schien es lohnend, die jährlich erscheinenden Mitteilungen ab 1903 durchzusehen. Im Band 20 für das Jahr 1912 blieb dann das Auge an der Nachricht hängen, dass »[s]üdöstlich des Kastells […] Mauerwerk in halbrunder Form aufgedeckt« wurde. E. Fabricius, der nach dem Tod von Th. Mommsen an der Spitze der Reichs-Limeskommission stand, dachte an ein »*vivarium* zur Aufnahme wilder Tiere«. Dieser Satz zeigt wie die auf »Professor Dr. Leonhard« bezogene Notiz des Dokuments, dass die Reichs-Limeskommission von dem Fund in Kenntnis gesetzt wurde. Der ehemalige Gymnasialprofessor und frühere Streckenkommissar F. Leonhard war nämlich seit 1907 Assistent von Fabricius. Der Jahrgang des Bands macht es allerdings unwahrscheinlich, dass die Anlage beim Bahnbau entdeckt wurde. Wie der dritte Band der Jahresberichte der Denkmalpflege im Großherzogtum Hessen von 1914 dann auch angibt, ist erst bei der »Feldbereinigung 1911« ein »Teil eines römischen Rundbaues aufgedeckt« worden. Mit der Information, die »Mauerstärke beträgt 62–64 cm«, wird nochmals deutlich, dass es sich um das Fundament einer Steinmauer handelt. Die letzte Erwähnung des Befunds findet sich in einer Anmerkung des Streckenbands (Strecken 3–5) der Reichs-Limeskommission von 1936. Es wird auf »die Entdeckung eines Rundbaues in der Nähe des Kastells an der Straße von Hof-Güll nach Muschenheim« und auf den zuvor genannten Jahresbericht hingewiesen. Damit ist die Literatur aufgezählt.

Nun bestand immerhin die Möglichkeit, dass im Luftbildarchiv der Abteilung Archäologie und Paläontologie des Landesamtes für Denkmalpflege Hessen auf Luftaufnahmen des Geländes um das Kastell Spuren dieser Anlage festgehalten worden sind. Immerhin wird der Kastellplatz

Arnsburg seit 1985 für die amtliche Denkmalpflege aus der Luft beobachtet. Begeisterung stellte sich ein, als auf einigen Fotos des Luftbildarchäologen K. Leidorf aus dem Jahr 1992 unweit der Landesstraße, die von der B 488 nach Muschenheim führt, und der alten Eisenbahntrasse ein nahezu geschlossenes Rund als negatives Bewuchsmerkmal erschien. Nur im Bereich der Bahntrasse fehlt ein kleiner Abschnitt des Befunds. Es kann kein Zweifel daran bestehen: Dies ist der Rundbau von 1911 (Abb. 121).

Die Mauer beschreibt ein nicht ganz regelmäßiges Rund von 31–32 m Durchmesser. An zwei gegenüberliegenden Stellen scheinen Öffnungen gewesen zu sein. Form, Größe und Platz der Anlage lassen nur einen Schluss zu: Hier an der Peripherie des Lagerdorfs befand sich am Rand der Wetterniederung ein Amphitheater. Geophysikalische Prospektionen sollen in einem nächsten Schritt zu einem genaueren Bild der Anlage führen.

Ein Amphitheater am Limes? Eine »Höhle des Blutdursters« (Augustinus über Amphitheater) am nördlichen Wetteraulimes? Die Verwunderung mag im ersten Moment verständlich sein. Die

121 Lich-Muschenheim, Kastell Arnsburg. Entzerrtes Luftbild mit der aktuellen Parzellierung und der Umzeichnung des Rundbaus.

122 Amphitheater am Limes in Deutschland: die beiden Arenen beim Kastell Zugmantel (1 »Hühnerstraße«, 2 »Galgenköppel«) und beim Kastell Dambach (3). – M. 1:1000.

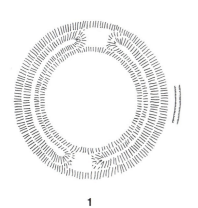

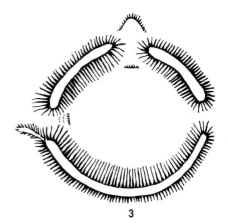

1   2   3

123 Amphitheater an der Euphratgrenze in Syrien: Arena bei der Garnison von Dura-Europos. – M. 1:1000.

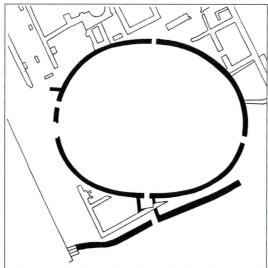

124 Kampfszene des Gladiatorenmosaiks in der Palastvilla von Bad Kreuznach.

Filmbranche hat mit Streifen wie »Spartacus« (Stanley Kubrick 1960) und zuletzt »Gladiator« (Ridley Scott 2000) die Amphitheater und Gladiatoren ins Wohnzimmer gebracht. Daher ist den meisten diese Institution der römischen Kultur bekannt, auch denen, für die der Konsum solcher Filme den einzigen Berührungspunkt mit römischer Geschichte bedeutet. Soll es so etwas nun vor unserer Haustür gegeben haben?

Ja – so überraschend der Befund von Arnsburg sein mag: Es ist nicht die einzige bekannte Anlage dieser Art am Obergermanisch-Raetischen Limes (Abb. 122). Bezeichnenderweise handelt es sich bei jenen Bauten um sichtbare Bodendenkmäler, die im Wald überdauern konnten. Zu sehen sind Erdwälle, die als Unterbau für das Holzgerüst mit den Sitzreihen dienten. Im Lagerdorf des Kastells Zugmantel bei Taunusstein-Orlen, Rheingau-Taunus-Kreis, befinden sich zwei solcher Anlagen von kreisrunder Form. Bei dem Bau unweit der Hühnerstraße B 417 kann man die zwei gegenüberliegenden Eingänge gut erkennen. Bei der Anlage am Galgenköppel wurde nachgewiesen, dass die Kampffläche durch eine Holzschranke und die Zuschauerränge durch eine Steinmauer begrenzt waren. Zwischen Schranke und Mauer befand sich ein Umgang. Diese Bauwerke wurden bislang als »Rundschanzen« bezeichnet. Angesichts unserer Kenntnisse dürfte es an der Zeit sein, diesen missverständlichen Begriff ebenso wie die Ansicht aufzugeben, es könne sich um Tierzwinger oder ähnliche Einrichtungen handeln. Am Raetischen Limes kennen wir ein Amphitheater bei dem Kastell Dambach westlich von Gunzenhausen, Landkreis Weißenburg-Gunzenhausen. Die Arena ist von elliptischer Form und verfügt über zwei Zugänge, die sich an den Schmalseiten gegenüberliegen. Die dritte Öffnung entstammt offenbar der nachrömischen Zeit. Gewiss wird die Forschung weitere solcher Anlagen am Limes lokalisieren können. Erst 2003 wurde im Lagerdorf des Kastells Künzing an der raetischen Donaugrenze ein Amphitheater entdeckt, das wegen drohender Bebauung fast komplett ausgegraben werden musste.

Wie mag die Entstehung solcher Anlagen ausgesehen haben? Angesichts fehlender Quellen hierzulande müssen wir unseren Blick zum Euphrat schweifen lassen. In Dura-Europos (Tell es-Salehiye, Ostsyrien), seit Beginn des 3. Jahrhunderts ein Militärplatz mit einem Amphitheater (Abb. 123), ist die Bauinschrift des Theatergebäudes gefunden worden. Dem Dokument entnehmen wir, dass zu Ehren des Kaisers Caracalla und seiner Mutter Iulia Domna Vexillationen (Abteilungen) der *Legio IIII Scythica* und *Legio III Cyrenaica Antoniniana* im Jahr 216 ein Amphitheater errichtet haben (*anpytaeatrum a fundamentis extruxerunt*). Das gleiche Szenario ist für das Amphitheater von Arnsburg vorauszusetzen: Es darf als sicher gelten, dass zur Ehre des regierenden Kaisers eine Vexillation der obergermanischen Hauslegion, der in Mainz stationierten 22. Legion, die Anlage errichtet oder sich zumindest am Bau beteiligt hat.

Funde und epigraphische Hinweise legen nahe, dass in den Amphitheatern am Limes die klassischen, in der ganzen römischen Welt üblichen Fechterpaare gegeneinander antraten und die gängigen Tierkämpfe stattfanden. Das Gladiatorenmosaik von Bad Kreuznach zeigt solche Szenen, wie wir sie uns auch am Limes vorstellen dürfen (Abb. 124). Woher die Kämpfer kamen und wer die Kämpfe, die *munera*, veranstaltete, ist nicht klar. Es sieht so aus, als ob an den Legionsstandorten Gladiatorentrupps gebildet wurden, die regelrecht auf Tour gingen. Ob an den Kastellplätzen Kämpfer bereitgestellt wurden, ist unbekannt. Das hing sicherlich auch damit zusammen, wer die Veranstaltungen ausgerichtet hat.

War es die Legions- oder die Kastellkommandantur? Oder haben diese privaten Anbietern Aufträge erteilt? Es soll nicht unerwähnt bleiben, dass im Rahmen von Kämpfen in den Amphitheatern Todesurteile vollstreckt werden konnten. Viele interessante Fragen kommen zusammen, auf die wir angesichts mangelnder Quellen kaum etwas sagen können, die unsere Phantasie aber lebhaft anregen.

Der Beitrag zeigt auf, wie wichtig die Erschließung unserer Archivbestände, welcher Art auch immer, ist. Diese Arbeit gleicht in gewisser Weise einer Ausgrabung. Folglich sind Überraschungen vorprogrammiert. Die Überraschung in diesem Fall ist gelungen. Sie erinnert, wie E. Fabricius einmal bilanzierte, an die »Unerschöpflichkeit der Limesforschung«.

LITERATUR

Amphitheater und Kampfspiele am Limes: J. Wahl, Gladiatorenhelm-Beschläge vom Limes. Germania 55, 1977, 108–132. – Amphitheater und Gladiatoren allgemein: J.-Cl. Golvin, L'amphithéâtre romain. Essai sur la théorisation de sa forme et de ses fonctions (Paris 1988). – A. Hönle/A. Henze, Römische Amphitheater und Stadien. Gladiatorenkämpfe und Circusspiele (Zürich, Freiburg im Breisgau 1981). – M. Junkelmann, Das Spiel mit dem Tod. So kämpften Roms Gladiatoren (Mainz 2000). – E. Köhne/C. Ewigleben (Hrsg.), Caesaren und Gladiatoren. Die Macht der Unterhaltung im antiken Rom. Ausstellungskatatog Hamburg, Speyer 2000 (Mainz 2000).

Beobachtungen an WP. 5/4 bei Neuberg-Ravolzhausen, Main-Kinzig-Kreis

Soldatenleben an einem Wachtposten am östlichen Wetteraulimes

Egon Schallmayer

Unmittelbar nördlich der heutigen Bebauungsgrenze von Ravolzhausen erstreckt sich ein zur Rüdigheimer Straße (L 3445) nach Südosten abfallender Geländerücken, auf dem die Reichs-Limeskommission um die Wende vom 19. zum 20. Jahrhundert die Fundamente eines Limesturms, WP 5/4 »An der alten Rüdigheimer Hohle« untersuchte. Sie befanden sich der damaligen Einmessung zufolge 52 m »von der Mitte des Pfahlgrabens« entfernt, westlich der Limeslinie.

Aus der Presse erfuhr die Archäologische und Paläontologische Denkmalpflege Hessen im August 2003 von den Planungen der Gemeinde Neuberg, in diesem Bereich ein weiteres Neubaugebiet auszuweisen. Der neue, über 6000 m² große und bis zu 62 Bauplätze umfassende Bebauungsplan erstreckt sich nordwestlich der Ortslage von Ravolzhausen und tangiert den oben genannten Steinturm und den Limesverlauf selbst. Diese Tatsachen waren den Planern auch bekannt, denn sie gaben dem Neubaugebiet die treffende Bezeichnung »Am Limes III«. Unmittelbar nach Kenntnisnahme der beabsichtigten Planungen nahm die Landesarchäologie Kontakt mit der Gemeinde auf und bat um Zusendung der detaillierten Unterlagen, aus denen eine Zerstörung der Bodendenkmäler im Zuge der vorgesehenen Bebauung hervorging. Um Klarheit über die

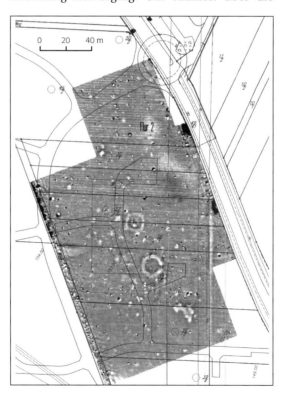

125 Neuberg-Ravolzhausen, WP 5/4 »An der alten Rüdigheimer Hohle«. Messbild der von Posselt & Zickgraf Prospektionen GbR durchgeführten geomagnetischen Prospektion.

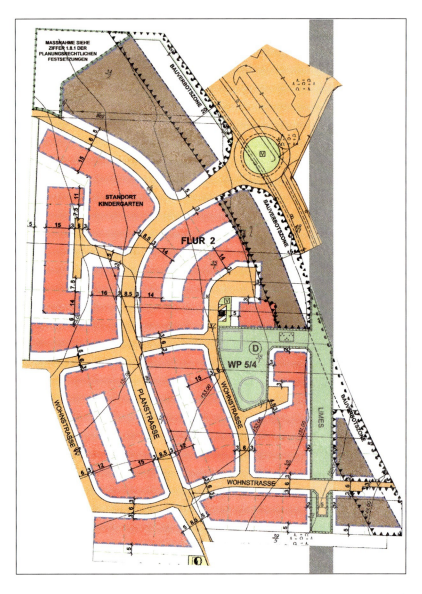

126 Neuberg-Ravolzhausen, WP 5/4 »An der alten Rüdigheimer Hohle«. Neuer Bebauungsplan für das Neubaugebiet »Am Limes III«: Grün hervorgehoben sind die den Limeslauf nachzeichnende Sichtschneise sowie die beabsichtigte Parkanlage um Holz- und Steinturm.

genaue Lage des steinernen Wachturms zu erhalten, vor allem aber, um eventuell noch weitere bisher unerkannte Befunde in dessen Umfeld lokalisieren zu können, wurde mit der Gemeinde eine geomagnetische Prospektion im Vorfeld der weiteren Planungsarbeiten vereinbart. Diese erfolgte am 18.12.03 durch die Firma Posselt & Zickgraf Prospektionen GbR. In aller Deutlichkeit waren nun im Messbild das Mauergeviert des Steinturms und der Limesgraben zu erkennen, den anscheinend im untersuchten Bereich sogar zwei davor errichtete Palisadenreihen begleiteten (Abb. 125). Wenngleich dies nicht völlig überraschte, zeichneten sich die Konturen eines mit Ringgraben versehenen Holzturms ab. Weitere Auffälligkeiten waren wohl als grubenartige Strukturen zu deuten.

Angesichts dieses Gesamtbefunds konnte die vorgesehene Bauplanung nicht bestehen bleiben. Auch vor dem Hintergrund gegenwärtiger Anstrengungen um die Anerkennung des Limes in Deutschland als UNESCO-Welterbe, die gerade auf den dauerhaften Schutz des größten Bodendenkmals in unserem Land Wert legt, war eine Zerstörung der Turmstelle durch Überbauung, selbst bei vorheriger kompletter Untersuchung, nicht zu vertreten. In außerordentlich konstruktiven Arbeitsgesprächen zwischen Gemeinde und Fachbehörde konnte eine Umplanung der Gesamtmaßnahme erreicht werden. Ziel war es, Stein- und Holzturm sowie Limesgraben und Palisaden im Boden zu erhalten und nur die grubenartigen Strukturen zu untersuchen, um sie für die Nachwelt zu dokumentieren. Erreicht wurde schließlich ein bauliches Konzept mit dem Ziel, den historischen Gehalt des Neubaugebiets – optisch und räumlich erfahrbar – aufzuwerten. Stein- und Holzturm werden zukünftig in eine kleine Parkanlage integriert, den Limesverlauf wird eine freigehaltene, begrünte Sichtschneise wiedergeben (Abb. 126). Die historische Tiefe des Orts wird sich dann durch angemessene Informationsmodule vor Ort nachvollziehen lassen.

Von August bis Oktober 2004 fanden die Untersuchungen im Umfeld der Holz- und Steinturmstelle durch die Grabungsfirma von F. Lorscheider M.A., Wiesbaden, statt. In zwölf Schnitten wurde eine annähernd 63×65 m große Fläche nahezu vollständig freigelegt (Abb. 127). Fast ganz ausgespart blieb das Areal der beiden Turmstellen. Auf dem etwa 4100 m² großen Grabungsareal wurde zunächst mithilfe des Baggers der Humusboden bis in eine Tiefe von 0,50 m unter heutiger Oberfläche (u. h. Ofl.) abgetragen. Das Oberflächenniveau lag vor Beginn der Grabung grob zwischen 151,70 m ü. NN im Südosten und 153,60 m ü. NN im Nordwesten. Insgesamt ergab sich die größte Befunddichte in den Schnitten 5 bis 11, d.h. in einem in gleicher Richtung ansteigenden Geländestreifen westlich der Turmstellen.

Überraschend war die Entdeckung eines zweiten Holzturms in Schnitt 5. Er erhielt die Bezeichnung Turm A. Seine Konturen gaben sich erst auf den zweiten Blick – nach erfolgter Ausgrabung – auch im geomagnetischen Bild zu erkennen. Deshalb hatte er bei der Umplanung des Neubaugebiets auch keine Berücksichtigung mehr finden können. Mit seiner Mitte lag er 36 m hinter dem Limesgraben. Einst war er rechtwinklig (12,37 × 12,41 m) von einem Graben umgeben, der mehreren Schnitten zufolge meist als Sohlgraben bis zu 1,40 m u. h. Ofl. reichte. Im oberen Bereich besaß er noch eine Breite bis zu 2,50 m. Sehr deutlich als Spitzgraben zeigte er sich in Profil 1 (Nordprofil), das unmittelbar in der Südostecke des Grabenverlaufs aufgenommen wurde. Hier war der Graben leicht stufenförmig eingetieft, seine »Spitze« zeichnete sich als spatenbreite Sohle deutlich ab. In der Mitte der Ostseite des Grabens verjüngt sich der Grabendurchschnitt. Vielleicht deutet

127 Neuberg-Ravolzhausen, WP 5/4 »An der alten Rüdigheimer Hohle«. Gesamtplan der Befunde im Umfeld der Holz- und Steinturmstelle: Rot sind die Ofenstellen (OS), dunkelblau die Erdkeller (K) sowie braun, hellblau und grün die den Türmen A, B und C jeweils chronologisch zuzuordnenden Arbeitsbereiche gekennzeichnet.

sich hier eine Erdbrücke an. In dem vom Graben umgebenen Innenbereich zeichneten sich zwei rund 2,80 m voneinander entfernte Pfostengruben ab, in denen sich noch die Standspuren der bis zu 0,50 m starken Eckpfosten der südlichen Turmwand erkennen ließen. Der nordöstliche Pfosten lag 3,30 m vom südöstlichen Pendant entfernt, sodass eine Grundrissgröße von 2,80 × 3,30 m rekonstruiert werden kann. Die zeitlich homogenen Funde aus der Grabenfüllung gehören nicht allzu weit in die erste Hälfte des 2. Jahrhunderts n. Chr.

Der nordöstliche Grabenbereich von Turm A wurde durch den Ringgraben des zweiten Holzturms B überschnitten. Da dessen Umrisse in den geophysikalischen Messbildern deutlich hervortraten, konnte Turm B von der Ausgrabung ausgenommen und in die neue Freifläche integriert werden. Im Messbild zeichnete sich der Ringgraben des Turms B mit einem Durchmesser von 16,70 m ab. Nach Osten zum Limes hin befand sich der Zugang zum Turm über eine Erdbrücke,

wie die Unterbrechung des Grabens deutlich erkennen lässt. Der südliche, noch rund 3,20 m breite Bogen des Ringgrabens wurde in Schnitt 5, der den neuen Holzturm A zutage gebracht hatte, aufgedeckt. Die ganze Turmstelle liegt etwa 9 m nordöstlich von Turmstelle A. Im Inneren der Kreisgrabenanlage bildet die Geomagnetik die Pfostenstandspuren des Turms leider nur unzureichend ab. Nimmt man die dunkleren Partien im Messbild als Anhaltspunkte, könnte sich ein Turm von immerhin bis zu 5×6 m rekonstruieren lassen. Das Fundmaterial aus dem zugehörigen Graben stammt aus der beginnenden zweiten Hälfte des 2. Jahrhunderts n. Chr.

Der bekannte, 5,50×5,50 m große Steinturm C lag rund 30 m nordwestlich von Holzturm B entfernt. Der neu entdeckte, den Turmgrundriss rechtwinklig umgebende Graben verlief in einem Abstand von etwa 1,50 m zu den Turmseiten und umfasste somit eine Fläche von 14×12 m. Zur Untersuchung des Grabens wurde lediglich ein 1 m breiter Profilschnitt von der Ostseite des

128 Neuberg-Ravolzhausen, WP 5/4 »An der alten Rüdigheimer Hohle«. Scherben einer Terra-Sigillata-Bilderschüssel des Rheinzaberner Töpfers Mammilianus aus dem Graben des Steinturms C, Datierung: Ende des 2. oder erstes Drittel des 3. Jahrhunderts.

Schnitts 11 etwa 5 m weit nach Osten vorangetrieben. Von den beiden angelegten, einander ähnelnden Profilen wurde das 2 m lange Nordprofil aufgenommen.

Die Humuszone reichte etwa 0,40 m u. h. Ofl. Danach zeichnete sich zunächst ein Spitzgraben mit einer oberen Breite von noch 1,40 m ab. Der Graben reichte 1 m tief und verjüngte sich auf einen im Profil rechteckigen Sohlgraben von 0,20 m Breite. Seine homogene Einfüllung bestand aus grauem humosem Material, das vereinzelt Basalt- und Kieselsteine, verziegelte Lehmstücke, Holzkohleflitter und etwas Keramik aufwies. Im Nordprofil setzte sich lediglich in der Grabenspitze eine bis zu 0,25 m mächtige dunkelbraune Einfüllschicht ab. Der Graben war also bei späteren Arbeiten an dieser Stelle nicht mehr vollständig ausgehoben worden.

Der Profilschnitt lieferte ganz wenige Funde, die allerdings für eine chronologische Einordnung ausreichen. So kam aus der untersten Grabensohle das Fragment eines weißtonigen, barbotineverzierten Jagdbechers vermutlich Kölner Provenienz aus dem 2. Jahrhundert n. Chr. zutage. Aus der über der Grabensohle vorhandenen jüngeren Einfüllschicht stammen neben dem Boden eines späten Krugs mehrere Rand- und Wandstücke einer Terra-Sigillata-Bilderschüssel der Form Dragendorf 37 des Rheinzaberner Töpfers Mammilianus, die an das Ende des 2. oder in das erste Drittel des 3. Jahrhunderts n. Chr. zu setzen ist (Abb. 128). Somit deckt sich die Zeitstellung dieses Teils der Wachturmstelle mit dem zu erwartenden Zeitraum für einen Steinturm am Vorderen Limes.

Bei der geomagnetischen Prospektion hatten sich im westlichen Vorgelände der Turmanlagen Strukturen abgezeichnet, die es vor ihrer Zerstörung infolge der Bebauung auszugraben galt. Neben drei größeren rechteckigen, wohl als Erdkeller (1–3) anzusprechenden Grubenbefunden kamen überraschend acht, vornehmlich rechteckige Ofenstellen (1–8) zum Vorschein, zu denen jeweils ein Backofen oder zwei Backöfen mit kleinen Ausmaßen und von einfacher Ausführung zählten. Schon aus dem Übersichtsplan scheint sich eine gewisse Zuordnung von einzelnen Kellern und Ofenstellen zu ergeben. So könnten Keller 1 und die Ofenstellen 1–3 zu Turm A, Keller 2–3 sowie die Ofenstellen 4–6 zu Turm B und die Ofenstellen 7–8 zu Turm C gehört haben. Dazwischen, besonders in dem wohl Turm A zugehörigen südwestlichen Bereich, erstreckten sich kleinere und größere, unregelmäßige Grubenstrukturen, die vielleicht als Vorratsgruben oder Überreste von Erdkellern zu deuten sind. Exemplarisch sollen nur Keller 1 und die Ofenstelle 1 näher beschrieben werden.

Der 1,90 × 3,20 m große, 1,80 m tiefe, W–O orientierte Keller 1 befand sich 6,50 m südlich von Turm A. Auf seiner Sohle zeichnete sich der 5 cm mächtige, verkohlte Begehungshorizont aus organischem Material – vielleicht Reste einer Bodenmatte – ab. Auf eine mehrfache Nutzung des Kellers deuten weitere Planierschichten im unteren Bereich der Einfüllung. Darüber befand sich eine homogene, grau-humose Einfüllung. Etwa 8,50 m westlich von Keller 1 erstreckte sich die Ofenstelle 1. Sie bestand aus einer 2,75 × 2,40 m großen, 0,90 m u. h. Ofl. eingetieften, NW–SO ausgerichteten Arbeitsgrube. An ihrer Nordwestfront setzte eine langrechteckige grubenartige Struktur an, die möglicherweise als Zugang diente. Weitere, zu beiden Seiten von dieser nördlich der Ofenstelle 1 gelegene Grubenstrukturen lassen sich bezüglich ihrer Funktion nicht näher ansprechen. An der Südostseite der Arbeitsgrube befand sich in den Grubenecken jeweils ein Backofen. Die Backflächen der beiden Öfen waren durch etwa kreisförmig verziegelte Lehmflächen mit Durchmessern von 0,60 bzw. 0,90 m und einer Stärke bis zu 6 cm gekennzeichnet. Teile der Ofenkuppel waren im Profil noch festzustellen. Die Öfen waren in denkbar einfachster Form angelegt. Man hatte nach dem Ausheben der Arbeitsgrube von deren Sohle aus einfach eine Aushöhlung der Lehmwand für den Ofeninnenraum vorgenommen. Mit einem ersten Brand wurde sowohl die Ofensohle als auch die gewölbte Kuppel bis zu 6 cm stark angeziegelt und dadurch stabilisiert. Nach Auflassung der Öfen wurde die Arbeitsgrube in mehreren Schichten eingefüllt. Auf dem Boden derjenigen von Ofenstelle 1 war ein römischer Soldatenschuh verloren gegangen, wie die noch *in situ* liegenden Nägel von der Schuhsohle anzeigen.

In Verlängerung des Zugangsbereichs von Ofenstelle 1 befand sich 3,30 m nordwestlich Ofenstelle 2, bei der es sich ebenfalls um eine Doppelofenanlage handelte. Ofenstelle 3 lag 3,30 m nordöstlich von Ofenstelle 2 entfernt. Im südlichen Teil der Arbeitsgrube gab sich eine annähernd rechteckige Vertiefung zu erkennen, in der möglicherweise Vorratsgefäße standen.

Westlich des Turms B befanden sich die Keller 2 und 3 sowie die Ofenstellen 4–6. Der N–S ausgerichtete, 3,80×3,60 m große Keller 2 war 1,10 m u. h. Ofl. eingetieft. In der Mitte der Nordseite konnte eine Pfostengrube festgestellt werden, zu der wohl ein Pendant an der Südseite anzunehmen ist, sodass der Befund als Rest eines Grubenhauses gedeutet werden kann. Zu einem späteren Zeitpunkt, nachdem der Keller mit humosem Erdmaterial verfüllt worden war, nutzte man die möglicherweise noch bestehende Einsenkung als Arbeitsgrube oder hob eine neue rechteckige, 3,40×2,80 m große Grube aus. In der Mitte der älteren nördlichen Kellerwand wurde jetzt eine Ofenhöhle (Ofenstelle 5) eingegraben. Bei Keller 3 handelt es sich um eine ebenfalls N–S ausgerichtete, von Norden über eine Stufe betretbare Anlage. Ofenstelle 4 saß etwa in der Mitte einer von Osten nach Westen ziehenden, in ihren Konturen schiffsförmigen Grube, an deren östlicher Spitze und westlichem Rand je eine Pfostenstandspur erhalten war. Vermutlich handelte es sich um Mittelpfosten eines weiteren Grubenhauses.

Dem Steinturm C ist der westliche Bereich mit den Ofenstellen 7 und 8 sowie einer 4,40 m langen, maximal 1,20 m breiten und etwa 0,60 m tiefen Grube vor der Südwestecke des Turmgrabens zuzuordnen. Ofenstelle 7 lag 2,40 m westlich des Grubenbefunds. In die Nordwestecke war ehemals ein annähernd kreisrunder Ofen in die Grubenwandung eingegraben, von dem sich noch die Reste der Backfläche erhalten hatten. In der ganzen Grube fanden sich kalzinierte Knochen, offenbar Rückstände von Essensresten. Man hat die anfallenden Knochen einfach in den Backöfen mit verbrannt und damit entsorgt. Am nordöstlichen Rand der Arbeitsgrube, in der Nähe der verbrannten Knochenreste, standen drei Töpfe *in situ* nebeneinander. Zunächst kam der Gedanke auf, in dem Ensemble ein Brandgrab zu sehen. Dies wurde jedoch verworfen, da es sich zum einen um Tierknochen handelt und diese zum anderen nicht sicher aus dem Inneren der Töpfe stammten.

Im Fall der Ofenstelle 8 waren zwei Arbeitsgruben mit jeweils einem Ofen nacheinander angelegt worden (Abb. 127; 129). Zur Anlage der kreisrunden Backplatte hatte man ein offenbar schadhaftes, aber noch vollständiges Gefäß einfach zerdrückt, bevor die Scherben mit Lehm glatt überstrichen wurden (Abb. 130).

Insgesamt lässt sich mithilfe des Fundmaterials die Chronologie der Turmstelle WP 5/4 sehr gut nachvollziehen. Der erst bei den Ausgrabungen entdeckte Holzturm A wurde bei der Einrichtung der östlichen Wetteraulinie erbaut. Die zugehörigen Funde zeigen, dass dieser Turm zwar noch mit südgallischer Ware beliefert wurde, aber in die hadrianische Periode ostgallischer Manufakturen zu stellen ist. Nach neuester Datierung wird man seine Errichtung etwa in den Jahren um

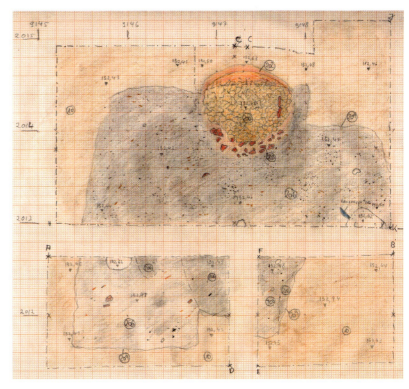

129 Neuberg-Ravolzhausen, WP 5/4 »An der alten Rüdigheimer Hohle«. Ofenstelle 8 in der im Maßstab 1:20 angefertigten Planumszeichnung. Dargestellt ist die ältere, westliche Ofenanlage. Der Ofen mit der Backplatte befindet sich in zentraler Lage an der Nordseite der zugehörigen Arbeitsgrube.

130 Neuberg-Ravolzhausen, WP 5/4 »An der alten Rüdigheimer Hohle«. Detailaufnahme der Ofenstelle 8: Backplatte der älteren, westlichen Ofenanlage aus einer ehemals mit Lehm verstrichenen Scherbenlage. Deutlich ist das zerdrückte Gefäß zu erkennen.

110 n. Chr., sein Ende etwa in späthadrianischer Zeit, also um 135 n. Chr., annehmen dürfen. Für den bei der Prospektion entdeckten zweiten Holzturm B zeichnet sich angesichts der zugeordneten Funde erwartungsgemäß ein etwas jüngerer Zeitansatz ab. Seine Lebensdauer dürfte kaum über die Mitte des 2. Jahrhunderts hinausgegangen sein, vermutlich findet er sein Ende mit dem Bau des Steinturms C. Allgemein wird die Errichtung der Steintürme – nach datierten Inschriften vom Odenwaldlimes – in die Jahre um 145/46 n. Chr. gesetzt. Der Steinturm selbst wurde nach Ausweis der Mammilianus-Sigillata aus dem Graben noch in den ersten Jahrzehnten des 3. Jahrhunderts n. Chr. genutzt. Wie lange er danach noch bestand und in Funktion blieb, lässt sich nicht sagen. Immerhin fällt das Fehlen von Gefäßkeramik aus dem fortgeschrittenen 3. Jahrhundert n. Chr. (z. B. Urmitzer Ware) auf. Möglicherweise wurde die Wachturmstelle bei Ravolzhausen bereits während der Unruhen 233 n. Chr. aufgegeben.

Wie archäobotanische Untersuchungen (siehe nachfolgenden Beitrag) ergaben, erhielten die Soldaten vorbehandelte Getreiderationen. Mit dem Getreidemahlen verbrachten sie sicherlich nicht wenig Zeit. Eine Analyse der verbrannten Tierknochen wird vielleicht noch Hinweise auf die fleischliche Nahrung der Besatzung geben. Dass hin und wieder sogar südspanisches Olivenöl oder südgallischer Wein an die Turmstelle gelangte, worauf Amphorenscherben hinweisen, mag zeigen, dass die karge Ernährung ab und an auch einen kulinarischen Höhepunkt haben konnte.

LITERATUR

E. Fabricius, Strecke 4 und 5. Die Wetteraulinie vom Köpperner Tal bei der Saalburg bis zum Main bei Groß-Krotzenburg. In: E. Fabricius/F. Hettner/O. von Sarwey (Hrsg.), Der Obergermanisch-Raetische Limes des Roemerreiches, Abt. A, Bd. II 1 Strecke 3–5 (Berlin, Leipzig 1936) 156 f. – F. Oelmann, Die Keramik des Kastells Niederbieber. Materialien zur römisch-germanischen Keramik 1 (Frankfurt a. M. 1914). – W. Oenbrink, Die Kölner Jagdbecher im römischen Rheinland. Kölner Jahrbuch für Vor- und Frühgeschichte 31, 1998, 71–252. – J. Wahl/E. Schallmayer/ J. Wahl, Untersuchungen an WP 4/5 Steinturm. Fundberichte aus Hessen 15, 1975 (1977) 253–302.

Archäobotanik in Neuberg-Ravolzhausen, Main-Kinzig-Kreis

puls und *panis militaris*!? – Zur Ernährung der Wachsoldaten des Wp. 5/4 Neuberg am Limes

Angela Kreuz

Der Limeswachposten bei Neuberg-Ravolzhausen verdient aus archäobotanischer Sicht besondere Aufmerksamkeit, da hier erstmalig im Umfeld eines Wachturms systematische Untersuchungen zur Nahrungsversorgung einer Turmbesatzung durchgeführt werden konnten. Dazu wurden aus 22 Befunden 43 Proben mit einem Gesamtvolumen von 521,5 l Sediment geborgen. Nach der Bestimmung des Probenvolumens erfolgte das Nasssieben mit Siebsätzen, die eine Maschenwei-

Wenige Pflanzenfunde verweisen auf die Vegetation im Umfeld der Türme. Hainbuche *Carpinus betulus* und Hasel *Corylus avellana* könnten in nahe gelegenen Gehölzbeständen gewachsen sein. Haselnüsse waren eine gut lagerfähige und nahrhafte Ergänzung der Verpflegung. Zwergholunder *Sambucus ebulus*, Kletten-Labkraut *Galium* cf. *aparine*, Ruten-/Spieß-Melde *Atriplex patula/hastata* und Schwarzer Nachtschatten *Solanum nigrum* lassen annehmen, dass es in der Umgebung stickstoffreiche Standorte gab. Dies ist die natürliche Folge der längeren Anwesenheit von Menschen und Tieren an einem Ort. Die betreffenden Pflanzenreste konnten durch die Hitze der Öfen oder Lagerfeuer verkohlen.

Unter den Pflanzenresten von Ravolzhausen sind insgesamt acht verschiedene Kulturpflanzenarten erhalten, die wir auch von anderen römischen Fundstellen Hessens kennen (Abb. 131–132). Am häufigsten fanden sich Körner von Dinkel *Triticum spelta* und Vierzeiliger Gerste *Hordeum vulgare*. Beides sind Spelzgetreide, deren Körner fest von Spelzen umschlossen sind, sodass

131 Neuberg-Ravolzhausen. Wp. 5/4 »An der alten Rüdigheimer Hohle«. Verkohlte Weizenreste: Körner von Emmer/Dinkel *Triticum dicoccum/spelta* dorsal (1) und lateral (2) (L. rechts bzw. oben 5,75 mm; Befund 29-30; Foto-Nr. 398-30, 399-0) und von Dinkel *Triticum spelta* dorsal (3) und lateral (4) (L. links bzw. unten 5,7 mm; Befund 192-217; Foto-Nr. 399-9, 399-21); Hüllspelzen von Dinkel (5) (L. Mitte 1,95 mm; Befund 165-166; Foto-Nr. 400-5).

te von 1 mm und 0,5 mm aufweisen. Da alle Befunde außerhalb des Grundwassereinflussbereichs lagen, waren dort nur verkohlte Pflanzenreste konserviert. Die Erhaltung der Pflanzenreste mit einer durchschnittlichen Konzentration von 2,2 Stück pro Liter ist als eher schlecht zu beurteilen. Dies könnte zum einen auf sauerstoffreiche Verkohlungsbedingungen offener Feuerstellen zurückzuführen sein. Zum anderen sind aber auch funktionale Gründe zu bedenken, denn nach einer etwa achtzigjährigen Nutzungszeit könnte man – entsprechend den Ergebnissen aus römischen Siedlungen – durchaus mehr verkohlte Abfälle im ausgegrabenen Areal erwarten. In diesem Zusammenhang ist auch die verkohlte Erhaltung eines sonst eher seltenen, fragilen Mohnsamens von Bedeutung. Wahrscheinlicher ist also, dass die geringe Menge von Pflanzenfunden als Hinweis auf eher begrenzte »häusliche« Tätigkeiten der mutmaßlich fünfköpfigen Besatzung des Wachturms zu interpretieren ist, was die folgenden Ausführungen zum Getreide verdeutlichen sollen.

Insgesamt konnten 1160 Samen- und Fruchtreste von 48 Pflanzentaxa bestimmt werden. Die Pflanzenfunde sind in der archäobotanischen Sammlung der Archäologischen und Paläontologischen Denkmalpflege unter der Projektnummer AK210 nach Taxa getrennt inventarisiert und zugänglich. Die quantitativen botanischen Daten werden an anderer Stelle vorgelegt. Von den sehr zahlreichen Holzkohlen, deren Bearbeitung noch aussteht, erwarten wir interessante Aufschlüsse zur Brennholzbeschaffung der Soldaten.

zusätzlich zum Dreschen, bei dem die Ähren in Ährchen zerfallen, ein weiterer Arbeitsgang wie Mörsern zum Entspelzen des Getreides erforderlich ist.

Eher selten traten Körner von Echter Hirse *Panicum miliaceum*, Nacktweizen *Triticum aestivum* s.l./*durum*/*turgidum* und Roggen *Secale cereale* auf (Abb. 132). Es ist bemerkenswert, dass Roggen hier in zwei Befunden mit mehreren Körnern, in Ofengrube 1 sogar über 50, vertreten ist. Nach derzeitigem Forschungsstand entwickelte er sich im römischen Hessen im Laufe des zweiten Jahrhunderts n. Chr. zu einem bewusst angebauten Getreide. Die genauen Zusammenhänge sind noch unbekannt.

Trotz anders lautender Hinweise aus Schriftquellen müssen wir annehmen, dass die Gerste nicht nur an Pack- oder Reittiere verfüttert, son-

132 Neuberg-Ravolzhausen, Wp. 5/4 »An der alten Rüdigheimer Hohle«. Verkohlte Kulturpflanzenreste: Körner (1) und Spindelglied (2) von Gerste *Hordeum distichon/vulgare* (Korn dorsal, L. links 6,4 mm; Befund 29-30; Foto-Nr. 397-16; Spindelglied L. 3,4 mm; Befund 73-74; Foto-Nr. 397-36); Körner von Roggen *Secale cereale* (3) (L. rechts 6 mm; Befund 29-30; Foto-Nr. 396-20); Samen von Schlafmohn *Papaver somniferum* (4) (L. 1,6 mm; Befund 29-30; Foto-Nr. 394-19); Körner der Echten Hirse *Panicum miliaceum* (5) (L. links 1,8 mm, rechts 1,9 mm; Befund 165-166; Foto-Nr. 395-34, 395-28); Samen der Erbse *Pisum sativum* (6) (L. 4,8 mm; Befund 209-208; Foto-Nr. 394-25).

133 Neuberg-Ravolzhausen, Wp. 5/4 »An der alten Rüdigheimer Hohle«. Prozentuale Häufigkeit (Stetigkeit) des Vorkommens von Körnern und Druschresten von Weizenarten *Triticum* (oben) und Gerste *Hordeum* im Vergleich: Links bezogen auf 179 Proben aus römischen Siedlungen, rechts bezogen auf 43 Proben von Ravolzhausen.

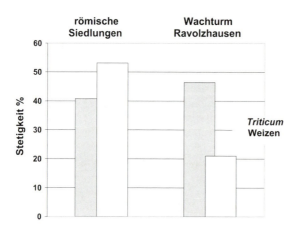

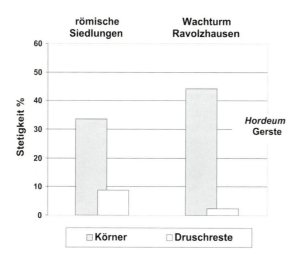

134 Neuberg-Ravolzhausen, Wp. 5/4 »An der alten Rüdigheimer Hohle«. Ein wichtiges römisches Wintergetreideunkraut *Agrostemma githago* fand sich auch mit dem Getreide (links blühende Pflanze; rechts verkohlter Samen L. 2,35 mm; Befund-Nr. 29-59; Foto-Nr. 400-29).

dern auch von den Soldaten als Eintopf verzehrt wurde. Viehfutter hätte kaum eine Chance gehabt, zu verkohlen, verkohlte Gerstenkörner fanden sich aber in fast allen untersuchten Befunden. Wie aus Abb. 133 zu ersehen ist, sind Gerstenkörner hier bei den Wachttürmen sogar mit höherer Stetigkeit vertreten als in römischen Siedlungen.

Schlafmohn *Papaver somniferum* (Abb. 132) ist eine ölhaltige, nahrhafte Kulturpflanze. Seine Samen dienten vielleicht zur geschmacklichen Verbesserung von Backwerk oder Suppen. Auch Hülsenfrüchte sind durch zwei schlecht erhaltene Reste von wahrscheinlich Linse *Lens culinaris* und Erbse *Pisum sativum* repräsentiert.

Druschreste, die bei der Getreideaufbereitung von Dinkel oder Gerste vor Ort anfallen müssten, sind auffälligerweise verhältnismäßig selten in den Befunden um die Wachtürme vorhanden. Abb. 133 zeigt, dass im Umfeld der Türme Spelzen und Spindelgliedfragmente im Verhältnis zu Körnern erheblich seltener auftreten, als wir es aus römischen Siedlungen gewohnt sind. Es sieht daher so aus, als sei hier vorbehandeltes, vielleicht sogar z. T. entspelztes Getreide an die Soldaten abgegeben worden. Hierfür spricht auch, dass es sich bei den potentiell mit den Kulturpflanzen gewachsenen Unkrautfunden ganz überwiegend um größere Samen oder Früchte von mehr als einem Millimeter Durchmesser handelt (Abb. 134). Dies ist ein Hinweis auf gesiebtes, gereinigtes Getreide.

Wenn man von fünf Soldaten je Wachmannschaft ausgeht, wurden rund 35 kg Getreide pro Woche benötigt. Ein Tragtier konnte leicht an einem Tag das Doppelte aus einem Umkreis von 15 km herantransportieren. Es ist zu erwarten, dass das Getreide von nahe gelegenen Gutshöfen stammte. Vielleicht wirtschafteten dort z. T. sogar Verwandte der Soldaten.

Wie haben die Soldaten ihre Getreideration zubereitet? Bei der Grabung traten mehrere Mahlsteinfragmente auf (siehe vorangehenden Beitrag). Die Soldaten waren daher in der Lage, vor Ort Getreide zu Mehl zu vermahlen und in Öfen Brot oder unter Gefäßen *sub testu* im offenen Feuer Fladen daraus zuzubereiten, wie man auch von anderen Befunden und aus Schrift- und Bildquellen weiß (Abb. 135). Eine Tagesration von einem Kilogramm Getreide pro Kopf lässt sich in etwa einer halben Stunde mit einer steinernen Rotationsmühle mahlen. Dies ergab ein eigener Mahlversuch mit einer römischen Handmühle im Saalburgmuseum. Der Vorgang des Brotbackens selbst ist zeitaufwendiger, weil u. a. der Ofen zuvor stundenlang vorgeheizt werden muss.

Von Mehl bzw. Backvorgängen bleiben im Trockenbodenbereich gewöhnlich keine Überreste erhalten, es sei denn, es ist einmal ein ganzes Gebäckstück verkohlt in den Abfall gelangt. Wir fanden hier in den Bodeneintiefungen aber ganze verkohlte Körner der Kulturgetreide. Die Überlegung liegt daher nahe, dass sich die Soldaten den einen oder anderen Eintopf aus Getreide oder Hülsenfrüchten zubereitet haben. Dieser war bei Gelegenheit auch einmal angereichert mit ein wenig Fleisch, wie die wenigen verbrannten Knochenfunde aus den Proben vermuten lassen. Interessanterweise fehlen Fischreste, obwohl der Fallbach heute in nur 250 bis 300 m Entfernung von der Turmstelle verläuft. Das war auch die nächstgelegene Stelle zum Wasserholen, die sich allerdings jenseits des Limes, im »Feindesland«, befand. Diesseits des Limes verläuft der Krebsbach heute etwa einen Kilometer nordwestlich des Wachturms. Das war zum täglichen Wasserholen möglicherweise eine zu weite Entfernung.

Die archäobotanischen Sedimentproben geben schlaglichtartig einige Aspekte der Nahrungsversorgung der Wachmannschaften am Limes bei Ravolzhausen im 2. Jahrhundert n.Chr. preis. Nur der Vergleich mit weiteren Fundstellen kann jedoch zeigen, ob die archäobotanischen Ergebnisse tatsächlich verallgemeinerbare Alltagsbedingungen repräsentieren. Dazu sind künftig noch weitere interdisziplinäre Untersuchungen am Limes erforderlich.

135 Neuberg-Ravolzhausen, Wp. 5/4. So könnten die Soldaten der Wachmannschaft gekocht haben: im Vordergrund ein Dreifuß zur Aufnahme eines Topfs, im Hintergrund eine Handmühle zum Vermahlen des Getreides.

LITERATUR

D. Baatz, Der römische Limes. Archäologische Ausflüge zwischen Rhein und Donau[4] (Berlin 2000). – A. Kreuz, Genuß im Liegen oder fast-food am Lagerfeuer? Kulinarische Möglichkeiten im römischen Hessen. In: E. Schallmayer (Hrsg.), Hundert Jahre Saalburg. Vom römischen Grenzposten zum europäischen Museum (Mainz 1997) 174–183. – Dies., Landwirtschaft im Umbruch? Archäobotanische Untersuchungen zu den Jahrhunderten um Christi Geburt in Hessen und Mainfranken. Bericht der Römisch-Germanischen Kommission 80, 2004 (im Druck). – A. Kreuz/D. Baatz, Try and error. Gedanken und Erfahrungen zum Darren und Entspelzen von Getreide in den Jahrhunderten um Christi Geburt. Denkmalpflege und Kulturgeschichte 2003/1, 20–25.

Lehrgrabung der Frankfurter Universität im Kreis Groß-Gerau

Kleinvilla oder Kultplatz? – Ein römischer Steinbau samt Brunnen in Kelsterbach

Alexander Heising

In der letzten Ausgabe der **hessen**ARCHÄOLOGIE berichteten H. Blaum und M. Posselt über die geophysikalische Prospektion eines römischen Fundplatzes auf Kelsterbacher Gemarkung. Mit dem kombinierten Einsatz der drei gängigsten geophysikalischen Messmethoden (Magnetik, Elektrik und Radar) gelang es, einen 10 × 18 m großen Steinbau zu erfassen, in dessen Nordhälfte offensichtlich ein Brunnen eingebaut war (Abb. 136). Ein vergleichbarer Gebäudegrundriss ist aus dem römischen Gutshof »Im Brückfeld« bei Münzenberg-Gambach im Wetteraukreis bekannt. Dort gehörte ein ähnlicher hallenartiger Bau mit innen liegendem Brunnen zu den Nebengebäuden eines größeren landwirtschaftlichen Anwesens (*villa rustica*). Ganz anders verhält sich die Situation wohl in Kelsterbach: Hier scheint das Gebäude der Zentralbau eines vielleicht als »Kleinvilla« anzusprechenden Anwesens gewesen zu sein. Wenige Lesefunde und schwache Hinweise in der großflächig angelegten Geomagnetik scheinen für die Existenz weiterer Befundkonzentrationen im Nahbereich des Gebäudes zu sprechen, die vielleicht von leichten Holzbauten zeugen. Ganz sicher ist jedenfalls, dass allein das Gebäude mit dem innen liegenden Brunnen in Stein ausgeführt wurde. Damit dürfte das Kelsterbacher Ensemble im Aufbau weitgehend vergleichbar sein mit der nur knapp 600 m entfernten Nachbaranlage »Heftgewann« von Frankfurt am Main-Schwanheim. Hier wurde in den Jahren von 1972 bis 1982 ein steinerner Rechteckbau mit umliegenden Grubenhäusern und einem Brunnen ergraben.

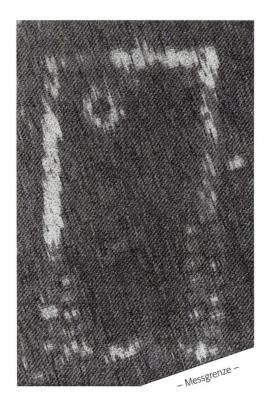
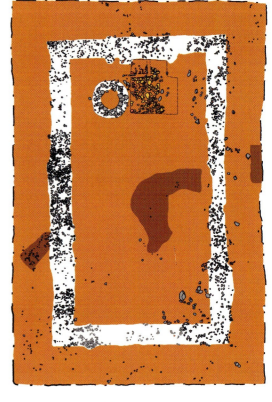

136 Kelsterbach. Römischer Steinbau mit Brunnen, Georadarbild (links) und Grabungsplanum (rechts) im Vergleich.

137 Kelsterbach, römischer Steinbau. Ansicht von Nordwesten, im Vordergrund der Brunnen.

Derartige Plätze wie in Kelsterbach oder Schwanheim bilden nach neueren Forschungen zur römischen Siedlungsarchäologie die Mehrzahl der ländlichen Anwesen im rechtsrheinischen Teil der Provinz *Germania superior*. Wie diese kleinen Gehöfte organisiert waren und welche Aufgaben sie übernahmen, ist zurzeit jedoch noch weitgehend unklar. Diskutiert werden u.a. die Funktionen als Straßenstationen oder als von Pächtern bewirtschaftete Vorwerke größerer Gutshöfe. Die Masse dieser »Kleinvillen« mit einer geschätzten Hoffläche unter 1 ha ist bisher aus Luftbildern oder von Scherbenaufsammlungen auf Äckern bekannt, nur wenige Anlagen sind allenfalls teilweise ergraben. Eine Ausnahme bildet die von der Johann Wolfgang Goethe-Universität Frankfurt a. M. 2001 untersuchte und im Rahmen einer Magisterarbeit ausgewertete Villa von Ober-Erlenbach »Im Holderstauden«, die M. Müller in der **hessen**ARCHÄOLOGIE 2001 vorgestellt hat.

Die Untersuchung derartiger kleiner ländlicher Anwesen stellt also ein dringendes Desiderat der Provinzialrömischen Forschung dar, weshalb das Institut für Archäologische Wissenschaften an der Johann Wolfgang Goethe-Universität die Gelegenheit gerne nutzte, eine von Stadt und Volksbildungswerk Kelsterbach finanzierte Lehrgrabung am besagten Steinbau durchzuführen. Neben einer Fortführung des schon länger am Institut etablierten Schwerpunkts »Siedlungsarchäologie in Südhessen« bestand zugleich die Möglichkeit, die bereits erhobenen geophysikalischen Daten mit denen der Ausgrabung zu konfrontieren. Dieser grundlegende Methodenvergleich ist spätestens seit der letztjährigen Lehrgrabung am spätantiken Wehrbau in Trebur-Astheim ein weiterer Forschungsschwerpunkt des Frankfurter Instituts.

Das auf einer flachen Sanddüne innerhalb der Altmainniederung stehende Steingebäude wurde komplett freigelegt (Abb. 136; 137). Zusätzlich wurde eine Fläche südlich des Gebäudes geöffnet, da sich hier in der Geomagnetik zahlreiche Störungen abzeichneten, die anthropogen entstanden zu sein schienen.

Von dem Steingebäude waren nur die breiten Fundamente aus trocken gesetzten Bachwacken, Kies und sekundär verwendetem Dachziegelbruch erhalten, die bereits 20 cm unter der heutigen Ackeroberfläche begannen (Abb. 138). In der Gegenüberstellung von Georadarbild und Grabungsplan zeigt sich gerade für die römischen Fundamente eine außerordentlich hohe Übereinstimmung, ja man kann sagen, dass auf dem Georadarbild fast jeder Stein abgebildet ist (Abb. 136,a–b). Hellere Bereiche entsprechen hier einer guten Erhaltung, dunklere Partien sind z. T. tiefgründig ausgebrochen. Auch die aus den Tiefenscheiben des Georadars abgeleiteten Mauertiefen entsprechen exakt den feldarchäologisch ermittelten Werten mit Fundamentunterkanten von 1–1,2 m. Bei leichten Böden und einer geringen Tiefe der Befunde ermöglicht das Georadar also eine hervorragende Detektion von steinernen Befunden wie Mauern, die einem auf konventionellem Weg angelegten Grabungsplanum kaum nachsteht.

Die massiven Fundamente und einige Scherben Fensterglas sprechen dafür, dass es sich um ein regelhaftes Gebäude handelte und nicht nur um einen geschlossenen Hof mit innen liegendem Brunnen. Nach einem schon vor Jahren herausgepflügten Türangelstein scheint der Eingang des Gebäudes auf der südlichen Giebelfront gelegen zu haben. Einige gelochte Schindeln aus der Versturzschicht des Brunnens bezeugen eine zumindest partienweise Dacheindeckung aus Schieferplatten. Die zahlreichen Dachziegelbruchstücke, die schon unter den Lesefunden auffielen, scheinen dagegen weniger vom Dach, sondern eher aus den oberen Partien der abgepflügten Mauerfundamente zu stammen. In den erhaltenen Fundamenten waren jedenfalls große Mengen sekundär verwendeten Ziegelbruchs verbaut, den man vielleicht aus den nicht weit entfernten Ziegeleien von Höchst herangeholt hatte. Vom Brunnen und einer daneben liegenden Grube abgesehen, sind kaum Befunde aus dem Inneren des Gebäudes erhalten. Ein U-förmiger Auswaschungshorizont mit zahlreichen Holzkohlepartikeln war der letzte Rest einer Herdstelle, die an der Mitte der Ostwand lag. Einige größere Steine in der SO-Ecke könnten auf eine Raumabtrennung hinweisen. Außerhalb des Gebäudes lagen zwei kleine Gruben, von denen eine auch vom Georadar erfasst wurde. Im Gegensatz zu dem deutlichen Radarbild setzte sich die Grube im archäologischen Befund kaum vom umgebenden Boden ab. Warum der Kontrast in der Geophysik so deutlich ausfiel, soll nun eine bodenkundlichmineralogische Detailuntersuchung klären.

Anhand einiger Scherben Terra Sigillata aus den Mauerfundamenten kann das Baudatum auf 200/220 n. Chr. eingegrenzt werden. Die Kelsterbacher Anlage fällt damit in die letzte Blütephase der rechtsrheinischen Besiedlung, als allenthalben die ländlichen Anwesen endgültig in Stein um- bzw. ausgebaut wurden. Im Gegensatz zu vielen dieser *villae rusticae* ist in Kelsterbach jedoch kein Vorgängerbau nachzuweisen, auch unter den umfangreichen Keramikfunden gibt es keine Formen, die sicher vor 200 n. Chr. zu datieren wären. Vielmehr deuten die großen Mengen von später Trierer und Rheinzaberner Terra Sigillata sowie die zahlreichen Formen der Küchenkeramik aus »Urmitzer Ware« gerade auf eine besonders intensive Siedlungstätigkeit in den Jahrzehnten ab 230 n. Chr., bevor sich römisches Heer und Verwaltung dann um 260/265 n. Chr. wieder endgültig auf die linksrheinischen Gebiete zurückzogen.

Die Keramikfunde aus Kelsterbach zeigen deutlich die wirtschaftlichen Verflechtungen der

138 Kelsterbach, römischer Steinbau. Schnitt durch das Fundament der westlichen Längsmauer.

Rheinprovinzen: Neben der schon erwähnten Terra Sigillata aus Trier und Rheinzabern sowie der »Urmitzer Ware« aus dem Neuwieder Becken finden sich hier große Zwei- und Dreihenkelkrüge mit Ratterdekor oder Rollrädchenmustern, die aus den Töpfereien von Mainz-Weisenau bezogen wurden. Feine Trinkbecher mit dunkelbraunen oder schwarzen Überzügen (Terra Nigra) stammen aus Nida (Frankfurt a. M.-Heddernheim), Mainz und Trier. Eine seltene Glasbecherform dürfte in Kölner Werkstätten produziert worden sein. Metallfunde sind dagegen sehr spärlich vertreten: Außer Nägeln und diversen Baubeschlägen liegen nur eine eiserne Messerklinge und ein muschelförmiger Bronzebeschlag eines (Militär-?) Gürtels vor.

139 Kelsterbach, römischer Steinbau. Brunnen und Grube im Nordwesten des Gebäudes. Der Grubenboden ist mit Glimmersteinen ausgelegt.

140 Kelsterbach, römischer Steinbau. Zerscherbte Keramikgefäße in der Grube neben dem Brunnen. Mitte des 3. Jahrhunderts n. Chr.

Eine zentrale Rolle für die Interpretation des Gebäudes spielt natürlich der Brunnen. Ist schon ein Brunnen innerhalb des Hauses ungewöhnlich, so sind die Funde aus dem Brunnen und einer direkt daneben liegenden Grube umso bemerkenswerter (Abb. 139). Eine endgültige Interpretation ist allerdings noch nicht möglich, weil die Ausgrabung des Brunnens erst im Frühjahr 2005 abgeschlossen sein wird. Die angesprochene, nur knapp 30 cm tiefe Grube lag im Zwickel zwischen Brunnen und nördlicher Querwand und ist bisher auf 2×3 m dokumentiert. Ihr Boden war mit einem Pflaster aus Glimmersteinen ausgelegt, die wohl aus den nahen Mainkiesen zusammengesucht worden waren und ursprünglich aus dem Deckgebirge des Odenwalds stammen dürften. Die sehr auffälligen Steine glitzern extrem stark in einem warmen Goldton, sodass der Ausdruck »güldener Boden« wohl kaum verfehlt ist. Im Nordteil der Grube lag eine rechteckige Vertiefung, in deren Einfüllung die Reste von mindestens 15 Keramikgefäßen lagen (Abb. 140). Nach der Lage der Scherben zu urteilen, waren die Gefäße in die Grube geworfen und direkt anschließend mit Erde überdeckt worden. Es dürfte sich also nicht um eine sorgfältige Deponierung handeln, sondern eher um eine Entsorgung oder eine bewusste Zerstörung, die in direkter Verbindung mit der Aufgabe des Gebäudes stand. In der obersten Verfüllschicht der Grube, heute schon fast im Pflughorizont, lagen die Reste eines Hirschskeletts.

Der benachbarte Steinbrunnen ist aus Kalksteinhandquadern aufgesetzt worden, die wohl z. T. in sekundärer Verwendung vorliegen. Bisher konnte der Schacht bis in eine Tiefe von 4,2 m (unter dem 1. Planum) verfolgt werden. Eine Sondierung mit einer Eisenstange lässt erwarten, dass seine Sohle noch mindestens 1,5–2 m tiefer liegt. Da die Verfüllung ab 3,7 m immer feuchter wird, ist zu hoffen, dass auch der untere, sicher hölzerne Brunnenkasten noch erhalten ist, man also im günstigsten Falle ein jahrgenaues Baudatum mithilfe der Dendrochronologie gewinnen kann. Proben für Pollenanalyse und archäobotanische Makroreste sind in regelmäßigen Abständen genommen worden. Die genauen Sedimentationsvorgänge im unteren Bereich sollen mikromorphologisch aufgearbeitet werden.

Die oberen Verfüllschichten des Brunnens waren recht steril. Zwischen 2,60 und 3 m Tiefe kamen dann drei große Hirschgeweihstangen zutage (Abb. 141). Einen halben Meter tiefer lagen sogar zwei komplette Hirschgeweihe direkt übereinander. Die Geweihe stammen allesamt von kapitalen Zehn- oder Zwölfendern, Bearbeitungsspuren sind bis auf eine Ausnahme nicht zu erkennen.

Die ungewöhnlichen Funde und Befunde legen nahe, den Brunnen und die benachbarte Grube als Einheit zu sehen. Doch wie sind die Befunde zu interpretieren? Wegen der fehlenden Bearbeitungsspuren waren die Geweihe sicher keine Werkstücke einer Bein- und Hornschnitzerei. Ebenso scheint die Deutung als reine Jagdtrophäen zu kurz zu greifen, nicht zuletzt wegen der Verlochung der Stücke im Brunnen. Am ehesten wird man die Geweihe wohl mit einem kultischen Ritual in Verbindung bringen können, dessen Ablauf und erhoffte Wirkung heute nicht mehr ohne Weiteres zu erschließen sind. Der Hirsch spielte bereits im keltischen Kulturraum eine wichtige Rolle in einigen Kulten, von denen der des Hirschgeweih tragenden Gottes Cernunnos nur der bekannteste ist. In der römischen Welt galt der Hirsch als Symbol für Fruchtbarkeit und lange Lebensdauer, was u. a. an den zahlreich gefundenen Hirschgeweihamuletten mit Phallussymbol sichtbar wird.

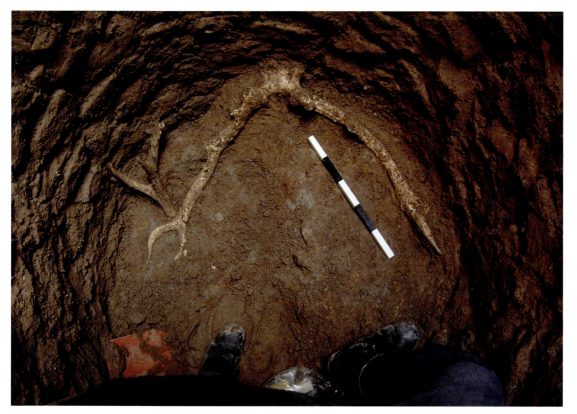

141 Kelsterbach, römischer Steinbau. Hirschgeweih innerhalb des Brunnens, in 3 m Tiefe.

Auffälligerweise gibt es gerade im Rhein-Main-Gebiet einige Parallelen zur Situation in Kelsterbach. So fanden sich in einem Brunnenschacht bei Wiesbaden-Schierstein mehrere Hirschgeweihreste zusammen mit einer steinernen Jupitergigantensäule, darunter auch ein in einer Nische abgelegtes und sorgfältig mit Schieferplatten umstelltes Geweihstück. Größere Teile oder komplette Hirschgeweihe, ebenfalls mit steinernen Götterdenkmälern vermischt, sind auch aus Brunnen von Frankfurt am Main-Schwanheim und Obernburg a. M., Landkreis Miltenberg, bekannt. Alle diese Befunde stehen im direkten Zusammenhang mit dem Auflassen der Siedlungsstellen ab 260 n. Chr., nachdem die rechtsrheinischen Teile der Provinz *Germania superior* von der römischen Verwaltung aufgegeben worden waren. Geht man von dem auffälligen Kelsterbacher Grubenbefund mit seinem »goldenen Boden« und dem Hirschskelett in der Verfüllung aus, dürfte der mit den Hirschen verbundene Ritus bereits fester Bestandteil einer wie auch immer gearteten Kultpraxis im Alltag der hiesigen römischen Landbevölkerung gewesen sein, bevor den Hirschgeweihen auch bei der Aufgabe von lokalen Kultplätzen sowie der rituellen Beisetzung der zurückbleibenden Götterdenkmäler eine magische Rolle zukam.

In diesem Zusammenhang stellt sich die Frage nach der Interpretation der Kelsterbacher Anlage: Handelte es sich um eine der oben beschriebenen Kleinvillen, vielleicht mit einem privaten Kultraum, oder müssen wir das Gebäude von Kelsterbach gar als reinen Kultbau ansprechen? Wir hoffen, während der Grabung 2005 eine Antwort zu finden.

LITERATUR

H. Blaum/M. Posselt, Die zerstörungsfreie Detektion eines römischen Steinbaus samt Brunnen in Kelsterbach. Hessen Archäologie 2003 (Stuttgart 2004) 96–98. – J. Lindenthal/V. Rupp, Forschungen in germanischen und römischen Siedlungen der nördlichen Wetterau. In: A. Haffner/S. von Schnurbein (Hrsg.), Kelten, Germanen, Römer im Mittelgebirgsraum zwischen Luxemburg und Thüringen. Akten des Internationalen Kolloquiums zum DFG-Schwerpunktprogramm »Romanisierung« in Trier vom 28. bis 30. September 1998. Kolloquien zur Vor- u. Frühgeschichte 5 (Bonn 2000) 67–75. – M. Müller, Die archäologische Untersuchung des römischen Fundplatzes »Im Holderstauden«. Hessen Archäologie 2001 (Stuttgart 2002) 99–100. – S. Roscher, Spuren aus Kelsterbachs Vergangenheit. Von der Altsteinzeit bis ins Mittelalter. Heimatkundliche Beiträge zur Geschichte von Kelsterbach 14 (Horb a. N. 1990) 56–63. – V. Rupp, Römische ländliche Siedlungen im Taunusvorland. In: E. Schallmayer (Hrsg.), Hundert Jahre Saalburg. Vom Grenzposten Roms zum europäischen Museum (Mainz 1997) 184–190.

Stark gefährdeter römischer Fundplatz mit bemerkenswerten Grabfunden in Frankfurt a. M.

Römisches Gräberfeld in Frankfurt-Zeilsheim

Andrea Hampel

142 Frankfurt a. M.-Zeilsheim. Detailaufnahme von Grab St. 24: Links ist *in situ* die Tonlampe und rechts daneben das Saugfläschchen zu erkennen.

143 Frankfurt a. M.-Zeilsheim. Grab St. 14 während der Ausgrabung: In der Mitte steht die von den keramischen Beigaben umringte Glasflasche.

Bereits 1990 wurden bei einer Feldbegehung in der Gemarkung Zeilsheim im äußersten Westen der Stadt Frankfurt a. M. römische Funde geborgen. Damit hob sich die neue Fundstelle, die als Nummer 18 (ZEI 18) in der Gemarkung ins Ortsarchiv aufgenommen wurde, zunächst nicht von einer Vielzahl anderer Fundstellen mit römischem Fundmaterial ab.

Weitere Feldbegehungen auf dem großen Areal von rund 9 ha differenzierten bald die Fundzusammenhänge. Während ganz im Nordwesten, direkt an der Stadtgrenze, neben römischer Keramik auch Bauschutt zutage kam, wurden im Mittelteil ausschließlich Scherbenfunde angetroffen, wobei sich keinerlei Bauschutt auf der Ackeroberfläche abzeichnete. Im Südostteil fanden sich metallzeitliche Scherben und solche, die nur allgemein als vorgeschichtlich angesprochen werden konnten.

Im Lauf der letzten Jahre bestätigte sich dieses Fundbild stetig, nur dass der Fundanfall anwuchs und auf den Bauschutt die Reste einer Fundamentrollierung folgten. Die mehr als zehn Jahre beobachtete Verschlechterung der Erhaltung und die offenkundige Zerstörung der Fundstellen führte im Spätsommer 2004 zu einer Notbergung durch das Denkmalamt der Stadt Frankfurt a. M. Begonnen wurden die Arbeiten im mittleren Bereich, da hier schon seit Langem große Keramikbruchstücke erfasst worden waren, die deutlich auf einen Friedhof hinwiesen.

Im Rahmen der zweimonatigen Untersuchung wurden insgesamt 34 Gräber aufgedeckt, bei denen es sich durchweg um Brandbestattungen handelte. Grundsätzlich lassen sich Brandschüttungsgräber, Urnengräber und Brandgrubengräber unterscheiden; in zwei Fällen war der Leichenbrand teilweise als Brandschüttung und teilweise in einer Urne ins Grab gelangt. Die Befunde orientierten sich alle entlang einer NW–SO verlaufenden Linie in einem etwa 5 m breiten Streifen, der in seiner Ausrichtung dem Verlauf der nahe gelegenen Römerstraße entspricht.

Die Bestattungen waren ausnahmslos angepflügt, gestört und – in Abhängigkeit von der jeweiligen Tiefe der Eingrabung – unterschiedlich stark zerstört. Die Mehrzahl der Befunde erschien außerordentlich knapp unter dem Humus und reichte mit größeren Gefäßen bereits in den heutigen Humusbereich hinein. Daraus ergibt sich ein deutliches Nivellement des Geländes seit der Römerzeit, da man eine ursprüngliche Grabtiefe von mindestens einem Meter annehmen darf. Außerdem zeigte sich während der Ausgrabung ein größerer Materialauftrag nach Nordwesten hin, sodass eine ursprüngliche Hanglage zum nahen Welschgraben denkbar erscheint.

Da die weiteren Untersuchungen zu den Funden noch ausstehen, lassen sich zum gegenwärtigen Zeitpunkt nur einige grundsätzliche Feststellungen treffen. Neben der Mehrzahl der Gräber, die eine standardisierte und eher einfache Aus-

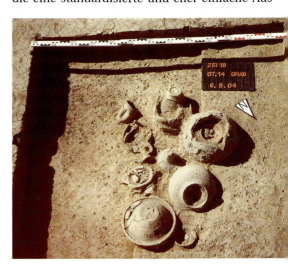

144 Frankfurt a. M.-Zeilsheim. Büstenlampe aus sog. Rotbemalter Wetterauer Ware während der Ausgrabung und nach der Reinigung; die ehemals weiße Gesichtsbemalung ist deutlich erkennbar.

stattung mit einem Einhenkelkrug und einem Beigefäß kennzeichnet, gab es einige herausragende Bestattungen. Zunächst einmal konnten die Gräber St. 24 und St. 25 durch die Beigabe von Saugfläschchen als Kinderbestattungen identifiziert werden (Abb. 142). Verschiedene Gräber waren außerordentlich reich an Beigaben, die auch durch ihre Qualität hervorstachen. So konnten insgesamt acht Glasgefäße dokumentiert werden, wobei allein drei in Grab St. 15 vorhanden waren, zwei in Grab St. 38 und jeweils ein Objekt in St. 14, St. 28 und St. 39. Dabei handelt es sich nur in einem Fall um eine Urne (s. u.), in allen anderen Fällen waren die Schalen, Töpfe und Flaschen als zusätzliche Gefäßausstattung beigegeben. Schon jetzt fällt auf, dass sich die Grabausstattung nicht nur durch die gute Qualität, sondern auch durch die Verwendung von Sonderformen auszeichnet, die noch näher untersucht werden müssen.

Die Gräber St. 14 und St. 15 enthielten mit 14 bzw. zwölf Beigefäßen die umfangreichsten Ausstattungen mit Gefäßkeramik (Abb. 143). Darunter fallen Terra-Sigillata-Becher und -Teller sowie Terra-Nigra-Gefäße und die Wetterauer Ware ins Auge.

Herausragend sind ohne Zweifel auch eine Büstenlampe mit Resten der weißen Farbfassung aus Grab St. 19 (Abb. 144) und eine Blattgrifflampe aus Grab St. 28, ebenfalls Wetterauer Ware, die beide vollständig erhalten sind.

Bereits jetzt zeichnen sich weitere spannende Ergebnisse bei der Bearbeitung der bisher gereinigten Fundstücke ab. Bei den insgesamt fünf Tonlampen aus den Gräbern St. 15, St. 20, St. 24 (Abb. 142), St. 38 und St. 39 handelt es sich dreimal um Firmalampen. Leider sind die Bodenstempel der Lampen aus Grab St. 15 und St. 39 unleserlich; nur auf dem aus Grab St. 20 stammenden Stück, dessen Spiegel die Darstellung eines Satyrs ziert, ist der Stempel PHOETASP lesbar.

Weiterhin soll noch ein außergewöhnliches Gefäß vorgestellt werden – die rund 42 cm hohe Gesichtsurne aus Grab St. 28. In dieses Gefäß mit einem Durchmesser von fast 40 cm war eine rippenverzierte Glasurne eingestellt, die gerade durch die Mündung passte und den Leichenbrand sowie eine Münze enthielt. Die Gesichts-

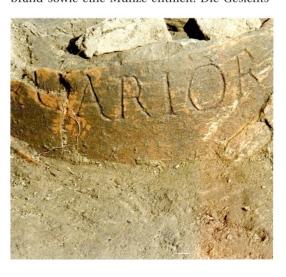

145 Frankfurt a. M.-Zeilsheim. Die Gesichtsurne während der Ausgrabung; deutlich zu sehen sind die Buchstaben ARIOR.

urne selbst besteht aus recht grobem rotem Töpferton; zwischen den beiden Henkeln ist jeweils ein Gesicht mit charakteristischen Elementen appliziert. Als zusätzliche Besonderheit zeigt das Gefäß eine sorgfältig ausgeführte eingeritzte Inschrift, die leider nicht vollständig erhalten ist. Insgesamt sind neun Buchstaben erhalten, von denen die letzten fünf vollständig als [...] ARIOR gelesen werden können (Abb. 145). Interessanterweise verdecken die Applikationen für die Gesichtselemente mindestens einen Buchstabenteil, somit sind jene nach der Einritzung aufgebracht worden. Gleichzeitig weisen der Rand und auch die Buchstaben eine ehemals rote Bemalung auf, während Teile der Gesichter und einzelne Elemente wie z. B. die Haare in Weiß be- bzw. aufgemalt sind. Da die Buchstaben eindeutig vor dem Brand eingeritzt wurden, könnte es sich potentiell um den Töpfernamen handeln, jedoch ist wegen der Ausführung und Nutzung des Gefäßes, bei dem es sich um eine Auftragsarbeit handeln dürfte, auch eine Namensnennung des Auftraggebers denkbar.

Außer Resten von Eisennägeln sind Eisen- und auch Bronzefunde selten. Vorbehaltlich einer angestrebten Untersuchung der Leichenbrände, in denen sich noch Kleinteile verbergen könnten, sind zurzeit nur zwei Bronzefibeln und nur zwei Münzen als Metallfunde zu nennen.

Ebenfalls unter Vorbehalt der weiteren Aufarbeitung, die genauere Ergebnisse liefern wird, ist zumindest ein Teil der Gräber teilweise der trajanischen Periode zuzuweisen. Erhärtet sich diese zeitliche Einordnung, so ergeben sich gegebenenfalls auch Rückschlüsse auf die Datierung der benachbarten *villa rustica*, die aufgrund der räumlichen Nähe bisher als zugehörig betrachtet worden ist.

Eine gleichzeitig mit den Grabungen durchgeführte geomagnetische Prospektion in diesem Bereich bestätigte die Lage des Gutshofs und den bereits angesprochenen schlechten Zustand; jedoch konnten keine datierenden Fundstücke gesammelt werden. Die Geomagnetik ergab zudem eine Vielzahl weiterer archäologisch relevanter Verdachtsflächen, die zumindest in einem Bereich zwischen Gräberfeld und Gutshof weitere römische Strukturen erkennen lassen. Außerdem sind vermutlich vorgeschichtliche und neuzeitliche Strukturen sichtbar. In Anbetracht einer Ausdehnung von rund 8 ha ist an dieser Stelle die bisher größte zusammenhängende Fläche im Frankfurter Stadtgebiet geomagnetisch untersucht worden. Neben dem fast flächendeckenden Nachweis archäologischer Denkmäler verdient hierbei auch der Umstand Erwähnung, dass diese zwar als solche durch Feldbegehungen bereits grundsätzlich erfasst worden waren, allerdings in ihrer Ausdehnung eindeutig unterschätzt wurden.

Derzeit werden die geborgenen Funde gewaschen (Abb. 144, rechts) und zusammengefügt, die weitere Bearbeitung steht noch aus. Aufgrund der sich abzeichnenden Ergebnisse und der stetigen Verschlechterung des Erhaltungszustands wird die Denkmalpflege in Frankfurt a. M. auch weiterhin mit diesem Fundplatz befasst sein. Weitere Ausgrabungsarbeiten auf der Fläche sind zur Bestimmung und Dokumentation der Fundstelle(n) notwendig und für 2005 vorgesehen.

Abschließend sei die gute Zusammenarbeit mit dem Besitzer der Fläche hervorgehoben, dem an dieser Stelle gedankt wird.

Höhenbefestigung im Main-Kinzig-Kreis

Neues zur Alteburg bei Biebergemünd-Kassel

Claus Bergmann, Silke Jäger, Konstanze Jünger

Zu den beeindruckendsten sichtbaren Denkmälern der hessischen Vor- und Frühgeschichte gehören zweifellos die zahlreichen befestigten Höhensiedlungen – allgemein »Ringwälle« genannt. Schon früh haben diese Anlagen die Aufmerksamkeit interessierter Personen auf sich gezogen; so auch die insgesamt vier Ringwälle im Biebertal des hessischen Spessarts. Nachdem sie von J. W. Ch. Steiner z. T. schon in der ersten Hälfte des 19. Jahrhunderts beschrieben worden waren, folgte eine eingehendere Darstellung durch C. L. Thomas zu Beginn des 20. Jahrhunderts. Aber trotz der teilweise guten Erhaltung der Wälle fanden in keiner der Anlagen reguläre Ausgrabungen statt, was wohl auch an der eher versteckten Lage inmitten des Buntsandsteinspessarts lag. Immerhin wurden vor mehr als zehn Jahren gründliche Vermessungen im Auftrag des Landesamtes für Denkmalpflege Hessen vorgenommen und alle Anlagen von F.-R. Herrmann detailliert vorgestellt.

Sieht man von der Alteburg bei Biebergemünd-Kassel ab, liegen von den Wallanlagen des Biebertals keine gesicherten Funde vor, sodass nur die Form und Größe der Wälle Hinweise auf das Alter zu geben vermögen. Selbst die Funde der Alteburg sind in ihrer Aussagekraft mehrdeutig. So könnte ein eisenzeitliches Tüllenbeil auch bei Holzarbeiten verloren gegangen sein, die Herkunft eines spätrömischen Terra-Nigra-Gefäßes von der Alteburg wurde infrage gestellt. Auch die Ergebnisse zweier schon in den 1960er Jahren erfolgten ^{14}C-Untersuchungen haben keine unanfechtbare Beweiskraft, da weitere Proben zur Bestätigung dieser Altersangaben nicht genommen wurden.

Als sicherstes Indiz blieben somit zunächst, wie schon bei den anderen Wallanlagen im Biebertal, die Form der Wälle und die Gestaltung der Tore übrig. Gerade die Alteburg verfügt mit einem so genannten Zangentor und einem Tangentialtor über Eingangsituationen, wie sie für die

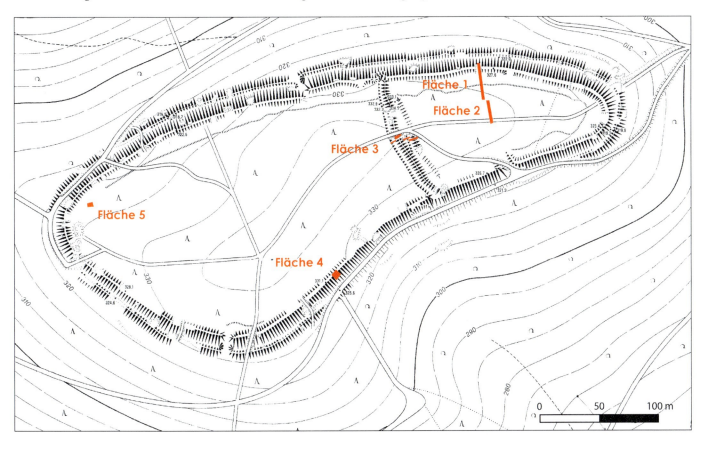

146 Biebergemünd-Kassel, Alteburg. Ausschnitt aus dem bereits publizierten Übersichtsplan der Alteburg mit den rot angegebenen Wallschnitten von 2004.

147 Biebergemünd-Kassel, Alteburg. Beim Anlegen eines Schnitts durch den Außenwall der Alteburg zeigte sich auf der Innenseite des Walls recht deutlich die verstürzte Steinmauer.

148 Biebergemünd-Kassel, Alteburg. Im südlichen Teil der Alteburg entdeckte man unmittelbar hinter dem Außenwall eine mächtige Brandschicht.

Eisenzeit typisch sind (Abb. 146). Wohl jünger sind dagegen zwei dem Außenwall aufsitzende bzw. ihn z. T. auch durchschneidende Querwälle und -gräben, welche die Alteburg in zwei ungleiche Hälften unterteilen.

Trotz dieser unklaren Situation überlegte man vor Ort, im Rahmen der im Jahr 2002 ins Leben gerufenen »Keltenstraße« auch auf der Alteburg einen Lehrpfad zu installieren. Angesichts der geringen oder gar zweifelhaften Aussagekraft der wenigen Funde erschien es aus fachlicher Sicht jedoch gewagt, einen historischen Informationsweg auf der Alteburg errichten zu wollen. Deshalb entstand die Idee, zuvor durch kleinere Ausgrabungen den Denkmalcharakter des Objekts besser erfassen zu können.

Dank der finanziellen Unterstützung durch die Gemeinde, den Geschichtsverein Biebergemünd e. V., den Main-Kinzig-Kreis, das Archäologische Spessartprojekt e. V. sowie das Landesamt für Denkmalpflege Hessen und die Archäologische Gesellschaft in Hessen e. V. war es möglich, eine kleinere Ausgrabung durchzuführen. Dafür ist allen Beteiligten herzlich zu danken. Ohne die ehrenamtliche Mitarbeit der Mitglieder des Archäologieteams des Main-Kinzig-Kreises wäre die Ausgrabung dennoch nicht möglich gewesen. Ihnen und im Besonderen K. Wurche, der an der Durchführung der Ausgrabung maßgeblichen Anteil hatte, gilt unser ausdrücklicher Dank.

Angesichts der Größe der Alteburg von rund 5 ha einerseits und der begrenzten Mittel andererseits war klar, dass nur kleinere Grabungsflächen bzw. Schnitte vorgenommen werden konnten. Deshalb wurden in dem durch einen Querwall abgetrennten kleineren Teil zwei versetzt angeordnete Schnitte angelegt, die von der Kuppe bis zum Außenwall reichten. Ziel war es, eventuell noch erhaltene Reste der Innenbebauung aufzudecken. Bis auf ein Reibsteinfragment waren jedoch auf dem Plateau keine weiteren Siedlungshinweise zu finden. Durch Erosionsvorgänge war der Boden hier abgetragen, sodass 10–20 cm unter der heutigen Oberfläche bereits der anstehende Boden zutage kam.

Dagegen konnten im Hangbereich und vor dem äußeren Wall überdeckte ältere Oberflächen freigelegt werden. Eindeutige Bebauungsspuren waren aber auch hier nicht auszumachen.

Ein Schnitt durch den noch 3,5 m hohen Außenwall zeigte, dass die aus Steinen errichtete Mauer an der Wallinnenseite vollständig verstürzt war und auf der an dieser Stelle erhaltenen antiken Oberfläche auflag (Abb. 147). Eine Mauer an der Wallaußenseite konnte nicht nachgewiesen werden, sie dürfte jedoch ursprünglich vorhanden gewesen und inzwischen in den vorgelagerten Graben gestürzt sein, der aus Zeitgründen leider nicht mehr untersucht werden konnte.

Nachdem sich herausgestellt hatte, dass die Erhaltungsbedingungen hinter dem Wall durchweg als günstig zu beurteilen sind, legten wir im größeren Teil der Alteburg eine weitere kleine Fläche in unmittelbarer Nähe des Walls an. Dort stießen wir u. a. auf eine 10–20 cm dicke Brandschicht, die sich dort fast über die gesamte Fläche erstreckte (Abb. 148). Hier konnten zahlreiche Holzkohleproben und z. T. sogar größere Holzteile mit gut sichtbaren Jahresringen geborgen werden. Unmittelbar am Wall wies die Brandschicht eine Stärke von 20–25 cm auf und verlief fast senkrecht nach oben. Vermutlich handelt es sich um Reste der ehemaligen hölzernen Umwehrung, die an dieser Stelle einer einschneidenden Brandkatastrophe zum Opfer gefallen ist.

Schließlich wurden auch die beiden Querwälle mit ihren vorgelagerten Gräben untersucht. Der östliche Querwall und die Fläche davor stellten sich als das fundreichste Areal der gesamten Ausgrabung heraus. Von dort stammen u. a. Scherben eines spätrömischen Gefäßes. Im Inneren eines Querwalls fanden sich mehrere große verkohlte Holzstücke, die parallel zum Wallverlauf in einer Reihe lagen, woraus man schließen kann, dass es sich um die Reste einer Holzkonstruktion gehandelt haben dürfte. Im Unterschied zum Außenwall besaßen die Querwälle keine nachweisbare Steinverkleidung an der Außenfront (Abb. 149). Sie waren lediglich aus Erde, einzelnen Steinen und Holz errichtet, ihnen vorgelagert war jeweils ein Spitzgraben.

Zusammen mit den Untersuchungen am Außenwall können nun eindeutige Aussagen zur Bauweise der Wälle gemacht werden. Damit sind gute Vorraussetzungen für den geplanten Lehrpfad und sogar mögliche Teilrekonstruktionen des Walls geschaffen.

Auch das bisher geborgene Fundmaterial erlaubt jetzt präzisere Angaben zur Nutzung der Alteburg. So fanden wir überraschenderweise neben zwei neolithischen Abschlägen auch eine Scherbe der Glockenbecherkultur, die anzeigt, dass sich schon im 3. Jahrtausend v. Chr. Menschen auf der Alteburg aufgehalten haben. Durch die Reste eines römischen Henkelkrugs und das Bruchstück eines nigraartigen Gefäßes, die beide in das 4. bzw. das frühe 5. Jahrhundert n. Chr. zu datieren sind, ist eine Nutzung der Alteburg in spätrömischer Zeit gesichert. Auch einige Scherben der handgemachten Keramik gehören vermutlich in diese Zeit und belegen eine von Germanen genutzte Höhensiedlung. Angesichts der großen Ähnlichkeit bestimmter germanischer Keramikformen mit eisenzeitlichen Typen könnte ein Teil der handgeformten Keramikscherben aber auch in die Eisenzeit gehören. Eindeutige Funde der Eisenzeit konnten wir allerdings nicht entdecken. Doch wird man aufgrund der charakteristischen Form der eingangs erwähnten Tore von einem eisenzeitlichen Ursprung der Alteburg weiterhin ausgehen dürfen. Den jüngsten datierbaren Fund stellt schließlich eine Perle aus der Merowingerzeit dar. Die Ergebnisse der an verschiedenen Stellen genommenen botanischen bzw. ^{14}C-Proben sind noch abzuwarten.

Sieht man von den nun besser fassbaren Nutzungsperioden der Alteburg einmal ab, stellt sich noch immer die Frage nach ihrer Funktion. Angesichts der Häufung vor- und frühgeschichtlicher Ringwälle im Biebertal und deren – zumindest auf der Alteburg nachgewiesenen – Mehrphasigkeit muss es immer wieder Gründe für die Errichtung bzw. das Aufsuchen befestigter Höhen gegeben haben. Neben der Schutzfunktion könnte auch die Kontrolle nahe gelegener Rohstoffvorkommen eine Rolle gespielt haben. So sind im nahen Bieber Metallvorkommen bekannt, die in der Neuzeit erfolgreich abgebaut wurden. Auch die Salzquellen von Bad Orb sind nicht allzu weit entfernt; ein von dort kommender Weg führt direkt an der Alteburg vorbei. Jedoch steht derartigen Überlegungen der Einwand entgegen, dass es bisher keinen Nachweis für mittelalterlichen oder gar älteren Bergbau gibt. Auch die Salzgewinnung von Bad Orb ist schriftlich erst für das 11. Jahrhundert belegt. Zukünftige Untersuchungen können hier vielleicht Klarheit schaffen.

149 Biebergemünd-Kassel, Alteburg. Im Unterschied zum Außenwall ließ sich an den beiden Querwällen trotz einzelner aufeinander liegender Steine keine eindeutige Steinverkleidung des Walls nachweisen.

LITERATUR

F.-R. Herrmann, Die Alteburg bei Kassel. Archäologische Denkmäler in Hessen 109 (Wiesbaden 1993). – Ders., Die Alteburg bei Biebergemünd-Kassel im Spessart. In: C. Dobiat (Hrsg.), Festschrift für Otto-Herman Frey zum 65. Geburtstag. Marburger Studien zur Vor- und Frühgeschichte 16 (Marburg 1994) 275–284.

Germanische Siedlungsreste in Butzbach, Wetteraukreis

Siedler waren Alamannen – Ergebnisse einer archäologischen Baubegleitung in der Stadt Butzbach

Gail Schunk-Larrabee, Winfried Schunk

Die Kasernenstraße in Butzbach ist eine Verbindungsstraße zwischen Marktplatz und Landgrafen-Schloss. Sie wird vom »Breiten Stein« und der Färbgasse geschnitten. Bis in die erste Hälfte des 19. Jahrhunderts hieß sie »burggasse«. In Urkunden von 1456 und 1476 wird jeweils ein Gebäude – »*in der burggassen gelegen*« – genannt. Im Jahr 1818 erfolgten der Umbau des Landgrafen-Schlosses zur Kaserne und die damit verbundene Umbenennung der »burggasse« in »Kasernenstraße«. Die zurzeit älteste archäologisch nachweisbare Bebauung auf dem Schlossgelände stammt aus dem 13. Jahrhundert; es handelt sich um eine sog. Wasserburg. Karolingische Keramik kam bei Renovierungsarbeiten im Kellerbereich des Gebäudes Kasernenstraße 11 (Ecke Kasernenstraße/Färbgasse) zutage; in der benachbarten Schlossstraße konnten ein parallel zur heutigen Straße verlaufender, befestigter Weg des 13. Jahrhunderts und eine merowingerzeitliche Grube dokumentiert werden. Darüber hinaus ist neben dem Schlosseingang an der Kasernenstraße bei Kanalarbeiten in einer Tiefe von zwei Metern eine Kulturschicht freigelegt worden, aus der man Keramikscherben des 13. Jahrhunderts barg. Bereits vor etwa 15 Jahren waren die alten Gebäude in der Kasernenstraße (damals Nr. 8–10) und etliche dahinter liegende Schuppen abgebrochen und der Boden um etwa einen Meter abgetragen worden. Aus welcher Zeit die Häuser stammten, konnte nicht mehr festgestellt werden. Die jüngsten Erdschichten existierten nicht mehr und Fundamentreste einer älteren Bebauung waren auf der ehemaligen Oberfläche nicht mehr zu erkennen.

Angesichts dieser Ausgangssituation musste man also auch bei der neu einzurichtenden Baustelle in der Kasernenstraße 10 und 12 mit Siedlungsfunden rechnen, die zumindest bis in die Merowingerzeit zurückgehen. Als im Oktober 2004 mit der Bebauung des Grundstücks begonnen wurde, beauftragte daher der zuständige Kreisarchäologe J. Lindenthal die Autoren dieses Beitrags, die archäologische Baubegleitung durchzuführen. Die Untersuchung beschränkte sich weitgehend auf die Profile der Baugrube, da Grundwasser während der Baggerarbeiten einsickerte und den Grund unbegehbar machte. Nur ein kleiner Teilbereich blieb vom Grundwasser verschont. Das Erdreich wurde bis in eine Tiefe von etwa 3 m ausgehoben; im so entstandenen »Baggerplanum« waren fast alle Befunde in diesem Teilbereich zerstört (Abb. 150).

In den Profilen der Baugrube aber kamen z. T. mächtige, bis in eine Tiefe von fast 2,80–3 m reichende Kulturschichten ans Tageslicht. Dies war darauf zurückzuführen, dass in den hinteren

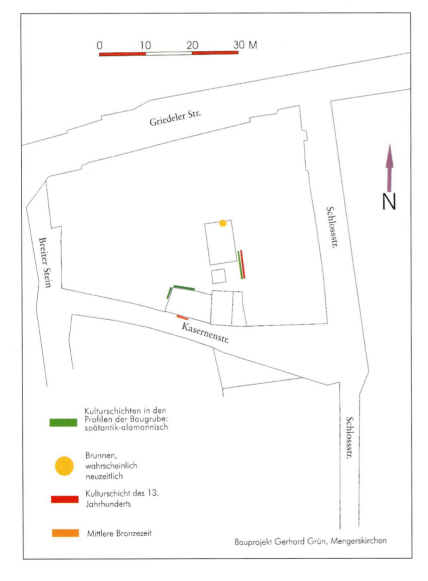

150 Butzbach, Kasernenstraße 10 und 12. Lageplan der Baustellenareale sowie der Kulturschichten der mittleren Bronzezeit, des 4./5. und 13. Jahrhunderts n. Chr.

Bereichen der Kasernenstraße keine Bebauung stattgefunden hatte, die bis in die tieferen Schichten reichte. Lediglich im Profil direkt an der Kasernenstraße waren noch Reste von einem Steinkeller vorhanden, der sich z. T. unter der Straße fortsetzte. Die fast schwarzen Kulturschichten finden ihre Entsprechungen an vielen Stellen in der Butzbacher Innenstadt, wo sie bei Renovierungsarbeiten oder Neubauten beobachtet wurden. In zahlreichen Fällen handelte es sich um vorgeschichtliche Gruben oder Schichten. Nicht immer brachten diese Eingriffe ins Erdreich Funde zutage, anhand derer sich eine Besiedlung nachweisen ließe. Sicher sind organische Materialien im Lauf der Jahrhunderte bzw. Jahrtausende durch Infiltration in die Kulturschichten gelangt. Die Hauswinkel und Gassen einer mittelalterlichen Stadt dienten als Ableitung der Fäkalien und anderer organischer Stoffe; dabei sickerten diese auch ins Erdreich und trugen zur heutigen schwärzlichen Färbung der Schichten bei.

Im Stadtbereich sind mehrere vorgeschichtliche Fundstellen dokumentiert worden, die alle in die Bronze- und Hallstattzeit gehören. Zum Inventar einer Siedlungsgrube zählte die Randscherbe eines Tellers der mittleren Bronzezeit, die in einer Tiefe von ungefähr 2,50 m im Profil der Baugrube in der Kasernenstraße angetroffen wurde (Abb. 151).

Was die Frühgeschichte anbelangt, so gilt es auf Keramikfragmente des 4. Jahrhunderts hinzuweisen, die während der Neubebauung der Kugelherrenstraße 1985 aus zwei Siedlungsgruben zutage gekommen waren, wobei damals die frei geformte alamannische Ware fehlte. Der jetzige Fundstoff aus der Kasernenstraße, der auch frei geformte Keramik enthielt (Abb. 153–154), legt nahe, dass dort im 4./5. Jahrhundert Alamannen siedelten. Die Besiedlung dehnte sich damals vielleicht von der Kugelherrenstraße nach Osten hin aus, denn auf der Straßenkreuzung Bismarckstraße/Große Wendelstraße gab es auch Funde des 4./5. Jahrhunderts; ebenso weiter nördlich (Abb. 151). In Anbetracht der Fundumstände ist im Fall der westlichen Funde eine Verlagerung aus der Innenstadt heraus nicht auszuschließen.

Die größere Baugrube in der Kasernenstraße hatte eine Größe von 20 × 13 m und die kleinere von 9 × 9 m (Abb. 150). Die Profile konnten nur eingeschränkt gesäubert und begradigt werden, weil fast ständig Wasser in schmalen Rinnen die Wände herunterlief. Das Nordprofil der kleineren Baugrube wurde für eine Dokumentation einigermaßen hergerichtet, sodass eine Abfolge der Schichten ersichtlich war (Abb. 152). Eine Fotodokumentation wurde von sämtlichen Profilen erstellt. Die alamannische Siedlungsschicht liegt etwa 1,40 m unter der heutigen Oberfläche. Sie

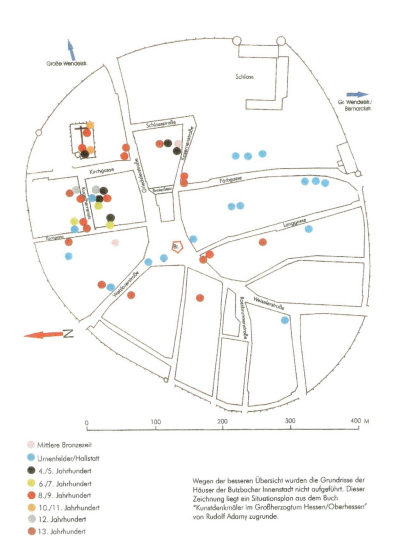

151 Butzbach, Kernstadt. Fundstellen der Zeit von etwa 1500 v. Chr. bis um 1300 n. Chr.

bestand, wie oben schon erwähnt, aus dunkelgrauem und überwiegend schwarzem Humus. Auffallend viel grober weißer Sandstein war vorhanden, der zerkleinert worden ist und zur Magerung der Töpfe und Schalen diente, die sicher an Ort und Stelle hergestellt wurden. Die weißen Sandsteine, die von Alamannen zur Siedlungsstelle geholt wurden, können aus mittelkaiserzeitlichen Bauten stammen; Parallelen aus anderen Siedlungsstellen in der Wetterau liegen vor. Ferner waren in der Siedlungsschicht Hüttenlehm, Holzkohlestückchen und zahlreiche frei geformte und auf der Scheibe gedrehte spätantike Keramikfragmente vorhanden (Abb. 153–154). Auch wurden kleine Knochengeräte geborgen. In Butzbach betrug die Entfernung zu den römischen Anlagen in der Flur »Hunneburg« etwa 400 bis 500 m. In der dortigen zivilen Ansiedlung und im Kastellbereich sind fünf spätantike Münzen (2. Hälfte des 3. Jahrhunderts bis 4. Jahrhundert) bei planmäßigen Grabungen geborgen worden. Da der Gesamtfundkomplex allerdings noch nicht ausgewertet ist, ist eine Zuordnung der Münzen

123

152 Butzbach, Kasernenstraße 10 und 12. Profil in der Nordwand der Baugrube.

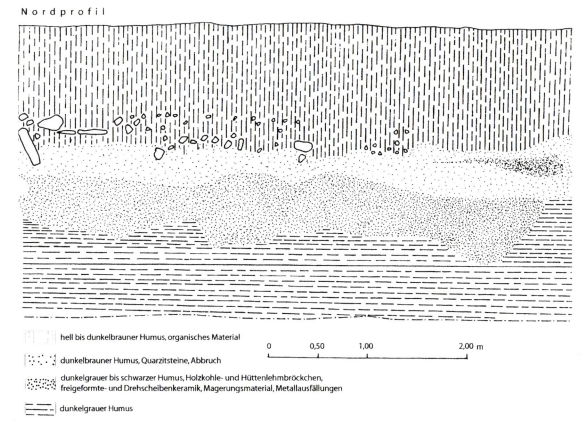

Nordprofil

| | hell bis dunkelbrauner Humus, organisches Material
| | dunkelbrauner Humus, Quarzitsteine, Abbruch
| | dunkelgrauer bis schwarzer Humus, Holzkohle- und Hüttenlehmbröckchen, freigeformte- und Drehscheibenkeramik, Magerungsmaterial, Metallausfällungen
| | dunkelgrauer Humus

0   0,50   1,00   2,00 m

153 Butzbach, Kasernenstraße 10 und 12. Frei geformte germanische Ware.

innerhalb des *vicus* und des Kastells zurzeit nicht möglich.

Im Ostprofil der größeren Baugrube war die Kulturschicht des 4./5. Jahrhunderts in gleicher Tiefe noch 3–4 m weit vorhanden. Der Schichtinhalt war der gleiche wie in der oben beschriebenen. Darüber lag der Rest einer mittelalterlichen Kulturschicht; sie barg mehrere größere Steine, die als ein schwaches Hausfundament gedeutet werden können. Die geborgene scheibengedrehte Keramik gehört ins 13. Jahrhundert. Die Dörfler haben ihr Gebäude direkt auf der einplanierten Schicht der alamannischen Siedlungsstelle errichtet. Die Besiedlung in fränkischer Zeit scheint sich den Funden nach zu urteilen – mit wenigen Ausnahmen – auf den Bereich Markuskirche und Kugelherrenstraße konzentriert zu haben. In der Karolingerzeit und danach vom 10. bis 12. Jahrhundert scheint die Besiedlung auch weiterhin auf diesen Bereich beschränkt gewesen zu sein. Erst mit dem Bau einer Wasserburg um die Mitte des 13. Jahrhunderts dehnte sich die Bebauung zum Schlossbereich hin aus. Die Stadtrechte bekam Butzbach 1321. Im Nordprofil der größeren Baugrube kam ein wahrscheinlich neuzeitlicher Brunnen zum Vorschein, dessen Wasserstand im November 2004 bei etwa 2,50 m lag. Er war mit modernen Betonröhren ausgekleidet. In einer Tiefe von 2,50 m waren an der Wandung einzelne größere Steine vorhanden, die vielleicht zu einem älteren Brunnen gehört haben (Abb. 150).

Die Wasserversorgung in Butzbach und Umgebung wurde in vor- und frühgeschichtlicher Zeit durch Wasserläufe gesichert, die von den östlichen Ausläufern des Taunusgebirges in die Niederungen gelangten und in die Wetter entwässerten. Drei Wasserläufe tangierten damals Butzbach. Bis weit in die Neuzeit wurden die meisten Brunnen der Stadt mit Holzbrettern ausgekleidet. Äußerlich haben sie sich sicher kaum von den Gerbergruben unterschieden. Im »Baggerplanum« der kleinen Baugrube wurde eine kreisrunde, fast schwarze Verfärbung sichtbar, die einen Durchmesser von 0,80 m hatte. Wegen der Wasseransammlung musste eine weitere Untersuchung unterbleiben. Ein Brettstück aus Buchenholz von etwa 0,50 × 0,40 m Größe konnte aus dem

Rest der Verfärbung geborgen werden. Eine dendrochronologische Untersuchung war angesichts der zu geringen Anzahl von Jahresringen nicht möglich.

Die spätantike Siedlung in der Kugelherrenstraße scheint älter als diejenige in der Kasernenstraße zu sein. Dort ist wohl aufgrund der nachfolgenden Hinterlassenschaften eine Siedlungskontinuität gesichert.

Trotz der geschilderten Unzulänglichkeiten, die mit einer solchen »baubegleitenden Untersuchung« einhergehen, war es dennoch möglich, eine weitere spätantike Siedlungsstelle in der Altstadt Butzbachs zu dokumentieren.

LITERATUR

N. Boenke/J. Lindenthal, Neues aus der alamannischen Siedlung im Gewerbegebiet »Mühlbach« in Echzell. Hessen Archäologie 2003 (2004) 116–119. – W. Schunk/G. Schunk-Larrabee, Siedlungen der Vor- und Frühgeschichte in Butzbach und seinen Stadtteilen. Butzbacher Hefte 5 (Butzbach-Griedel 1996). – B. Steidl, Die Wetterau vom 3. bis 5. Jahrhundert n. Chr. Materialien zur Vor- und Frühgeschichte von Hessen 22 (Wiesbaden 2000).

154 Butzbach, Kasernenstraße 10 und 12. Spätrömische Drehscheibenware.

Forschungen zu mittelalterlicher Keramik aus dem Schwalm-Eder-Kreis

Verkaufsschlager oder Ladenhüter? – Frühmittelalterliche Keramikproduktion in Neuental-Zimmersrode

Petra Hanauska

Ausgedehnte tertiäre Tonlager begünstigten in Nordhessen einst die Entstehung zahlreicher Töpfereien und auf diese Weise einen Handwerkszweig, der sich anhand archäologischer Hinterlassenschaften bis ins Mittelalter zurückverfolgen lässt. Der bisher älteste nachgewiesene nordhessische Produktionsort von Keramik wurde 1981 bei Bauarbeiten in Neuental-Zimmersrode, Schwalm-Eder-Kreis, entdeckt. Dort sind auf der Flur »Heilswiese«, die im Südosten des heutigen Orts liegt, die Reste eines Töpferofens mitsamt zugehörigem Ausschuss der Keramikherstellung, der etwa in das 9. Jahrhundert datiert werden kann, geborgen worden. Dies zeigt, dass die Wurzeln des 1601 für Zimmersrode erstmals schriftlich belegten Töpfereihandwerks bis ins Frühmittelalter zurückreichen. Der Befund wurde im Rahmen einer Dissertation im Graduiertenkolleg »Archäologische Analytik« an der Johann Wolfgang Goethe-Universität Frankfurt a. M., gefördert durch die Kommission für Archäologische Landesforschung in Hessen e. V., erneut archäologisch bearbeitet, wobei die Keramik zusätzlich naturwissenschaftlich untersucht und in das wirtschaftliche Umfeld eingeordnet wurde.

Bei der Wahl des Standorts für die Keramikproduktion waren neben der gesicherten Wasserversorgung sicher die nahe gelegenen, ausgedehnten Tonlagerstätten ausschlaggebend. Südlich von Zimmersrode, im Bereich eines modernen, inzwischen stillgelegten Braunkohletagebaus treten z. T. meterdicke Tonbänder an die Oberfläche (Abb. 155). Darüber hinaus haben Bohrungen ergeben, dass auf der Heilswiese selbst und in einem östlich des Orts gelegenen Waldstück ebenfalls Tone anstehen. Die Tone weisen meist eine starke natürliche, feinkörnige Quarzmagerung auf, die sich in der Keramik von

155 Neuental-Zimmersrode, Flur »Heilswiese«. Tonvorkommen südlich von Zimmersrode.

156 Neuental-Zimmersrode, Flur »Heilswiese«. Dünnschliff mit Braunkohlenquarzit.

157 Neuental-Zimmersrode, Flur »Heilswiese«. Farbspektrum der Zimmersroder Keramik.

der »Heilswiese« wieder findet. In ihr sind nach Ausweis der angefertigten Dünnschliffe (Institut für Mineralogie und Kristallstrukturlehre der Bayerischen Julius-Maximilians-Universität Würzburg, Proben-Nr. NZ 1–8, 12–13, 16–24, 26–27, 29, 33, 35–36, 38, 40–41, 44–45) auch Braunkohlenquarzite enthalten, was gleichermaßen – wie nicht anders zu erwarten war – die lokale Herkunft der für die Zimmersroder Keramikproduktion verwendeten Rohstoffe belegt (Abb. 156). Die Dünnschliffe zeigen darüber hinaus, dass die Töpfer dem Ton trotz der bereits vorhandenen natürlichen Magerung noch mittelgroben Quarzsand zugegeben haben, um die Materialeigenschaften zu verbessern. Diese gängige Praxis der Aufbereitung von Tonen für die Gefäßproduktion und der Hinweis bei einem der Zimmersroder Scherben, dass Tone auch gemischt wurden, liefern mögliche Erklärungen dafür, dass Vergleiche der anhand von Röntgenfluoreszenzanalysen (Institut für Mineralogie der Universität Frankfurt, Proben-Nr. NZ 1–15, 46-1, 46-2, 47–48, 49-1, 49-2, 50–56; NZT 1–13) ermittelten chemischen Zusammensetzung von lokalen Tonproben mit der der Keramik keine Übereinstimmung erbrachten.

Der Zimmersroder Produktionsausschuss weist unterschiedliche Farbtöne auf, die in der Regel mit einem bestimmten Härtegrad einhergehen (Abb. 157). Die braunen Scherben sind meist weich, die weißlich-gelben und rotbraunen hart und die grauen sehr hart bis klingend hart. Die ursprüngliche Annahme, dass diese Unterschiede lediglich brenntechnisch bedingt sind, ließ sich nach Auswertung der Röntgenfluoreszenzanalysen, die an 58 Scherben durchgeführt wurden, nicht halten. Die Werte sprechen für eine unterschiedliche Zusammensetzung der keramischen Masse, also für unterschiedliche »Rezepte« bei der Herstellung. Mit Erstellung dieses »chemischen Fingerabdrucks« sollte es künftig auch möglich sein, Keramik anderer Fundorte Zimmersrode als potentiellem Produktionsort zuzuweisen.

Das Typenspektrum der in Zimmersrode hergestellten Keramik weist – wie auch die von anderen karolingerzeitlichen Fundkomplexen – nur eine geringe Vielfalt auf. Neben einigen wenigen Krügen und (Tüllen-)Kannen wird die Hauptmasse der Funde durch einfache Koch- und Vorratsgefäße bestimmt (Abb. 158). Es handelt sich bei diesen meist um hochschultrig-bauchige Töpfe, aber auch kugelige Formen kommen vor. Die Keramik ist unverziert, jedoch kann die Profilierung zahlreicher Gefäßränder und die für viele der Zimmersroder Töpfe typische Facettierung der Wandung als dekoratives Element gewertet werden.

Gebrannt wurde in einem sog. stehenden Ofen, bei dem der Feuerungsraum und der darüber liegende Brennraum mit der Keramik durch eine durchlochte Zwischendecke, die Lochtenne, voneinander getrennt sind. Dieser Ofentyp wurde ab dem 10. Jahrhundert durch den »liegenden Ofen« mit hintereinander angeordneten Feuerungsraum und Brennraum abgelöst.

Trotz intensiver Suche in den Magazinen der Museen Kassel, Fritzlar, Alsfeld, Gensungen und Bad Wildungen konnte bisher kein Verbreitungsgebiet für die Zimmersroder Keramik erarbeitet werden. Während vergleichbare Warenarten in Nordhessen keine Seltenheit sind, war eine Kombination aus Zimmersroder Formmerkmalen und der dortigen Ware nur in Ausnahmefällen an anderen Siedlungsstellen zu finden. Diese Scherben wurden ebenfalls auf ihre chemische Zusammensetzung hin beprobt und die Werte mit denen der Zimmersroder Keramik verglichen. Eine Übereinstimmung konnte jedoch nicht festgestellt werden. Dieses Ergebnis spricht sehr dafür, dass die Zimmersroder Keramik nur innerhalb eines engen Radius verhandelt wurde. Intensive Begehungen im näheren Ortsumfeld zur Entdeckung neuer frühmittelalterlicher Siedlungsstellen könnten vielleicht dazu beitragen, die Größe dieses Gebiets zu bestimmen.

Die Theorie eines eher kleinräumigen Keramikhandels im karolingerzeitlichen Nordhessen wird durch die Ergebnisse gestützt, die die Röntgenfluoreszenzanalysen des keramischen Materials vom Büraberg, aus den Wüstungen Holzheim und Geismar sowie von Lesefunden verschiedener Siedlungsstellen bei Felsberg und Gudensberg ergeben haben. Die Daten der etwa 120 beprobten Scherben lassen sich in der statistischen Auswertung in zwei Gruppen trennen, die sich ihrerseits deutlich von den Zimmersroder Scherben abgrenzen. Eine Gruppe wird von den im Westen gelegenen Fundstellen Büraberg, Geismar und Holzheim gebildet, die andere von den östlich gelegenen Fundorten um Felsberg und Gudensberg. Dies ist insofern interessant, als dass sich derzeit eine solche Unterscheidung mit archäologischen Mitteln wie der noch laufenden Auswertung von Warenarten, Formmerkmalen oder Dekor nicht treffen lässt.

Wie kann nun der chemische Befund archäologisch interpretiert werden? Die denkbarste Erklärung scheint, dass beide Gebiete ihre Keramik von unterschiedlichen Quellen, d. h. von unterschiedlichen, in räumlicher Distanz zueinander stehenden Töpfereien bezogen haben. Wo diese gelegen haben, kann nur vermutet werden. Da sich in Fritzlar das Töpfereihandwerk anscheinend bis ins Hochmittelalter zurückverfolgen lässt, ist es zumindest nicht ausgeschlossen, dass bereits in früherer Zeit eine oder auch mehrere dortige Werkstätten die in nächster Nähe gelegenen Siedlungen von Geismar und Holzheim und die Büraburg mit Keramik versorgt haben könnten. Der Raum um das heutige Felsberg und Gudensberg wäre folglich von anderen Töpfereien beliefert worden. Mit Großbetrieben, die die ganze Region versorgten, ist nach momentanem Stand in Nordhessen während der Karolingerzeit nicht zu rechnen.

158 Neuental-Zimmersrode, Flur »Heilswiese«. Gefäße aus der Zimmersroder Keramikproduktion.

LITERATUR

P. Hanauska, Neue Forschungen zum Töpferofen von Neuental-Zimmersrode, Schwalm-Eder-Kreis. In: Berichte der Kommission für Archäologische Landesforschung in Hessen 6, 2000/01 (Wiesbaden 2001) 167–179. – M. Mathias, Ein karolingischer Töpferofen aus Neuental-Zimmersrode, Schwalm-Eder-Kreis. Fundberichte aus Hessen 27/28, 1987/88 (1994) 137–158. – Ders., Studien zur mittelalterlichen Keramik in Niederhessen (Dissertation Marburg 1988). – H.-G. Stephan, Mittelalterliche Töpferei in Niederhessen. Fundberichte aus Hessen 32/33, 1992/93 (2000) 207–279.

Abschluss der Grabungsaufarbeitung in Bad Karlshafen-Helmarshausen, Kreis Kassel

Die Bauentwicklung der Klosterkirche von Helmarshausen nach den Ausgrabungen 1964–1968

Friedrich Oswald

Die wissenschaftlich nachvollziehbare Veröffentlichung von Forschungsergebnissen gehört zu den unabdingbaren Verpflichtungen archäologischer Tätigkeit. Deshalb habe ich mich im Ruhestand dieser Aufgabe im Fall der Ausgrabung im

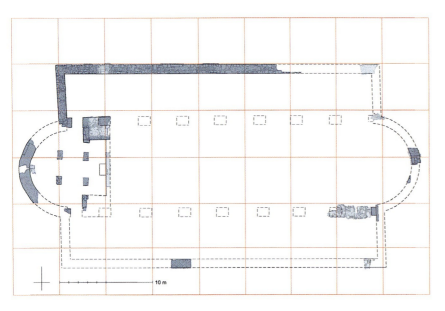

159 Bad Karlshafen-Helmarshausen, Klosterkirche. Bauphase I mit Gründungsbau. – M. 1:400.

Bereich der Klosterkirche von Helmarshausen angenommen, bei der ich 1968 mit C. Dahm für die dritte Grabungskampagne verantwortlich gewesen bin. G. Binding erschloss Westchor und Langhaus, C. Dahm 1965 die Ostteile der Klosterkirche. Die Kampagne 1968 war in ihrer Aufgabenstellung davon bestimmt, dass die Befunde der ersten Kampagne ganz und die der zweiten noch teilweise offen lagen. Damit war die Möglichkeit gegeben, die 1965 vorgelegten ersten Ergebnisse durch gezielte Nachuntersuchungen zu überprüfen, zu modifizieren und als Flächengrabung zu erweitern, wobei der Abtrag jüngerer Befunde nicht zu umgehen war. Große Teile der Kirche wurden bewusst nicht ausgegraben.

Die Abtei Helmarshausen, 997 auf dem Gelände eines ehemaligen Königshofs an der Kreuzung bedeutender Fernstraßen von dem Grafenpaar *Ekkihard* und *Mahtilda* gegründet, wurde Kaiser Otto III. als Reichskloster übertragen und 999 von Papst Silvester II. in seinen Rechten bestätigt, aber 1017 von Kaiser Heinrich I. an Bischof Meinwerk von Paderborn zu Eigen gegeben. Anfang des 12. Jahrhunderts steigerte Abt Thietmar II. (1080/81–1115/1121) vor allem durch den Erwerb der Ganzkörperreliquie des hl. Modoald im Jahr 1107 Ansehen und Anspruch. Bis gegen Ende des Jahrhunderts, namentlich unter der Vogtei Herzog Heinrichs des Löwen, genossen die klösterlichen Kunstwerkstätten höchsten Ruf. Im Zeitalter des Aufkommens der Landesherrschaften suchten sich die Mönche von der Bindung an das Bistum Paderborn zu befreien, gerieten damit aber in immer größere Abhängigkeiten und Substanzverluste. 1540 kam das Ende des nicht mehr lebensfähigen Klosters durch Verpfändung an die Landgrafschaft Hessen. Alle Gebäude außer dem östlichen Klausurflügel wurden dem Verfall überlassen und die Ruinen im 17. Jahrhundert eingeebnet. Selbst die Lage der Klosterkirche war bis ins 20. Jahrhundert nicht mehr bekannt, sodass die nahe Evangelische Stadtkirche als die einstmalige Klosterkirche angesehen wurde.

Bauabsichten auf dem vormaligen Klostergelände veranlassten 1964 den Landeskonservator von Hessen, dort Grabungen durchführen zu lassen, die 1965 fortgesetzt und 1968 abgeschlossen wurden. Nach ersten Vorberichten hat die Gesamtauswertung dieser Grabungen aus vielen Gründen lange geruht und wurde erst Ende 2001 vom Landesamt für Denkmalpflege Hessen dem Berichterstatter übertragen. Sie steht jetzt kurz vor dem Abschluss und soll in eine Veröffentlichung aller Befunde und Funde münden.

Die Klosterkirche, auf die sich die Ausgrabungen beschränkt haben, durchlief mehrere Entwicklungsphasen, in denen der bis zuletzt in seinen äußeren Längsmauern beibehaltene älteste Bau nach Westen und Osten erweitert wurde. In der ersten Bauphase entstand eine 43,40 m lange und 22,04 m breite, dreischiffige Kirche mit Ost- und Westapsiden, einer Krypta unter dem westlichen Hauptchor und acht auf starken Rechteckpfeilern ruhenden Arkaden im Langhaus (Abb. 159). Die in einheitlicher Technik errichtete Kirche war in den anstehenden Boden gegründet und durch alle späteren Umbauten ergänzt oder ersetzt worden. Sie zeigt mit der Absenkung des Bodenniveaus unter die Fundamentoberkante der Außenmauern während des Baus und einer Achsenverschiebung in der wahrscheinlich nachträglich eingefügten Krypta eine erhebliche Planungsunsicherheit und darüber hinaus deutliche bautechnische Mängel, nämlich wechselnde Mauerstärken im Aufgehenden und Winkelabweichungen. Andererseits war sie mit gutem, sehr hart abgebundenem Kalkmörtel errichtet. Ein Eingang im Nordschiff hatte Nuten für Holzrahmen in Gewänden und Schwelle.

Die mit der Kirche des zeitgleich gegründeten Nonnenklosters Sulzburg im Südschwarzwald vergleichbare doppelchorige Disposition und die architektonische Ausformung seiner Vierstützenkrypta erlauben es, Bau I als die 1011/12 von Bischof Meinwerk von Paderborn geweihte erste Kirche anzusprechen. Die Westlage des Hauptchors mit dem Petrus-Patrozinium bringt zum Ausdruck, dass das Kloster wie andere in ottonischer Zeit unter direktem päpstlichem Schutz stand.

In Bauphase II wurden die Schiffsarkaden mit der Abfolge von je zwei Säulen und einem Mittelpfeiler zwischen Zungenmauern (Abb. 160) erneuert. Eine Verlegung der Kryptaeingänge wurde möglich, weil der bis dahin östlich des Westchors anzunehmende Psallierchor der Mönche vor die langen Zungenmauern nahe dem Marienchor mit den Reliquien des hl. Modoald verlegt wurde. Arkaturen mit zweisäuligem Stützenwechsel gab es spätestens von ottonischer bis in romanische

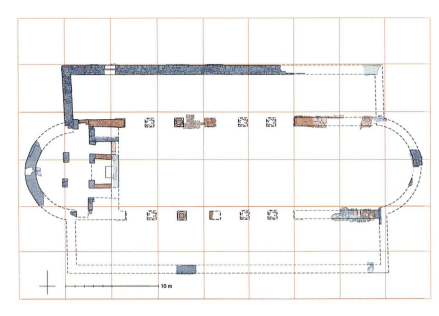

160 Bad Karlshafen-Helmarshausen, Klosterkirche. Bauphase II mit Umbau im Langhaus. – M. 1:400.

Zeit. Die Säulenbasen mit frühen Ecksporen sind jenen des 1093 gegründeten Klosters Bursfelde jenseits der Weser nächst verwandt und weisen den Umbau eindeutig in die Zeit um 1100. Die Überlieferung, dass Abt Thietmar II. zur Steigerung des Ansehens seines Klosters auch die Gebäude renoviert hat, kann auf einen Wunderbericht von 1106 bezogen werden. Der Umbau ist also vor die Übertragung des hl. Modoald 1107 zu datieren, die demnach nicht Auslöser, sondern der Höhepunkt der Neuerungsbestrebungen war.

Bauphase III mit 1964 in guter Erhaltung gefundenem quadratischem Turmchor und Nebentürmen anstelle der Westapsis und einem Pendant im Osten (Abb. 161) wurde den Grabungsbefunden zufolge kurz vor einem starken

161 Bad Karlshafen-Helmarshausen, Klosterkirche. Bauphase III mit neuen Turmchören im Westen und Osten. – M. 1:400.

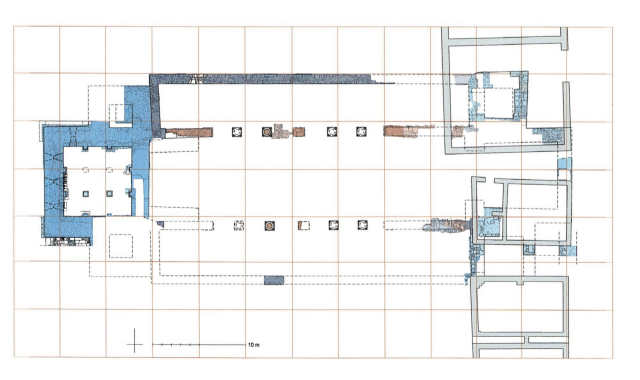

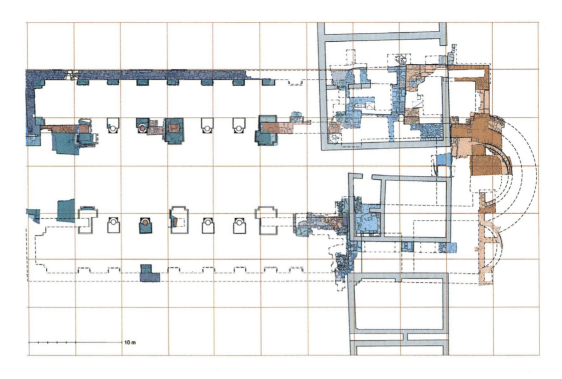

162 Bad Karlshafen-Helmarshausen, Klosterkirche. Bauphase IV mit Einwölbung und Bauphase V mit Osterweiterung. – Offene Gebäudemauern rechts unten = bestehender Bau des östlichen Klausurflügels. – Offene Gebäudemauern am oberen Rand = bestehende Steinscheune von 1749. – Offene Gebäudemauern dazwischen = nach 1968 abgerissener Schuppen. – M. 1:400.

Brand und der unmittelbar danach einsetzenden Wölbungsphase IV begonnen. Die beiden Baukörper im Westen und Osten ähneln sich in der Gesamtdisposition. Der Westchor hatte eine ebenerdige, gewölbte Halle und – nach Ausweis von im Langhaus hoch führenden Treppen – darüber einen Altarraum. Eine Federzeichnung von W. Schaeffer genannt Dilich aus dem Jahr 1591 zeigt den westlichen Mittelturm von einem achtseitigen Aufbau bekrönt. Der neue Ostabschluss besaß einen kaum erhöhten Turmchor und seitliche Anbauten mit stärkeren Mauern, die mit ihrer Durchgangsfunktion im Gegensatz zu den Treppentürmen im Westen begründet sein dürften. Die Seitenräume hatten west-östliche Öffnungen, an die auf der Nordseite später das Paradies anschloss. Für eine zeitliche Eingrenzung dieser Chöre stehen stilistische Anhaltspunkte aus der Westhalle zur Verfügung. Die hüllenartigen Ecksporen an einer Säulenbasis sind als Vorstufe von Formen in St. Michael in Hildesheim anzusehen, die zu den mit Weihe im Jahr 1186 abgeschlossenen Erneuerungen gehören.

Bauphase IV brachte die Einwölbung der drei Schiffe (Abb. 162). Ihre durch Stratigraphie und Bauabfolge gesicherte Zeitstellung ist im späteren 12. Jahrhundert anzusetzen. Offenbar wurde die Maßnahme, wie dies häufiger der Fall war, von dem schon genannten Brand ausgelöst. Einen Neubau der geschädigten Kirche hielt man nicht für erforderlich, das Vorhaben bedeutete aber auch so einen erheblichen Eingriff. Dazu wurden an den Außenmauern Wandvorlagen errichtet, an die Säulen zu den Seitenschiffen hin Gewölbevorlagen angefügt und die bisherigen Pfeiler durch je zwei umgreifende Gewölbevorlagen in mächtige Pfeiler umgewandelt. Bemerkenswert sind die Pfostenlöcher für die Standhölzer des Arbeitsgerüsts zum freien Mauern der Gewölbe im Westjoch des Mittelschiffs.

Die Sockel der Gewölbestützen variierten. Ihre Kämpfer prägten starke Kehlenprofile in einer den Raumhöhen der Schiffe entsprechenden Differenzierung. Farbreste auf den im Schutt gefundenen Steinen, rot in den Abseiten und gelblich im Mittelschiff, geben eine Ahnung von der ehemaligen Farbfassung. Die Raumproportionen dürften ähnlich breit wie in der Paderborner Abdinghofkirche gewesen sein, die nach G. Dehios Handbuch der Kunstdenkmäler Westfalens für die altniedersächsische Art bezeichnend breitbrüstig angelegt war.

Die Wölbung konnte nur mit gravierenden architektonischen Gewaltsamkeiten verwirklicht werden. So erlaubten die spiegelbildlich zum Mittelpfeiler hin verzogenen Pfeilervorlagen am Ende der Zungenmauern durch Verkleinern der beiden Hauptjoche zwar das Wölben des Mittelschiffs, aber nur um den Preis, dass sie die gestuften Arkaden stark überschnitten. Eine vergleichbare Lösung gab es in der Paderborner Abdinghofkirche, die nach einem Brand von 1163 als Einbau in das bestehende Langhaus einer Pfeilerbasilika entstanden war.

In der letzten Bauphase V wurde noch einmal ein neuer Ostabschluss mit einer an den gerade geschlossenen Chorturm angesetzten Apsis und weiteren seitlichen Bauteilen angefügt (Abb. 162). Im Norden führte eine Vorhalle über den Korridor des Anbaus der Bauphase III als Laieneingang in das nördliche Seitenschiff. Sie ist mit späteren Nachrichten über ein Paradies zusammenzubringen. Zwei der hier gefundenen steinernen Särge haben nach ihren Abmessungen für Kinder gedient. Das lässt an *pueri abbatis*, dem Abt von den umwohnenden Adeligen zur Aufnahme in das Kloster übergebene Söhne, denken. Im Süden schloss jetzt eine Apsis den Nebenchor in Verlängerung des Seitenschiffs ab.

Baunachrichten liegen für diese letzte Phase nicht vor. Bei der Erhaltung fast ausschließlich unter Fußbodenhöhe fehlen auch stilistische Anhaltspunkte zur Datierung. Sie gehört aber noch deutlich in romanische Zeit. Die Kirche hatte jetzt eine Gesamtlänge von 65,35 m und damit die Größenordnung des gleichfalls in der zweiten Hälfte des 12. Jahrhunderts entstandenen Doms von Ratzeburg erreicht.

In der damit erreichten Gestalt hat der Bau drei Jahrhunderte überdauert. Nach dem Untergang der Abtei im 16. Jahrhundert gab es für die große Kirche keine sakrale Verwendung mehr. Im westlichen Langhaus gefundene Reste eines grob mit Lehm gemauerten Ofens scheinen die Überlieferung zu bestätigen, dass die Kirche zeitweise einem Salpetersieder als Arbeitsstätte gedient hat. Eine als Einstreu anzusprechende, etwa 0,50 cm hohe Schicht aus feiner humoser Erde im Untergeschoss des Westchors stammt vielleicht von dem Vieh der Amtmannswitwe, das nach einer Nachricht von 1539 in Kreuzgang und Kirche gehalten wurde. Seit der Mitte des 16. Jahrhunderts war die Kirche ohne Dach, bis sie nach dem Einsturz des Ostturms im Jahr 1604 vollständig abgetragen wurde.

Die Klosterkirche von Helmarshausen gehört zu den Bauten, die sich wegen ihrer topographischen Voraussetzungen ausschließlich auf der Längsachse entwickelt haben. Ihr Werdegang verläuft parallel mit wesentlichen Phasen der deutschen Geschichte. Standen die Anfänge im Zeichen der Renovatio-Vorstellungen Kaiser Ottos III. und Papst Silvesters II., so war der Umbau Abt Thietmars II. von dem ganz gegensätzlichen Konflikt zwischen Kaiser und Papst im Investiturstreit bestimmt. Die mehr oder weniger ineinander übergehenden Bauvorhaben in der zweiten Hälfte des 12. Jahrhunderts wurden von den aufeinander prallenden Interessengegensätzen von Kloster und Bischof bei der Ausbildung der Landesherrschaften ausgelöst. Die baulichen Erweiterungen können neben einer Reihe von Urkundenfälschungen, diplomatischen und sogar kriegerischen Anstrengungen des Konvents als flankierende Maßnahmen bei der Verfolgung seiner »Los-von-Paderborn-Bestrebungen« im Rückgriff auf die Rom-Orientierung der Gründungszeit verstanden werden.

Die nur noch mit archäologischen Methoden zu ermittelnde Baugeschichte der Kirche spiegelt den großen Bogen der überlieferten Klostergeschichte so synchron wie selten. Mit einem Bild aus der modernen Welt könnte man sagen, die Klostergeschichte und der archäologische Gesamtbefund passen zusammen wie Plot und Location in einem gelungenen Film.

LITERATUR

G. Binding, Die Benediktiner-Klosterkirche Helmarshausen. Grabungsbericht 1964. Deutsche Kunst und Denkmalpflege 23, 1965, 108–117. – C. Dahm/F. Oswald, Der ottonische Gründungsbau der Klosterkirche Helmarshausen. Kunstchronik 22, 1969, 153–157; 166 f. – F. Oswald, Die Baugeschichte der Klosterkirche [Helmarshausen] nach den Ausgrabungen von 1964 bis 1968. In: I. Baumgärtner (Hrsg.), Helmarshausen. Buchkultur und Goldschmiedekunst im Hochmittelalter (Kassel 2003) 45–76.

Burgenforschung im Kreis Bergstraße

Am Brunnen vor dem Tore... – Grabungen auf Burg Lindenfels

Holger Göldner

163 Lindenfels, Burg. Landschaftsbeherrschend liegt die Burg über dem Schlierbachtal.

164 Lindenfels, Burg. Steil führt der Weg vom äußeren Tor zur Burg.

Von alters her quert, von Worms über den Rhein herkommend, ein Handelsweg den Odenwald und führt weiter an den Main oder nach Waldamorbach und Walldürn. Von Bensheim aus führt die Route ständig bergauf bis zur Wasserscheide von Weschnitz und Gersprenz. Während Erstgenannte dem Rhein zu strömt, entwässert Letztere nach Osten in den Main. Bewacht wird der Pass durch die landschaftsbeherrschend auf einem Sporn gelegene Burg Lindenfels (Abb. 163).

Die Stadt selbst, heute »Heilklimatischer Kurort« und beliebtes Naherholungsziel, blickt auf eine lange Geschichte zurück. In karolingischer und ottonischer Zeit liegt das Land im Spannungsgebiet zwischen dem Reichskloster Lorsch und dem Bistum Worms. Erst die Einrichtung der Pfalzgrafenschaft am Rhein durch Friedrich I. Barbarossa bringt Ruhe in die Region. Im 11. Jahrhundert gelangt Lindenfels in den Besitz der Grafen von Hohenberg. 1121 schließlich nennt sich der aus diesem Hause stammende Berthold der Jüngere »comes de Lindenvels«. Im Jahre 1336 erhält Lindenfels auf dem Reichstag in Frankfurt a. M. von Kaiser Ludwig IV. die Stadtrechte und erlangt so zentralörtliche Bedeutung. Nach einer erbschaftsbedingten Episode (1156–1277), in der verschiedene Adelsgeschlechter auf Lindenfels sitzen, bleiben Stadt und Burg nahezu 600 Jahre in kurpfälzischem Besitz, ehe beide bei dessen

Aufteilung im Jahr 1802 an den Landgrafen Ludwig X. von Hessen kommen und einen Teil des neu entstehenden Großherzogtums Hessen und bei Rhein bilden. Bereits 1080 wird eine »*Slircburg*« genannt. Ob es sich dabei um die Keimzelle der heute noch sichtbaren Burg handelt oder ob die Wallanlage auf dem nördlich der Stadt gelegenen »Alten Köpfchen« gemeint ist, muss vorläufig offen bleiben. Der Grundstein für die uns heute bekannte Burg Lindenfels wird wahrscheinlich im 12. Jahrhundert von Pfalzgraf Konrad von Staufen, einem Halbbruder des Kaisers, gelegt. Als Bauplatz wählt er den etwas über 400 m hohen Gipfel des Schlossbergs, der mit seinen steilen Flanken und dem schmalen Sattel zum Schenkenberg ideale fortifikatorische Voraussetzungen bietet.

Wie an anderen Orten auch prägen Umbauphasen das heutige Bild der Anlage. Im Kern besteht diese aus einer Ring- oder Randhausburg mit einem runden, frei stehenden Bergfried. Um das im Nordwesten gelegene Tor zu erreichen, muss die gesamte Südflanke des Bergs umrundet werden – mutmaßliche Feinde waren so (mit ihrer schildlosen Seite) auf der steilen Rampe über eine lange Strecke den Geschossen der Verteidiger ausgesetzt (Abb. 164). Dank der schroffen Abhänge war ein Graben nicht vonnöten. Dafür wird ein den polygonalen Mauerverlauf der Kernburg aufnehmender Zwinger später hinzugefügt (Abb. 165).

Die ursprüngliche Toranlage ist oberirdisch nicht mehr auszumachen. Der heutige Eingang in den Burghof führt durch den unteren Teil des Haupttors der Stadtbefestigung, das 1857 wegen Verkehrsbehinderung abgebrochen und teilweise auf den Berg transloziert wurde. Auch der »Brunnen vor dem Tore« ist eine Zugabe jüngeren Datums – ursprünglich stand er auf dem Marktplatz der Stadt.

Im 15. Jahrhundert erfolgt, ganz im Stil der Zeit, ein großzügiger Ausbau der staufischen Burg. Ein schmaler Zwinger mit leicht höhenversetzten Mauern umschließt nun den Berg im Nordwesten, Süden und Südosten, während die Nordostseite an die Stadtbefestigung anbindet. Eine Geschützbastion an der inneren Mauer sowie zwei flankierende Rechtecktürme verstärken diesen äußeren Bering. Zwei Wege führen nun in die Festung: Neben dem im Südwesten gelegenen Schlierbacher Tor führt noch eine Toranlage direkt aus der Stadt über den eigentlichen Burgweg zum inneren Tor.

Auch in den folgenden Jahrhunderten waren immer wieder Veränderungen an der Anlage vorgenommen worden, ehe ihre Bedeutung erlosch. Schon im 18. Jahrhundert scheint der Zustand recht marode gewesen zu sein und schließlich

wurde die Burg zum Abbruch freigegeben. Dass Teile davon trotzdem noch stehen, verdanken wir den Landgrafen von Hessen-Darmstadt, die nach der Übernahme des Oberamtes Lindenfels den Steinraub unterbanden und bereits 1803 mit ersten Konservierungsarbeiten begannen.

Seither haben immer wieder Grabungen und Restaurierungs- und Aufbaumaßnamen stattgefunden. Im vergangenen Jahr ließ das Hessische Gebäude-Management Bensheim umfangreiche Sanierungsarbeiten am Mauerwerk vor dem inneren Tor durchführen. Teil dieser Maßnahmen waren archäologische Untersuchungen durch die

165 Lindenfels, Burg. Kernburg und innerer Zwinger, von Süden gesehen.

166 Lindenfels, Burg. Südliche Wange des Torbaus mit freigelegter Pflasterung.

167 Lindenfels, Burg. Baubefunde im inneren Zwinger: Deutlich ist zu sehen, dass der nördliche Abortschacht das Fundament des frei stehenden Gebäudes überlagert.

Außenstelle Darmstadt des Landesamtes für Denkmalpflege Hessen im Bereich der Zufahrt sowie des inneren Zwingers.

Die südliche Torwange konnte auf ihrer gesamten Länge (7,2 m) dokumentiert werden. Der Anschluss an die Burgmauer bleibt unklar, doch zeigen Überlagerungen im Fundamentbereich, dass die Torgasse (Abb. 166) zu einer späteren Ausbauphase gehören muss. Am äußeren Ende fehlt ein klarer Abschluss der nach Norden abknickenden Mauer. In diesem Bereich neigt diese sich zur Torgasse – eine Folge des Erddrucks aus dem Zwingerbereich. Bis an die Mauer heran reicht die alte Pflasterung der Zufahrt, die 0,2–1,0 m unter der heutigen Oberfläche zutage kam. Mittig durch eine Wasserrinne geteilt und die ursprüngliche Richtung des Burgwegs aufgreifend, zieht diese mit einer bemerkenswerten Steilheit (etwa 26 %) schräg auf das heutige Tor zu. Von der nördlichen Begrenzung war nur noch ein Ansatz direkt an der Ringmauer erhalten geblieben – die Mauer selbst sowie der nördliche Teil der Pflasterung sind spätestens bei neuzeitlichen Kanalausschachtungen zerstört worden.

Der innere Zwinger selbst (Abb. 167) weist zwei direkt voreinander liegende Außenmauern auf, deren zeitliches Verhältnis zueinander nicht abschließend geklärt ist – doch scheint die äußere, wesentlich mächtigere Mauer vor die innere (= ältere) gesetzt worden zu sein. Zwischen Zwingermauer und Kernburg liegt das Fundament eines freistehenden Bauwerks von vier auf vier Meter. Seine Funktion bleibt uns ebenso wie die Entstehungszeit vorläufig verborgen, doch lässt die Mauerstärke von 0,60 m einen mehrgeschossigen Oberbau erwarten. Dieses Fundament wird an seiner Südwestecke überlagert von den Resten eines etwa 3,4 × 3 m messenden rechteckigen Bauwerks, das bis an die Ringmauer heranreicht, in diese aber nicht eingebunden ist. Direkt südlich anschließend steht ein gleichartiges Bauwerk von etwa 3 × 3 m. Beide sind noch bis zu 1,6 m hoch erhalten und haben fensterartig überwölbte Öffnungen nach allen drei Seiten (Abb. 168).

Obwohl sich beide Bauwerke stark ähneln, unterscheidet sich das südliche von dem nördlichen durch die sorgfältig ausgeführte Mauertechnik und eine ungewöhnlich tiefe Gründung. Des Weiteren zeigen Überschneidungen im Fundamentbereich, dass das nördliche Bauwerk später errichtet wurde. Da aber beide Bauten durch die oben erwähnten Öffnungen miteinander verbunden sind, sollten sie zumindest eine gewisse Zeit gemeinsam in Benutzung gewesen sein. Sie waren wohl Teil einer Abortanlage, die entweder verschiedene Stockwerke oder einen Doppelabtritt bediente. Diese These wird untermauert durch die Analyse von Erdproben (Proben-Nr. 04/BO/36150–36155), durchgeführt von dem Hessischen Landeslabor Kassel. Es zeigt sich, dass der Phosphatgehalt im Inneren der Schächte den der Umgebung um ein Vielfaches übersteigt.

Die Grabungsarbeiten sind abgeschlossen. Soweit es sinnvoll erschien, wurden Mauerbefunde konserviert und für den Besucher sichtbar erhalten. Die Maßnahmen im Torbereich brachten ein wenig Licht in die Baugeschichte von Burg Lindenfels. Vor dem Hintergrund der Einschätzung von Th. Steinmetz, »alles [ist] durch in ihrem Ausmaß kaum noch nachvollziehbare Restaurierungen derart beeinträchtigt, dass uns die mittelalterliche Baugeschichte der Burg wahrscheinlich für immer unbekannt bleiben wird«, erscheint dies umso wichtiger.

168 Lindenfels, Burg. Abortschacht mit überwölbter Öffnung.

LITERATUR

C. Bronner, Odenwaldburgen, 3 Bände (Groß-Umstadt 1924, Mainz 1927) bes. Bd. 2, 95. – W. H. Dammann, Die Kunstdenkmäler des Kreises Bensheim. Die Kunstdenkmäler im Großherzogtum bzw. im Volksstaat Hessen. A: Provinz Starkenburg, Bd. 4 (Darmstadt 1914) 171–190. – H. Hotz, Kleine Kunstgeschichte der deutschen Burg (Darmstadt 1972) 12–13. – Th. Steinmetz, Burgen im Odenwald (Brensbach 1998) 19; 52; 111; 119; 125; 179. – H. H. Weber, Lindenfels – das Bild der Stadt in Vergangenheit und Gegenwart. Lindenfelser Hefte 2 (Lindenfels 1975) bes. 28–39.

Entdeckung und geophysikalische Untersuchung einer
mittelalterlichen Wüstung in Wiesbaden

Seit 400 Jahren verlassen – das Dorf Kostloff bei Wiesbaden-Medenbach

Norbert Buthmann,
Günter Sommer,
Benno Zickgraf

169 Wiesbaden-Medenbach, Wüstung Kostloff. Die Dörfer Kostloff und Medenbach auf einem Ausschnitt der Landtafel Wilhelm Dilichs (1607/1609). – Hessisches Staatsarchiv Marburg VII A 164.

170 Wiesbaden-Medenbach, Wüstung Kostloff. Lage des Untersuchungsareals in einem Ausschnitt der TK 25.

Die erste urkundliche Erwähnung des Dorfs Kostloff datiert in das Jahr 1252. Vermutet wird jedoch, dass es älter ist als das bereits 1107 erwähnte Medenbach, zu dessen Gemarkung die Wüstung heute gehört. Bis in das ausgehende Mittelalter hatte Kostloff – früher auch *Kostorf*, *Costlof*, *Kostenloff* oder *Cosloff* genannt – mehr Einwohner als Medenbach. Die Güte seiner Fluren (Bodengütezahlen bis annähernd 100) sowie Hinweise auf einen ausgeprägten Garten- und frühen Weinbau lassen eine wohlhabende Ansiedlung vermuten. Zudem liegen Indizien vor, dass Dorf und Gemarkung im 14. und 15. Jahrhundert teilweise umhegt waren. Rätselhaft bleibt aber, warum Kostloff in der Einweihungsurkunde der Medenbacher Kirche von 1107, etwa im Gegensatz zum wesentlich weiter entfernt liegenden Nachbardorf Wildsachsen, keine Erwähnung fand. Erst 1557 wird auch *Kostenloff* als zum Kirchspiel Medenbach gehörig bezeugt. Im Jahr 1530 war die Einwohnerzahl mit 24 Hausgesessenen noch deutlich höher als diejenige Medenbachs mit nur 18. Aber schon 1577 wird für Kostloff mit zehn Familien nur noch knapp die Hälfte der Einwohner Medenbachs verzeichnet. Seit dieser Zeit nahm die Einwohnerzahl Kostloffs zugunsten Medenbachs weiter ab, bis das Dorf während des Dreißigjährigen Kriegs endgültig aufgegeben wurde. Der wenige Jahre (1607/1609) vor Beginn des Kriegs von Dilich angefertigte Plan (Abb. 169) des Gerichtbezirks Mechtildshausen, dem beide Dörfer angehörten, zeigt Medenbach nun deutlich größer, wozu sicher auch die von Kostloff übergesiedelten Menschen beigetragen haben dürften.

Bis zum heutigen Tag hat sich in Medenbach und den umliegenden Ortschaften die Erinnerung an Kostloff gehalten. Ältere Bürger berichten von verfallenen Kellern in der Flur »Koßloff«, die noch vor weniger als 100 Jahren sichtbar gewesen sein sollen und von einem Brunnen, in dem ein

171 Wiesbaden-Medenbach, Wüstung Kostloff. Magnetometerprospektion im Oktober 2003.

172 Wiesbaden-Medenbach, Wüstung Kostloff. Geomagnetische Prospektion, Grauwertedarstellung – schwarz/weiß -5 nT/5 nT.

ganzer »Heubaum« verschwunden sein soll. Diese überlieferten Berichte haben dazu geführt, dass Medenbacher Einwohner systematisch die Äcker nach den Überresten (Lesefunden) des Dorfs Kostloff absuchten und dabei entsprechend fündig geworden sind. Neben mittelalterlichen Keramikscherben wurden auch Objekte aus römischer und bandkeramischer Zeit aufgesammelt. Um weitere Hinweise auf die Lage und Ausdehnung der Wüstung zu erhalten, initiierte der aktive Heimat- und Geschichtsverein Medenbach 1993 e.V. eine archäologische Untersuchung des infrage kommenden Areals (Abb. 170).

Statt einer Ausgrabung, die zu einer Teilzerstörung des Bodendenkmals geführt und zudem erhebliche Kosten verursacht hätte, wurde eine geomagnetische Prospektion in Auftrag gegeben, die ohne jeden Bodeneingriff einen Blick unter die Ackeroberfläche ermöglicht. Bei dieser Methode wird oberflächennah die Stärke des Erdmagnetfelds in einem engen Raster mit bis zu acht Messungen pro Quadratmeter mit einem Magnetometer ermittelt. Die auf diese Weise gewonnenen Messdaten werden digital in ein Grauwertebild umgewandelt. Der niedrigste Wert wird schwarz, der höchste weiß dargestellt; während allen anderen gemäß ihrer Größe die dazwischen liegenden Graustufen zugewiesen werden. Die Untersuchung führten Archäologen der Firma Posselt & Zickgraf Prospektionen GbR durch, die von zahlreichen Vereinsmitgliedern aktiv und mit viel Enthusiasmus bei der Feldarbeit im Oktober 2003 unterstützt wurden (Abb. 171).

Die gewonnenen Messergebnisse (Abb. 172) zeigen neben einigen modernen Strukturen, wie den Verkehrswegen und der Pflugrichtung, auch viele positive Anomalien (deutlich begrenzte, helle bis weiße Bereiche), die als archäologische Befunde zu deuten sind. Dazu zählen insbesondere zahlreiche Gruben im Südteil der Untersuchungsfläche, die vor allem durch ihre auffallend hohe Magnetisierung sowie durch einen hohen Anteil sehr großer Strukturen auffallen. In diesem Areal ist auch eine lineare, etwa S–N verlaufende Anomalie zu beobachten, die Bereiche unterschiedlicher Magnetisierung aufweist. Trotz einiger Konzentrationen von Anomalien lassen sich keine zusammenhängenden Strukturen, wie z. B. Hausgrundrisse erkennen. Evtl. handelt es sich bei der linearen Anomalie um einen zugeschütteten Weg.

Insgesamt kann dieses Ensemble als eindeutiger Hinweis auf länger zurückliegende menschliche Siedlungsaktivitäten gewertet werden. Zusammen mit den historischen Nachrichten, Karten und dem Flurnamen dürfte damit die

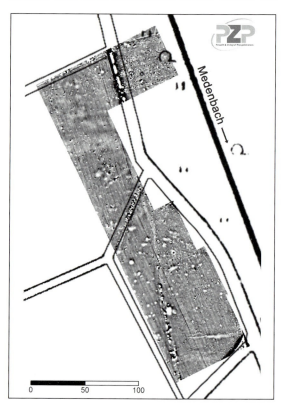

Lokalisierung der Wüstung Kostloff gelungen sein, wenngleich Aussagen zu deren Ausdehnung bisher nicht möglich sind, da die Grenzen der Siedlung offensichtlich noch nicht erfasst wurden. Einstweilen ist noch nicht völlig auszuschließen, dass die erkannten Strukturen einer anderen Zeitstellung angehören, wie z. B. der Jungsteinzeit, die durch Lesefunde in der Nähe belegt ist. Eine Verifizierung der nunmehr gut begründbaren Vermutung, dass in der Flur Kosloff auch die gleichnamige Wüstung liegt, könnte durch eine räumliche Ausweitung der Prospektion und vor allem durch den Einsatz weiterer gezielter Untersuchungsmethoden, wie z. B. intensivierte Feldbegehungen, Bohrungen oder kleine Sondagegrabungen erbracht werden.

Auf diese Weise wird es in der Zukunft wahrscheinlich gelingen, die Siedlungsstruktur zu erfassen, um sich so ein Bild vom einstigen Aussehen des Dorfs zu machen.

Stadtarchäologie im Landkreis Darmstadt-Dieburg

Ein hölzerner Keller des Mittelalters in Dieburg

Seit Anfang 2002 wird das Schloss Fechenbach in Dieburg aufwändig saniert. Es ist seit Jahrzehnten Sitz des Stadtmuseums Dieburg und beherbergt einen Großteil der archäologischen Funde des Altkreises Dieburg. Im Vorfeld eines geplanten Anbaus, der nördlich des Schlossgebäudes entstehen soll, fand im Oktober 2004 eine Untersuchung der zukünftigen Baugrube statt. Die Maßnahme wurde von der Stadt Dieburg finanziert.

Das Schloss Fechenbach steht an markanter Stelle. Hier knickt die mittelalterliche Stadtmauer nach Westen zur staufischen Wasserburg (heute Schloss Albini) ab. Seit der Mitte des 13. Jahrhunderts ist an dieser Stelle das Adelsgeschlecht der Ulner von Dieburg nachgewiesen. Als örtliche Burgmannen oblag ihnen im Mittelalter die Verteidigung dieses Stadtmauerabschnitts. Der Name Ulner wird allgemein von *Aul* abgeleitet, dem mittelalterlichen Begriff für Topf. Ein solcher befindet sich auch in der Helmzier des Ulnerschen Wappens. Dieburg war ab dem 14. Jahrhundert nachweislich ein bedeutender Töpferort. Eine Produktion bereits im 12. oder 13. Jahrhundert ist nicht auszuschließen. Bisher fehlt jedoch hierfür mit Töpferöfen und Fehlbränden jeglicher Beweis.

Von 1717 an ließ Johann Pleikard von Ulner die mittelalterliche Anlage zu einem Barockschlösschen umbauen. 1861 – die Anlage war in der Zwischenzeit in den Besitz der Freiherren von Fechenbach-Laudenbach gelangt – wurde das Schlösschen klassizistisch umgestaltet. Nördlich des Schlosses entstand etwa 1720 ein Wirtschaftstrakt, der 1971 abgebrochen wurde. Der Bau, rechtwinklig angelegt, orientierte sich mit einem Winkel nach Osten zur Eulengasse. Hier befand sich auch eine Tordurchfahrt.

Ralf Klausmann

173 Dieburg, Schloss Fechenbach. Übersicht über die Grabung 2004 mit Fundamenten des Wirtschaftsgebäudes und des zugehörigen Steinbrunnens, im Vordergrund der mittelalterliche Holzkeller während der Freilegung.

174 Dieburg, Schloss Fechenbach. Mittelalterlicher Holzkeller, Planum unmittelbar über der Sohle, im oberen Teil des Planums sind deutlich die Spuren des Schadensfeuers, in der unteren linken Ecke die Reste der Holzverschalung zu erkennen.

175 Dieburg, Schloss Fechenbach. Profil in der Südostecke des Kellers mit der verkohlten Verschalung, in der Einfüllung treten die Becherkacheln eines in den Keller verstürzten Ofens hervor.

Das Hauptanliegen der Untersuchungen war es, der Frage nachzugehen, ob sich unter den Fundamenten des Wirtschaftstrakts eine ältere, mittelalterliche Bebauung nachweisen lässt (Abb. 173).

Die 18 × 10 m große Fläche erbrachte überwiegend Befunde des 18. Jahrhunderts. Hierzu zählen die Fundamente des Wirtschaftstrakts und ein im Schlosshof gelegener Steinbrunnen. Es gibt vage Hinweise, dass Teile der Fundamente zu einer älteren Bebauung gehören könnten.

Der interessanteste Befund konnte in der Südostecke der Fläche aufgedeckt werden. Hier fand sich ein Holzkeller, der aufgrund der Funde in der Einfüllung in das 13. Jahrhundert datiert. Der Keller mit seinen Maßen von 8 × 3,5 m ist leicht aus der heutigen Bauflucht gerückt. Im oberen Teil bestand die Einfüllung aus dunklem, humosem Boden, der beim weiteren Abgraben zusehends stärker mit Brandlehm und Holzkohle durchsetzt war (Abb. 174). Auf der Kellersohle, die etwa 2,2 m unter dem heutigen Straßenniveau liegt, wurde eine geschlossene Brandschicht angetroffen. Von verbrannten Holzbalken wurden mehrere Proben für Dendrodaten genommen. Eine Analyse des Dendrolabors Hofmann, Nürtingen, ergab als Holzarten Eiche und Buche (Proben-Nr. 020802). Allerdings reichte die Zahl der Jahrringe nicht aus, um die Kurven in einen Jahrringkalender einzuhängen. Auf der Sohle des Kellers zeigte sich dessen hölzerne Verschalung als Verfärbung. Der obere Teil der Verschalung war in verkohltem Zustand ebenfalls nachzuweisen. Offensichtlich hat sich das Schadensfeuer bis in den Keller hinabgefressen (Abb. 175).

Vom zugehörigen Gebäude fanden sich keinerlei Spuren. So bleibt uns verschlossen, welcher Art der Bau gewesen ist, in den der Keller eingebunden war. Lediglich zwei flache Eingrabungen östlich des Kellers sind aufgrund ihrer Einfüllung und einiger Keramikscherben wohl zeitgleich.

Nachdem in der restlichen Fläche nur relativ wenig, zumeist neuzeitliches Fundmaterial geborgen werden konnte, besitzen wir mit den Funden aus dem Holzkeller einen größeren Fundkomplex des 13. Jahrhunderts. Neben Gebrauchskeramik ist vor allem eine größere Zahl von Becherkacheln zu nennen, die zusammen mit großen Brandlehmbrocken in dessen Südostecke lagen (Abb. 176). Ob hier bei dem Schadensfeuer ein Kachelofen aus einem darüber liegenden Raum hinabstürzte oder ein in der Nähe abgebrochener Kachelofen in den durch Brand zerstörten Keller entsorgt wurde, lässt sich heute nicht mehr entscheiden. Die Kacheln liegen in zwei Typen vor. Zum einen sind es Stücke aus glimmerhaltiger Ware, die einen gerundeten Randabschluss haben. Sie weisen eine Höhe von etwa 20 cm auf. Der zweite Kacheltyp ist kleiner und dünnwandiger, er besitzt meistens einen ausbiegenden Dreiecksrand. Beide Kacheltypen waren im 12. und 13. Jahrhundert in Gebrauch. Über die Herkunft der glimmerhaltigen Ware wird schon seit

176 Dieburg, Schloss Fechenbach. Ensemble mit Becherkacheln und Gebrauchskeramik aus der Kellereinfüllung, im Vordergrund rechts das kleine Gefäß, das als Bauopfer in der oberen Verfüllung des Kellers aufgefunden wurde.

Jahren diskutiert. Dieburg als Produktionsort ist nicht auszuschließen, wenn auch bisher jeglicher Nachweis fehlt.

Im oberen Teil der Einfüllung kam in der Nordostecke, kurz unterhalb des ersten Planums, ein Befund zum Vorschein, der als Bauopfer zu interpretieren ist. Hier lag ein kleines Keramikgefäß, das mit der Öffnung nach unten eingegraben wurde. Es enthielt ein Ei, von dem sich noch die Schale erhalten hat.

Am Südrand des Kellers – im Umfeld des entsorgten Kachelofens – fand sich ein Objekt, dessen Funktion sich bisher nicht klären ließ (Abb. 177). Es verfügt über eine Länge von 5,9 cm. Der hintere Teil besteht aus einer Tülle, die in einem Tierkopf endet. Das Tier hält in seinem Maul eine 3,4 cm breite Platte, an deren vorderem Ende ehemals sechs Spitzen saßen. Trotz umfangreicher Recherche ist es bisher nicht gelungen, die Funktion des Geräts zu bestimmen. Erstaunlicherweise fand sich ein nahezu identisches Stück als Lesefund 2003 im Umfeld des Klosters Altenmünster/Lorsch.

Mit der Untersuchung hinter dem Schloss Fechenbach ist es seit Längerem wieder gelungen, in die Frühzeit des mittelalterlichen Dieburg Einblick zu nehmen. Die Verknüpfung des Befundes mit dem Dieburger Geschlecht der Ulner ist ein weiterer Aspekt der Grabungen.

Die Zusammenarbeit mit der Stadt Dieburg, vertreten durch Bürgermeister P. Christ, und dem Leiter des städtischen Bauhofs, H. Vater, gestaltete sich, wie immer in den letzten Jahren, äußerst angenehm. Dr. P. Prüssing von der Unteren Denkmalschutzbehörde des Kreises Darmstadt-Dieburg sei für die Begutachtung der Keramikfunde gedankt.

177 Dieburg, Schloss Fechenbach. Bronzeobjekt unbekannter Funktion aus der Kellerverfüllung. – M. 2:1.

LITERATUR

L. Jansen, Hochmittelalterliche Ofenkacheln im nördlichen Rheinland. Zeitschrift für Archäologie des Mittelalters 29, 2001 (2003) 171–206. – P. Prüssing, Ein spätmittelalterlicher Töpferbezirk in Dieburg, Kreis Darmstadt-Dieburg. Archäologische Denkmäler in Hessen 89 (Wiesbaden 1990). – Ders., Anmerkungen zum Forschungsstand zur mittelalterlichen Stadt Dieburg. In: Beiträge zur archäologischen Forschung in Dieburg und seinem Umland: Dieburg – Groß-Umstadt – Schnellerts. Zeugen der Vergangenheit (Dieburg 2002) 55–68. – Th. Steinmetz, Dieburg in der Reichspolitik Kaiser Friedrich Barbarossas. Der Odenwald 44, 1997, 105–133.

Kirchengrabung in Nidda, Wetteraukreis

Erste archäologische Untersuchungen an der Johanniterkirche in Nidda

Jörg Lindenthal, Matthias Renker, Dieter Wolf

Von der alten Pfarrkirche der Stadt Nidda ist seit ihrem Verfall und Abbruch im 17./18. Jahrhundert nur noch der hohe, 1491/92 erbaute spätgotische Glockenturm erhalten. Diese am rechten Niddaufer gelegene ältere Pfarrkirche war bereits bei ihrer urkundlichen Ersterwähnung im Jahr 1187 ein bedeutendes, wahrscheinlich bereits seit Jahrhunderten bestehendes Gotteshaus. Bereits 1187 erscheint es nämlich als Mittelpunkt einer etliche Nachbardörfer umfassenden Großpfarrei. Damals wurden Kirche und Pfarrei Nidda zusammen mit weiterem Grundbesitz von Graf Berthold II. von Nidda, dem bestimmenden Ortsherrn, an den im Zusammenhang mit den Kreuzzügen besonders geförderten Johanniterorden geschenkt. Die Pfarrkirche der zu dieser Zeit noch dörflichen Siedlung Nidda wurde nun auch gleichzeitig spiritueller Sitz der in der direkten Umgebung ausgebauten Niederlassung des Johanniter-Ritterordens, die später zur Ordenskommende der Johanniter erhoben wurde. Die Grafen von Nidda, ein Zweig der Grafen von Ziegenhain, gründeten im frühen 13. Jahrhundert auf der anderen Uferseite des namengebenden Flüsschens, bei ihrer Burg, nach der sie genannt wurden, eine kleine Stadt, die zuerst 1234 als *opidum* Erwähnung findet bzw. deren Bürger (*cives*) bereits um 1226 urkundlich in Erscheinung treten.

Wie bei anderen Städten auch lag die alte Pfarrkirche vor den Mauern der Stadt. Erst Jahr-

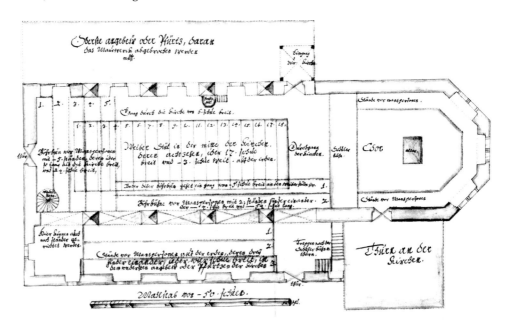

178 Nidda, Johanniterkirche. Der Grundrissplan gehört zu einem detailliert ausgearbeiteten Kostenvoranschlag von 1633, zusammengestellt von Christoffel Schmidt. – Hessisches Staatsarchiv Darmstadt, E 5, B 3, Nr. 217/10.

zehnte nach Einführung der Reformation wurde innerhalb des Stadtberings eine neue evangelische Stadtkirche erbaut (1618), die die inzwischen stark in Zerfall geratene alte Pfarrkirche nicht mehr als notwendig erscheinen ließ. Die Grafen von Ziegenhain starben 1451 aus; neue Stadtherren wurden als Erben die Landgrafen von Hessen. Der Johanniterorden gab durch eine vertragliche Abmachung seinen vor der Stadt liegenden Stützpunkt Nidda mit allen Rechten und sonstigem Zubehör nach fast 400 Jahren im Jahr 1585 endgültig auf. Damit kamen die Ordensgüter ebenso an die hessischen Landgrafen, in diesem Fall an Landgraf Ludwig IV. von Hessen-Marburg, der auch das Kirchenregiment übernahm.

Bereits vor Beginn des Dreißigjährigen Kriegs war die Kirche baufällig, es bestanden aber Pläne, sie wieder zu reparieren. Die Kirche konnte aber noch 1628 benutzt werden. Erst danach kam es auch im Inneren zu z. T. kriegsbedingten Verwüstungen. Nach dem Dreißigjährigen Krieg (um 1661 und nach 1669) wurde die Entscheidung gefällt bzw. wiederholt, lediglich noch den Glockenturm zu erhalten, aber keine Erneuerung des stark verfallenen Schiffs und Chors mehr vorzunehmen. So konnte das alte Gebäude schon bald auch nicht mehr als Friedhofskapelle genutzt werden. Seit 1780 wurde die der Stadt Nidda zu ihrer Nutzung überlassene Ruine auch als billige Quelle für Baumaterial verwendet.

Eine bereits 2001 von D. Wolf vorgenommene Untersuchung der Kirchengeschichte geht davon aus, dass der einzige bekannte »Ursprungsbau« der Pfarrkirche Nidda vermutlich nicht das erste und älteste Gotteshaus an dieser Stelle sein dürfte. Dies legen jedenfalls die Erkenntnisse von zahlreichen archäologisch besser bekannten Pfarrkirchen und Kapellen in Hessen und darüber hinaus nahe. Es ist weiter sehr wahrscheinlich, ebenso angesichts der hinsichtlich der Quellen besseren spätmittelalterlichen Überlieferung in zahlreichen anderen kleinstädtischen und dörflichen Pfarrkirchen in Hessen, dass es in der Zeitspanne zwischen der Erbauung der spätromanischen Pfeilerbasilika und Pfarrkirche (sehr wahrscheinlich in der 2. Hälfte des 12. Jahrhunderts) und der Durchführung der Reformation in Nidda (bald nach 1527) nicht nur zu etlichen baulichen Veränderungen im Bereich des Langhauses kam, sondern auch an anderen Bauteilen der Stadtpfarr- und Johanniterkirche. Vor allem ist davon auszugehen, dass auch an der Niddaer Pfarrkirche Baumaßnahmen im Chorbereich durchgeführt wurden, da sich gerade hier im Spätmittelalter der größere Raumbedarf infolge liturgischer Neuerungen, besonders für die Abhaltung von Messfeiern und Begräbnisfeierlichkeiten (Totenmessen) für Stifter etc., und der allmählich personell vergrößerten Priesterschaft bemerkbar gemacht haben dürfte. Diese Einschätzung lässt auch die genaue Analyse der verschiedenen überlieferten historischen Bilddokumente vermuten.

Als eines der wertvollsten Quellendokumente hat ein Grundrissplan von 1633 zu gelten, der zu einem detailliert ausgearbeiteten Kostenvoranschlag der notwendigen Maurer-, Zimmermanns- und Schlosserarbeiten gehört, zusammengestellt von Meister Christoffel Schmidt (Abb. 178). Schmidt

179 Nidda, Johanniterkirche. Fläche 1 mit Südmauer der Kirche.

180 Nidda, Johanniterkirche. Bestattung im Seitenschiff.

181 Nidda, Johanniterkirche. Blick in die Südhälfte von Fläche 2 mit Besuchern am »Tag der offenen Tür«.

stellte hier die notwendigen (aber wohl aufgrund der hohen Kosten nicht ausgeführten) Wiederherstellungsarbeiten an der Kirche zusammen. Hieraus ergibt sich auch, dass bei dem ausgesprochen schadhaften Zustand des alten Kirchengebäudes ein großer Teil der bereits vorhandenen Emporen und auch der Inneneinrichtung erneuert oder durch Neuanfertigungen ersetzt werden musste.

Wie bereits erwähnt, blieb als einziges bis heute sichtbares Zeugnis der 1491/92 im Bau befindliche Glockenturm dieses mittelalterlichen Kirchenbaus erhalten.

In die Planungen der Stadt zur Neugestaltung des kleinen Parks rund um den Johanniterturm floss auf Initiative des Vereins Niddaer Heimatmuseum e.V. die Überlegung mit ein, einen Teil des Kirchengrundrisses sichtbar zu machen. Da jedoch als Hauptquelle für dessen Erschließung nur der Plan von 1633 vorhanden ist, dessen Maßangaben zahlreiche Fragen aufwerfen, entschloss man sich 2003 zu einer geophysikalischen Prospektion im Bereich des ehemaligen Kirchenbaus. Um den Gegebenheiten der Untersuchungsfläche in der Ortslage von Nidda Rechnung zu tragen, wurde eine geoelektrische Untersuchung durchgeführt. Diese erbrachte jedoch im Bereich des Standorts keine für die genaue Rekonstruktion des Kirchengrundrisses verwertbaren Ergebnisse. Um dennoch genauere Erkenntnisse im Vorfeld einer Umgestaltung der Grünfläche vor dem Johanniterturm zu gewinnen, wurde in Zusammenarbeit der Archäologischen Denkmalpflege des Wetteraukreises mit der Stadt Nidda sowie dem Verein Niddaer Heimatmuseum e.V. im Herbst 2004 eine zweiwöchige Grabung durchgeführt. Deren Ziel war es, mithilfe von Suchschnitten die Grundmauern des abgetragenen Kirchenschiffs zu erfassen und möglichst genaue Maße zu ermitteln.

Zunächst war zu klären, ob noch Fundamentreste vorhanden sind oder beim Abbruch des Kirchenschiffs samt Chor auch die Fundamente zwecks Gewinnung von Baumaterial vollkommen ausgebrochen worden waren. Erfreulicherweise zeigte sich, dass die archäologische Substanz des Bauwerks in weiten Teilen sehr gut erhalten ist. Gleich zu Beginn war zu erkennen, aus welchem Grund die geoelektrische Prospektion trotz massiv erhaltener Mauerreste keine eindeutigen Ergebnisse erbracht hatte: Als Störung wirkte eine etwa 0,20 m unter der heutigen Oberfläche aufgebrachte, fünf bis fünfzehn Zentimeter starke Ascheschicht, die sich flächig über das Untersuchungsgebiet erstreckt. Nach Auskunft von Niddaer Bürgern handelt es sich bei dem Material um Asche aus den Öfen der Firma Moufang, einer Papierfabrik in Nidda-Oberschmitten, die wohl kurz nach dem Zweiten Weltkrieg im Bereich der heutigen Grünfläche aufgebracht wurde und dort einen kleinen Ascheplatz bildete. Als Heizmaterial wurde in der Papierfabrik Braunkohle eingesetzt, die man bis kurz nach Kriegsende im benachbarten Bad Salzhausen abgebaut hatte.

Während der Grabungen wurden insgesamt drei kleine Flächen geöffnet. In Fläche 1 ließ sich die Südwestecke des Kirchenbaus nachweisen. Leider konnte die Westwand des Bauwerks, die im Gegensatz zur Südwand (Abb. 179) bis in die Fundamentierung ausgebrochen war, nur z.T. erfasst werden, da dieser Abschnitt in den 1970er Jahren durch Kanalbauarbeiten stark beeinträchtigt wurde. Als Ergebnis lässt sich jedoch festhalten, dass der Innenraum der Kirche wohl etwas länger war, als bisher vermutet. Als weitere Befunde konnten die Bestattung eines Erwachsenen im Kircheninneren (Abb. 180) sowie ein Kindergrab auf der Außenseite der Südmauer erfasst werden. Die beigabenlose Bestattung im Kircheninneren dürfte einer der letzten Bauphasen zuzuordnen sein, da die Grabgrube alle Schichten außer der Abbruchschicht und den darüber liegenden rezenten Schichten schneidet.

In Fläche 2 ließ sich in der Südmauer ein Eingang nachweisen; von der Sandsteintürschwelle (Abb. 181) verläuft ein mit Basaltsteinen gestückter Weg in südliche Richtung. Dieser Eingang ist auf dem Plan von 1633 nicht berücksichtigt, vermutlich war er damals zugemauert bzw. durch ein Fenster ersetzt worden. Weitere wichtige Erkenntnisse zur Baugeschichte der Kirche lieferten die Profile der Flächen. Im Nordprofil von Fläche 2

(Abb. 182) sind deutlich zwei Estrichbänder zu erkennen, bei denen es sich um die Reste ehemaliger Kirchenböden handelt. Auf der Oberfläche der ersten Estrichschicht ließ sich noch der Abdruck des ehemals aus roten Sandsteinplatten bestehenden Bodens als rote Spur nachweisen; diese wurden abgenommen, bevor man den Fußboden erneut auf ein höheres Niveau brachte. Das letzte Fußbodenniveau, das über die in der Südmauer eingelassene Sandsteinschwelle zu erschließen ist, wurde im Bereich der ergrabenen Flächen beim Abbruch der Kirche vollständig zerstört. So zieht eine 0,30–0,50 m starke Abbruchschicht durch die bisher ergrabenen Flächen. Neben den unterschiedlichen Fußböden zeigt sich unter dem tiefsten Estrichboden ein parallel zur äußeren Südmauer verlaufender Mauerzug. Ob es sich bei dieser Mauer um den Rest eines kleineren Vorgängerbaus oder das vorkragende Fundament des Mittelschiffs handelt, soll in der Grabungskampagne 2005 geklärt werden. Ebenso soll mithilfe von Fläche 3, die bisher nur auf ein erstes Planum abgegraben ist, der nördliche Kirchenabschluss dokumentiert werden.

Das Fundmaterial besteht überwiegend aus spätgotischen Keramikresten des 14./15. Jahrhunderts. Den bisher ältesten mittelalterlichen Fund bildet eine Randscherbe aus staufischer Zeit (um 1200). Die Abbruchschicht ist mit neuzeitlichen Funden aus dem 18. Jahrhundert durchsetzt. Unter dem Fundmaterial befinden sich einige stark abgerollte vorgeschichtliche Keramikfragmente, die sich zeitlich aber nicht näher einordnen lassen. An Architekturresten fand sich neben zahlreichen Schieferplatten der Dacheindeckung und Bodenziegelfragmenten auch etwas Wandverputz. An größeren Werkstücken konnte außer der Türschwelle (Abb. 181) im Aushub der Fläche 3 ein bearbeitetes Sandsteinbruchstück entdeckt werden, das als Mittelsteg eines spätgotischen Maßwerkfensters zu deuten ist.

Zum Abschluss der ersten Sondagen an der Johanniterkirche in Nidda, die nicht ohne die Unterstützung der ehrenamtlichen Mitarbeiter der Archäologischen Denkmalpflege des Wetteraukreises sowie der Helfer aus den Reihen des Vereins Niddaer Heimatmuseum e. V. möglich gewesen wäre, lässt sich eine sehr erfolgreiche Bilanz ziehen. So hat die Befundsituation trotz kleiner, das archäologische Baudenkmal schonender Schnitte bereits jetzt zahlreiche genaue Erkenntnisse über Grundriss und Baugeschichte des seit mehr als 350 Jahren zerstörten Gotteshauses erbracht, das als erster Mittelpunkt der mittelalterlichen Siedlung Nidda und der großen Pfarrei mit etlichen Nachbardörfern anzusehen ist. Dessen Bedeutung sowohl als geistlicher Mittelpunkt des sich seit 1187 ausbildenden großen Hofs der Johanniterkommende Nidda als auch als traditionsreiche Stadtpfarrkirche vor den Mauern der sich seit dem 13. Jahrhundert entwickelnden Stadt lässt sich bis in die Frühneuzeit hinein verfolgen.

182 Nidda, Johanniterkirche. Nordprofil von Fläche 2 mit den Estrichschichten, darunter die äußere Schale einer parallel zur südlichen Außenwand verlaufenden Mauer.

Darüber hinaus weckt die Grabung vor Ort auch ein breites Interesse und Verständnis für das archäologische Bodendenkmal, sodass in Zukunft sicher nicht mehr mit unbeabsichtigten Zerstörungen zu rechnen ist. Außer den oben erwähnten Arbeiten sollen im Jahr 2005 mithilfe einer Verlängerung von Fläche 2 durch alle drei ehemaligen Kirchenschiffe sowie anhand von kleineren Sondagen im Anschlussbereich des Chors weitere Details der Baugeschichte der Johanniterkirche geklärt werden. Nach diesen Arbeiten ist eine umfassende Publikation geplant, in die bau- und kunstgeschichtliche Vergleiche einbezogen werden sollen. So lassen sich über mehrere Stadtansichten von Nidda aus dem späten 16. und der ersten Hälfte des 17. Jahrhunderts zahlreiche Informationen über die Kirche und deren Aussehen gewinnen. Weitere Rückschlüsse auf das Aussehen und die Entwicklungsgeschichte des Bauwerks sind zudem durch den Vergleich mit verwandten Kirchenbauten und Grundrissen aus der Region möglich.

LITERATUR

S. RCT Enders/Ch. Mohr, Baudenkmale in Hessen – Wetteraukreis I. Denkmaltopographie Bundesrepublik Deutschland (Braunschweig, Wiesbaden 1982) 286. – G. Marquardt, Das Schicksal der Johanniterkommende zu Nidda seit dem ausgehenden 15. Jahrhundert. Heimat im Bild (Beilage zum Kreisanzeiger [für Wetterau und Vogelsberg]) 1993, 31. u. 32. Woche [August]. – R. Pfnorr, Das Schicksal des Johannitererbes seit dem 16. Jahrhundert in Nidda. Niddaer Geschichtsblätter 1, 1993, 4–15. – W. G. Rödel, Die Johanniter in Nidda. In: O. Daschner (Hrsg.), Nidda – Die Geschichte einer Stadt und ihres Umlandes[2] (Nidda 2003) 91–108 [mit weiterführender Literatur]. – H. Wagner, Kunstdenkmäler im Großherzogthum Hessen, Provinz Oberhessen. Kreis Büdingen (Darmstadt 1890) 211 ff.

Kreis Hersfeld-Rotenburg: archäologische Fundgrube im
Bad Hersfelder Kirchlichen Rentamt

Eine mittelalterliche Zisterne in der Altstadt von Bad Hersfeld

Jürgen Kneipp

Die Fundstelle des bis dato unbekannten Baubefundes befindet sich rund 40 m nordwestlich der Bad Hersfelder Stadtkirche auf dem ehemaligen Parkplatz des Evangelischen Rentamtes des Kirchenkreises Hersfeld-Rotenburg (Abb. 183).

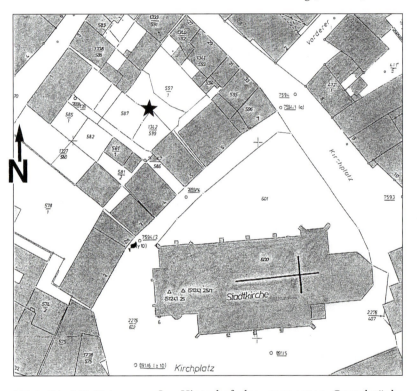

183 Bad Hersfeld, »Kirchplatz 6«. Lage der untersuchten Zisterne im Altstadtbereich von Bad Hersfeld. Verkleinerter Ausschnitt aus dem Katasterplan der Stadt Bad Hersfeld. – M. etwa 1:2000.

Im Hinterhof des genannten Grundstücks hatte sich das Pflaster an einer Stelle sukzessive gesenkt. Die Setzung des Bodenpflasters nahm im Sommer 2002 ein größeres Ausmaß an, wobei ungewöhnlich ergiebige Regenfälle den Prozess beschleunigt haben dürften. Um die Sicherheit der in diesem Bereich parkenden Kraftfahrzeuge langfristig zu gewährleisten, wurde veranlasst, die Stelle in begrenztem Maße freizulegen. Nach der Freilegung durch den Bad Hersfelder Dipl.-Ing. W. Emmerich wurde festgestellt, dass sich im Bereich der Setzung unterhalb der Frostschutzschicht Teile eines Sandsteingewölbes sowie lockeres Einfüllmaterial (Siedlungsschutt) befinden. Daraufhin empfahl die Außenstelle Marburg des Landesamtes für Denkmalpflege Hessen, ein archäologisches Fachbüro mit der weiteren Untersuchung der unklaren und für die Öffentlichkeit gefährlichen Örtlichkeit zu betrauen. Wenige Tage später wurde die Firma ERDREICH GbR aus Fritzlar-Züschen vom Grundstückseigentümer mit der Nachforschungsmaßnahme beauftragt.

Die von Mitte August bis Ende Oktober 2002 durchgeführten Untersuchungen erbrachten eine Zisterne, deren oberer Abschluss zu einer gewölbeförmigen Kuppe ausgebildet war, wodurch die Verdunstung der vorhandenen Wassersäule stark gemindert wurde. Im unmittelbaren Umfeld des Zisternenschachts konnten verschiedene Fundamentmauern eruiert werden, die von mindestens drei verschiedenen neuzeitlichen Wirtschaftsbauten stammen. Da die lokalisierte Zisterne sich genau an der Stelle befindet, an der drei sehr alte Grundstücksgrenzen zusammentreffen, ist mit einer gemeinsamen Nutzung des überraschend groß dimensionierten Bauwerks durch verschiedene Anwohner zu rechnen. Schriftliche Überlieferungen für die Existenz des ergrabenen Zisternenschachts liegen nach Sichtung der vorhandenen Quellen nicht vor. Erwähnenswert ist in diesem Zusammenhang, dass im Keller des nur rund 12 m weiter südöstlich angrenzenden spätmittelalterlichen Domküsterhauses (Kirchplatz 5) im Jahr 1980 ein mörtellos gemauerter Brunnenschacht festgestellt werden konnte.

Der am 14.08.02 entdeckte Baubefund liegt in einem Gebiet, welches durch Subrosion, d. h. unterirdische Verkarstung, gekennzeichnet ist. Von dieser ist das gesamte Hersfelder Stadtgebiet betroffen. Bei dem Gestein im Bereich der Unter-

184 Bad Hersfeld, »Kirchplatz 6«. Blick in den aus Bruchsteinen gefertigten Zisternenschacht. Erbauungszeit um 1300.

suchungsstelle am »Kirchplatz 6« handelt es sich um umgelagerten Schutt aus Buntsandstein. Der Sockel des Sandsteingewölbes der Zisterne befand sich in einer Höhe von 213,57 m ü. NN. Die Höhendifferenz von der heutigen Geländeoberkante bis zur Sohle im Bereich des nahen Geistals beträgt nach den Berechnungen des Göttinger Geologen M. Röhring 9,80–11,40 m.

Die in unmittelbarer Nähe zur hochmittelalterlichen Stadtkirche gelegene Zisterne weist im Grundriss die Form eines leicht gestauchten Kreises auf. Der lichte Durchmesser beträgt in N-S-Richtung 1,83 m und in W-O-Richtung 1,75 m. Der in ein- bis zweilagiger Mauerstärke errichtete Zisternenschacht wurde durchgehend bis zur Sohle in 7,48 m Tiefe aus sorgfältig geschichteten Bruchsteinen gemauert und danach mit mehreren Lehmschichten abgedichtet (Abb. 184). Bei den verbauten Steinen, die eine Größe bis zu 0,45 m × 0,25 m × 0,20 m erreichen, handelt es sich um lokal vorkommende Sandsteinvarietäten aus den Formationen des Mittleren Buntsandsteins. Mit dünnen Plättchen der gleichen geologischen Formation wurde auch die vollkommen plane Sohle des Tiefenbauwerks ausgelegt. Zur weiteren Ab-

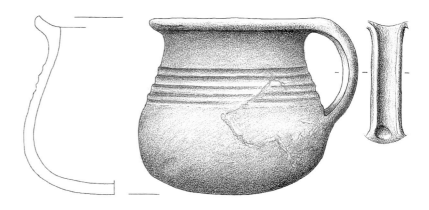

neuen Chors hinzuweisen, der in der relativ ruhigen Regierungszeit Bertholds I. um 1300 begonnen und 1323 abgeschlossen und zu dessen Bau sicherlich viel Wasser benötigt wurde. Für eine Erbauungszeit um oder kurz nach 1300 spricht auch ein kleines unversehrtes Henkeltöpfchen (Abb. 185), welches direkt unterhalb einer 0,08 m dünnen Brandschicht lag, die sich unmittelbar über der gepflasterten Zisternensohle erstreckte. Es darf angenommen werden, dass die eingefüllte Brandschicht mit den kriegerischen Unruhen

185 Bad Hersfeld, »Kirchplatz 6«. Vollständiges Henkeltöpfchen mit Schulterriefen von der Sohle des Zisternenschachts. Fein geschlämmte hellgraue Irdenware mit dunkelgrauen Schmauchflecken. Um 1300. H. 10,5 cm.

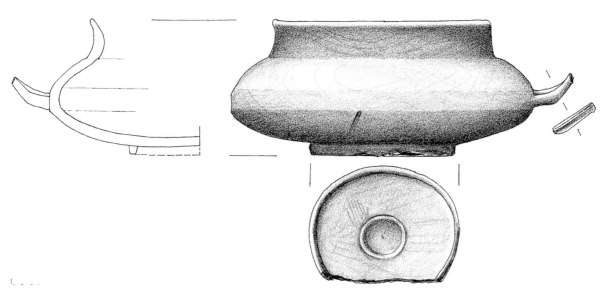

dichtung der ehemaligen Zisterne wurden wechselweise handbreite Lehm- und Feinsandlagen eingebracht; Spuren einer Vermörtelung konnten am gesamten Bauwerk trotz intensiver Suche nicht nachgewiesen werden. Die Wasserdurchlässigkeit der Zisternensohle erwies sich als äußerst gering, wie ein Versuch mit rund 180 l Leitungswasser ergab, der am Ende der Grabung durchgeführt wurde.

Man darf annehmen, dass die Erbauung der mächtigen Zisterne mit den zunehmenden Bauaktivitäten an der nahen Stadtkirche zusammenhängt. Dabei ist vor allem auf die Errichtung des

um 1330 in Verbindung steht. In dieser Zeit bedrängte der Abt Ludwig von Mansbach, dessen Amtszeit sich von 1325–1343 erstreckte, die Stadt Hersfeld auf das Heftigste.

Über der dünnen, aus Holzkohlepartikeln, Rotlehmbröckchen und Asche bestehenden Brandschicht und einem schmalen, graugrünen Sandband erstreckte sich in einer Tiefe zwischen 6,79 m und 3,25 m eine übel riechende, dunkelgraubraune bis schwarzgrünliche Fäkalienschicht, die eine Zweitverwendung der Zisterne als Kloake belegt. In der rund 3,40 m mächtigen Fäkalieneinfüllung steckten die Scherben von rund 220

186 Bad Hersfeld, »Kirchplatz 6«. Dreigliedriges Trinkgefäß (sog. Scheuer) mit Kegelhals, hakenförmigem Griff und niedrigem Standring. Weichholz, vermutlich Weißtanne. 15.–16. Jahrhundert. – M. 1:2.

187 Bad Hersfeld, »Kirchplatz 6«. »Nuppenbecher« aus der Kloakeneinfüllung. Hellgrüne Glasmasse mit vier aufgeschmolzenen Glastropfen (Nuppen) auf der konischen Wandung. Spätes 15. bis frühes 16. Jahrhundert. H. 7,5 cm.

Gebrauchsgefäßen und rund einem Dutzend Ofenkacheln aus Ton sowie die Bruchstücke von 50 bis 55 Gefäßen aus Glas. Hinzu kommen ein breites Spektrum an Holz- und Lederobjekten sowie mehr als 3500 Fruchtsteine, von denen die meisten als Süßkirsche (*Prunus avium*) bestimmt werden konnten. Außer den Kirschkernen steckten in der Latrine auch noch die Kerne der Obstsorten Birne (*Pyrus*) und/oder Quitte (*Cysonia*). Die archäobotanische Bestimmung der Fruchtsteine geht auf Frau Dr. A. Kreuz vom Landesamt für Denkmalpflege Hessen und Herrn Dr. R. Urz vom Institut für Ur- und Frühgeschichte an der Universität zu Köln zurück. Den beiden Wissenschaftlern sei an dieser Stelle ganz herzlich für ihre unentgeltlichen Bemühungen gedankt.

Das umfangreiche Fundgut aus dem Fäkalienstock lässt sich zum allergrößten Teil dem 15.–16. Jahrhundert zuweisen. Neben den zeittypischen Keramikformen sind es einige Bruchstücke von aufwändig verzierten Ofenkacheln, die konkrete Datierungshinweise liefern. Auffällig ist, dass das »klassische« Kochgeschirr mit nur drei oder vier tönernen Grapentöpfen und -pfannen zahlenmäßig weit hinter den vielfältigen Schalen-, Becher- und Krugformen zurücksteht. Dies muss als Hinweis darauf gewertet werden, dass es sich bei den Latrinenfunden vom Hersfelder »Kirchplatz 6« um die Hinterlassenschaften aus einem Schankbetrieb handelt. In früheren Zeiten waren diese häufig in der Nähe von Kirchen zu finden, wie das jüngst veröffentlichte Beispiel vom Marktplatz in Lübeck zeigt. Die geäußerte Vermutung wird durch mehrere tassenartige Trinkgefäße aus Weißtanne und Ahorn erhärtet, die z. T. in noch relativ gutem Zustand aus der Kloakeneinfüllung geborgen werden konnten. Aus den als »Scheuern« bezeichneten Trinkbechern wurde vornehmlich Wein getrunken. Die Holzbecher zeichnen sich durch gedrückt-kugelige Gefäßkörper mit mehr oder weniger deutlich abgesetzten steilen Mündungen und bauchständigen Handhaben aus. Die in Hersfeld gefundenen Exemplare mit nach oben gebogenem Griffhaken sind für das 15.–16. Jahrhundert charakteristisch. Auf Abb. 186 ist die am besten erhaltene Holzscheuer aus der Hersfelder Kloakeneinfüllung zeichnerisch dokumentiert.

Besondere Erwähnung unter den Kloakenfunden verdienen die aus Glas gefertigten Trinkgefäße. Ihr Verzierungsspektrum ist relativ breit und zeigt die für das 15.–16. Jahrhundert typischen zylindrischen und konischen Formen. Neben den Scherben von vielen optisch geblasenen Trinkbechern konnten auch die Reste von einigen hellgrünen und grünlich-blauen Bechern geborgen werden, die mit aufgeschmolzenen Glastropfen (Nuppen) versehen wurden. Der hier abgebildete Nuppenbecher (Abb. 187) stammt aus dem oberen Drittel des Fäkalienstocks. Es handelt sich dabei nicht um Massenware, sondern um Trinkgeschirr für einen sozial höher gestellten Personenkreis. Die Werkstätten, in denen das Hersfelder Gebrauchsglas produziert wurde, sind bisher noch nicht lokalisiert.

Gegen Ende des 16. oder zu Beginn des 17. Jahrhunderts wurde die Kloake aufgegeben und gegen Geruch mit einer kompakten Schicht aus Erde und Bauschutt abgedeckt. In der Folge wurde das nur noch knapp 2 m tiefe Bauwerk über einen längeren Zeitraum als Abfallbehälter genutzt, wie mehr als 200 neuzeitliche Scherben von Gebrauchs- und Vorratsgefäßen, die Reste von glasierten und unglasierten Ofenkacheln, Scherben von Fenster- und Gebrauchsglas sowie eine größere Menge an Schlachttierknochen beweisen. Unter den Fundstücken aus der obersten Einfüllung befanden sich zudem noch einige ältere Bautrümmer mit Pickspuren aus Sandstein sowie einige wenige hochmittelalterliche Scherben, die auf bisher unbekannte Erd- und Umbauarbeiten in der unmittelbaren Nähe der ehemaligen Zisterne schließen lassen.

Die Verfüllung des Zisternenschachts belegt insgesamt acht anthropogene Sedimentationen, von denen vier mehr oder weniger stark mit hoch- und spätmittelalterlichen sowie neuzeitlichen Kulturresten durchsetzt waren. Hinzu kommen die Überreste von sechs Holzbalken. Die auf eine Stütz- oder Hebekonstruktion zurückzuführenden Balken waren 0,10 m × 0,09 m stark und jeweils paarweise bei rund 2 m, 4 m und 5,70 m Tiefe unter der Geländeoberkante in den Sandstein eingeklinkt. Aus den archäologisch differenzierbaren acht Sedimentzonen stammen insgesamt 1125 Artefakte aus Ton, Glas, Leder, Holz, Knochen und Metall. 72,5 % der Objekte können dem Hoch- und Spätmittelalter, 20,4 % der Renaissance und dem Barock und 17,1 % dem 19.–20. Jahrhundert zugeordnet werden.

Die ältesten aus der Zisterne geborgenen Siedlungsreste stammen aus der sich in 6,90–7,32 m Tiefe erstreckenden Sedimentzone 5, die sich unmittelbar über der zur Wasserabdichtung eingebrachten Steinplattenlage befand. Unter den frühen Funden ist das Kugeltöpfchen mit randständigem Bandhenkel und seichten Schulterriefen besonders hervorzuheben (Abb. 185). Es ist nicht auszuschließen, dass das immer noch wasserdichte Gefäß absichtlich deponiert wurde. Zu den weiteren herausragenden Exponaten aus der Zisterne zählen die ausnahmslos aus der Kloakenschicht (Sedimentzone 3) geborgenen organischen Funde. Die im dauerhaft feuchten und säurehaltigen Milieu konservierten Holz- und Lederfunde bereichern unser Bild vom Leben der Menschen im 14.–16. Jahrhundert. Bemerkenswert sind u.a. ein aus Holz geschnitzter Kleiderhaken, ein sorgfältig gefertigter Esslöffel sowie die weiter oben bereits erwähnten hölzernen Trinkbecher.

Die bei den Umgestaltungsarbeiten auf dem Grundstück »Kirchplatz 6« durchgeführten archäologischen Untersuchungen beweisen eindrucksvoll, dass auch bei relativ kurzzeitigen Untersuchungen wichtige neue Erkenntnisse zur heimischen Kulturgeschichte gewonnen werden können. Dass die Zisterne nach ihrer Ausgrabung sorgfältig restauriert und heute in sehr anschaulicher Weise mit Beleuchtung und Glasabdeckung der Nachwelt zum Staunen überlassen wurde, ist der Evangelischen Landeskirche von Kurhessen-Waldeck – insbesondere Frau Möller und Herrn Dekan Brill – zu verdanken.

LITERATUR

Vor dem großen Brand. Archäologie zu Füßen des Heidelberger Schlosses. Hrsg. vom Landesdenkmalamt Baden-Württemberg (Stuttgart 1992). – U. Radis, Fundort Markt. Aktuelles aus der Landesarchäologie in Schleswig-Holstein. Archäologie in Deutschland 2003/1, 57–58.

Archäologisches Museum Frankfurt präsentiert mittelalterliche
Glockengießerei von Kalbach »Krutzen«, Stadt Frankfurt a. M.

Eine Glocke für die Krutzenkirche

Vom 22. Mai 2004 bis zum 23. Januar 2005 wurde anlässlich des Bonifatius-Jahres im Archäologischen Museum Frankfurt die Ausstellung »ad crucem – Siedlung und Kirche an Bonifatius' letztem Weg« gezeigt. Sie sollte die Ergebnisse der vom Museum 1983–1985 durchgeführten Grabungen im Bereich der mittelalterlichen Krutzenkirche in Frankfurt am Main-Kalbach vorstellen. Bei den Vorbereitungen wurde ein merkwürdiger Befund aus der Grabung einer erneuten Bewertung unterzogen, der im Folgenden kurz diskutiert werden soll.

Gut 10 m westlich der Steinkirche des 10. (?) bis 16. Jahrhunderts war eine runde Anlage zum Guss von Bronze von etwa 1 m Innen- und 1,50 m Außendurchmesser freigelegt worden (Befund 229; Abb. 188–189). Die unteren 80 cm waren im Boden noch erhalten. Die Ausgräberin M. Dohrn-Ihmig beschrieb den Befund wie folgt: »Es handelte sich um die unteren Reste einer Dammgrube mit Feuergasse aus Steinen. Massenhaft zertrümmerte und z.T. verschlackte und verglaste Lehmbrocken des Formkerns oder -mantels sowie Buntmetallreste wurden gefunden«. Obwohl die jüngste Keramik aus der Verfüllung um 1400 datiert (freundlicher Hinweis M. Wintergerst), kann die Anlage schon bedeutend früher gebaut worden sein.

Ein bis zwei Meter östlich wurde als Befund 235 eine ovale Grube (Grubenhaus?) angetroffen, deren Verfüllung neben Keramik des 13./14. Jahrhunderts ebenfalls »Bronzeklumpen« enthielt. Die Nähe zur Kirche macht eine gewöhnliche und vor allem langfristig arbeitende Gießanlage unwahrscheinlich. Bereits N. Wand hatte vermutet, dass es sich hierbei um eine Glockengussanlage gehandelt haben könnte. Die Lehmbrocken stammen von einem Schmelzofen sowie von Kern und Mantel einer Glockengießform; allerdings sind Letztere so fragmentarisch, dass aus ihnen Form und Größe der Glocke nicht genauer rekonstruiert werden können. Der Kalbacher Ofen zum Schmelzen der Bronze stand wohl in unmittelbarer Nähe, vielleicht über der Fundstelle 235, die ebenfalls Buntmetallreste und zeitgleiche Keramik enthielt. Nach dem Guss wurden Ofen- und Gießreste zerschlagen und in die Gießgrube geworfen.

Die Restaurierung der Brocken und die Rekonstruktion des Gießofens im Archäologischen Museum durch B. Schwahn werden weiter unten dargelegt. Aus der rekonstruierten Ofengröße auf die der gegossenen Glocke zu schließen, ist kaum möglich. Man wird mit einer relativ kleinen Glocke von vielleicht 30–50 cm Höhe rechnen können. Die Buntmetallreste bestehen, wie Metallanalysen von G. Brey vom Institut für Mineralogie der Johann Wolfgang Goethe-Universität Frank-

Egon Wamers,
Birgit Schwahn,
Gerhard Brey,
Sigrun Martins

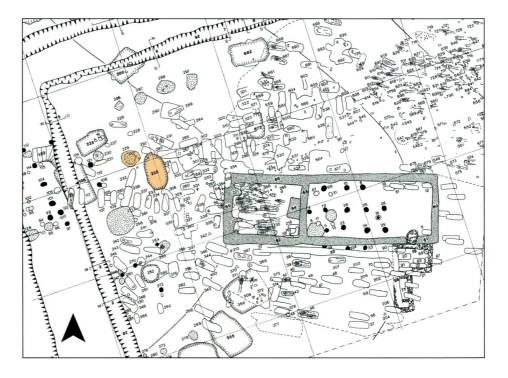

188 Frankfurt a. M.-Kalbach, Wüstung Krutzen. Fundament der steinernen Krutzenkirche mit den Fundstellen 229 und 235. – M. etwa 1:400.

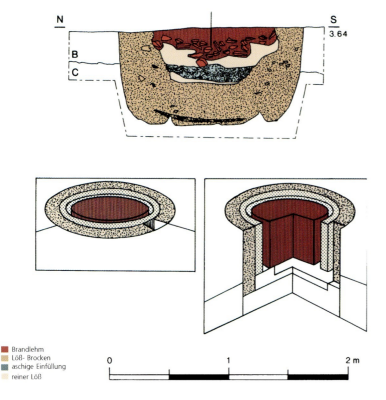

189 Frankfurt a. M.-Kalbach, Wüstung Krutzen. Befundzeichnung und Rekonstruktion der Gießgrube (Fundstelle 229).

- Brandlehm
- Löß-Brocken
- aschige Einfüllung
- reiner Löß

furt a. M. ergeben haben, aus Glockenbronze mit hohem Zinnanteil (s. u.).

Üblicherweise wurden seit dem Mittelalter bis ins 19. Jahrhundert die Glocken neben oder in Kirchen in temporären Anlagen gegossen, sei es für Pfarr- (z. B. Aachen, Esslingen, Fulda, Großenkneten, Hamburg, Hannover, Köln, Kalbach, Magdeburg, Mainz, Soest, Ulm, Unterregensburg, Vreden) oder Klosterkirchen (Szer bei Szeged, Odense in Jütland). Wie G. P. Fehring bereits feststellte, befinden sich die Gießanlagen zumeist am Fuße des vorgesehenen Glockenturms. In der karolingerzeitlichen Kirche von Vreden wurden gleich mehrere Glocken in verschiedener Größe gegossen, während die von mindestens 18 Glocken stammenden (sekundär verräumten?) Gussformreste aus dem mittelalterlichen Zentrum von Mainz, unweit des Rheinufers, vermutlich auf eine ortsansässige Glockengießerei des hohen Mittelalters hinweisen.

Glockenläuten in der Krutzenkirche ist für das 15. Jahrhunders überliefert, vermutlich aber schon länger praktiziert worden.

Restaurierung und Montage des Bronzeschmelzofens (B. Schwahn)

Die Fragmente des Bronzeschmelzofens befanden sich in unsortiertem Zustand und in mehreren Kisten verteilt. Sie waren stark verschmutzt und mit Erdreich bedeckt bzw. teilweise miteinander »verbacken«, weshalb zuerst eine Feuchtreinigung erfolgte. Anschließend wurden über 300 Fragmente gezählt, die nach ihrer optischen Erscheinung und Beschaffenheit (Dicke, Farbe, Erhaltungszustand) in drei Hauptbereiche eingeteilt werden konnten:

- Fragmente des Bodenbereichs, die auf der Innenseite starke metallische und schlackenartige, teils verglaste Reste aufweisen und auf der Außenseite überwiegend mit Steinen verbunden sind;
- Lehmbrocken des mittleren Wandbereichs mit gräulicher Färbung und geringen porösen Schlackenresten auf der Innenseite;

190 Frankfurt a. M.-Kalbach, Wüstung Krutzen. Rekonstruktionsversuch des Gießofens.

- Lehmbrocken des oberen Wandbereichs mit überwiegend hellbrauner Färbung. An diesen Bruchstücken war außerdem die ehemalige Magerung des Tons mit Stroh oder Schilfhäcksel aufgrund der ausgebrannten Hohlräume mit entsprechenden Abdrücken gut zu beobachten.

Zusätzlich traten neben den Fragmenten größere Steinbrocken und einzelne Metallreste zutage, bei denen es sich nach Röntgenfluoreszenzanalysen um Glockenbronze mit einem Zinnanteil von 20–30 % (vgl. unten) handelt.

Da die Lehmfragmente der Wandbereiche bei weiterer mechanischer Beanspruchung und Handhabung eine erhöhte Brüchigkeit aufwiesen, erfolgte eine Festigung mit Polyvinylacetat, gelöst in Aceton.

Dann wurde nach Anschlussstellen der einzelnen Bruchstücke gesucht: Es wurden überwiegend bei den Fragmenten des Bodenbereichs Anschlüsse gefunden und miteinander verklebt, während sich bei den poröseren und weicheren Fragmenten der restlichen Bereiche aufgrund abgeriebener Bruchkanten kaum Anschlussstellen fanden. Weil die Fragmente möglichst anschaulich in der oben genannten Ausstellung »ad crucem« gezeigt werden sollten, wurde folgende Montage konstruiert (Abb. 190): Durch die konkave Wölbung der Wandfragmente konnte ein ungefährer Grunddurchmesser des Ofens von 60 cm ermittelt werden. Nach diesem Maß wurde eine runde Holzplatte zugeschnitten, in die halbkreisförmig ein sich nach oben hin verjüngendes Gerüst aus mehreren Metallstäben eingebracht wurde. Frag-

191 Frankfurt a.M.-Kalbach, Wüstung Krutzen. Materialanteile des Buntmetallabfalls aus dem Gießofen.

Elemente	Probe 1: Average Wt%	Probe 2: Average Wt%
Sn	26,22	26,13
Mn	0,41	0,20
Fe	0,21	0,56
Co	0,07	0,08
Ni	0,22	0,30
Cu	67,41	69,03
Zn	0,45	0,57
Pb	4,63	1,93
Bi	0,08	0,13
Sb	0,32	1,11

mente des Bodenbereichs konnten auf der Holzplatte ausgelegt und Fragmente des Wandbereichs an den Metallstäben in entsprechender Höhe mittels Klebung fixiert werden, sodass sowohl der Innen- wie auch der Außenbereich einer Ofenhälfte sichtbar waren.

Untersuchungen an Buntmetallabfall aus dem Gießofen Kalbach »Krutzen« (G. Brey, S. Martins)

Bei den im Frühjahr 2004 übergebenen Proben von Metallstücken aus dem Gießofen von Kalbach »Krutzen« handelt es sich um Buntmetallabfall. Die Fragestellung war, ob sich anhand der Legierungszusammensetzung ein Rückschluss auf die Materialverwendung ziehen lässt.

Mittels einer Elektronenmikrostrahlsonde konnten die Legierungsbestandteile quantitativ und qualitativ bestimmt werden. Der Vorteil gegenüber der klassischen Röntgenfluoreszenzanalyse liegt darin, dass kleinste Proben analysiert und die Verteilung chemischer Komponenten auf der Fläche »kartiert« werden können.

Das Ergebnis der Untersuchungen war, dass es sich um eine ungewöhnlich zinnreiche Bronzelegierung mit einem relativ hohen Arsen- und Bleigehalt (Arsen: etwa 2%) und geringen Mengen an Kobalt, Nickel und Eisen als Nebenbestandteilen handelt (Zinn: jeweils mehr als 26%.–Abb. 191).

Bei moderner Glockenbronze besteht die Glockenspeise aus rund 22% Zinn und 78% Kupfer, wie dies seit dem 12. Jahrhundert üblich ist. Dies ist ein extrem hoher Zinngehalt. Normale Gussbronzen haben üblicherweise einen Zinngehalt von über 10%, sie besitzen eine sehr hohe Härte und Sprödigkeit. Knetlegierungen wie zum Beispiel für Bleche und Bänder haben 2%, andere Knetlegierungen bis zu maximal 8% Zinn. Bei niedrigerem Zinngehalt ist die Duktilität (Dehnbarkeit) sehr hoch, durch die Verformung wird sie wieder vermindert und die mechanische Festigkeit erhöht.

Der hohe Zinngehalt bei den speziellen Glockengusslegierungen bewirkt eine Veränderung der Kristallisationsphase und erzeugt ein ausgesprochen hartes und sprödes Material, das sehr leicht bei Druck zerspringen würde. Der relativ hohe Bleigehalt bewirkt eine Verbesserung der Gießfähigkeit der Legierung. Mit zunehmendem Zinngehalt verändert sich die Farbe zum Hellen hin. Glockenbronze ist leicht schmelzbar, dünnflüssig und erzeugt beim Anschlagen einen hellen Klang. Somit konnte anhand der Legierungszusammensetzung des Metallabfalls bestätigt werden, dass es sich bei dem Ofen in Kalbach »Krutzen« um einen Glockengießofen handelt.

LITERATUR

M. Dohrn-Ihmig, Die früh- bis spätmittelalterliche Siedlung und Kirchenwüstung »Krutzen« im Kalbacher Feld, Stadt Frankfurt am Main. Materialien zur Vor- und Frühgeschichte von Hessen 16 (Wiesbaden 1996). [Rezension: N. Wand, Germania 76, 1998, 972–975.] – H. Drescher, Gießformen früher Glocken aus Mainz. Mainzer Zeitschrift 90/91, 1995/96, 183–225. – Ders., Die Glocken der karolingerzeitlichen Stiftskirche in Vreden, Kreis Ahaus. In: Ch. Stiegemann/M. Wemhoff (Hrsg.), 799 – Kunst und Kultur der Karolingerzeit. Karl der Große und Papst Leo III. in Paderborn. Beiträge zum Katalog (Mainz 1999) 356–364. – G. P. Fehring, Unterregenbach. Kirche – Herrensitz – Siedlungsbereiche. Forschungen und Berichte der Archäologie des Mittelalters in Baden-Württemberg 19 (Stuttgart 1972). – D. Lammers, Zum Nachweis von Metallhandwerkern in den Befunden der Ausgrabungen Soest – »Burgtheaterparkplatz/Rosenstraße 1«. In: W. Melzer (Hrsg.), Ausgrabungen auf dem Burgtheaterparkplatz/Rosenstraße 1 in Soest. Soester Beiträge zur Archäologie 2 (Soest 2003) 35–40. – K. Vályi, Glockengußanlage und Bronzeschmelzöfen im Hof des Klosters von Szer vom Anfang des 13. Jahrhunderts. Communicationes Archaeologicae Hungariae 1999, 143–170. – J. Vellev, Eine mittelalterliche Bronzegießerwerkstatt in Odense – und etwas über Glocken und Grapen des Mittelalters. Hammaburg N.F. 12, 1998 [Festschrift H. Drescher], 195–224. – E. Wamers, Ad crucem. Siedlung und Kirche an Bonifatius' letztem Weg (Frankfurt a.M. 2004). – D. Wendler, Die Urpfarrei Crutzen *(ad crucem)* unter Berücksichtigung der Zeit des frühen fränkischen Christentums und des Lebensweges des Bonifatius. Mitteilungen des Vereins für Geschichte und Heimatkunde Oberursel (Taunus) e.V. 22, 1979, 1–30.

Forschungsprojekt zu mittelalterlichen Wüstungen in Hessen

Boumensehin, Boymenkirchen, Baumkirchen – Wüstungsforschung im Seenbachtal, Gemeinde Laubach-Freienseen, Kreis Gießen

Udo Recker,
Christoph Röder,
Claudia Tappert

Im Jahr 2002 berichteten M. Blechschmidt, N. Buthmann und B. Zickgraf an dieser Stelle über die Wiederentdeckung der untergegangenen Kirche von Baumkirchen im Seenbachtal bei Laubach-Freienseen. In der Folge entwickelte sich aus diesen Anfängen ein internationales Forschungsprojekt, das seit Mitte 2004 wesentlich aus Mitteln der Fritz Thyssen Stiftung für Wissenschaftsförderung, Köln, finanziert wird. Seitdem erforschen die Archäologische und Paläontologische Denkmalpflege im Landesamt für Denkmalpflege Hessen, die Kommission für Archäologische Landesforschung in Hessen e.V. sowie mehrere deutsche und sonstige europäische Universitäten im Rahmen einer interdisziplinären Zusammenarbeit die wüst gefallene Siedlung. Mit besonderem Engagement beteiligt ist die Baumkircher oder Blasiusgesellschaft zu Laubach als Vereinigung der Nachfahren der ehemaligen Baumkirchener Bewohner.

Die Untersuchung der vom Menschen beeinflussten Landschaftsentwicklung blickt auf eine lange Forschungsgeschichte zurück. Vonseiten der historischen und geographischen Fachdisziplinen muss hier vor allem auf die Wüstungsforschung verwiesen werden. Nach frühen Untersuchungen des späten 19. Jahrhunderts haben sich verstärkt in den 1950er und 1960er Jahren Geographen, Historische Geographen, Historiker und auch Archäologen intensiv mit dem Phänomen der Wüstungsvorgänge im Mittelalter und der Neuzeit auseinander gesetzt. Gegen Ende des 20. Jahrhunderts erfuhren derartige Untersuchungen angesichts der jüngst zu beobachtenden Entsiedlungsvorgänge in den neuen Bundesländern erneutes Interesse, rückte die Wüstungsforschung als Teil der genetischen Siedlungsforschung neuerlich in den Blickpunkt aktueller Forschungen. Tradierte Erkenntnisse konnten mithilfe neuerer naturwissenschaftlicher Analysemethoden und aufgrund der Beiträge weiterer Fachdisziplinen überprüft, unter neuen Fragestellungen bearbeitet und in Teilen korrigiert werden. Dessen ungeachtet ist zu konstatieren, dass es gerade in Hessen an modernen, interdisziplinären Untersuchungen in diesem Feld mangelt. Der Titel des hier vorgestellten Forschungsprojekts – »Multikausale Erklärungsmuster für mittelalterliche und frühneuzeitliche Be- und Entsiedlungsvorgänge im hessischen Mittelgebirgsraum« – verdeutlicht zugleich die Herangehensweise und die damit verbundene Problematik. Nach Ansicht der Projektteilnehmer reichen die oftmals nur auf einer Ursache fußenden Deutungsversuche für mittelalterliche und frühneuzeitliche Wüstungsvorgänge keineswegs aus, vielfach kann erst durch die Aufdeckung von Faktorenbündeln eine letztlich überzeugende Erklärung für derart vielschichtige Vorgänge gefunden werden. Derartige Beziehungsgeflechte können nur im Verbund unterschiedlicher Institutionen und verschiedener geistes-, sozial- und naturwissenschaftlicher Disziplinen analysiert werden. Demzufolge werden die im Rahmen dieses Forschungsprojekts zu betrachtenden Be- und Entsiedlungsvorgänge

192 Laubach-Freienseen, Wüstung Baumkirchen. Besuch der Grabung durch den Landesarchäologen Prof. Dr. E. Schallmayer.

193 Laubach-Freienseen, Wüstung Baumkirchen. Freilegen und Putzen des 1. Planums durch Fachstudenten.

194 Laubach-Freienseen, Wüstung Baumkirchen. Außenmauer der Saalkirche mit mächtiger Versturzschicht.

nicht allein mittels historischer, historisch-geographischer und archäologischer Methoden untersucht, sondern ebenso unter Zuhilfenahme neuerer naturwissenschaftlicher Analysemethoden wie Geophysik, Archäometrie, Archäobotanik etc., und mittels der Beiträge weiterer Fachdisziplinen wie z. B. der Umwelt- und historischen Klimaforschung ergänzt. Nur durch ein solch fachübergreifendes Vorgehen ist es möglich, die bis heute in der Wüstungsliteratur deutlich überwiegenden monokausalen Erklärungsversuche komplexer Entsiedlungsvorgänge zu überwinden, die Triebkräfte dieser Prozesse aufzuzeigen und dem tatsächlichen Ablauf des historischen Geschehens näher zu kommen.

Die im Jahr 2004 begonnenen Untersuchungen in und zu Baumkirchen bilden hierbei den Anfang. Bis zum Abschluss des Projekts sollen entsprechende Vorgänge in drei Untersuchungsräumen im Taunus, Vogelsberg und Westerwald erforscht werden. Anhand der gewonnenen Ergebnisse soll die Wertigkeit der die Siedlungsvorgänge bewirkenden inneren und äußeren Ursachen beleuchtet sowie vor allem deren gegenseitiges Wechselspiel diskutiert werden. Zentrales Anliegen des Forschungsprojekts ist die Betrachtung der einzelnen Siedlungen als Elemente in einem jeweils anderen kulturlandschaftlichen Gesamtgefüge und der sich daraus ergebenden Wechselwirkungen innerhalb des Systems. Der handelnde Mensch und die von ihm verfolgten Ziele haben dabei nur als einer von mehreren Akteuren zu gelten – ein Aspekt, der vornehmlich durch die modernen Ansätze der Umwelt- und Klimageschichte unterstrichen wird. Aber auch innerhalb des sozialen Gefüges der in die Siedlungsvorgänge aktiv und passiv einbezogenen Menschen ist nach deren differierenden Interessen an sowie nach Einflüssen auf die Entwicklung der einzelnen Ortschaften zu fragen.

Anhand des Vergleichs der drei detailliert zu untersuchenden Fallbeispiele sind die Unterschiede, vor allem aber auch mögliche überregionale Gemeinsamkeiten in dem Verhältnis von Mensch und Umwelt im Mittelalter sowie der frühen Neuzeit herauszuarbeiten. Ziel ist die Darstellung der Komplexität langfristiger Veränderungen sowie der sich in unterschiedlichen Zeitebenen daraus ergebenden wechselseitigen Abhängigkeiten und Dynamik. Darüber hinaus ist der Frage nachzugehen, inwieweit mit diesen Einzelprozessen typische Phänomene der Kulturlandschaftsentwicklung in einem Mittelgebirgsraum erfasst wurden und ob sich die erzielten Ergebnisse in größere räumliche Zusammenhänge einordnen lassen.

Das Untersuchungsgebiet im Seenbachtal liegt am Rand des Vogelsbergs, der als naturräumliche Einheit Bestandteil des zentralen deutschen Mittelgebirgsraums ist. Die Senken und Taleinschnitte dieses Mittelgebirgsraums stellen bis heute als Durchgangsgebiete wichtige Verbindungsglieder zwischen einzelnen Regionen dar. Ihnen kam somit seit der Vorgeschichte eine entscheidende Rolle als Kontakt- und Austauschzonen zu, in denen die Verbreitung von Innovationen und damit von Wissen und Technik stattfand. Im Gegensatz dazu wirkten die Höhenlagen überwiegend trennend und wurden zumeist nur temporär und zum Zweck der Ressourcennutzung aufgesucht.

Charakteristisch für den Untersuchungsraum ist seine Vielfalt, die ihren Ausdruck in einer Vielzahl einzelner Kleinräume mit jeweils spezifischen Gegebenheiten findet. Dies gilt für den Naturraum, wobei geologische, bodenkundliche, geomorphologische, hydrographische, mikroklimatologische und pflanzensoziologische Gesichtspunkte berücksichtigt werden, ebenso wie für die archäologischen, historisch-geographischen und historischen Verhältnisse.

Die Wüstung Baumkirchen – historisch auch *Boumensehin* (1340), *Benekirchen* (1357), *Beymensehinde* (1363), *Beunekirchen* (1398) oder *Boymenkirchen* (1414) – liegt etwa 30 km östlich der Stadt Gießen im Altkreis Schotten, der innerhalb der Bundesrepublik Deutschland einen bemerkenswert hohen Wüstungsquotienten von annähernd 55% aufweist. Für das einstige Kreisgebiet liegen Erhebungen vor, die bei einer Gesamtfläche von rund 460 km² einen Kulturlandschaftsverlust von 3321 ha (=33,2 km²) postulieren. Für den Laubacher Raum nimmt man für das Mittelalter eine Gemengelage bestehend aus Kleinsiedlungen und Einzelhöfen an, wobei Dörfer eine Größe von bis zu zehn Huben und etwa 500 ha Gemarkungsfläche erreicht haben dürften.

Die vormalige Ortslage Baumkirchen liegt räumlich wie zeitlich in vielerlei Hinsicht in Übergangsbereichen. Mit Blick auf den Raum ist die Lage im Übergangsbereich vom kontinuierlich intensiv besiedelten und landwirtschaftlich genutzten Altsiedelland des Gießener Beckens zum terrassierten, hügeligen Hangbereich des Vorderen Vogelsbergs mit alt gerodeten Äckern und Wiesen sowie den erst im Verlauf des Mittelalters gerodeten höher liegenden Bereichen hervorzuheben. Folglich zeichnen sich innerhalb der Siedlungsgenese durchweg »ältere« Siedlungen in der Beckenlage und sich nach Osten verjüngende Siedelschichten im Bereich des Vorderen und Hohen Vogelsbergs ab. Zudem ist der hier betrachtete Raum seit dem Hohen Mittelalter von langwierigen territorialpolitischen Auseinandersetzungen geprägt, die im Wesentlichen auf den unterschiedlichen Interessenlagen der Landgrafen von Hessen und der Grafen aus dem Hause Solms beruhen.

Die ehemalige Ortslage liegt im westlichen Bereich des heutigen Baumkircher Walds am nördlichen Hang des oberen Seenbachtals, das – von West nach Ost – in die vier Abschnitte Freienseener Grund, Kreuzseener Grund, Baumkirchener Grund und Oberseer Grund gegliedert ist. Das Gelände steigt zu beiden Seiten der bis zu 300 m breiten Bachniederung von 250 m ü. NN zunächst mäßig und dann stärker auf bis zu etwa 400 m ü. NN an. Obwohl die Wüstung in Teilen obertägig gut zu erkennen ist – so können die Standorte der Dorfmühle, einzelner Wohnplätze und der Dorfkirche sicher identifiziert werden –, ist deren vollständige Ausdehnung im Baumkirchener Grund und in den angrenzenden Hangabschnitten unbekannt. Vor allem den systematischen Begehungen des Geländes seit den 1980er Jahren ist die Kenntnis einzelner Fundpunkte und Fundkonzentrationen im weiträumigen Areal der Siedlung zu verdanken. Weitreichende strukturelle Erkenntnisse erbrachte zudem die geophysikalische Prospektion eines größeren Teilbereichs der Wüstung. Das historisch gewachsene Flursystem wurde leider im Zuge einer Flurneuordnung in den Jahren 1958/59 vollständig verändert.

Die Dorfmühle, vormals »Baumkircher Mühle« genannt, die heute den Namen »Höres Mühle« trägt, wurde bis in die jüngste Vergangenheit hinein als Mühle genutzt. Das Anwesen liegt rund 70 m oberhalb des Seenbachs an der Wegführung vom Oberseer Hof nach Freiensen. Nördlich findet sich ein Mühlteich, der von einem etwa 500 m langen, östlich der Mühle vom Seenbach abzweigenden Zulauf gespeist wird. Der älteste archivalische Nachweis für eine Mühle in Baumkirchen datiert in das Jahr 1322, in dem ein »*Rudolfus dictus de Manzelar*«, Bürger zu Grünberg, dem Kloster Arnsburg u. a. Teile seiner Einkünfte aus der »*molendino in medio villae posito*« überschreibt. Angesichts der topographischen Gegebenheiten ist von einer weitgehenden Ortskonstanz des heute aus der Nutzung genommenen Mühlengebäudes auszugehen.

Die Wüstungskirche liegt oberhalb der Mühle im Hangbereich des Kreuzseener Bergs (Abb. 192). Sie zeichnet sich als deutliches Plateau im ansteigenden Gelände ab. Erkennbar sind die Reste eines lang gestreckten, annähernd rautenförmigen Friedhofs von rund 1500 m² Größe, der ursprünglich mittels einer Umfassungsmauer eingefriedet war. Diese lässt sich nahezu durchgän-

195 Laubach-Freienseen, Wüstung Baumkirchen. Östliche Apsismauer mit mächtiger Versturzschicht.

196 Laubach-Freienseen, Wüstung Baumkirchen. Kinderdoppelbestattung westlich der Wüstungskirche.

gig im Gelände nachvollziehen. Zugänge und Wegführungen sind im Westen und Südosten zu vermuten. Innerhalb des heute vollständig unter Wald liegenden Friedhofareals sind die als Wälle erkennbaren Überreste der Grundmauern der Dorfkirche erhalten. Es handelt sich demnach um eine kleine, 18 m lange und 9 m breite Saalkirche mit Rechteckapsis. Der Zugang scheint im Westen oder Süden des Saalbaus möglich gewesen zu sein. Im Rahmen der im Sommer 2004 durchgeführten Grabung konnten die genaue Lage und der Erhaltungszustand der Kirchenmauern geklärt sowie wichtige Hinweise auf die Bautechnik (verputztes Zweischalenmauerwerk) und den Bauablauf (Mehrphasigkeit) gewonnen werden (Abb. 193–195). So lässt sich bereits jetzt sagen, dass die Kirche zunächst als rechteckiger Saalbau errichtet und zu einem späteren Zeitpunkt um die Rechteckapsis erweitert wurde (Abb. 195). Weitere Hinweise auf das Aussehen der Kirche geben Reste geborgener Architekturteile. Eine große Überraschung stellte der Fund zahlreicher Fragmente aus dunkelgrünem, bemaltem Fensterglas sowie zugehöriger Reste einer Bleieinfassung dar. Die Art der Bemalung lässt möglicherweise auf ein figürlich verziertes Apsisfenster schließen. Im Kircheninneren war der Altarbereich durch eine (moderne) Störung stark beeinträchtigt, sodass hierzu keine weiteren Aussagen möglich sein werden. Im Friedhofsbereich konnten mehrere W-O orientierte Körperbestattungen geborgen werden, die auf eine für das Mittelalter typische Untergliederung des Bestattungsareals hinweisen. So wurden unmittelbar an der äußeren Apsismauer die Bestattungen von Kleinkindern beobachtet (Abb. 196), westlich des Kirchenschiffs fanden sich jüngere Kinder, Erwachsenenbestattungen kamen im Süden des Friedhofs zutage.

Archäologische Untersuchungen im Siedlungsbereich zwischen Kirche und Mühle blieben zunächst ohne fassbares Ergebnis. Gezielte Geländebegehungen erbrachten aber in Verbindung mit großflächigen geophysikalischen Prospektionen den Nachweis mehrerer Hofstellen auf der Talseite gegenüber der Kirche, unmittelbar oberhalb des Auenbereichs des Seenbachs. Ergänzend dazu wurden bodenkundliche Untersuchungen vorgenommen, um den Aufbau des Tals und der angrenzenden Hanglagen zu klären. Während der Ausgrabung wurden zudem Sedimentproben für botanische Untersuchungen, Holzkohleproben für ^{14}C-Datierungen, Mörtelproben für chemische bzw. mineralogische Analysen sowie Holzproben für eine dendrochronologische Bestimmung genommen.

Die Visualisierung aller raumrelevanten Ergebnisse mittels eines digitalen 3-D-Modells ist in Vorbereitung.

LITERATUR

M. Blechschmidt/N. Buthmann/B. Zickgraf, Die Nachfahren der Baumkircher auf Spurensuche. Wiederentdeckung und Dokumentation der untergegangenen Kirche von Baumkirchen. Hessen Archäologie 2002 (2003) 165–167. – U. Recker/Ch. Röder/C. Tappert, Wüstungsforschung in Hessen. Archäologie in Deutschland 2005 (in Vorb.).

Niederschläge von »Haushaltsauflösungen« in der Stadt Marburg

Frühneuzeitliches Geschirr vom Gelände des ehemaligen Philippinums in Marburg

Vor nunmehr über dreißig Jahren, im Sommer 1973, führte eine studentische Arbeitsgruppe unter Leitung von E. Altwasser und R. Groß in Marburg archäologische Untersuchungen auf dem Gelände des ehemaligen Gymnasiums Philippinum durch. Diese Grabung in der Randzone der mittelalterlichen Stadt zwischen heutiger Universitätsstraße, Gutenbergstraße und Untergasse stellt den Beginn einer ganzen Reihe meist baubegleitender Notbergungen im Rahmen der Stadtsanierung der 1970er und 1980er Jahre dar. Anlass der Notbergung war die damals bevorstehende Neubebauung des Areals durch den Kaufhauskonzern Horten, der auf Intervention des Landeskonservators von Hessen den Löwenanteil der Kosten gemeinsam mit der Stadt Marburg übernahm. Das Gebiet stand im besonderen Interesse der stadtgeschichtlichen Forschung, da hier die Abzweigung eines älteren Stadtmauerverlaufs des späten 12. Jahrhunderts vermutet wurde, der bei der Anlage der ersten westlichen Stadterweiterung um das heutige Barfüßerkloster (das heutige sog. Institut für Leibesübungen) aufgegeben wurde.

Tatsächlich förderten die Untersuchungen ein reiches Spektrum von Funden und Befunden vom späten 12. bis zum frühen 20. Jahrhundert zutage (Abb. 197). Erste Ergebnisse zur Bau- und Siedlungsgeschichte sowie zu den ältesten Keramikfunden dieser Grabung wurden bereits in zwei Vorberichten der Ausgräber 1977 und 1985 publiziert. Erst im Zuge der 2003 begonnenen Fundstelleninventarisation durch das Sachgebiet »Archäologie des Mittelalters und der Neuzeit« am Landesamt für Denkmalpflege Hessen rückte diese Altgrabung wieder ins Blickfeld der Forschung. Auf Initiative des Marburger Universitätsmuseums und mit finanzieller Förderung durch den Verein für Hessische Geschichte und Landeskunde Kassel – Zweigverein Marburg e.V. nahmen die Verfasser 2004 eine gezielte Auswertung der mittelalterlichen, vor allem aber der frühneuzeitlichen Keramikfunde in Angriff.

Der große zeitliche Abstand zum Ende der Grabungen brachte naturgemäß erschwerte Bedingungen mit sich: Während die – auch im Vergleich mit regulären Ausgrabungen der frühen 1970er Jahre übrigens vorbildliche – Dokumentation der Notbergung im Archiv des Freien Instituts für Bauforschung und Dokumentation e.V. (IBD) vollständig erhalten blieb, durchlitten die bald aufgeteilten Fundbestände eine regelrechte Odyssee. Bis zur Fertigstellung dieses Aufsatzes konnte nur ungefähr die Hälfte des Materials (einst

Rainer Atzbach, Katrin Atzbach

197 Marburg, Philippinum. Die Grabungsfläche mit Turm und angrenzender Treppe.

über 100 kg) wieder aufgefunden und in der archäologischen Abteilung des Universitätsmuseums zusammengeführt werden. Zudem hatten die ursprüngliche Beschriftung und Verpackung die wiederholten Umlagerungen nicht ohne Beeinträchtigungen überstanden. Als Glücksfall erwies sich jedoch die bereits während der Grabung vorgenommene Erstinventarisation und zeichnerische Erfassung der wichtigsten Funde, die die Zuordnung versprengter Komplexe erlaubte und manche Lücke des Materials überbrückte.

Die Dokumentation der acht Grabungsschnitte belegt eine gut nachvollziehbare relative Chronologie der Bebauung (Abb. 198): Als älteste Stadtmauer aus der Zeit »vor 1200« wurde ein zweischaliger Mauerzug von 1,60–1,80 m Breite angesprochen, der im Untersuchungsbereich von einem annähernden O-W-Verlauf entlang der Terrassenkante hangwärts nach Nordwesten umknickt. Zumindest im nördlichen Bereich scheint ihm als Annäherungshindernis ein 5–6 m breiter Graben ohne Berme vorgelagert gewesen zu sein. In einer zweiten Bauphase wurde diesem älteren Mauerverlauf ein Rundturm von 8 m Durchmes-

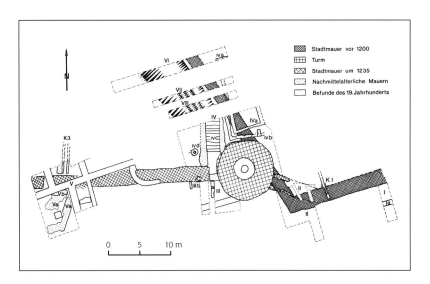

198 Marburg, Philippinum. Gesamtplan der Grabung.

ser und 2,50 m Innenweite vorgesetzt. Konzentrisch in seinem plattenbelegten Inneren führte ein Brunnenschacht von 0,85 m Durchmesser bis in 11,30 m Tiefe hinab, hier ruhte der Brunnenfuß auf einem Eichenholzrost. Der Turm liegt 4 m nordwestlich der älteren Knickstelle, die im Zuge dieser Umbaumaßnahmen durch eine jüngere Zungenmauer zurückgenommen wurde. An den Turm schließt sich nach Westen ein streng O–W verlaufender zweischaliger Mauerzug an, der auf die bekannte Südwestecke der Marburger Stadtumwehrung im Bereich des ehemaligen Barfüßerklosters fluchtet und unmittelbar vor der Turmwand einen 1 m schmalen bogenüberspannten Durchlass offen lässt. Hinter dem erwähnten Durchlass stieg eine steinerne Treppe stadtwärts an, deshalb ist die Aussparung wahrscheinlich als kleine Pforte zu deuten. Sie wurde jedoch mehrfach baulich verändert: Ein jüngeres, flach gegründetes Hausfundament überlagert die Treppe, die forthin wohl nur als Wasserablauf diente.

Die Grabungsdokumentation verwendete große Sorgfalt auf die Einmessung der geschilderten Baubefunde, sie bilden die Bindeglieder der einzelnen Grabungsbereiche. Hierbei kommt insbesondere den beiden Phasen der Stadtmauer wegen ihrer Ausdehnung durch alle Grabungsflächen eine große Bedeutung zu. Die Stratigraphie der Siedlungsschichten und Eingrabungen wurde dagegen entsprechend der damaligen Grabungstechnik vor allem in Profilen dokumentiert, sodass die flächige Ausdehnung der Erdbefunde und die Zuordnung der Fundstücke zu konkreten Schichten nur eingeschränkt möglich bzw. überprüfbar sind. Trotz dieser Einschränkung konnte zwischen Turm und Knickstelle der älteren Stadtmauer eine fundführende Stratigraphie dokumentiert werden, der für die Auswertung eine zentrale Bedeutung zukommt. Leider wurde die Baugrube der älteren Stadtmauer nicht erfasst, deshalb ist die von historischer Seite vermutete Datierung in das späte 12. Jahrhundert nur bedingt archäologisch abzusichern: Für diesen Zeitansatz sprechen die im zweiten Vorbericht behandelten mittelalterlichen Funde aus den stadtseitig anplanierten Siedlungsschichten. Hier dominieren beutelförmige Kugeltöpfe mit randständigen Bandhenkeln, niedriger Halszone und unverdickten glatten Rändern, Lippen- und Leistenrändern. Allerdings ist bei dieser Fundsituation eine sekundäre Umlagerung älteren Materials nicht ganz auszuschließen.

Die jüngere Stadtmauer wird über die Erwähnung des in sie einbezogenen Barfüßerklosters (1234/35) in das frühe 13. Jahrhundert datiert. In diesen Zeithorizont fügt sich die Errichtung eines runden Flankierungsturms bauhistorisch durchaus ein, die Aufführung dieser fortschrittlichen Sicherung passt zur in dieser Phase stark anwachsenden Bedeutung Marburgs als landgräfliche Residenz und Pilgerziel. Die Baugrube des Turms weist angesichts der Vorkommen von Leisten- und Lippenrändern durchaus Gemeinsamkeiten zum ältesten stratifizierten Komplex auf. Hier finden sich jedoch auch jüngere Elemente, so ein ausgekneteter Standring und die Fragmente zweier eiförmiger Becher (»Urnenbecher«). Typologisch zählen sie zu den Vorläufern des spätmittelalterlichen Trinkgeschirrs, das vor allem aus Steinzeug Massenware wird. Somit bestätigen sie einen Zeitansatz im frühen bis fortgeschrittenen 13. Jahrhundert.

Die übrigen mittelalterlichen Funde der Grabung lassen sich zwar partiell zu stratifizierten Serien gruppieren, sind aber nicht mit den Bauphasen zu verbinden. Formenkundlich ergiebiger war dagegen die weitere Entwicklung der Stratigraphie im Turmbereich. Der Rundturm wurde im späten 16. Jahrhundert durch den mittigen Einbau eines Brunnenschachts modernisiert. Den *terminus post quem* liefert der an der Brunnenbasis eingesetzte Holzrost, der eine Dendrodatierung ermöglichte. Der eigentliche Brunnenschacht enthielt eine reichhaltige Füllung mit frühneuzeitlicher Irdenware. Dieses Sediment wurde im Aufgehenden von einer Einplanierung im Turminneren überlagert. Den Abschluss der Entfestigung dieses Stadtbereichs bildete offensichtlich die Aufgabe der Treppenanlage, die zur Pforte in der jüngeren Stadtmauer hinabführte. Sie wurde vor ihrer Überbauung durch Bürgerhäuser mit Schutt aufplaniert, der den jüngsten Keramikkomplex bietet. Die Auswertung dieser drei offenbar jeweils in einem Akt eingeschütteten und chronologisch klar trennbaren Komplexe bildete den Schwerpunkt der Bearbeitung, die sich der typologischen und stratigraphischen Methode bediente, also die Verteilung vordefinierter Merkmalstypen (u. a. Rand- und Gefäßform sowie Oberflächengestaltung) über die drei Komplexe Brunnen, Treppe und Turm betrachtete. Vor dem Hintergrund der Materialmenge musste die Analyse auf die glasierte Irdenware konzentriert werden (Abb. 199) – Ofenkacheln und das Steinzeug Dreihäuser Art wurden bewusst ausgeklammert.

Die Gliederung des Materials in elf Rand- und neun Gefäßformen ergab eine überraschend deutliche Scheidung älterer und jüngerer Typen: Allen drei Komplexen ist die Abwesenheit von Trink- und Schankgeschirr gemeinsam – dies wurde offensichtlich vorwiegend aus Steinzeug Dreihäuser Art gefertigt, wobei natürlich auch an die Verwendung von Holz- und Metallgefäßen zu denken ist. Die Relation von Schüsseln oder Tellern zu Töpfen verändert sich über die drei Komplexe kaum, immerhin weisen die jüngeren Inventare mit Grapen, Miniaturgefäßen und Deckeln neue Typen auf, die im älteren Befund fehlen. Im ältesten Komplex (Brunnen) dominieren an Töpfen und Schüsseln Karniesränder, also eine Randform, die bereits am Ende des Mittelalters aufkommt, aber ihre eigentliche Blüte erst in der frühen Neuzeit erlangt. An zweiter Stelle sind unterschnittene, kolbenförmig verdickte Ränder zu nennen. Die jüngeren Komplexe sind hinsichtlich der Randformen nur wenig differenzierbar, doch unterscheiden sie sich durch die Dominanz steiler Kragenränder an Schüsseln und innen gekehlter Lippenränder an Töpfen klar vom älteren Inventar.

Obwohl der Anteil außen glasierter Gefäße kontinuierlich zunimmt, wurde mit dieser Art des Schmucks vor allem die Gefäßinnenseite versiegelt. Dies folgt zweifellos praktischen Erwägungen – die Außenseite der Kochtöpfe war ja dem Herdfeuer ausgesetzt, eine hier angebrachte Glasur wäre bald abgeplatzt. Bei Tellern spielte sicher auch die ästhetische Wirkung eine große Rolle: Die bis ins letzte Jahrhundert übliche Aufstellung in Wandbrettern ließ vor allem die glasierte Innenseite (Spiegel und Fahne) zur Geltung kommen, während die Unterseite dem Bord zugewandt, also verdeckt blieb. Mit Grün und Braun dominieren die auch von der Kachelbäckerei bekannten – sicher billigen – Erdfarben. Die gra-

199 Marburg, Philippinum. Die frühneuzeitlichen Funde auf einen Blick.

phischen Elemente wurden vorwiegend mit dem Malhorn aufgetragen, Pinselarbeit bildet die Ausnahme. Das Dekorspektrum fügt sich mit vorwiegend vegetabilen oder geometrischen Darstellungen in das auch in Thüringen und Südniedersachsen bekannte Bild der farbigen Tischgeschirre der Renaissance. Die getrennte Gestaltung von Rand- und Innenfläche löst sich tendenziell auf, im jüngsten Komplex (Treppe) kommen marmorierende Effekte aus verwischten Flecken und Linien als neuer Dekortyp hinzu.

Wahrscheinlich handelt es sich bei den drei Komplexen um die Überreste durchschnittlicher bürgerlicher Haushalte, die zwischen frühem 17. und 18. Jahrhundert wirtschafteten. Gerade die gute Differenzierbarkeit der drei Einschüttungen verhilft diesen »Haushaltsauflösungen« zu einer Schlüsselposition bei der Erforschung der frühneuzeitlichen Keramik in Mittel- und Nordhessen.

LITERATUR

E. Altwasser/R. Groß, Vorbericht über die Untersuchungen zur älteren Marburger Stadtbefestigung im Bereich des ehemaligen Gymnasiums Philippinum. Fundberichte aus Hessen 15, 1975 (1977) 387–394. – Dies., Keramik des 12. und frühen 13. Jahrhunderts aus Marburg. Hessische Heimat 35, 1985, 126–131. – H.-G. Stephan, Die bemalte Irdenware der Renaissance in Mitteleuropa. Forschungshefte des Bayerischen Nationalmuseums München 12 (München 1987).

Brandschutt aus dem Dreißigjährigen Krieg in Wanfried-Aue, Werra-Meißner-Kreis

Ausgrabungen in der Wasserburg Aue im Jahr 2004

Karl Kollmann

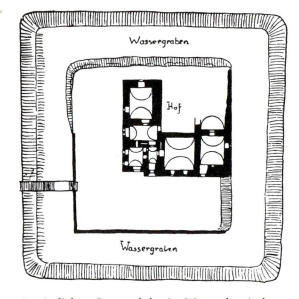

200 Wanfried-Aue, Burg Aue. Plan der Burg von E. Wenzel (1925). Ohne Maßstab.

201 Wanfried-Aue, Burg Aue. Ausgrabung über dem Fußboden des ersten Obergeschosses im Westflügel, mit Profil durch den Brandschutt des Dreißigjährigen Kriegs.

Am östlichen Ortsrand des im Werratal zwischen Eschwege und Wanfried liegenden Dorfs Aue erheben sich etwas abseits der Straße am Rand der Flussniederung die baulichen Überreste einer ehemaligen Wasserburg, umgeben von einem inzwischen verlandeten, aber noch sichtbaren Graben. Die ursprüngliche Anlage dieser Burg wurde im hohen oder späten Mittelalter wohl von den Herren von Aue – nach ihrem Aussterben 1435 waren die von Eschwege ihre Nachfolger – errichtet. Eindeutige Hinweise auf die älteste Burg fehlen bisher, da die seit 2004 laufenden archäologischen Untersuchungen noch nicht in den Untergrund vorgedrungen sind.

Von der in ihrem letzten Zustand U-förmigen Anlage, deren Schauseite nach Süden zu der Straße zeigt, haben sich nur die massiven Untergeschosse der Gebäude aus rötlichem Sandsteinmauerwerk erhalten, deren mit Tonnengewölben versehene Räume teilweise noch ebenerdig begehbar sind und zurzeit als landwirtschaftliche Lagerräume genutzt werden (Abb. 200). Diese heute sichtbaren Bauteile dürften zum großen Teil aus dem späten 15. Jahrhundert stammen, worauf bauhistorische Details hinweisen. Auf jeden Fall hat die Burg in der zweiten Hälfte des 16. Jahrhunderts wesentliche Umbauten erfahren. Auf dem steinernen Untergeschoss erhoben sich vermutlich noch zwei Geschosse mit einem hohen, spitzen Dach; das untere dieser beiden Stockwerke war wohl nach den Außenseiten ebenfalls in Stein, sonst aber in Fachwerk ausgeführt. Nach Süden, zur Straße hin, hat es offenbar einen steinernen Giebel mit gerundeten Renaissanceformen gegeben, was aus einer kürzlich bekannt gewordenen einfachen Skizze der Burg aus dem Jahr 1586 zu schließen ist.

Im Frühjahr des Jahres 1637, in der schlimmsten Phase des Dreißigjährigen Kriegs, besetzten kroatische Truppen das Werraland und auch das Dorf und die Burg Aue. Um Ostern 1637 wurden die oberen Stockwerke der Burg durch einen Brand zerstört, entweder mit Absicht oder durch Fahrlässigkeit. Der auf den Gewölben der Untergeschosse zusammengestürzte Brandschutt blieb über Jahrhunderte unberührt liegen und wurde erst zu Beginn des 20. Jahrhunderts im Rahmen einer gärtnerischen Gestaltung des Burggeländes zusätzlich mit Erdreich überdeckt, möglicherweise auch vorher z. T. planiert. In diesem Zuge erfolgte 1912/13 auch der Bau eines heute sichtbaren historischen Turms; davor gab es offenbar einen kleineren, aber auch nicht originalen Vorgängerturm.

Vom Standort eines Kachelofens zeugten schon immer an der Oberfläche des Schutthügels an einer Stelle zutage tretende Scherben und Bruchstücke von renaissancezeitlichen Ofenka-

cheln, was spätestens 1990 in Sammlerkreisen bekannt geworden war und 1991 Raubgräber angelockt hatte. Dokumentiert wurde bei deren Grabung vermutlich nichts, aber es gelang inzwischen, damals geborgene Funde, überwiegend Scherben und größere Bruchstücke von Ofenkacheln, zu sichern.

Da die Mauern der Burg immer mehr verfielen, gab es Ende 2003 eine erste Besprechung mit dem Ziel der Erhaltung der Wasserburg Aue. Im Rahmen der geplanten Sanierungsmaßnahmen wurde die Arbeitsgemeinschaft für Vor- und Frühgeschichte an der Volkshochschule Eschwege (AG Eschwege) mit der notwendigen archäologischen Untersuchung beauftragt, die in Absprache mit dem Landesamt für Denkmalpflege Hessen begonnen wurde. Ab Mitte Februar 2004 legten Mitglieder der AG zunächst einen Schnitt durch den auf dem Erdgeschossgewölbe des Westflügels liegenden Erd- und Schutthügel und erweiterten die Grabungsfläche nach einer Unterbrechung im Sommer 2004. Die angetroffenen Befunde wurden durch Fotos, Zeichnungen und Grabungsprotokolle dokumentiert, die geborgenen Fundstücke, darunter wieder viele Kachelscherben, gesäubert und fotografisch dokumentiert sowie im Fall der Ofenkachelteile mit den früher geborgenen zusammengeführt und soweit möglich zusammengesetzt. Im Jahr 2005 sollen die Ausgrabungen fortgesetzt werden.

Die Befundsituation in der Wasserburg Aue ist einzigartig, denn man blickt zurück auf die Situation vor fast 370 Jahren kurz vor und während des zerstörerischen Brands. So findet man im Brandschutt vorwiegend Dachziegel und teilweise noch stehende, meist aber zerbrochene Lehmwände, die unterschiedlich hart gebrannt sind. Während des Brands wurden in Glutnestern wohl so hohe Temperaturen erreicht, dass sogar die Dachziegel zerschmolzen sind. Dicht über dem Fußboden des ersten Stockwerks, einem durch das Feuer gehärteten Kalkestrich, häufen sich die kleineren und größeren Fundstücke oder deren kümmerliche Reste (Abb. 201). Am ehesten hat noch die Keramik die Katastrophe überstanden, doch auch sie ist oft stark in Mitleidenschaft gezogen. Zumeist handelt es sich hierbei um Ofenkacheln, daneben wurde bisher nur sehr wenig Gebrauchskeramik gefunden.

Die noch vorhandenen Metallgegenstände sind stark durchgeglüht und zum großen Teil verrostet. Neben zahlreichen Nägeln fanden sich die Reste von Türschlössern, Türbändern, Haken und Angeln verschiedener Größe, Teile einer Ritterrüstung, ein schwerer gusseiserner Topf, Hecheln zur Flachsbearbeitung und drei Ofenroste. Die Glasfunde, sämtlich stark zersplittert und z. T. auch zerschmolzen, stammen zu einem großen Teil von den Butzenscheiben der Fenster, aber auch von Gefäßen verschiedener Art und Größe.

Unter den Funden besonders hervorzuheben sind die reich verzierten Reste eines Kachelofens bzw. mehrerer Kachelöfen aus der zweiten Hälfte des 16. Jahrhunderts. Die Öfen sind durch die Brandkatastrophe von 1637 in Tausende von Einzelstücken zersprungen und vermutlich zuvor von den Kroaten sogar bewusst zerstört worden, da es sich bei den Kacheldarstellungen um ein protestantisches Bildprogramm handelte, welches die Öfen als so genannte Reformationsöfen ausweist (Abb. 202).

202 Wanfried-Aue, Burg Aue. Blattkachel aus bleiglasierter Irdenware. Darstellung des Reformators Martin Luther im Talar. Neben dem Kopf ist der Anfangsbuchstabe L von »LUTHER« zu erkennen. – M. 1:1.

203 Wanfried-Aue, Burg Aue. Verstürzte Lehmwandbrocken im Brandschutt aus dem Dreißigjährigen Krieg. Der Lehm der Wände ist hart gebrannt und beim Zusammensturz der Obergeschosse der Burg in Stücke zerbrochen.

204 Unterbau eines Kachelofens über dem Fußboden des ersten Obergeschosses im Westflügel. Dahinter die reich verzierten Gewände eines Türportals, davor längs und quer verlaufende Standspuren von zwei verschwundenen Lehmwänden. Aufnahme von Norden.

Die Mitarbeiter der AG versuchen jetzt, den Aufbau der Öfen wieder weitgehend zu rekonstruieren. Ihre Arbeit ist dadurch erschwert, dass die Fundstücke aus jener früheren Raubgrabung offenbar auseinander gerissen worden sind und dieses Fundmaterial nicht vollständig vorliegt.

Durch die Freilegung des auf dem Untergeschossgewölbe des Westflügels liegenden Fußbodens des ersten Stockwerks sind dessen begrenzende Mauern im Westen und Norden nun mit ihren Fensteröffnungen und Nischen gut erkennbar. Drei große Fenster gingen nach Westen, eines nach Norden; dazwischen ist eine Wandnische zu erkennen. In der Fensterbank des mittleren Fensters kam ein schöner Ablaufstein, ein so genannter Gossenstein, zum Vorschein. An den Innenwänden befand sich ein Lehmverputz mit hellem Kalkanstrich; leider war er kaum zu erhalten, da sich das Wurzelwerk der in dem Schutt gewachsenen Büsche mit Vorliebe in diesem Lehmverputz ausgebreitet hatte. Die freigelegte Fläche bestand einst aus drei Räumen, deren Trennwände aus Fachwerk mit Lehmausfachung noch gut zu erkennen bzw. zu rekonstruieren waren (Abb. 203). Nach Osten, zum Innenhof hin, verlief eine Art Galerie, die zum nördlichsten Raum hin offen war. Zwischen der Galerie und dem mittleren Raum hat sich ein Lehmgefach noch original stehend erhalten.

Im Südosten der Grabungsfläche kam ein in das zweite Stockwerk führendes Türportal aus hellem Sandstein zutage, dessen unterste Teile, in Renaissancemanier ausgeführt, noch erhalten sind und von der einstigen prunkvollen Ausstattung der Burg Zeugnis ablegen. Nicht weit davon entfernt steht noch der steinerne Unterbau eines Kachelofens (Abb. 204).

Im September 2004 begannen Mitarbeiter der »Werkstatt für junge Menschen« und eine Gruppe von Aktiven aus dem Heimatverein Aue mit der Mauersanierung. Die obersten Mauersteine wurden abgenommen und zur Wiederverwendung gelagert, das Mauerwerk selbst wurde gesäubert und für die Neuverfugung vorbereitet. Auf der Innenhofseite erfolgten einige Restuntersuchungen. Die Fläche wurde mit einer provisorischen Dachkonstruktion für die Winterzeit gesichert.

Wenn alles nach Plan weitergeht, soll im Jahr 2005 ein weiterer Abschnitt der Burg saniert und vorher archäologisch untersucht werden.

Schriftquelle von 1586:
Hessisches Staatsarchiv Marburg, Bestand 17d von Eschwege. Der Hinweis auf diese Quelle mit einer für das Aussehen der Burg Aue im 16. Jahrhundert aufschlussreichen Skizze wird Herrn Dr. U. Stöhr verdankt, die Übermittlung 2004 Herrn Th. Blumenstein.

LITERATUR

K. Kollmann, Funde im Brandschutt von 1637. Archäologische Untersuchungen auf der Wasserburg Aue. Das Werraland 56, 2004, 76–78. – P. Schneider, Die Wasserburg in Aue. Eine Bestandsaufnahme (Kassel 1996). – E. Wenzel, Die Burg Aue bei Eschwege. Das Werratal 2, 1925, 141–145. – Th. Wiegand, Luxus und Landleben. Historistische Schloß- und Herrenhausarchitektur im Werraland. Schriften der Kreissparkasse Eschwege 7 (Eschwege 1990) 62–63. – P. Zietz, Kulturdenkmäler in Hessen – Werra-Meißner-Kreis 1: Altkreis Eschwege. In Zusammenarbeit mit Th. Wiegand, mit Textbeiträgen von Th. Leyhe und K. H. Rostalski. Denkmaltopographie der Bundesrepublik Deutschland (Braunschweig, Wiesbaden 1991) 570.

Die historischen Kulturlandschaften Hessens bedürfen des Schutzes

Planung und Zielsetzung eines digitalen Kulturlandschaftsinformationssystems für Hessen

Udo Recker

Der Begriff der Kulturlandschaft erfreut sich zurzeit einer auffallenden Konjunktur; er findet nahezu allgemeine Verwendung in verschiedensten Situationen und Zusammenhängen. Je nach Betrachter und Standpunkt werden ihm dabei sehr vielfältige assoziative, emotionale und sonstige wertende Nebenbedeutungen beigemessen.

Mit einer gewissen Verzögerung im Vergleich zu anderen Bundesländern und einigen europäischen Nachbarstaaten beginnen nun auch in Hessen die Bemühungen um den Aufbau eines digitalen Kulturlandschaftskatasters erste Früchte zu tragen. Auf Initiative des Landesamtes für Denkmalpflege Hessen und der Kommission für Archäologische Landesforschung in Hessen e.V. wurden in den zurückliegenden Jahren u. a. das so genannte Rheingau-Symposium (»Der Rheingau – Erhalt und Entwicklung einer Kulturlandschaft« in Hocheim a. M. [2000]) sowie die internationale Tagung »Kulturlandschaft: Wahrnehmung – Inventarisation – Regionale Beispiele« in Frankfurt a. M. (2004) durchgeführt. Darüber hinaus sind beide Institutionen seit 2000 auf wissenschaftlichen, planerischen, verwaltungstechnischen und politischen Ebenen vorstellig geworden und haben sich aktiv für den Schutz der historischen Kulturlandschaften Hessens eingesetzt. Aus diesen Bemühungen hervorgegangen ist eine dynamische Entwicklung, die – von zunehmend mehr und gänzlich unterschiedlichen Institutionen getragen – bereits in Kürze zur Durchführung eines hessischen Pilotprojekts auf Kreisebene führen könnte und mittelfristig die Realisierung eines digitalen Informationssystems für die hessischen Kulturlandschaften möglich erscheinen lässt.

Durch direkte Verhandlungen mit den zuständigen Regierungspräsidien konnten bereits kurzfristig wesentliche Änderungen in der Regionalplanung erzielt werden. Bei der Erstellung der neuen Regionalpläne für Süd-, Mittel- und Nordhessen für die Bereiche Archäologie und Paläontologie sowie Bau- und Kunstdenkmalpflege konnten erstmals einheitliche Standards für das gesamte Bundesland bei der Darstellung und inhaltlichen Qualität denkmalpflegerischer und damit auch kulturlandschaftlicher Belange erreicht werden. In äußerst konstruktiver Zusammenarbeit mit den Planungsebenen der Regierungspräsidien Darmstadt, Gießen und Kassel sind über die Punktdarstellung einzelner Kulturdenkmäler mit regionaler und überregionaler Bedeutung hinaus – ebenfalls erstmalig – auch archäologisch relevante Räume ausgewiesen worden. Damit erfährt der in der Bau- und Kunstdenkmalpflege bereits bekannte Ensembleschutz eine wesentliche Erweiterung in den Raum, sprich in die historisch gewachsene Kulturlandschaft hinein. Der Schritt von der singulären Betrachtung eines einzelnen Denkmals hin zu einer Gesamtbetrachtung von Kulturlandschaftselementen in der sie umgebenen historischen Kulturlandschaft ist damit auch auf dieser Planungsebene vollzogen. Für die tägliche Arbeit einer Denkmalfachbehörde ergeben sich daraus gänzlich neue Perspektiven.

Trotz dieser Erfolge darf nicht verschwiegen werden, dass der Weg zu einem landesweiten digitalen Kulturlandschaftskataster, also einem Informationssystem für sämtliche historisch gewachsenen Landschaften Hessens, ein langer sein wird. Aus Sicht der Denkmalpflege von großem Vorteil ist in diesem Zusammenhang die europäische Rechtsprechung, die beispielsweise durch die so genannte Plan-UP-Richtlinie (Richtlinie 2001/42/ EG) Wirkung hinsichtlich des Schutzes der Kulturlandschaft entfaltet, verlangt sie doch u. a. eine Prüfung aller relevanten Aspekte, die das kulturelle Erbe einschließlich der architektonisch wertvollen Bauten und der archäologischen Schätze, der Landschaft und der Wechselbeziehungen zwischen den genannten Bereichen beeinträchtigen könnten. Wenngleich der Begriff der Kulturlandschaft selbst darin keine Anwendung findet, so wird doch ein solcher Geltungsbereich umschrieben. Die Richtlinie kann somit als rechtlicher Rahmen für die Schaffung eines digitalen Kulturlandschaftskatasters angesehen werden.

Explizit genannt wird der Begriff der Kulturlandschaft auf der Ebene der nationalen Gesetzgebung: Das Raumordnungsgesetz (ROG) und das Bundesnaturschutzgesetz (BNatSchG) regeln

205 Kulturlandschaft. Ein Element einer historischen Kulturlandschaft stellt etwa eine spätmittelalterliche Landwehr dar. Von solchen Befestigungsanlagen sind z. B. im Kreis Offenbach noch vielerorts Wälle und Gräben erhalten, wie im Fall der hier zu sehenden Dietzenbacher Verbindungslandwehr zwischen Dietzenbach und Heusenstamm.

explizit den Schutz der »gewachsenen« bzw. »historischen« Kulturlandschaft. Daraus ergibt sich eine nicht zu unterschätzende Brisanz, da ein sich einer allgemeingültigen Definition entziehender Begriff Gesetzeskraft erlangt hat, für den sich darüber hinaus auch innerhalb der Rechtssprache keine einheitliche Verwendung feststellen lässt.

Dass der Kulturlandschaftsbegriff trotz der beschriebenen Problematik auch weiterhin allgemein Anwendung findet, hat z. T. sehr pragmatische Gründe. Man muss zur Kenntnis nehmen, dass der Begriff und damit einhergehende Vorstellungen sowohl im Wissenschaftsjargon als auch in der Umgangssprache eine enorme Beharrlichkeit aufweisen. Dies ist eventuell darauf zurückzuführen, dass mit der Bezeichnung vermeintlich Aspekte der Alltagswelt beschrieben werden können, für die die deutsche Sprache keine alternative Formulierung bietet.

Die überwiegende Mehrheit der Bevölkerung versteht unter einer Kulturlandschaft in der Regel einen idealisierten, angeblich naturnahen und somit ländlichen Raum, der vor allem im städtischen Bereich als positiv besetzter Gegenpol zur eigenen Lebensumwelt steht. So kommt es, dass zunehmend Klagen über den ungebremsten Landschaftsverbrauch der modernen Gesellschaft laut werden. Wenn hier auch aus wissenschaftlicher Sicht deutlich zu differenzieren ist, so lässt sich die Tatsache nicht leugnen, dass der seit dem 19./20. Jahrhundert verstärkt voranschreitende und gegenwärtig stark beschleunigte Strukturwandel als deutlicher Verlust von schützenswerten Belangen erfahren wird. Da Hessen zu den ältesten europäischen Siedlungsgebieten gehört, verfügt es über eine Vielzahl historisch gewachsener Kulturlandschaften, für die es aus Sicht der Denkmalpflege Schutzkonzepte zu entwickeln gilt. Der Flächenverbrauch wird sonst zu einem irreversiblen Verlust derselben führen. Für Hessen kann diese Problematik exemplarisch am Ballungsraum Frankfurt a. M. samt Einzugsgebiet festgemacht werden. Trotz aller Bemühungen und sehr begrüßenswerter Ansätze wie den Regionalparkrouten und ähnlichen Projekten sind in bisher nicht gekannter Weise Veränderungen und unwiederbringliche Zerstörungen markanter Kulturlandschaften und ihrer Elemente festzustellen. Steuerungselemente wie Landesentwicklungsplan, Landschaftsrahmenplan und Regionalplan bis hin zur örtlichen Bauleitplanung greifen nicht in dem Maße, wie dies notwendig wäre. Die Entwicklung der letzten Jahre zeigt, dass zunehmend auch in stärker ländlich geprägten Räumen nicht mehr nur einzelne Elemente der historischen Kulturlandschaft (Abb. 205) verlorengehen, sondern auch deren Bezüge untereinander. In den städtisch geprägten Zonen des Rhein-Main-Gebiets und des Lahntals sind diese vielfach bereits großflächig verschwunden. Dabei ist festzuhalten, dass die prägenden Elemente einer über Jahrtausende gewachsenen Landschaft eher kurzfristigen, oftmals ausschließlich wirtschaftlich ausgerichteten Belangen weichen. Hierbei sei angemerkt, dass die heutige Gesellschaft nicht nur über einen Ausbau, sondern auch über einen Rückbau von Strukturen nachdenken muss. In ostdeutschen Bundesländern sind – wenn auch aus anderen Gründen – erstmals seit Jahrhunderten wieder Wüstungserscheinungen, d. h. die partielle oder vollständige Aufgabe von Siedlungen, festzustellen. Derartige Vorgänge sind nicht auf Hessen übertragbar, schon gar nicht auf das Rhein-Main-Gebiet, sein Einzugsgebiet und größere Städte wie Darmstadt, Wiesbaden, Wetzlar, Gießen, Marburg oder Kassel. Mittel- bis langfristig wird der Umgang mit einem notwendigen Rückbau aber auch in Hessen, hier vornehmlich in ländlich strukturierten Bereichen, thematisiert werden müssen.

Über die Kulturlandschaft und den Grad ihrer Naturnähe oder ihr geschichtliches Potential wird der Wunsch des Menschen nach Identität befriedigt, nach Identifikationsmöglichkeiten in der Region sowie einer lebenswerten und erfahrbaren Umwelt einschließlich der historischen Wurzeln. Die Zahl historisch bedeutender Kulturlandschaftselemente, die in ihrer Summe Eindruck und Wahrnehmung eines Raums bestimmen, ist endlich. Mit einem radikalen Kulturlandschaftswandel im Sinn eines Landschaftsverlusts gehen zunehmend identitätsstiftende Momente verloren, was letztlich zu einem Identitätsverlust der in einer weitgehend ausgeräumten Kulturlandschaft lebenden Menschen führt.

Angesichts der vorstehend beschriebenen Umstände ist das Landesamt für Denkmalpflege

Hessen bestrebt, in Kooperationen mit weiteren Partnern ein umfassendes digitales Kulturlandschaftsinformationssystem für das Bundesland Hessen aufzubauen. Dieses »Kulturlandschaftskataster« soll in Zukunft dazu beitragen, einen Ausgleich zwischen gesellschaftlich-wirtschaftlichen Ansprüchen und dem notwendigen Schutzgedanken zu gewährleisten. Der Bestand an historisch gewachsenen Kulturlandschaften mitsamt ihren Elementen sowie das Gesamterscheinungsbild dieser Räume war und ist einem ständigen Wandel unterworfen, dies soll auch so bleiben. Es muss daher deutlich betont werden, dass der notwendige Schutz nicht im Sinn einer »Käseglocke« zu einem Stillstand der Entwicklung und zu einer Musealisierung unserer Umwelt führen darf. Vielmehr soll es um einen langfristigen, planerisch gelenkten, dem Erhaltungs- und dem Entwicklungsziel dienenden Umgang mit der historischen Kulturlandschaft gehen.

Ein solches Kataster soll als Basismodul in Fragen der Bewertung der historisch gewachsenen Kulturlandschaften Hessens dienen. Als Werkzeug zielt es auf die Verknüpfung vielfältiger Informationen unterschiedlicher Herkunft bei gleichzeitiger Verortung in einer Karte oder einem Raummodell ab. Damit sollen unterschiedlichen Nutzern in kürzester Zeit grundsätzliche Informationen zu einem Raum zur Verfügung stehen.

Als nächster Schritt ist eine Pilotstudie auf Kreisebene geplant. Aus Sicht des Landesamtes für Denkmalpflege Hessen bietet sich hierfür der Rheingau-Taunus-Kreis aufgrund seiner landschaftlichen Struktur in besonderer Weise an. Unter der Federführung des Landesamtes soll im Zusammenspiel zwischen öffentlicher Hand, auf das Thema Kulturlandschaft spezialisierten Fachbüros und einzelnen Universitätsinstituten die Aufbereitung vorhandener Daten, deren Überprüfung im Gelände sowie die flächendeckende Neuaufnahme im Kreisgebiet durchgeführt werden. Unter der Voraussetzung, dass eine Finanzierung kurzfristig gewährleistet wird, könnte diese Studie in den Jahren 2006/07 erarbeitet werden.

Die grundsätzlich zu bedauernde Verzögerung bei der Umsetzung entsprechender Bemühungen um ein Kulturlandschaftskataster in Hessen hat auch einen positiven Aspekt, versetzt sie doch alle Beteiligten in die glückliche Lage, von den Erfahrungen anderer Bundesländer und europäischer Nachbarn zu profitieren. Das Landesamt für Denkmalpflege Hessen bevorzugt hierbei eine enge Zusammenarbeit mit den nordrhein-westfälischen Landschaftsverbänden Rheinland und Westfalen-Lippe. Wenn möglich soll die Pilotstudie wie auch ein hessenweites Kulturlandschaftsinformationssystem auf der Basis des in Nordrhein-Westfalen entwickelten KuLaDigNW aufgebaut werden. Das Kataster für Hessen muss, da es in weite Bereiche des privaten wie öffentlichen Lebens hineinreichen wird, entsprechend vielschichtig sein. Von allen momentanen Systemen ist KuLaDigNW das richtungsweisende System, das durch seinen Grundansatz, seine offene Struktur und Vielfalt, seine durch internationale Standards gesicherte Kompatibilität sowie Zukunftssicherheit überzeugt. Entsprechende Vorschläge zur Übernahme des KuLaDigNW für Hessen werden daher zurzeit innerhalb der zuständigen hessischen Behörden sowie in vorbereitenden Gesprächen mit Kolleginnen und Kollegen vom Umweltamt des Landschaftsverbands Rheinland diskutiert.

Da Pflege und Erhalt historischer Kulturlandschaften im Wesentlichen eine planerische Querschnittsaufgabe darstellen, bedarf es notwendiger Instrumentarien – vorrangig einer landesweiten, flächendeckenden Erfassung aller Kulturlandschaftselemente und der Räume, die durch diese ihre charakteristische Prägung erlangen. Nur so können ein Datenpool, der einen langfristigen Umgang mit der historischen Kulturlandschaft garantiert, geschaffen und gewachsene Kulturlandschaften qualifiziert weiterentwickelt werden. Ein funktionierendes Informationssystem wird zu einer deutlichen Verkürzung von Planungsverfahren, zu einer höheren Planungssicherheit und zugleich zu einem besseren Schutz der historischen Kulturlandschaft führen. Dabei können Kulturlandschaften innerhalb von Planungsvorgängen nachvollziehbar gemacht werden. Auf der Planungs- und Verwaltungsebene wie auch im wissenschaftlichen Bereich erlaubt das Kataster, Daten auf direktem Weg zusammenzuführen, Querbezüge zu erkennen oder vorhandene Defizite aufzuspüren. Lokale Auswirkungen oder regionale Profile lassen sich ebenso erstellen wie landesweite Übersichten. Weitreichende Nutzungsmöglichkeiten ergeben sich darüber hinaus in der Wirtschafts- und Regionalförderung sowie im Tourismus. Indem der Datenbestand eines künftigen Kulturlandschaftskatasters auf verschiedenen Ebenen und in verschiedener inhaltlicher Tiefe auch der breiten Öffentlichkeit zugänglich gemacht werden kann, stellt ein digitales Kataster auch eine moderne, vielgestaltige Informationsplattform für alle Bürgerinnen und Bürger des Landes Hessens dar – beispielsweise zur Vorbereitung von Freizeitaktivitäten.

Der Aufbau eines digitalen Kulturlandschaftskatasters wird angesichts der immensen Aufgabe nicht kurzfristig möglich sein. Da ein offenes, internetbasiertes System entstehen soll, das nach und nach von verschiedensten Institutionen, Behörden und anderen mit relevanten Daten ver-

EDV-gestützte Erfassung von Sammlungsobjekten im Hessischen Landesmuseum Kassel

Von der Tuschefeder zur Datenbank

Irina Görner

Die vor- und frühgeschichtliche Sammlung der Staatlichen Museen Kassel umfasst einen umfangreichen Fundbestand, der teilweise bis ins 18. Jahrhundert zurückreicht. Schon 1709 wurden auf Anregung von Landgraf Carl in einer der frühesten Ausgrabungen Deutschlands mehrere Grabhügel auf der Mader Heide bei Gudensberg untersucht. In dem 1779 von Landgraf Friedrich II. gegründeten Museum Fridericianum wurden die »einheimischen Alterthümer« im »Cabinet des Antiquités de Hesse« einer breiten Öffentlichkeit präsentiert. Seit 1913 ist die vor- und frühgeschichtliche Sammlung im Hessischen Landesmuseum beheimatet.

Seitdem 1875 die Sammlung zur »Zentralsammelstelle der vorgeschichtlichen Alterthümer Nordhessens« erklärt wurde, ist ein Großteil der nordhessischen Funde in die Kasseler Sammlung gelangt. Diese Funktion des »Fundarchivs« für den nordhessischen Raum nimmt die Sammlung – vor allem für Funde aus dem Regierungsbezirk Kassel – bis heute wahr: Die meisten Funde der Marburger Außenstelle des Landesamtes für Denkmalpflege Hessen gelangen daher nach Kassel, darunter natürlich auch große Grabungskomplexe. Die Magazinfläche ist infolgedessen inzwischen auf über 500 m² angewachsen und stößt bereits wieder an ihre Grenzen (Abb. 206).

Mit dem Umzug vom Museum Fridericianum ins Hessische Landesmuseum wurde ein eigenständiges Inventarbuch für vorgeschichtliche Altertümer aus Hessen begonnen, in dem die Neuzugänge handschriftlich erfasst wurden (Abb. 207). Ab den 1960er Jahren ging man zur maschinenschriftlichen Erfassung auf einzelnen Datenblättern über, die dann als Inventarbücher gebunden wurden. Während bis in die 1930er Jahre nur ein großes »Hauptbuch« existierte, ist die Anzahl

dessen Bürgerinnen und Bürger zur Folge haben. Ein funktionsfähiges digitales Kulturlandschaftskataster ist somit ein Gewinn für alle.

LITERATUR

V. Denzer/J. Hasse/K.-D. Kleefeld/U. Recker (Hrsg.), Kulturlandschaft: Wahrnehmung – Inventarisation – Regionale Beispiele. Fundberichte aus Hessen, Beiheft 4 (in Vorb.). – U. Recker, Kulturlandschaftskataster. Plädoyer für einen vorausschauenden Umgang mit der historischen Kulturlandschaft. Denkmalpflege und Kulturgeschichte 2004/3, 16–17.

206 Kassel, Hessisches Landesmuseum. Blick in das Depot der vor- und frühgeschichtlichen Sammlung der Staatlichen Museen Kassel.

der jeweils mehrere Zentimeter dicken Inventarbücher mittlerweile auf die stattliche Menge von 30 Stück angewachsen.

Schon in den 1950er Jahren wurden unter J. Bergmann ergänzend dazu mehrere Karteien angelegt, in denen die Fundkomplexe nach unterschiedlichen Gesichtspunkten aufgegliedert sind. Die einzelnen Karteien, in denen die Funde nach Fundort, nach Messtischblattnummern oder Zeitstufen geordnet vorliegen, nehmen einen eigenen Archivraum ein.

Seit 2002 nutzen die Staatlichen Museen Kassel nun ein Datenbanksystem, um die Erfassung der Sammlungsobjekte aus den verschiedenen Sammlungen vorzunehmen. Eingesetzt wird dafür *MuseumPlus* von der Schweizer Firma Zetcom (Abb. 208). Die Bandbreite der zu erfassenden Informationen ist bei neun verschiedenen Sammlungen, die so unterschiedliche Dinge wie Tapeten, Gemälde, Skulpturen, moderne Kunst, astronomische Instrumente oder eben Faustkeile beinhalten, ausgesprochen groß. Eine entsprechende Flexibilität des Programms war also Grundvoraussetzung. Zudem waren und sind in hohem Maße Absprachen und Standardisierungen nötig, die eine Einheitlichkeit in der Erfassung gleicher Angaben gewährleisten. So war beispielsweise festzulegen, welche Abkürzungen verwendet werden dürfen und an welcher Stelle und in welcher Form gleichartige Informationen abgelegt werden sollen. Das Konfliktpotential solcher Diskussionen erwies sich dabei als ganz erheblich. Aber auch für die einzelnen Sammlungen waren Standards festzulegen: Heißt die Datierungsangabe »neolithisch« oder »Neolithikum«? Ist gebrannter Lehm mit Flechtwerkabdrücken als »Hüttenlehm« oder »Brandlehm« oder »Rotlehm« zu bezeichnen? Wie finde ich alle Fundkomplexe mit Tierknochen, wenn darunter auch Objekte mit der Bezeichnung »Schädel eines Pferdes« und »Mammutzahn« sein können?

Nach anfänglichen technischen Schwierigkeiten bereiten momentan vor allem die großen Mengen der alten Datenbestände Probleme: Die hand- oder maschinenschriftlichen Inventarbücher sind ausschließlich durch Abschreiben in *MuseumPlus* zu erfassen. Da die Gesamtzahl der Datensätze aller Fundkomplexe der vorgeschichtlichen Sammlung momentan etwa bei 60 000 liegt, ist dies ein langwieriges und kostspieliges Unterfangen, das noch Jahre in Anspruch nehmen wird. Immerhin werden alle Neuzugänge gleich in *MuseumPlus* aufgenommen. Geplant ist, die bisherige Form der Erfassung in Inventarbuch und Karteien bis auf Weiteres beizubehalten. Die Fortführung der chronologischen Kartei und der Messtischblattkartei soll erst dann eingestellt werden, wenn etwa die Hälfte des Altbestands in

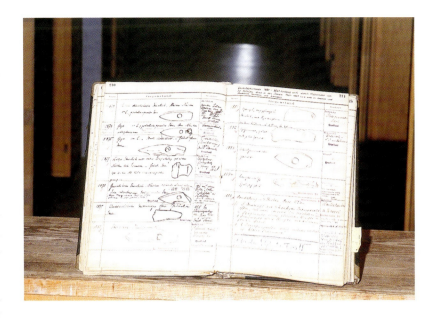

207 Kassel, Hessisches Landesmuseum. Erstes, noch handschriftliches Inventarbuch der Kasseler Sammlung.

MuseumPlus erfasst ist. Die Fundortkartei wird allerdings auch dann in Papierform weitergeführt, schon allein um neben den Inventarbüchern eine weitere Absicherung gegen Datenverlust zu gewährleisten.

Trotz des großen Aufwands, die Altinventare in die neue elektronische Form zu übertragen, liegen die Vorteile klar auf der Hand. Zum einen kann die Papierflut eingedämmt werden. Eine fortlaufende Erweiterung der Karteien würde sonst über kurz oder lang an den zur Verfügung stehenden Räumlichkeiten scheitern. Zum anderen ist durch die beliebigen Suchfunktionen natürlich eine deutlich schnellere Auffindbarkeit gegeben. Gerade bei unspezifischen Anfragen, die bisher weder mithilfe der chronologischen Kartei noch mit der Fundort- oder Messtischblattkartei schnell gelöst werden konnten, erleichtert die Datenbank die Suche sehr. So ist heute bei Anfragen, die eine bestimmte Objektkategorie betreffen – beispielsweise die Frage nach dem Bestand von Pinzetten gleich welcher Zeitstellung für eine kulturhistorische Ausstellung –, eine manuelle Suche in den Karteien unumgänglich. Dass dabei möglicherweise eben nicht alle infrage kommenden Objekte gefunden werden, ist eine Tatsache. Für eine Zusammenstellung aller Textilreste in der vorgeschichtlichen Sammlung ist beispielsweise die Sichtung der chronologischen Karteien für frühmittelalterliche, mittelalterliche und neuzeitliche Funde erforderlich. Sollte es darüber hinaus aus vorgeschichtlichen Zeiten ebenfalls Textilreste geben, wären sie auf die Schnelle nicht auffindbar. Auch bei anderen Fragestellungen ist die Suche in den Karteien erheblich aufwändiger als eine Computerabfrage. So lassen sich zwar alle Funde aus dem Stadtgebiet Kassel in der Ortskartei recht schnell ermitteln, interessieren aber nur bestimmte Zeitstellungen, etwa alle vorgeschicht-

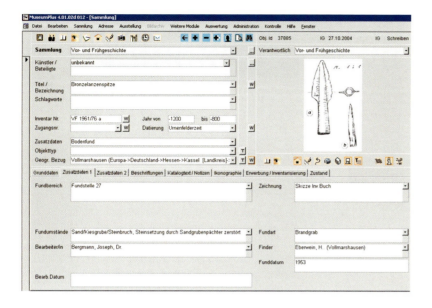

208 Kassel, Hessisches Landesmuseum. Erfassungsmaske für Objekte der Vor- und Frühgeschichte des Datenbankprogramms *MuseumPlus*.

lichen Funde, hieße dies wiederum, alle chronologischen Karteien vom Paläolithikum bis hin zur Kaiserzeit durchzublättern oder die jüngeren Funde aus dem Gesamtbestand der Ortskartei auszusortieren.

Die Zusammenstellung der gewünschten Informationen bei solchen Anfragen, beispielsweise für Magisterarbeiten oder Dissertationen, aber auch für Heimatmuseen und Heimatvereine oder zu Restaurierungszwecken, ist mit *MuseumPlus* in Zukunft sicherlich erheblich schneller zu leisten. Entsprechende Exportmöglichkeiten erlauben eine Ausgabe als *Excel*- oder *Word*-Datei. Weitere Möglichkeiten, wie digitale Anbindungen an GIS-Programme (Geographische Informationssysteme), sind gegeben, werden jedoch erst nach einer abgeschlossenen Erfassung der Altdaten sinnvoll.

Ein weiterer Vorteil ist die mögliche Vernetzung aller Informationen zu einem Fundstück oder Fundkomplex. Das reicht dann von Fotoaufnahmen, die digitalisiert angebunden werden können, über Altakten, Zeitungsberichte und andere Dokumente sowie Angaben zu Versicherungswerten, Ausstellungen und Leihverträgen bis hin zu naturwissenschaftlichen Untersuchungsberichten, Literaturangaben und Restaurierungsberichten. Damit ist erstmals eine effektive Bündelung aller Daten zu einem Fundkomplex zu erreichen. Momentan finden sich diese Angaben verstreut an den verschiedensten Stellen, etwa in Ortsakten, Restaurierungsakten, Zeitungsarchiv, Fotokartei, Leihakten usw. Allein die Möglichkeit, alle Informationen auf einen Schlag sehen zu können, bedeutet eine große Verbesserung. Weitere Vorzüge bietet die Datenbank natürlich auch bei sammlungsübergreifenden Ausstellungen oder Projekten. So sind die Daten auch für die Mitarbeiter der anderen Sammlungen abrufbar und eine sammlungsübergreifende Recherche ist erstmals relativ schnell möglich. Es müsste also in Zukunft schnell herauszufinden sein, ob von einer Burg neben Fundgegenständen in der vor- und frühgeschichtlichen Sammlung eventuell auch eine Zeichnung in der Graphischen Sammlung vorhanden ist oder ein Objekt aus der Sammlung Kunsthandwerk und Plastik. Damit ergeben sich im Einzelfall sicherlich interessante Projekte über die Sammlungsgrenzen hinweg.

Voraussetzung für eine langfristige Nutzung einer solchen Datenbank ist allerdings die ständige Pflege. So müssen Änderungen des Standorts, Ergänzungen der Literaturangaben, Nachträge von neu angefertigten Fotoaufnahmen, Korrekturen usw. kontinuierlich erledigt werden. Allerdings gilt auch hier, dass Änderungen eben nur noch an einer Stelle durchgeführt werden müssen und eben nicht in drei verschiedenen Karteien, dem Inventarbuch und den Ortsakten. Damit dürfte sich die Zeit für die Pflege des Datenbestands im Endeffekt eher reduzieren als erhöhen.

Derzeit noch nicht absehbar ist, inwieweit die Entscheidung der Landesregierung, ein einheitliches System in allen drei Museen des Landes – dem Landesmuseum Darmstadt, dem Landesmuseum Wiesbaden und den Staatlichen Museen Kassel – einzuführen, weitere Vorteile in sich birgt. Immerhin kommt zumindest dasselbe Programm zum Einsatz, die jeweilige Spezifikation unterscheidet sich jedoch bereits erheblich, zumal die angesprochenen Standardisierungen nicht museumsübergreifend diskutiert wurden. Ob eine problemlose Vernetzung möglich sein wird, bleibt daher abzuwarten.

Auf lange Sicht ist jedenfalls der Schritt weg von der althergebrachten Inventarisierung hin zu einem modernen elektronischen System sehr zu begrüßen.

Fertigstellung des Verwaltungsbaus im Saalburgmuseum
bei Bad Homburg v. d. H., Hochtaunuskreis

Das Prätorium der Saalburg

Elke Löhnig,
Egon Schallmayer

Nach nur 15 Monaten Bauzeit konnte im Mai 2004 das neue Verwaltungsgebäude im Saalburgmuseum bezogen werden. Erste Planungen für die Erweiterung des bestehenden Verwaltungsgebäudes waren bereits 1995 zusammen mit Entwürfen für den Ausbau des Saalburgmuseums zum Archäologischen Park vorgelegt worden. Von Anfang an war vorgesehen, den bestehenden Baukörper in Form eines Peristylbaus zu erweitern. Wie bei dem Erweiterungsbau aus den 1970er Jahren stand auch hier die Berücksichtigung des archäologischen Befunds im Vordergrund.

Im Jahr 2000 erfolgte die Aufnahme des Vorhabens zum Ausbau des Archäologischen Parks in das kurz zuvor geschaffene Kulturinvestitionsprogramm der Hessischen Landesregierung. Für die Erweiterung des Institutsgebäudes wurden zusätzliche Haushaltsmittel in Höhe von 1,8 Mio. Euro zur Verfügung gestellt. Als Grundlage für die weiteren Planungen wurden Leitlinien entwickelt, die die Saalburg als Kompromiss zwischen auf wissenschaftlicher Grundlage vorgenommener Rekonstruktion und der Schaffung einer ideell und physisch erfahrbaren Erlebniswelt der Antike definieren. Demnach ist die Saalburg weiterhin als ein archäologisches Experiment mit »nach oben hin« nahezu offenem Ausgang anzusehen.

Im Frühjahr 2001 konstituierte sich ein wissenschaftlicher Beirat, der die Baumaßnahmen fortan begleitete. Nun konnte mit den Detailplanungen begonnen werden. In den umfangreichen, fruchtbaren Diskussionen im Beirat entwickelte sich zunächst eine Bandbreite von Rekonstruktionsvorschlägen, die von moderner Glasarchitektur, die lediglich die antike Kubatur aufgreifen sollte, bis hin zur vollkommenen Anlehnung an das wilhelminische Baudenkmal reichte. Schließlich ließ sich im Konsens die Gestaltung eines Peristylbaus erreichen, dessen Außenansicht nach heutigem Forschungsstand antik gestaltet werden sollte. Zum wilhelminischen Baukörper war eine deutliche Abgrenzung gefordert. Daher wurden die Gelenkstellen zwischen Alt- und Neubau in Holz abgesetzt, wobei sie gleichzeitig den neuen Haupteingang aufnahmen. Im Inneren des Neubaus wurde auf eine detailgetreue Umsetzung antiker Befunde verzichtet, hier stand Zweckmäßigkeit angesichts der Nutzung als Verwaltungs- und Bürogebäude im Vordergrund (Abb. 209).

Aus Gründen der Funktionalität und nicht zuletzt auch der Kosten wegen fanden bei der Realisierung des Neubaus moderne Baumaterialien Verwendung. Besonderer Wert wurde darauf gelegt, dem Neubau eine angemessene Höhe zu

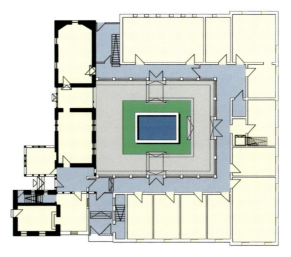

209 Bad Homburg v. d. H., Saalburgmuseum. Schematisierter Grundrissplan (Erdgeschoss) des neuen Verwaltungsbaus.

geben. Hieraus resultierte das Problem, dass der Anbau deutlich höher auszuführen war als die wilhelminische Rekonstruktion. Dies stellte eine besondere Herausforderung dar, da an den Gelenkstellen zwischen Alt- und Neubau nicht nur unterschiedliche Fußbodenniveaus kompensiert werden mussten, sondern auch die deutlich abweichenden Dachhöhen. Um die vom Beirat geforderte Gebäudehöhe zu erreichen, wurde nicht nur im Dachbereich aufgestockt, gleichzeitig wurde das Gesamtgebäude etwas aus dem Boden heraus angehoben. Hierdurch ergab sich die Möglichkeit, im Bereich der Sockelzone eine Reihe von kleinen Fenstern anzubringen, die in Anlehnung an Originalfunde der Saalburg mit gekreuzten Eisengittern gesichert sind.

Der höhere Neubau fügt sich indes sehr harmonisch in die Gesamtanlage ein, da er neben der bestehenden Exerzierhalle nicht gedrungen wirkt, dennoch hinter deren imposanter Höhe etwas zurücktritt. Gleichzeitig setzt er sich deutlich vom kleinteiligen wilhelminischen Altbau mit seiner lebhaften Dachlandschaft ab.

Der Neubau ist nach heutigem Kenntnisstand verputzt und mit einer pompejanisch-roten So-

210 Bad Homburg v. d. H., Saalburgmuseum. Blick von Nordosten auf das neue Prätorium der Saalburg.

ckelzone versehen. In den noch weichen Oberputz wurde in Handarbeit eine aus zahlreichen Befunden belegte Quaderung eingeritzt und schließlich mit rotem Fugenstrich nachgezogen. In gleicher Technik erhielten die Fenster einen Sturz in Form eines Tympanons. Durch die eingeritzte Quaderung verliert die zunächst dominant wirkende Putzfläche des Neubaus an Massivität; der Fugenstrich greift optisch die Kleinteiligkeit der steinsichtigen Bruchsteinfassaden der wilhelminischen Rekonstruktionen auf und »vermittelt« angemessen zwischen Neubau und bestehenden Bauten (Abb. 210).

Bei der Gestaltung der Fenster wurde nach anfänglichen Überlegungen darauf verzichtet, in Anlehnung an den Altbau sog. Zwillingsfenster einzusetzen, da diese nach heutigem Kenntnisstand für die römische Zeit nicht nachgewiesen sind. Die Wahl fiel auf schmale, hohe Einzelfenster, wobei aufgrund der Gebäudenutzung Zugeständnisse bei der Einbauhöhe gemacht werden mussten. Hier wurde ein Kompromiss zwischen »Arbeitsstättenverordnung« und der bei römischen Bauten geforderten großen Einbauhöhe gefunden.

Ebenfalls als Zugeständnis an die moderne Nutzung und Pflege ist die Anbringung von Regenrinnen zu werten. Diese sind nicht nachgewiesen, werden jedoch heute in den meisten archäologischen Parks aus praktischen Gründen angebracht.

Die Innengestaltung des Gebäudes orientiert sich an römischen Vorbildern, ohne diese jedoch exakt zu kopieren. Als hiesige Plangrundlage diente das *praetorium* von Housesteads am Hadrianswall.

Bei einem antiken *praetorium* gruppieren sich um die Eingangshalle herum unterschiedlich große Räume, die als Wachstuben oder Empfang dienten. Meist lag gegenüber vom Eingang der Durchgang zum Innenhof, die vierflüglige Anlage wurde über eine innen umlaufende *porticus* erschlossen. In dem Gebäudeflügel, der dem Eingang gegenüberlag, befand sich meist ein größerer repräsentativer Raum, in der Regel das *triclinium*. Rings um den Innenhof gruppierten sich schließlich unterschiedlich große Wohn- und Funktionsräume.

Das Prätorium der Saalburg greift die antike Struktur und Raumfolge weitgehend auf. Auch hier werden die umgebenden Räume über ein Peristyl erschlossen. Die vorgenommene Ausgestaltung soll den antiken Charakter dieses Gebäudeteils und des entsprechend gestalteten Innenhofs verdeutlichen (Abb. 211). Hier wird das Gefühl, in einem römischen Gebäude zu sein, am meisten angesprochen; man erhält eine Vorstellung von der Dimension, die ein antikes Kommandantengebäude haben konnte. Zwar handelt es sich bei dem an den drei neu angebauten Flügeln überdachten Wandelgang nicht mehr um eine zum Innenhof offene Portikus, sondern um einen durch breite Fensterflächen aus kleinteiligen Sprossenfenstern geschlossenen Umgang, dennoch sind Gestaltung und Ausstattung nahezu originalgetreu. Das Holz der Überdachung ist sichtbar. Die Tragbalken liegen auf Konsolsteinen aus Basalttuff auf. An den Wänden sind Leuchten angebracht, die das elektrische Licht hinter antik wirkenden Fackelfächern verstecken. Die antikisierenden Türen zu den einzelnen Räumen wurden in Schalbretterweise ausgeführt. Über jeder Tür befinden sich Oberlichter, die mit Sprossen in Form von Andreaskreuzen versehen sind. Diese Kreuzform findet sich an vielen Baudetails innerhalb des Saalburg-Kastells als Leitmotiv wieder.

Im Innenhof liegt in Analogie zu dem vor Ort nachgewiesenen Bassin ein Wasserbecken, das von einem polychromen Mosaik mit Meermischwesen geschmückt ist. In seiner Gestaltung ist es an das bekannte Meerwesenmosaik aus dem nahen Bad Vilbel angelehnt, das heute im Hessischen Landesmuseum Darmstadt gezeigt wird. Ein an einer Stele angebrachter Wasserspeier in Form einer Oceanus-Maske, deren Vorbild aus der *villa rustica* von Treuchtlingen-Schambach beim Limeskastell Weißenburg in Bayern stammt, wird für die gewünschte Wasserbewegung im Becken sorgen.

Im Westflügel liegt analog zu antiken Befunden ein repräsentativer Raum, der allerdings heute nicht mehr als *triclinium* dient, sondern allenfalls geistige Nahrung bietet. In ihm ist ein beträchtlicher Teil der Bibliothek untergebracht. Weitere Bibliotheksräume schließen sich im Südflügel an. Nord- und Ostflügel nehmen die Arbeitsräume der Mitarbeiter auf.

Der Neubau ist vollständig unterkellert, wobei es trotz markanter Höhenunterschiede gelungen ist, eine Anbindung an den Altbaukeller zu schaffen. Das Untergeschoss selbst beherbergt zahlreiche Funktionsräume, so z. B. für Heizung, Elektroanschluss, EDV und Wasserverteilung. In diesem Geschoss finden sich auch sanitäre Anlagen sowie Lagerräume und Aktenarchiv. Das behindertengerechte Gebäude besitzt einen Hintereingang, der über eine Rampe erschlossen ist; der Keller kann zudem über einen Aufzug, der gleichzeitig auch zum Lastentransport dient, erreicht werden.

Der Standort der Kommandantenwohnung im Saalburg-Kastell ist ungewöhnlich, liegt er doch nicht im Mittelstreifen des Kastells und weicht damit von der üblichen Position innerhalb eines römischen Kastells ab. Tatsächlich befindet sich in allen Provinzen des Römischen Reichs, in denen Militärlager bekannt sind, das Kommandantenhaus meistens im Mittelstreifen des Kastells neben dem Stabsgebäude, üblicherweise an dessen rechter Seite.

Bei den älteren Grabungen waren in der Südwestecke der Saalburg die Fundamentmauern eines Baukomplexes von 26 m Länge und einer Breite von bis zu 6 m freigelegt worden. Dieser bestand aus acht Räumen, von denen zwei mit Hypokaustheizung versehen waren. Bei Nachgrabungen 1901/02 konnte festgestellt werden, dass es sich um einen mehrphasigen Steinbau handelte, dem ein älteres Holzgebäude vorausgegangen war. Die Befundaufnahmen zeigen umfangreiche Pfosten- und Gräbchenspuren von Holzbauten, die sich dem in Stein ausgeführten Gebäudetrakt anschließen. Von Bedeutung für die Ansprache als *praetorium* waren Befunde, die unmittelbar nördlich der durch das Fundamentmauerwerk ausgewiesenen Raumflucht aufgedeckt wurden und sich in einigen Mauerwinkeln, einem Kellergeviert, einer kleinen Heizanlage und einem Bassin zu erkennen gaben. In Letzterem sah man das Wasserbecken, welches oft im Innenhof eines Kommandantenwohnhauses vorhanden war. Dies berücksichtigend konnte man davon ausgehen, dass das Kommandantenhaus tatsächlich im südwestlichen Lagerareal des Saalburg-Kastells, unmittelbar hinter dem Haupttor und gegenüber dem Getreidespeicher gelegen hatte.

Im Mittelstreifen des Lagers haben sich unmittelbar links und rechts vom Stabsgebäude keine Spuren von Holz- oder Steinbauten finden lassen, die auf die Existenz eines Prätoriums an dieser Stelle hätten hinweisen können. Die wenigen angetroffenen Mauerreste und Gräbchenbefunde sprechen eher für Mannschaftsbaracken.

Im Jahr 1906 wurde das in seinen Fundamentresten ergrabene Gebäude rekonstruierend wieder aufgebaut. Dabei orientierte man sich an Leitlinien, die Kaiser Wilhelm II. und sein Baumeister L. Jacobi dem gesamten Kastell-Wiederaufbau zugrunde gelegt hatten. Auf den im Fundamentbereich in Form starker Mauern freigelegten

211 Bad Homburg v. d. H., Saalburgmuseum. Der Innenhof des Prätoriums. Im Vordergrund das Wasserbecken, noch vor der Verlegung des Mosaiks.

Grundrissen entstanden Bruchsteinmauern, deren Mauerwerk steinsichtig gehalten wurde, während man auf schwächeren Fundamenten Holzfachwerkwände errichtete, deren Gefache ausgemauert und anschließend verputzt wurden. Das Dach wurde analog der Grundrisskomponenten vielgliedrig ausgeführt.

Mit den wachsenden Verwaltungsaufgaben eines enorm populären Freilichtmuseums und der Arbeit eines Forschungsinstituts mussten die gegebenen räumlichen Verhältnisse an ihre Grenzen stoßen. Vor allem die mehrere tausend Bände umfassende Bibliothek benötigte Platz. Deshalb entschloss sich D. Baatz dazu, eine Erweiterung des wilhelminischen Baus vorzunehmen, die nach vorausgehenden Planungen in den Jahren 1975–1977 realisiert wurde. Indem er einen Westflügel ansetzte, vollzog er bereits einen ersten Schritt hin zur Wiederherstellung eines Peristylbaus, der als Gebäudetyp für das Kommandantenhaus infrage kam. Der Anbau erfolgte in einer leichten, reversiblen Holzfachwerkkonstruktion. Bodeneingriffe wurden, so gut es ging, vermieden und nur Streifenfundamente angelegt, wodurch eventuell im Untergrund vorhandene Befunde weitestgehend unberührt blieben.

Der neue Bau auf der Saalburg, der antiken Grundrissplänen und Maßen folgt, lässt den auch in römischer Zeit so gewünschten repräsentativen Charakter deutlich hervortreten. Seine Größe, sein Aussehen und seine Ausstattung reflektierten den Status der Bewohner des Hauses. Es handelte sich um die *familia* des Kohortenpräfekten, also um die den Truppenkommandanten umgebende Lebensgemeinschaft von Familienmitgliedern, Freunden, Gästen, Bediensteten und Sklaven. Bei einem *praefectus cohortis* handelte es sich um einen römischen Ritter, also einen Angehörigen des zweithöchsten sozialen Stands im Römischen Reich. Ritterliche Familien waren in der Regel reich und es gewohnt, in großen Stadt- und Landvillen zu wohnen. Deshalb orientierten sich die Prätoriumsbauten in den Kastellen an entsprechenden Vorbildern vor allem aus dem Mittelmeerraum.

LITERATUR

D. Baatz, Die Saalburg. Ein Führer durch das römische Kastell und seine Geschichte (Bad Homburg v. d. H. 1968) 20. – Ders., Bericht des Saalburgmuseums für die Jahre 1974–1977. Saalburg-Jahrbuch 35, 1978, 108–110. – Ders., Bad Vilbel FB, Heilthermen. In: D. Baatz/F.-R. Herrmann, Die Römer in Hessen (Stuttgart 1982) 241 f. Abb. 140. – H. Jacobi, Das Kastell Saalburg. In: E. Fabricius/F. Hettner/O. von Sarwey (Hrsg.), Der Obergermanisch-Raetische Limes des Roemerreiches, Abt. B, Bd. II 1 Kastell Nr. 11 (Berlin, Leipzig 1937). – L. Jacobi, Das Römerkastell Saalburg bei Homburg vor der Höhe (Homburg v. d. H. 1897). – M. Klee, Die Saalburg. Führer zur hessischen Vor- und Frühgeschichte 5 (Stuttgart 1995, 2. ergänzte Auflage 2001) 53–56. – H. Koschik, Eine römische Brunnenmaske von Treuchtlingen-Schambach, Landkreis Weißenburg-Gunzenhausen, Mittelfranken. Das Archäologische Jahr in Bayern 1981 (Stuttgart 1982) 140–141. – F. Saltenberger/E. Schallmayer, Archäologische Untersuchungen im Saalburg-Kastell. Hessen Archäologie 2001 (2002) 86–89. – E. Schallmayer (Hrsg.), Hundert Jahre Saalburg. Vom römischen Grenzposten zum europäischen Museum (Mainz 1997). – E. Schallmayer, Das Praetorium des Saalburg-Kastells. Vom antiken Kommandantenwohnhaus zum modernen Institutsgebäude. Jahrbuch Hochtaunuskreis 2005, 42–60.

Tagung zu römerzeitlichen Bestattungssitten in Frankfurt a. M.

»Körpergräber des 1.–3. Jahrhunderts in der römischen Welt« – Internationales Kolloquium 2004 im Archäologischen Museum Frankfurt a. M.

Andrea Faber,
Peter Fasold,
Manuela Struck,
Marion Witteyer

Im 3. Jahrhundert vollzieht sich im Westen des Römischen Reiches ein grundlegender Wandel auf den Bestattungsplätzen. Die bis dahin vorwiegend gepflegte Brandbestattung wird im Laufe von mehreren Generationen abgelöst von Körpergräbern – ein Ritus, der bis in die Moderne auf unseren Friedhöfen dominiert. An Deutungsversuchen für dieses Phänomen hat es in der Vergangenheit nicht gemangelt. Als Auslöser wurden immer wieder östliche Heilsreligionen wie das Christentum genannt, die eine Einäscherung des Leichnams ablehnten und ab dem 2. Jahrhundert n. Chr. im Westen zunehmend an Einfluss gewannen. In Erwägung gezogen wurden auch das Wiederaufleben alter, tradierter Bräuche, die im Sinne einer keltischen Renaissance auch den Totenkult beeinflussten, oder die ganz profane Theorie, Holzmangel hätte zu einer Abkehr von der nun kostspieligeren Verbrennung geführt. Im Widerstreit befinden sich auch die Thesen, ob die Sitte, sich wieder unverbrannt beisetzen zu lassen, von den unteren oder oberen Gesellschaftsschichten Roms und Italiens aus ihren Ausgang genommen hat.

Um die Fragestellung mit neuen Befunden einer Lösung näher zu bringen, wurde von den Autoren dieses Beitrags vom 19.–20. November 2004 im Karmeliterkloster Frankfurt a. M. ein Kolloquium mit Kolleginnen und Kollegen aus dem In- und Ausland organisiert (Abb. 212). Durch die Zusammenarbeit verschiedenster Institutionen (Archäologische Denkmalpflege Mainz, Johannes Gutenberg-Universität Mainz, Universität zu Köln, Archäologisches Museum Frankfurt a. M.) konnten zudem die für Vorbereitung und Durchführung notwendigen, breit gefächerten Synergieeffekte genutzt werden.

Den Einstieg in das Thema der Veranstaltung bildeten Beiträge zur antiken Religionsgeschichte, die den philosophischen und religiösen Hintergrund der römerzeitlichen Jenseitsvorstellungen beschreiben sollten. Darstellungen verschiedener Fundorte und Fundlandschaften aus dem Vorderen Orient und Griechenland boten die Möglichkeit, die dortigen Beisetzungsrituale denen des Westens gegenüberzustellen, auch um mögliche Einflüsse auf die Grablegen z. B. in den Rheinprovinzen herausarbeiten zu können. Von der Vorstellung, dass in Kleinasien und Griechenland die Körpergrabsitte die dominierende Bestattungssitte darstellte, muss man weiterhin nicht abrücken. Allerdings ist auch hier das Erscheinungsbild in den Metropolen heterogener als bisher angenommen. In Oberitalien scheinen Körper- wie Brandbestattungen während der gesamten Kaiserzeit gleichberechtigt und offenbar auch innerhalb einer Familie nebeneinander existiert zu haben. Die Donauprovinzen zeigen sich stark beeinflusst vom griechischen Osten. Hier und für die übrigen westlichen Provinzen ergibt sich für die Körpergräber aus der Zeit vor dem 4. Jahrhundert ein diffuses und uneinheitliches Bild, das man gerne mit verschiedenen kulturellen Wurzeln der Sitte erklären möchte. Die Vorträge zu den Provinzen an Rhein, Main und Mosel machten deutlich, dass ein Wandel im Grabbrauch dort erst mit einer gewissen Verzögerung einsetzte, was sich in der Gegenüberstellung von Stadt und Land besonders deutlich zeigte.

Ein Resümee des Kolloquiums wird in der Publikation gezogen werden können, die für die Schriftenreihe des Archäologischen Museums Frankfurt vorgesehen ist. Was sich nach zwei Tagen mit zahlreichen Vorträgen und intensiver Diskussion vor allem für Italien und die nordwestlichen Provinzen des Reiches abzeichnet, ist zum einen die Tatsache, dass Körper- und Brandgräber – mit regionalen und zeitlichen Schwerpunkten – fast überall gleichzeitig angelegt wurden. Es scheint, als sei es im Befinden des Einzelnen, der Familie oder anderer sozialen Gruppen gelegen, welche Bestattungsart man wählte. Weder Gesetzestexte noch religiöse Vorgaben beeinflussten die Entscheidung »Urne oder Sarg«. Wichtig war die Einhaltung der Riten am Grab; ob diese am Sarg oder an der Urne vollzogen wurden, war nachrangig. Dies zeigt sich auch in der Grabausstattung, die oft bei Körper- wie

Brandgräbern identisch ist. Neben persönlich geprägten Beigabenensembles, die es nach wie vor gibt, sind es meist Krüge, Becher oder Glasfläschchen, die den Verstorbenen begleiteten.

Als Modell wäre vorstellbar, dass das verstärkte Aufkommen der Körpergrabsitte eine Modeerscheinung war, die seit dem Ende des 1. Jahrhunderts, ausgehend von Italien, auch andernorts Fuß fasste. Gesellschaftliche Strömungen, geprägt von ökonomischen Veränderungen und der politischen Situation, können einen Mentalitätswechsel verursacht haben, der zu einem Wandel des Jenseitsverständnisses und der damit verbundenen Grabriten führte. Dies bedurfte offenbar keinerlei Steuerung von außen – entscheidend war, dass bestimmte Konventionen eingehalten wurden.

Der Abendvortrag von Prof. Dr. R. Sörries vom Sepulkralmuseum in Kassel beleuchtete schließlich die sozialen und religiösen Aspekte, die seit der Mitte des 19. Jahrhunderts wiederum zu einem erneuten Wandel von der Körper- zur Brandbestattung in Deutschland führten. Obwohl sich auch dieser Wechsel vor dem Hintergrund tief greifender gesellschaftlicher, geistiger und politischer Veränderungen abspielt, die bis in unsere Zeit andauern, wird er von uns kaum wahrgenommen. Zu überlegen bleibt deshalb, welche Bedeutung in der Antike der Wahl der Bestattungsart überhaupt beigemessen wurde.

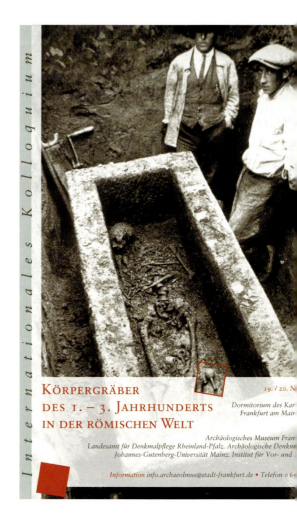

212 Frankfurt a. M., Archäologisches Museum. Veranstaltungsplakat der Tagung »Körpergräber des 1.–3. Jahrhunderts in der römischen Welt«.

Kongress zur hessischen Mittelalter- und Neuzeitarchäologie in Marburg

Neue Wege ins alte Hessen

Christa Meiborg, Rainer Atzbach

Am 13. und 14. Oktober 2004 fand im Hessischen Staatsarchiv Marburg der Kongress »Neue Wege ins alte Hessen« mit über 100 Teilnehmern statt. Veranstalter war das neue Sachgebiet »Archäologie des Mittelalters und der Neuzeit« bei der Archäologischen und Paläontologischen Denkmalpflege des Landesamtes für Denkmalpflege Hessen. Dieses Sachgebiet bündelt als Komponente des Konzepts **hessen**ARCHÄOLOGIE die Kompetenzen des Landesamtes zur Mittelalter- und Neuzeitarchäologie in der Außenstelle Marburg. Dort wird bereits seit den 1960er Jahren intensiv archäologische Mittelalterforschung betrieben, das Sachgebiet stützt sich somit auf ein erfahrenes Team. Der Kongress sollte dem aus ganz Deutschland angereisten Fachpublikum nicht nur die Arbeit der neuen Einrichtung vorstellen, sondern auch eine umfassende Standortbestimmung der hessischen Forschung für den Zeitraum zwischen 450 n. Chr. und 1950 bieten.

Zu Beginn der Tagung wurde dem Hessischen Ministerium für Wissenschaft und Kunst, vertreten durch den Leitenden Ministerialrat Dr. E. Post, von der mittelalterlich gekleideten Archäologin K. Kania M. A. eine originalgetreu nachgearbeitete Pingsdorfer Kanne als Geschenk überreicht

(Abb. 213). In die Eröffnung durch den Leiter der Archäologischen und Paläontologischen Denkmalpflege Hessen Prof. Dr. E. Schallmayer (Abb. 214) war die Präsentation des Jahrbuchs »hessenARCHÄOLOGIE 2003« eingebunden, die Dr. W.-H. Kulke als zuständiger Lektor des Theiss-Verlags dem Fachpublikum und der anwesenden Presse näher vorstellte.

Die folgenden Vorträge reihten sich in fünf Sektionen. Im ersten Abschnitt »Die Archäologie des Mittelalters und der Neuzeit in Forschung und Denkmalpflege« präsentierten die bereits seit Langem etablierten Nachbarreferate für die Archäologie des Mittelalters und der Neuzeit in Baden-Württemberg und Westfalen-Lippe ihre Arbeit. Trotz haushaltsbedingter Mittelkürzungen der jüngsten Zeit konnten Dr. H. Schäfer und Dr. O. Ellger eine beeindruckende Bilanz vorlegen, die sowohl die Notwendigkeit als auch die Effizienz eines adäquat ausgestatteten Sachgebiets eindringlich vor Augen führte. Ellger fasste seine Erwartungen an die Arbeit in Hessen in den prägnanten Satz: »Nun gibt es endlich auch in Hessen für die Mittelalterarchäologie eine Adresse!« Beide Referenten betonten nachdrücklich, dass ihre Arbeit nur durch die enge Zusammenarbeit mit der Baudenkmalpflege sinnvoll sei.

Die zweite Sektion »Siedlungen, Burgen, Sakralbauten« gab eine Übersicht zum hessischen Forschungsstand. Die Koautorin dieses Beitrags fasste die aktuelle Situation in den historischen Stadtkernen zusammen. Obwohl die Sanierungswellen der 1960er und 1970er Jahre zur Wiedergewinnung der Stadtzentren als Wohnraum erhebliche Lücken in die archäologische Substanz rissen, zeigen die Beispiele der Städte Frankfurt a. M., Fulda, Fritzlar, Kassel und Marburg, wie viel neue Erkenntnisse zur Stadtgeschichte durch eine systematische archäologische Untersuchung der alten Stadtkerne gewonnen werden können.

Prof. Dr. M. Untermann würdigte die Erforschung der hessischen Sakralbauten. Er betonte die breite Basis der Grundlagenarbeit, die schon früh zu erheblichen Erkenntnisgewinnen führte, richtete jedoch seine Hoffnung auch auf die baldige Publikation dieser Untersuchungen. Günstiger beurteilte Prof. Dr. H. W. Böhme den Stand der Burgenforschung, hier rechnete er Hessen nicht nur zu den Pionierregionen dieses Forschungsgebiets, sondern erkannte sogar eine Vorreiterrolle bei der Verfolgung interdisziplinärer Ansätze.

Die Erforschung jüdischer Kultbauten bildete den Gegenstand der Ausführungen E. Altwassers vom Freien Institut für Bauforschung und Dokumentation e. V. Während zum mittelalterlichen Gemeindeleben mit den Synagogen in Marburg und Frankfurt a. M. nur recht wenige Befunde vorliegen, ist der Kenntnisstand zu neuzeitlichen

213 Marburg, Hessisches Staatsarchiv. Die Archäologin K. Kania M. A. überreicht dem Leitenden Ministerialrat im Hessischen Ministerium für Wissenschaft und Kunst Dr. E. Post eine nachgebildete Pingsdorfer Kanne.

Synagogen und Mikwen – auch wegen des breiteren Quellenbestands – deutlich fortgeschritten. Insgesamt kommt diesem Forschungszweig gerade vor dem Hintergrund der spannungsgeladenen gemeinsamen Geschichte von Christen und Juden eine große Bedeutung auch in Hessen zu.

In einem öffentlichen Vortrag am ersten Tagungsabend im gotischen Fürstensaal des Marburger Schlosses präsentierte der Inhaber des Lehrstuhls für Archäologie des Mittelalters und der Neuzeit an der Otto-Friedrich-Universität Bamberg, Prof. Dr. I. Ericsson, außerordentlich

214 Marburg, Hessisches Staatsarchiv. Prof. Dr. Egon Schallmayer, Landesarchäologe von Hessen, eröffnet den Kongress.

215 Marburg, Hessisches Staatsarchiv. Posterpräsentationen und Büchertische bildeten den Hintergrund für anregende Diskussionen in den Pausen.

216 Marburg, Hessisches Staatsarchiv. Tischpräsentation von nachgefertigten mittelalterlichen Gefäßen.

anschaulich die Erkenntnismöglichkeiten der Mittelalter- und Neuzeitarchäologie mit dem informativen Vortrag: »Wenn Urkunden schweigen und Scherben sprechen«. Der Referent führte vor Augen, wie sehr die Welt des Mittelalters auch gerade heute ein großes Publikum fasziniert und anzieht. Dabei kommt der Erforschung der Bodenfunde eine wichtige Rolle bei der Rekonstruktion der Lebenswelten gerade der einfachen Leute zu, die in zeitgenössischen Schrift- und Bildquellen kaum Berücksichtigung fanden.

Am zweiten Tag folgte die Sektion »Archäologie im Spiegel der Nachbarwissenschaften«. Prof. Dr. U. Braasch-Schwersmann eröffnete das Programm mit Ausführungen über das fruchtbare Miteinander der archäologischen und der landesgeschichtlichen Forschung, besonders der beiden Marburger Fachbehörden.

Prof. Dr. N. Klüßendorf offenbarte die Geschichte der Numismatik sogar als Wurzel des Hessischen Denkmalschutzgesetzes. Wenngleich die enge Verflechtung beider Disziplinen zu wechselseitigen Erkenntnisgewinnen beiträgt, so war jedoch sein Ausblick auf die weitere Entwicklung der Münzforschung als historische Fachdisziplin in Hessen hinsichtlich der Stellensituation eher pessimistisch. Die ehemalige Hauptkonservatorin am Landesamt für Denkmalpflege Hessen, Dipl.-Ing. K. Thiersch, blickte auf die langjährige Zusammenarbeit der Boden- mit der Bau- und Kunstdenkmalpflege zurück. Die enge Verwandtschaft beider Arbeitsgebiete bis hin zum gemeinsamen Wirken auf derselben Baustelle habe wesentliche Beiträge zur hessischen Bau- und Siedlungsgeschichte geleistet. Dr. A. Kreuz und Dr. J. Wiethold öffneten das neue Fenster der archäobotanischen Forschung in Mittelalter und Neuzeit. Da die Arbeitsbasis an Bodenproben für diese Zeitstufe in Hessen noch sehr klein ist, beendete Kreuz ihre Ausführungen mit der Bitte, verstärkt Proben zu bergen und zur Analyse an das Landesamt in Wiesbaden zu liefern.

In der Sektion »Archäologie des Spätmittelalters und der Neuzeit« resümierte Dr. K. Sippel den Stand der wirtschaftsarchäologischen Forschung zum neuzeitlichen Bergbau und Hüttenwesen in Nordhessen, die allein durch Geländebegehungen bei nur geringen Bodeneingriffen beachtliche Erkenntnisse vorweisen kann. Der ehemalige Marburger Baudirektor Dipl.-Ing. E. Brohl widerlegte in seinem Beitrag den Mythos der unbezwingbaren hessischen Festungsbauten. Nachdem er über die sehr unterschiedliche denkmalpflegerische Behandlung der bedeutenden Anlagen von Kassel und Marburg referiert hatte, schloss er mit der optimistischen Einschätzung, dass in Zukunft auch frühneuzeitliche Wehrbauten in den Rang anerkannter Denkmäler aufrücken werden. Dr. A. Hampel erläuterte die schwierige und dennoch hoch effiziente Arbeit des städtischen Frankfurter Denkmalamtes unter den extremen Bedingungen der rasch wachsenden Metropole. Dabei reicht die Bandbreite der untersuchten Bodendenkmäler von Kirchen und Bestattungsplätzen über Burganlagen bis hin zu neuzeitlichen Kloaken. Schließlich stellte Dr. U. Recker neue Aspekte zur mittelalterlichen und frühneuzeitlichen Glasproduktion in den hessischen Mittelgebirgsregionen vor.

Die letzte Vortragssektion »Aktuelle Beiträge zu archäologischen und baugeschichtlichen Forschungen in Hessen« bot ein breites Spektrum kurzer Beiträge zu aktuellen Forschungen. Den Reigen eröffneten Prof. Dr. E. Schallmayers Ausführungen zur musterhaften »Dorfkernforschung« in Ober-Roden, ihm folgte Dr. A. Thiedmanns Bericht zu neuen Analysen der Grabungen auf dem Christenberg bei Münchhausen und der Siedlung Geismar bei Fritzlar. Dr. R. Friedrich demonstrierte die Aussagekraft der Keramikfunde der Burgstelle Bommersheim zu chronologischen und wirtschaftsgeschichtlichen Fragestellungen in Südhessen. Demgegenüber bot Prof. Dr. H.-G. Stephan eine kritische Übersicht zum nordhessischen Forschungsstand, auch hier harrt eine breite Quellenbasis aus Töpfereistandorten und Fundstratigraphien fundierter Auswertungsarbeit. P. Hanauska M.A. und Th. Sonnemann M.A. gaben Einblicke in das Forschungsprojekt der Universität Frankfurt zum Fritzlar-Waberner Becken im frühen Mittelalter. Dr. Th. Platz beendete die Sektion mit einer beeindruckenden Schilderung der neuen Forschungen des Bamberger Lehrstuhls für Archäologie des Mittelalters und der Neuzeit im ehemaligen Reichskloster Lorsch.

Das Spektrum der Vorträge wurde durch 14 Poster- und Tischpräsentationen abgerundet, deren Bandbreite von archäologischer Grundlagenarbeit über naturwissenschaftliche Untersuchungen bis hin zur experimentellen Nachfertigung von Keramik und Kleidung reichte (Abb. 215–216).

Insgesamt zeigte der Kongress, welche Vielfalt an Projekten und Ergebnissen die archäologische Landesforschung zum Mittelalter und der Neuzeit in Hessen bereits jetzt bietet. Diese Arbeiten weiter zu bündeln und voranzutreiben, ist die große Herausforderung für das Sachgebiet Mittelalter- und Neuzeitarchäologie am Landesamt für Denkmalpflege Hessen in den kommenden Jahren. Der Tagungsband wird als Beiheft der Zeitschrift für Archäologie des Mittelalters voraussichtlich 2005 erscheinen, um so die Ergebnisse auch einem größeren Publikum zugänglich zu machen.

Gründung der ehrenamtlichen AG Altsteinzeit in Hessen

Hessens »Altsteinzeitler« haben ein Forum

Sie kommen aus den unterschiedlichsten Berufen – was sie vereint, ist ihre Leidenschaft für die Suche nach den ältesten Spuren menschlicher Existenz: die Mitglieder der neu gegründeten AG Altsteinzeit in Hessen (Abb. 217) unter dem Dach der Archäologischen und Paläontologischen Denkmalpflege des Landesamtes für Denkmalpflege Hessen.

Das Erkennen altsteinzeitlicher Hinterlassenschaften ist ein Spezialgebiet der Archäologie und verlangt neben profunden Kenntnissen über Material und Herstellungstechnik von Steinwerkzeugen auch eine große Erfahrung. Schließlich geht es um die Spuren aus einer sehr fernen Vergangenheit, um Steinartefakte, die allein in Hessen auf ein Alter bis zu einer Million Jahren und damit in die Zeit des Frühmenschen *Homo erectus* datieren.

Viele Mitglieder der AG sind in ihrer Freizeit als Geländebegeher unterwegs und haben es auf ihrem Spezialgebiet im Laufe der Zeit zu beachtlicher Fachkompetenz gebracht.

Doch die AG Altsteinzeit ist kein Club der Sammler und schon gar kein Umschlagplatz von Funden oder Hinweisen auf Fundgebiete. Die Mitglieder der AG sind allesamt ehrenamtliche Helfer der Archäologischen Denkmalpflege und als solche der Aufgabe einer fachgerechten Bergung und Dokumentation altsteinzeitlicher

Norbert Kissel

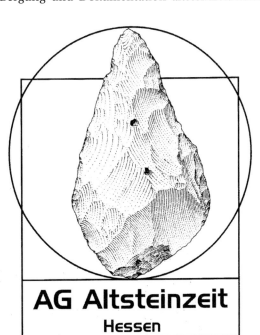

217 AG Altsteinzeit. Logo der Arbeitsgemeinschaft.

218 AG Altsteinzeit. Treffen in der Adolf-Reichwein-Schule/Pohlheim, im Vordergrund: W. Bender.

Funde verpflichtet. Die ständige Beratung durch Fachleute ist selbstverständlich und ausdrücklich erwünscht. Allen voran ist dem Altsteinzeitexperten Prof. Dr. L. Fiedler, dem ehemaligen Leiter der Archäologischen Außenstelle Marburg des Landesamtes und Spiritus Rector der Gruppe, zu danken.

Angefangen hatte alles mit einer Eingabe an das Landesamt durch den Verfasser, in welcher dieser als Ehrenamtlicher im Landkreis Gießen die Gründung einer AG Altsteinzeit vorschlug. Ein Forum des fachlichen Austauschs sollte es sein, kein Sammlertreff!

Diese Idee ließ sich mühelos in die Konzeption der Archäologischen Denkmalpflege integrieren. Dr. V. Rupp, stellvertretende Landesarchäologin in Hessen, übernahm die organisatorische Leitung der AG und so kam es am 2. Februar 2004 zu einer ersten Veranstaltung im Stadt- und Kreisgeschichtlichen Museum Hünfeld.

Dort, wo u.a. die ältesten paläolithischen Funde aus Hessen ausgestellt sind, wurde eine grundlegende Konzeption für die künftigen Aktivitäten der AG erarbeitet und Sprecher für die Sektionen Nord-, Mittel- und Südhessen gewählt (H. Quehl, N. Kissel, J. Hubbert). Das AG-Mitglied Ch. Aschenbrenner vom Stadt- und Kreisgeschichtlichen Museum Hünfeld referierte über seine vielfältigen ehrenamtlichen museumspädagogischen Tätigkeiten.

219 AG Altsteinzeit. Im Rahmen des Pohlheimer Treffens stellt H. Tripp seine Sammlung zur Diskussion.

Das zweite Treffen fand am 21. August 2004 im Regionalmuseum Alsfeld statt. Nachdem AG-Mitglied und ehrenamtlicher Museumsleiter G. Schulz durch die Ausstellung geführt hatte, folgte ein Fachreferat über die mittelpaläolithische Blattspitzenkultur in Hessen durch Prof. Dr. L. Fiedler. Einen dritten Schwerpunkt der Veranstaltung bildete die überaus schwierige Bestimmung altsteinzeitlicher Artefakte aus Basalt.

Unabhängig von den gemeinsamen Tagungen engagieren sich viele AG-Mitglieder in museumspädagogischen Projekten. So ließen im Museum Schloss Steinheim Ch. Aschenbrenner, J. Schulz, die Museumsleiterin S. Hengster M.A. und Dr. Rupp im vergangenen Winter für 24 begeisterte Kinder die Welt der Altsteinzeit durch die gemeinsame Herstellung von Werkzeugen aus Stein und Holz lebendig werden.

Im dritten Treffen der AG in der Adolf-Reichwein-Schule in Pohlheim ging es zunächst unter Leitung von Dr. Rupp um den jährlichen Fundstellenbericht. G. Schulz informierte über die erstaunlichen Möglichkeiten satellitengestützter Navi-gationsgeräte (GPS) in Verbindung mit entsprechender Computersoftware bei der genauen Fundortbestimmung. Die vier »Mittelhessen« M. Becker (Gießen-Allendorf), W. Bender (Pohlheim-Grüningen), D. Eidam (Weimar/Roth) und N. Kissel (Gießen) stellten in kurzweiligen Präsentationen ihre Arbeitsschwerpunkte dar.

Nach dem gemeinsamen Mittagessen gaben alle AG-Mitglieder einen Einblick in das Fundspektrum der von ihnen betreuten hessischen Gebiete (Abb. 218–219). Auf über 30 Tischen entstand für einen Nachmittag eine höchst beeindruckende Ausstellung steinzeitlicher Artefakte, die vom Mesolithikum über Jung- und Mittelpaläolithikum bis in die Zeit des Altpaläolithikums reichte und gewiss so manchem Museumsleiter feuchte Augen beschert hätte.

Die Ausstellung machte überdies wieder deutlich, wie umfangreich und bedeutend sich das altsteinzeitliche Fundspektrum in Hessen darstellt. Umso bedauerlicher ist es, dass die Stelle eines hauptamtlichen Wissenschaftlers für das Paläolithikum und Mesolithikum in Hessen nicht mehr besetzt wurde, nachdem Prof. Dr. Fiedler in den Ruhestand gegangen war. Auch der glückliche Umstand, dass Fiedler der AG für die Zukunft weiterhin beratend verbunden bleiben möchte und sich die AG-Mitglieder mit allem Engagement ihrer ehrenamtlichen Arbeit widmen, kann die so entstandene Lücke nicht schließen.

Die ehrenamtlichen AG-Mitglieder sind sich einig: Ein archäologisch so bedeutendes Land wie Hessen kann es sich auf Dauer nicht leisten, die Stelle eines hauptamtlichen Altsteinzeitexperten unbesetzt zu lassen!

Erfolgreicher Start des Schülerprojekts im Jahre 2004

»Junge Archäologen in Hessen« – ein notwendiges Projekt zur Nachwuchsförderung

Norbert Fischer, Vera Rupp

Zu dem vom Landesamt für Denkmalpflege Hessen 2004 initiierten Schülerprojekt »Junge Archäologen in Hessen«, das auf die Förderung des archäologischen Nachwuchses im Land abzielt, existieren deutschlandweit bisher nur an wenigen Landesämtern vergleichbare Projekte. Angesichts des gehobenen Durchschnittsalters der derzeit archäologisch tätigen Ehrenamtlichen gilt auch auf dem Feld der Archäologie: Kinder sind unsere Zukunft! In Hessen erhalten nun junge Menschen die Möglichkeit, mit Fachleuten zu reden und ihr Wissen über Archäologie zu erweitern. Umgekehrt bietet sich den Fachwissenschaftlern die Gelegenheit, durchweg vorhandenes großes Interesse zu fördern und in richtige Bahnen zu lenken. Ein wichtiger Nebeneffekt ist hierbei die Vermittlung von Kontakten zu ehrenamtlichen Arbeitsgruppen sowie Heimat- und Geschichtsvereinen.

Die Schülerinnen und Schüler im Alter zwischen 11 und 18 Jahren werden keineswegs nur mit theoretischen Grundlagen konfrontiert, sondern dürfen sich aktiv an richtigen Einsätzen im Gelände und in Museen beteiligen. Eine große Bereicherung bieten Kurse der experimentellen Archäologie, die von Fachkräften und sehr erfahrenen ehrenamtlichen Mitarbeitern der hessischen Landesarchäologie angeboten werden. Nicht zuletzt aus pädagogischen Gründen sind die Kurse »elternfrei«. Mancher erwachsene Angehörige, der als Taxifahrer herhalten musste, nimmt dies gelegentlich erstaunt zur Kenntnis. Die Maßnahme findet aber allgemein Akzeptanz bei den Erwachsenen – bei den Kindern ohnehin.

Im vergangenen Sommer nahm eine Gruppe zwei Tage lang an einer Ausgrabung im Römerkastell Saalburg teil. Man darf sagen, dass dies in mehrfacher Hinsicht eine Veranstaltung unter nahezu authentischen Bedingungen war. Zum einen war die professionelle Grabungsmannschaft zugange, zum anderen war das wechselhafte Wetter genau so, wie es selten in Fernsehdokumentationen gezeigt wird. Die Betreuer konnten sich vor Ort von dem großen Einsatzwillen der Kinder und Jugendlichen ein Bild machen. Ein Grabungsbetrieb bietet vielfältige Aufgaben, sodass nach Begabung und Kondition der Teilnehmer durchaus verschieden schwere Einsatzstellen im Rotationsverfahren vorgestellt

werden konnten. Die Bandbreite reichte vom Bearbeiten der Plana und Profile (Abb. 220–221) über das Aussieben der Funde bis hin zu den Zeichenarbeiten (Abb. 222). Speziell bei der letzten Arbeitsstation war ein allgemeines Aufstöhnen zu verzeichnen. Solche Anforderungen an die Konzentration und die Liebe zum Detail waren nicht

220 Junge Archäologen in Hessen, Saalburg-Kastell. Einsatz in der Fläche mit grobem Werkzeug und Schubkarren.

221 Junge Archäologen in Hessen, Saalburg-Kastell. Bevor die Mauer gezeichnet werden kann, muss sie vermessen werden. Eine Schülerin steht am Nivelliergerät und bestimmt die Messpunkte, ein anderer Schüler hält die Messlatte.

222 Junge Archäologen in Hessen, Saalburg-Kastell. Die Zeichner mit ihren »Messgehilfen«. Gezeichnet wird auf Millimeterpapier im Maßstab 1:20.

223 Junge Archäologen in Hessen, Museum Schloss Steinheim. Beim Aktionstag »Experimentelle Archäologie« wurden nicht nur Steingeräte hergestellt, sondern mit diesen auch Techniken der Holzbearbeitung praktiziert.

224 Junge Archäologen in Hessen, Museum Schloss Steinheim. Aktionstag »Experimentelle Archäologie«. Ohne Schutzbrillen geht es heute nicht!

erwartet worden. Die jungen Archäologen staunten hinterher über sich selbst, wozu sie unter entsprechend geduldiger Anleitung fähig sein können.

Im Archäologischen Park und Römermuseum Saalburg bot sich des Weiteren die Möglichkeit, heftigen Regenstürmen durch einen »Blick hinter die Kulissen« auszuweichen. Mancher Teilnehmer war sehr stolz, denn so etwas erleben selbst die meisten Erwachsenen nicht.

Der Kontakt zur Landesarchäologie, der während der Sommermonate wetterbedingt leicht herzustellen ist, soll auch während des Winterhalbjahres durch Kursangebote gepflegt werden, um eine dauerhafte Bindung zu erreichen. Ein großer Erfolg war ein Aktionstag im Museum Schloss Steinheim unter einem speziellen Thema der experimentellen Archäologie, nämlich der Herstellung und Anwendung von altsteinzeitlichen Steinwerkzeugen. Im Rückblick auf die Mühen ihres eigenen Werdegangs haben die Betreuer positiv überrascht die begabten Schüler beobachtet, von denen die meisten die gestellten Aufgaben schnell und geschickt zu meistern wussten (Abb. 223–224). Die Aufgaben lauteten, vom altpaläolithischen Chopper über Faustkeile der Neandertaler bis hin zu Pfeilspitzen aus Feuerstein des *Homo sapiens sapiens* alles auszuprobieren. Hierbei gab es dank der verteilten Schutzbrillen keine Arbeitsunfälle.

Einige redegewandte Schüler, die sich auch durch ein Mikrofon nicht abschrecken ließen, nahmen an einer Radiosendung über Archäologie und Schätze aller Art teil. Das war einmal ein ganz anderes Erlebnis in den Räumlichkeiten der Archäologischen Denkmalpflege im Schloss Biebrich.

Nach den gewonnenen ermutigenden Erfahrungen steht fest: In den kommenden Jahren wird das Schülerprojekt »Junge Archäologen in Hessen« fortgesetzt!

Weitere Informationen hierzu sind im Internet unter www.denkmalpflege-hessen.de oder auf Anfrage beim Landesamt für Denkmalpflege Hessen, Abteilung Archäologie und Paläontologie, Schloss Biebrich, 65203 Wiesbaden (E-Mail: junge.archaeologen@denkmalpflege-hessen.de) zu erhalten.

Autoren

Prof. Dr. Michael R. W. Amler,
Institut für Geologie und Paläontologie
der Philipps-Universität Marburg,
Hans-Meerwein-Straße,
35032 Marburg

Dr. Katrin Atzbach M. A.,
Ziegelstraße 8, 35037 Marburg

Dr. Rainer Atzbach M. A.,
Ziegelstraße 8, 35037 Marburg

Stephan Bender M. A.,
Landesamt für Denkmalpflege Hessen,
Archäologie und Paläontologie,
Schloss Biebrich/Ostflügel,
65203 Wiesbaden

Claus Bergmann M. A.,
Institut für Vor- und Frühgeschichte der
Johannes Gutenberg-Universität Mainz,
Schillerstraße 11, 55116 Mainz

Rolf-Jürgen Braun,
Landesamt für Denkmalpflege Hessen,
Archäologie und Paläontologie, Außenstelle
Marburg, Ketzerbach 10, 35037 Marburg

Prof. Dr. Gerhard Brey,
Mineralogisches Institut der Johann Wolfgang
Goethe-Universität, Senckenberganlage 28,
60054 Frankfurt a. M.

Norbert Buthmann M. A.,
Posselt & Zickgraf Prospektionen GbR,
Friedrichstraße 14, 35037 Marburg

Dr. Gretel Callesen,
Friedrich-Ebert-Straße 37,
61130 Nidderau

Dr. Andrea Faber, Archäologisches
Institut der Universität zu Köln,
Albertus-Magnus-Platz, 50923 Köln

Dr. Peter Fasold, Archäologisches Museum
Frankfurt a. M., Karmelitergasse 1,
60311 Frankfurt a. M.

Prof. Dr. Lutz Fiedler, Freiherr-vom-Stein-
Straße 10, 35038 Ebsdorfergrund

Norbert Fischer, Landesamt für Denkmalpflege Hessen, Archäologie und
Paläontologie, Schloss Biebrich/Ostflügel,
65203 Wiesbaden

Dr. Holger Göldner, Landesamt für Denkmalpflege Hessen, Archäologie und
Paläontologie, Außenstelle Darmstadt,
Schloss/Glockenbau,
64583 Darmstadt

Dr. Irina Görner, Staatliche Museen Kassel,
Hessisches Landesmuseum, Brüder-Grimm-
Platz 6, 34066 Kassel

Susanne Gütter, Landesamt für Denkmalpflege Hessen, Archäologie und Paläontologie,
Außenstelle Marburg, Ketzerbach 10,
35037 Marburg

Dr. Andrea Hampel, Denkmalamt 60 B,
Braubachstraße 15, 60275 Frankfurt a. M.

Petra Hanauska M. A., Institut für
Archäologische Wissenschaften der
Johann Wolfgang Goethe-Universität
Frankfurt a. M., Grüneburgplatz 1,
60323 Frankfurt a. M.

Dipl.-Prähist. Leif Hansen, Institut
für Vor- u. Frühgeschichte der
Johannes Gutenberg-Universität Mainz,
Schillerstraße 11, 55116 Mainz

Dr. Doris Heidelberger, Kapellenstraße 8–10,
61440 Oberursel

Dr. Alexander Heising, Institut für Archäologische Wissenschaften der Johann Wolfgang Goethe-Universität Frankfurt a. M., Abt. II: Archäologie und Geschichte der römischen Provinzen, Grüneburgplatz 1, 60629 Frankfurt a. M.

Dr. Andreas Hüser M. A., Hendrik-Witte-Straße 9, 45128 Essen

Silke Jäger, Institut für Vor- und Frühgeschichte der Johannes Gutenberg-Universität Mainz, Schillerstraße 11, 55116 Mainz

Konstanze Jünger, Institut für Vor- und Frühgeschichte der Johannes Gutenberg-Universität Mainz, Schillerstraße 11, 55116 Mainz

Dipl.-Geol. Thomas Keller, Landesamt für Denkmalpflege Hessen, Archäologie und Paläontologie, Schloss Biebrich/Ostflügel, 65203 Wiesbaden

Norbert Kissel, AG Altsteinzeit beim Landesamt für Denkmalpflege Hessen, Archäologie und Paläontologie, Schloss Biebrich/Ostflügel, 65203 Wiesbaden

Ralf Klausmann, Landesamt für Denkmalpflege Hessen, Archäologie und Paläontologie, Außenstelle Darmstadt, Schloss/Glockenbau, 64583 Darmstadt

Dr. Jürgen Kneipp M. A., ERDREICH GbR, Mühlenallee 9, 34560 Fritzlar-Züschen

Dr. Karl Kollmann, Arbeitsgemeinschaft für Vor- und Frühgeschichte in der Volkshochschule Eschwege e. V., Vor dem Berge 1, 37269 Eschwege

Olaf Krause M. A., Brunnenstraße 29, 55595 Argenschwang

Dipl.-Ing. Hans Kreutzer, Im Börner 11, 63571 Gelnhausen-Meerholz

Dr. Angela Kreuz, Landesamt für Denkmalpflege Hessen, Archäologie und Paläontologie, Schloss Biebrich/Ostflügel, 65203 Wiesbaden

Dr. Heike Lasch M. A., Archäologische Dienstleistungen Dr. Heike Lasch (ADHL), Am Hüpper 50, 61130 Nidderau

Dr. Jörg Lindenthal, Archäologische Denkmalpflege des Wetteraukreises, Europaplatz, 61169 Friedberg

Elke Löhnig M. A., Römerkastell Saalburg, Archäologischer Park, 61350 Bad Homburg

Sigrun Martins, Archäologisches Museum Frankfurt a. M., Karmelitergasse 1, 60311 Frankfurt a. M.

Dr. Christa Meiborg, Landesamt für Denkmalpflege Hessen, Archäologie und Paläontologie, Ketzerbach 10, 35037 Marburg

Rainer Nickel, Freies Institut für Bauforschung und Dokumentation e. V. (IBD), Barfüßerstraße 2a, 35037 Marburg

Dr. Friedrich Oswald, Espenlaubstraße 6, 36129 Gersfeld (Rhön)

Prof. Dr. Christopher F. E. Pare, Institut für Vor- u. Frühgeschichte der Johannes Gutenberg-Universität Mainz, Schillerstraße 11, 55116 Mainz

Martin Posselt M. A., Posselt & Zickgraf Prospektionen GbR, Fürthweg 9, 64367 Mühltal

Britta Ramminger M. A., Römisch-Germanische Kommission des Deutschen Archäologischen Instituts, Palmengartenstraße 10–12, 60325 Frankfurt a. M.

Dr. Udo Recker M. A., Landesamt für Denkmalpflege Hessen, Archäologie und Paläontologie, Schloss Biebrich/Ostflügel, 65203 Wiesbaden

Matthias Renker M. A., Gabelsbergerstraße 1, 63069 Offenbach

Christoph Röder, Landesamt für Denkmalpflege Hessen, Archäologie und Paläontologie, Schloss Biebrich/Ostflügel, 65203 Wiesbaden

Dr. Vera Rupp, Landesamt für Denkmalpflege Hessen, Archäologie und Paläontologie, Schloss Biebrich/Ostflügel, 65203 Wiesbaden

Dr. Sabine Schade-Lindig, Landesamt für Denkmalpflege Hessen, Archäologie und Paläontologie, Schloss Biebrich/Ostflügel, 65203 Wiesbaden

Prof. Dr. Egon Schallmayer, Landesamt für Denkmalpflege Hessen, Archäologische und Paläontologische Denkmalpflege, Schloss Biebrich/Ostflügel, 65203 Wiesbaden

Annette Schmidt M. A., Boppstraße 18a, 55118 Mainz

Dr. Hans-Otto Schmitt, Untere Denkmalschutzbehörde Main-Kinzig-Kreis, Barbarossastraße 16, 63571 Gelnhausen

Winfried Schunk, Brudergasse 8, 35510 Butzbach-Griedel

Gail Schunk-Larrabee M. A., Brudergasse 8, 35510 Butzbach-Griedel

Dipl.-Geol. Katrin Schwab, Institut für Geologie und Paläontologie der Philipps-Universität Marburg, Hans-Meerwein-Straße, 35032 Marburg

Birgit Schwahn, Donnersbergstraße 1, 55239 Gau-Odernheim

Dr. Klaus Sippel, Landesamt für Denkmalpflege Hessen, Archäologie und Paläontologie, Außenstelle Marburg, Ketzerbach 10, 35037 Marburg

Dr. Ulrike Söder, Wissenschaftliche Baugrund-Archäologie e.V., Biegenstraße 11, 35037 Marburg

P.a. Günter Sommer, Heimat- und Geschichtsverein Medenbach 1993 e.V., Waldblickstraße 8, 65207 Wiesbaden

Dipl.-Geogr. Bernd Starossek, Holderstrauch 5, 35041 Marburg

Dr. Manuela Struck, Institut für Vor- und Frühgeschichte der Johannes Gutenberg-Universität Mainz, Schillerstraße 11, 55116 Mainz

Dr. Claudia Tappert, Vorgeschichtliches Seminar der Philipps-Universität Marburg, Biegenstraße 11, 35037 Marburg

Dr. Andreas Thiedmann, Landesamt für Denkmalpflege Hessen, Archäologie und Paläontologie, Außenstelle Marburg, Ketzerbach 10, 35037 Marburg

Dr. Ralf Urz, Institut für Ur- und Frühgeschichte (Labor für Archäobotanik) der Universität zu Köln, Weyertal 125, 50923 Köln

Prof. Dr. Egon Wamers, Archäologisches Museum Frankfurt a.M., Karmelitergasse 1, 60311 Frankfurt a.M.

Gesine Weber M. A., Untere Denkmalschutzbehörde Kreis Offenbach, Werner-Hilpert-Straße 1, 63128 Dietzenbach

Dr. Julian Wiethold, Landesamt für Denkmalpflege Hessen, Archäologie und Paläontologie, Schloss Biebrich/Ostflügel, 65203 Wiesbaden

Dr. Christoph Willms, Archäologisches Museum Frankfurt a.M., Karmelitergasse 1, 60311 Frankfurt a.M.

Dr. Marion Witteyer, Landesamt für Denkmalpflege Rheinland-Pfalz, Archäologische Denkmalpflege Mainz, Große Langgasse 29, 55116 Mainz

Dr. Dieter Wolf, Museum der Stadt Butzbach, Färbgasse 16, 35510 Butzbach

Manuel Zeiler M. A., Wissenschaftliche Baugrund-Archäologie e. V., Biegenstraße 11, 35037 Marburg

Benno Zickgraf M. A., Posselt & Zickgraf Prospektionen GbR, Friedrichstraße 14, 35037 Marburg

Bildnachweis

AG Vor- u. Frühgeschichte Eschwege: K. Kollmann: 201; 203–204. – H. Schlarbaum: 202.

Nach E. Altwasser/R. Groß 1977, 391 Abb. 2: 198.

M. R. W. Amler, mit D. Heidelberger: 1–5. – Mit K. Schwab: 6–10.

Archäologisches Museum Frankfurt a. M.: 46–47; 190–191.

K. Atzbach: 199.

G. Blumenauer: 78.

Bayerische Julius-Maximilians-Universität Würzburg, P. Scholz: 156.

M. Blechschmidt: 193–196.

G. Callesen: 31–35.

Denkmalamt der Stadt Frankfurt a. M.: 142–145.

Nach M. Dohrn-Ihmig 1996, Abb. 24: 189. – Beilage: 188.

Freies Institut für Bauforschung und Dokumentation e. V.: E. Altwasser: 197. – R. Nickel: 104.

Nach F.-R. Herrmann 1993, Plan: Bearbeitung K. Jünger: 146.

Hessisches Landesmuseum Kassel: 100. – I. Görner: 206–208.

Hessisches Landesvermessungsamt: Bearbeitung R. Klausmann: 36. – Bearbeitung Posselt & Zickgraf Prospektionen GbR: 170. – Vorlage: 99.

Hessisches Staatsarchiv Darmstadt: 178.

Nach E. E. Stengel 1927, 19 Taf. II: 169.

Historischer Verein Niederzeuzheim e. V.: 58–63.

A. Hüser: 41–45.

Johannes Gutenberg-Universität Mainz: Bearbeitung I. Bell: 80. – R. Bulka: 82. – K. Jünger: 149.

Johann Wolfgang Goethe-Universität Frankfurt a. M.: M. Fricke: 136,b. – P. Hanauska: 155; 157–158. – A. Heising: 137–141.

N. Kissel: 217–219.

J. Kneipp: 183–184; 186–187.

S. Kneipp: 185.

P. Knierriem: 112–113; 211.

R. König: 108.

H. Kreutzer: 26; 28.

Landesamt für Denkmalpflege Hessen: R.-J. Braun: 22–23; 213–216. – R. Bulka: 107. – G. Försterling: 18–21. – S. Gütter: 90–95. – B. Kaletsch: 24–25. – Th. Keller: 11–12; 16–17. – R. Klausmann: 38; 163–168; 173–175. – A. Kreuz: 84; 134–135. – J. Mößer: 159–162. – P. Rispa: 177. – V. Rupp: 220–224. – E.-M. Schäfer: 133. – H. von Schlieben: 50–51; 83; 85; 131–132. – K. Sippel: 101. – A. Thiedmann: 76; 78–79. – J. Wiethold: 48–49; 52.

Landesamt für Denkmalpflege Rheinland-Pfalz: 124.

H. Lasch: 53–57.

Limesarchiv, RGK, Forschungsstelle Ingolstadt: 120.

F. Lorscheider: 129–130.

R. Motzka: 13–14.

P. Odvody: 39–40; 176.

Nach ORL B Nr. 10, Taf. 1: 111.

E. Quednau (Gestaltung): 212.

Planungsgruppe Zimmer+Egel GbR, Hanau: 126.

Posselt & Zickgraf Prospektionen GbR: 37; 115–116; 125; 136,a; 171–172. – Bearbeitung I. Bell: 81. – M. Posselt: 27; 29. – Nach K. Leidorf: 121.

G. Preuss: 128; 209–210. – Mit F. Lorscheider: 127.

B. Ramminger: 30.

M. Renker: 179–180.

W. Schunk/G. Schunk-Larrabee: 150–154.

Nach W. Soergel 1925, Abb. 5: 15.

Saalburgmuseum: C. Amrhein: 118. – E. Löhnig: 106; 109–110; 114; 117; 119.

Stadt Bad Hersfeld: 183.

C. Tappert: 192.

Universität zu Köln: R. Urz: 96–97.

Universitätsbibliothek Kassel: 98.

Untere Denkmalschutzbehörde Main-Kinzig-Kreis, H.-O. Schmitt: 64–70; 147–148.

Untere Denkmalschutzbehörde Kreis Offenbach, G. Weber: 71–75; 205.

Untere Denkmalschutzbehörde Wetteraukreis: J. Lindenthal: 102; 105; 181–182. – Mit R. Nickel, IBD, Umsetzung D. Rothacher: 103.

Nach J. Wahl, Germania 55, 1977, Abb. 6,1; 8,1–2: 122. – Abb. 7: 123.

Nach Wenzel 1925, Abb. S. 143: 200.

M. Zeiler: 86–89.